Volkswirtschaftslehre

Eine Einführung in Bausteinen

von
Prof. Dr. Kristof Dascher
Touro College Berlin

2., erweiterte und aktualisierte Auflage

Oldenbourg Verlag München

Bibliografische Information der Deutschen Nationalbibliothek

Die Deutsche Nationalbibliothek verzeichnet diese Publikation in der Deutschen Nationalbibliografie; detaillierte bibliografische Daten sind im Internet über http://dnb.d-nb.de abrufbar.

© 2013 Oldenbourg Wissenschaftsverlag GmbH
Rosenheimer Straße 145, D-81671 München
Telefon: (089) 45051-0
www.oldenbourg-verlag.de

Lektorat: Dr. Stefan Giesen
Herstellung: Tina Bonertz
Titelbild: www.thinkstockphotos.de
Einbandgestaltung: hauser lacour
Gesamtherstellung: Grafik & Druck GmbH, München

Dieses Papier ist alterungsbeständig nach DIN/ISO 9706.

ISBN   978-3-486-72103-4
eISBN   978-3-486-72979-5

Vorwort zur 2. Auflage

Die zweite Auflage ordnet die Happen (Bemerkungen) des Textes in thematischer – statt wie noch in der ersten Auflage methodischer – Reihenfolge. Jetzt sind die – aktualisierten und ergänzten – Bemerkungen des Lehrbuchs entlang der acht aufeinanderfolgenden Themen *Tausch, Markt, Stadt, Ballung und Krise, Staat, Handel, Umwelt* und *Wandel* aufgereiht. Die zweite Auflage ist im Kern ein neues Buch, und das motiviert auch den leicht veränderten Titel.

Unterschiedliche Teile des Textes waren zu unterschiedlichen Semestern Hintergrund von Vorlesungen im Bachelor-Studium der Universitäten Frankfurt (Oder), Freiburg, Paderborn und Potsdam. Deren Teilnehmern und den Studierenden des Touro College Berlin danke ich herzlich für Anregungen und Contra. Mein herzlicher Dank an die im Vorwort zur ersten Auflage Genannten besteht fort. Und Herrn Dr. Stefan Giesen vom Oldenbourg-Verlag danke ich herzlich für die großzügige Unterstützung bei dieser Auflage.

Berlin, 1. Februar 2013   Kristof Dascher

Vorwort zur 1. Auflage

Die moderne Volkswirtschaftslehre bietet eine Vielzahl an Modellen zur Erklärung ganz unterschiedlicher Phänomene – etwa des Wachstums, der Diskriminierung oder der Politik. Diese Vielfalt an Erklärungen verdeckt aber auch, dass viele dieser Modelle sich aus dem gleichen Kasten identischer Bausteine bedienen. Das *Baukastenprinzip* der Ökonomie steht im Mittelpunkt dieser Einführung in die Volkswirtschaftslehre. Dem Verständnis ökonomischer Modelle will diese Einführung das seiner Bausteine voranstellen.

In allem anderen will sich diese Einführung nicht von der existierenden Lehrbuchliteratur entfernen. Auch diese Einführung möchte Tuchfühlung zum Alltag halten. Eingebettete Zitate aus Tageszeitungen sollen nicht nur ökonomische Fragestellungen motivieren; auch bieten sie oft intuitiv verständliche Antworten, die jene der modernen Volkswirtschaftslehre schon vorwegnehmen. Fotos illustrieren physische Aspekte ausgewählter Passagen des Textes; und eine Reihe von Graphiken bietet zusätzliche, oft auch räumliche Anschauung.

Daneben versucht auch diese Einführung, eine Brücke von der populärwissenschaftlichen Literatur zu den modernen Methoden der heutigen Volkswirtschaftslehre schlagen. Darin soll sie nicht zuletzt ihre Gliederung unterstützen. In ihr gehen grundsätzlich leicht verständliche Bausteine verwandten, aber nicht ganz so selbstverständlichen Bausteinen voran. Dem an Vertiefungen interessierten Leser steht das Verknüpfen aller Bausteine offen; dem an Grundprinzipien interessierten Leser steht das Überschlagen ausgewählter Bausteine frei.

Schließlich möchte auch diese Einführung dem Missverständnis begegnen, Volkswirt-schaftslehre sei lange bereit gewesen, „ ... Modellen anzuhängen, die von der Wirklich-keit meilenweit entfernt oder überholt ... " sind (*Die Zeit* 2007). Viele Anwendungen dieses Textes sind seit langem ein fester Bestandteil des Kanons einer Einführung in die Volkswirtschaftslehre; gleichzeitig legen sie den Grundstein zum Verständnis so aktueller und wichtiger Phänomene wie etwa Klimawandel, Globalisierung oder fortschreitende Urbanisierung.

Jede Bemerkung – kurz: *Be.* – dieses Textes ist eine Lerneinheit, ein „Happen". Sie ver-tieft auf knappe Weise den Inhalt ihrer Überschrift. Weil eine Bemerkung kurz ist, lädt sie zum Verweilen ein. Weil sie – gemessen an ihrer Überschrift – zu kurz ist, erscheint sie gelegentlich etwas plakativ. Allerdings vermitteln erstens letztlich erst alle Bemer-kungen gemeinsam den angestrebten Stoff. Und zweitens bieten Hinweise zu möglichen Kritikpunkten und Vertiefungen am Ende jedes Kapitels einige der Nuancen, die im Haupttext manchmal zu kurz kommen.

Bemerkungen mit einem Superskript • bilden die Basisversion des Textes. Darauf auf-bauende Erweiterungen finden sich in Bemerkungen mit dem Superskript °. Diese Be-merkungen sollen beim ersten Lesen überschlagen werden. Lesen Sie als Studienan-fänger der Volkswirtschaftslehre zuerst die Bemerkungen der Basisversion. (Abschnitt 1.2 bietet eine ausführliche Leseanleitung.) – Das eher offene Format des Textes soll möglichen Dozenten auch die Möglichkeit einräumen, nicht nur eigene Schwerpunkte zu setzen, sondern auch weitere eigene Bausteine in den Vortrag zu integrieren.

Zwar blättert sich eine Reihe von Bausteinen und Aussagen der Volkswirtschaftslehre im Zuge dieses Textes auf. Andere Bausteine und Aussagen sind allerdings nicht Teil dieses Textes geworden – auch wenn sie es vielleicht doch hätten werden müssen. Angesichts der enormen Breite und Vielfalt der modernen Volkswirtschaftslehre – und der Knapp-heit erlaubter Seitenzahlen – ist die hier getroffene Auswahl zwangsläufig begrenzt und subjektiv. Aber Vertiefungen am Ende jedes Kapitels bieten Hinweise auf weitere, und auch fortgeschrittene, Literatur.

Diese Einführung in die Volkswirtschaftslehre entstand als Skript zu meiner gleichna-migen Vorlesung an der Europa-Universität Viadrina in WS 2005/06 und WS 2006/07. Für viele anregende Kommentare danke ich Hermann Ribhegge. Viel gelernt habe ich weiterhin aus Hinweisen von, und Diskussionen mit, Frank Bönker, Friedel Bolle, Yves Breitmoser, Ottfried Dascher, Alexander Haupt, Georg Hirte, Michelle Lloyd, Martin Schlächter, Norma Schmitt, Guntram Schröbler, Agnieszka Stabiszewska und Torsten Trumpf. Schließlich danke ich Rainer Berger und Jürgen Schechler vom Oldenbourg-Verlag für die sehr freundliche Unterstützung.

Verbleibende Fehler gehen ausschließlich zu meinen Lasten. Layout und Diagramme dagegen sind ausschließlich Verdienst von *LaTeX* und *gnuplot*.

Frankfurt (Oder), 4. August 2007   Kristof Dascher

Inhaltsverzeichnis

1 Einführung

1.1 Volkswirtschaftslehre

Be. 1: Tom Sawyer

In einer berühmt gewordenen Passage seines *Tom Sawyer* beschreibt Mark Twain, wie Tom an einem sonnigen Sommermittag widerwillig den Gartenzaun seiner Tante Polly streicht. Aber dann kommt Ben vorbei, ein Nachbarsjunge. In einer überraschenden Wendung der Handlung tauscht Ben seinen saftigen (wenn auch angebissenen) Apfel gegen das „Recht", den Zaun weiterstreichen zu dürfen (Abb. (1.1)):

> „Nach einiger Zeit war Ben müde geworden, Tom hatte als Nächsten Billy Fisher ins Auge gefaßt, der ihm eine tote Ratte und eine Schnur, um die Ratte daran durch die Luft fliegen zu lassen, anbot; und von Johnny Miller bekam er eine gut erhaltene Sackpfeife, ... "

Am Ende eines halben Nachmittags hat Tom nicht nur kaum selbst Hand an den inzwischen in drei Lagen fertiggestrichenen Zaun gelegt, sondern auch noch „zwölf Murmeln, ein Stück eines Brummeisens, ein Stück blau gefärbtes Glas zum Durchschauen, eine Spielkanone, ein Messer, das gewiss nie jemand Schaden getan hatte oder jemals tun konnte, ein bisschen Kreide, einen Glasstöpsel, einen Zinnsoldaten, den Kopf eines Frosches, sechs Feuerschwärmer, ein Kaninchen mit einem Auge, einen messingnen Türgriff, ein Hundehalsband (aber keinen Hund), den Griff eines Messers, vier Orangeschalen und einen kaputten Fensterrahmen."

Be. 2: Volkswirtschaftslehre: Tauschen

Das zentrale Thema in Twains Passage ist zugegeben nicht der Tausch. Keiner der Nachbarsjungen kommt wirklich mit der Absicht, einen Zaun zu streichen und dafür auch noch zu zahlen. Zentrales Thema in Twains Passage ist, dass und wie es Tom gelingt, alle seine Spielgefährten für den Zaun zu interessieren *und* dafür auch noch zahlen zu lassen: „Sie kamen, um ihn zu verhöhnen und blieben, um zu streichen." Dass sie es freiwillig tun, erlaubt uns vielleicht zu vermuten, dass Tom nicht der einzige Gewinner des Nachmittags ist. Aber wie dem auch sei: Sehr viel mehr, passgenauere und auch dramatischere Beispiele für sinnvollen Tausch werden im Zuge der Bemerkungen dieses Textes folgen. Gemeinsam illustrieren diese Beispiele die Ursprünge der Volkswirtschaftslehre

in ihrem Interesse für: den Tausch selbst, die unzähligen und oft ganz überraschenden Erscheinungsformen des Tauschs, die verschiedenen Kosten des Tauschs, mögliche
tauschfördernde Institutionen und deren mühevolle Entwicklung, die oft unterschätz-
te Bedeutung des Tauschs für Wohlstand und wirtschaftliche Entwicklung – und nicht
zuletzt die Grenzen und Anomalien des Tauschs.

Be. 3: Volkswirtschaftslehre: Vergleichen

Aus ihrem ursprünglichen Interesse am Tausch ist die Disziplin heute allerdings herausgewachsen. Tausch birgt sowohl Elemente der Kooperation als auch Elemente des
Konflikts, und Konflikt und Kooperation sind Flieh- und Triebkräfte einer jeden Gesellschaft, nicht nur einer Tauschgesellschaft. Heute ist Volkswirtschaftslehre eine Methode
zum vorurteilsfreien Verständnis von Gesellschaften und deren Teilgesellschaften: derer
auf Arbeits-, Wohnungs- und anderen Märkten, aber auch solcher in Politik, in Städten,
auf Straßen – und anderswo. In dieser Methode stehen zwei Klassen von Vergleichen
im Vordergrund. (i) Erstens vergleicht Volkswirtschaftslehre die Ist-Eigenschaften einer
Gesellschaft mit deren Soll-Eigenschaften. Das lohnt sich: Denn Gesellschaften sind oft
gar nicht so, wie sie nach Ansicht ihrer Mitglieder sein sollten. (ii) Über dieser Beschäftigung ist Volkswirtschaftslehre allerdings auch aus dem Vergleich der realen mit
der idealen Gesellschaft herausgewachsen: Denn zweitens gleicht Volkswirtschaftslehre
immer auch die Eigenschaften einer Gesellschaft mit denen ihrer Mitglieder ab: Weder
übersetzen sich die Eigenschaften der Gesellschaftsmitglieder automatisch in identische
Eigenschaften der Gesellschaft, noch spiegeln sich die Eigenschaften der Gesellschaft
notwendig in gleichlautenden Eigenschaften ihrer Mitglieder.

Be. 4: Volkswirtschaftslehre: Beraten

Bevor wir uns diesen beiden Themen zuwenden, greifen wir nur kurz zwei populäre
Missverständnisse auf. Das eine Missverständnis betrifft Märkte. Hier wird Volkswirtschaftslehre oft als eine am alleinigen Verständnis von Märkten orientierte Disziplin verstanden – oder sogar nur als ein Instrument zur Legitimation der auf Märkten entstan-
denen aktuellen Einkommens- und Vermögensverteilung. Aber Tausch, Handel, Markt
sind in der Ökonomie nicht Selbstzweck des Wirtschaftens, sondern nur Vehikel zur Verbesserung der Lebensumstände des Menschen: eine Behauptung, die die folgenden 391
Bemerkungen zu unterfüttern versuchen werden. Spätestens seit Ausbruch der Depres-
sion 2008 tritt ein zweites Missverständnis hinzu, das sich auf die Prognose von Krisen
bezieht. Diesem Missverständnis zufolge ist das Fach in einer (Ansehens-) Krise, weil
es die im Jahr 2008 einsetzende (Wirtschafts-) Krise nicht vorgesagt hat. Aber gerade
in einem Moment, in dem die lange vornehmste Aufgabe der Volkswirtschaftslehre –
die Bekämpfung (nicht die Prognose) von Krisen – wieder in den Mittelpunkt rückt
und viele weitere urökonomische Fragestellungen – das optimale Design einer stabilisie-
renden Geld- und Fiskalpolitik, Lösungen in der Euro-Krise, die optimale Regulierung
des Bankensystems, sinnvolle Anreize in der demographischen Krise – viele Seiten der

Abbildung 1.1: *Tom, Ben, Tante Pollys Gartenzaun (und der Apfel)*

Zeitungen füllen, wäre es schade, wenn sich das Fach insgesamt für den zwar wichtigen, aber auch sehr schwierigen Teilbereich der Konjunkturprognose in Haftung nehmen ließe. Weder Klimaforscher noch Vulkanologen würden sich durch verfehlte Wetter- oder Eruptionsprognosen diskreditiert sehen.

1.2   Reale Gesellschaft vs. ideale Gesellschaft

Be. 5:   Verschwenden?

In ihren Ursprüngen widmet sich die Volkswirtschaftslehre Fragen der Ressourcenallokation. Im Zentrum des sog. Allokationsproblems einer Gesellschaft steht einerseits das Beobachten von Wegen, wie eine Gesellschaften ihre ja knappen Ressourcen den verschiedenen Interessenten tatsächlich zuteilt. Andererseits steht dort das Formulieren von Bedingungen, wie eine Gesellschaft ihre knappen Ressourcen diesen Interessenten optimal zuteilen ... sollte. Viele wichtige und aktuelle Themen lassen sich der so definierten Volkswirtschaftslehre zuordnen: Die gesellschaftlich optimale Kombination von Kapital, Boden und Arbeit im Produktionsprozess, die gesellschaftlich optimale Nutzung knapper natürlicher Ressourcen wie Gas, Öl und Kohle, die gesellschaftlich optimale Nutzung nachwachsender und dennoch knapper natürlicher Ressourcen wie Fischoder Holzbestände oder sauberer Atemluft, eine gesellschaftlich optimale verkehr- und emissionssparende Struktur des Städtesystems, aber etwa auch die Zuteilung von Aufmerksamkeit und Behandlung in der Medizin. Denn auch dort ist „Alles für alle nicht ... bezahlbar", so ein früherer Ärztepräsident (Die Welt, 14.05. 2008).

Be. 6: Lesbarkeit verschenken?

Ein Gesellschaft verbessert sich, wenn ein Wechsel von einem gesellschaftlichen Zustand in einen anderen kein Gesellschaftsmitglied schlechterstellt ... und zugleich mindestens ein Mitglied der Gesellschaft besserstellt. Eine solche Verbesserung hatten die Layouter der Süddeutschen Zeitung nach eigenem Bekunden im Sinn, als sie ihre Schrifttypen ab der Ausgabe vom 9. Juli 2012 modernisierten (Abb. (1.2)). Sie beschreiben das modernisierte Layout als jetzt „klarer, lesbarer und aufgeräumter – und dennoch unverkennbar". Stimmte das, dann würden sich alle Leser besser- und insbesondere keine Leser schlechterstellen. (Nichtleser müssen wir hierzu sicher nicht befragen.) Einer Verbesserung im Zustand der Gesellschaft haftet in der Alltagssprache typischerweise etwas Positives an. Aber gleichzeitig unterliegt einer solchen Verbesserung unterschwellig doch selbst in der Alltagssprache immer auch ein Stück Kritik. Denn wenn eine Verbesserung möglich ist: Warum ereignet sie sich dann erst jetzt? Warum hat die Süddeutsche Zeitung nicht schon längst ihr Layout modernisiert? Oder ähnlich: Was empfinden wir, wenn ein vertrauter und liebgewonnener Nahrungsmittelproduzent plötzlich sinngemäß auf sein Etikett drucken würde: „Noch besser: Ab jetzt ohne Konservierungsstoffe, künstliche Farbstoffe und Gelatine"? Aus gerade dieser plausiblen Kritik heraus heißt ein Zustand, der – und obschon er – verbesserbar ist, unter Ökonomen: ineffizient.

Be. 7: Porzellan verschwenden?

Ein schon intuitiv einleuchtendes Beispiel zu Verschwendung liefert die Süddeutsche Zeitung in einem Beitrag zu Meißener Porzellan. Dort berichtet sie, dass das Unternehmen „Meißener Porzellan" kürzlich einen Teil seiner Lagerbestände zerschlug (17.11. 2012). Über die Resonanz heißt es:

> „Dass wertvollste Porzellanbestände ... nun einfach so zerschmettert wurden, [ist] für die Bürger schwer verständlich ... Und so [fragt] sich mancher, warum man das Porzellan ... nicht einfach etwas preisgünstiger hätte verscherbeln können."

Dem Unternehmen zufolge wird durch das Zerschlagen des überschüssigen Porzellans dessen „Markenwert" gesichert. Würde das Unternehmen überschüssige Bestände günstig abgeben, fiele ja nicht nur der Preis der überschüssigen Bestände – sondern der Preis sämtlicher zum Verkauf stehender Bestände überhaupt. Dies kann nicht im Sinne eines auf Gewinn bedachten Monopolisten sein. Gleichzeitig kann es mit der zitierten Intuition kaum richtig sein, geschätzte Porzellanbestände zu vernichten. Das folgende alternative Vorgehen hätte die Gesellschaft besserstellen können: Das Unternehmen

Abbildung 1.2: *Besser? Layout der SZ vor und nach dem 9.7. 2012*

hätte seine Bestände günstig an solche Individuen abgeben können, die mit Sicherheit nie Käufer geworden wären. Die so Beschenkten hätten sich besser gestellt, das Unternehmen hätte seinen „Markenwert" gesichert und nicht zuletzt wäre möglicherweise sogar ... ein liquider Sekundärmarkt für Meißener Porzellan entstanden, der Ankäufe beim Unternehmen zum Zweck der inflationsstabilen Wertanlage nur noch attraktiver gemacht hätte.

Be. 8: Klimarettungsfonds verschwenden?

Eine Vielzahl von UN-Klimakonferenzen etwa in Kopenhagen, Durban, Doha setzt sich mit den Ursachen und Folgen des für die Zukunft vermuteten Klimawandels – darunter ein Anstieg des Meeresspiegels, der unterschiedliche Länder unterschiedlich trifft – auseinander. Ursache ist gemeinhin die durch den Menschen verursachte Emission von sog. Treibhausgasen. Die zukünftige jährliche Emission dieser Treibhausgase nicht nur auf dem heutigen Niveau fortzuschreiben, sondern sogar noch unter das heutige Niveau zu reduzieren, gilt als Voraussetzung dafür, einen Anstieg der globalen Durchschnittstemperatur jenseits zweier zusätzlicher Grad zu verhindern (Stern (2007)). Es gibt unterschiedliche Ansatzpunkte zur Vermeidung von CO_2. Eine Tonne CO_2 in Deutschland über den Ausbau der Photovoltaik zu vermeiden kostet grob geschätzt ca. 500 Euro (Weimann (2008)). Die gleiche Tonne durch den Einbau besserer Filter etwa in China oder in Indien zu vermeiden, würde dagegen weniger als 10 Euro kosten. So gesehen könnten mit den Ressourcen, die in Deutschland zur Vermeidung einer Tonne

Dr. Dr. Rainer Erlinger **Die Gewissensfrage**

»Am Wochenende kommt der Papst nach Freiburg. Die Hotels sind seit Monaten ausgebucht, Privatzimmer kosten inzwischen mehr als 500 Euro, und selbst Isomattenplätze werden für dreistellige Beträge pro Nacht angeboten. Ich bin kein Christ, habe aber ein Zimmer, das in dieser Zeit nicht genutzt wird. Ich als Student könnte das Geld auch gut gebrauchen. Aber kann ich das Zimmer für so viel vermieten, wie ich im Monat für die ganze Wohnung bezahle? Ist es verwerflich, den Preis zu verlangen, der aufgrund der Nachfrage bezahlt würde?«
SIMON I., FREIBURG

Stellen Sie sich vor, nicht der Papst käme nach Frei-   selbst kein Christ oder überhaupt nicht gläubig

Abbildung 1.3: *Ethisches Vermieten?*

aufgewendet werden, über fünfzig Tonnen andernorts vermieden werden. Eine geeignete Umschichtung der zur Emissionsvermeidung stehenden Mittel wäre eine Verbesserung.

Be. 9: Nähe verschwenden?

Ein ganz anderes Szenario für Ineffizienz deutet sich in einem – in der regelmäßigen Kolumne „Gewissensfrage" des Magazins der Süddeutschen Zeitung erschienenen – Vorschlag eines Studierenden anlässlich des Papst-Besuchs in Freiburg auf (Abb. (1.3)). Dieser fragt zuerst zweifelnd: „Ist es verwerflich, den Preis zu verlangen, der aufgrund der Nachfrage bezahlt würde?" Die Besucher, die während des Papst-Besuchs in Freiburg sind, sollten bestimmt diejenigen sein, die den Papst – und nicht Freiburg – sehen wollen. Den Papst zu sehen ist für Katholiken eine Chance; Freiburg lässt sich bequem auch an allen anderen Tagen des Jahres besuchen. Wird die Wohnung während der Papst-Besuchstage zur an anderen Wochenenden üblichen Miete vermietet, kommt dies zwar jenen Besuchern zugute, die die Wohnung bekommen. Gut möglich ist allerdings, dass dann jemand die Wohnung bekäme, der schlicht nur im Schwarzwald wandern will. Allerdings: Der am Papst-Besuch Interessierte könnte den in dieser günstigen Wohnung residierenden normalen Freiburg-Touristen sicherlich leicht entschädigen: Er hat ja eine sehr viel höhere Zahlungsbereitschaft für diese Wohnung als der normale Tourist. Der Papst-Besucher sähe den Papst und zahlte gern die Entschädigung, und der Freiburg-Tourist nähme diese Entschädigung mit und verschöbe seinen Freiburg-Besuch gern. Alle Beteiligten würden genauso gut oder sogar besser dastehen wie zuvor.

Be. 10: Licht und Schatten

Gesellschaftliche Verbesserungen – das Ausschließen von Ressourcenvernichtung (Be. (7)), der Umbau der CO_2-Vermeidungsstrategie (Be. (8)), die Reallokation von Wohnungen (Be. (9)) – sind einerseits zwar zu begrüßen. Sie beleuchten Veränderungen, die jemanden besser stellen, ohne dass irgendjemand schlechter gestellt würde. Andererseits werfen sie doch auch einen Schatten auf den Zustand, der verbessert wurde . . . und also damit offensichtlich verbesserungsfähig und -würdig war (Be. (6)). Aus dieser Perspektive sind in letzter Konsequenz eigentlich nur solche Zustände, die nicht mehr verbesserbar sind, wirklich begrüßenswert. Nur ein nicht verbesserbarer Zustand erhält daher unter Ökonomen das Prädikat: *effizient.* Zu einem solchen Zustand gibt es eben keinen alternativen gesellschaftlichen Zustand, der besser ist. Einem Zustand Ineffizienz nachzuweisen erfordert lediglich, auf einen besseren Zustand zeigen zu können. Einem Zustand Effizienz nachzuweisen ist dagegen schwieriger. Effizienz nachzuweisen verlangt, keine bessere Alternative identifizieren zu können.

Be. 11: Effizienz nicht alles

Der hier und in Be. (6) vorgestellte Effizienz-Begriff ist der nach Vilfredo Pareto benannte Begriff der Pareto-Effizienz oder Pareto-Optimalität. Statt von einer Verbesserung sprechen wir genauer also von einer Pareto-Verbesserung, und statt von Ineffizienz sprechen wir präziser von Pareto-Ineffizienz. Das Pareto-Kriterium fordert, sich auf gesellschaftliche Zustände zu konzentrieren, die Pareto-effizient sind. Denn Pareto-ineffiziente Zustände sind solche, in denen nicht nur abstrakt Verschwendung und Mismatch regieren, sondern in denen konkret Möglichkeiten, menschliches Glück auf ziemlich unkontroverse Weise zu mehren, brachliegen. Dieses Kriterium ist zugegeben nicht frei von Kritik. Ein erster Kritikpunkt des Pareto-Kriteriums ist, dass es oft sehr viele – darunter auch extreme – Situationen als Pareto-effizient charakterisiert. Sen (1979) spitzt diese Kritik so zu:

> "If preventing the burning of Rome would have made Emperor Nero worse off, then letting him burn Rome would have been Paretooptimal."

Insbesondere kann das Pareto-Kriterium die oft in großer Zahl koexistierenden effizienten Zustände nicht weiter reihen (Be. (249)). Ein zweiter Kritikpunkt ist, dass wir manche Situationen unter Zuhilfenahme idealer Institutionen zwar Pareto-verbessern können, solche idealen Institutionen aber oft schlicht nicht zur Verfügung stehen (Be. (200) und Be. (237)). Drittens schließlich ist eine Pareto-Verbesserung vielleicht keine echte gesellschaftliche Verbesserung, wenn sich unter ihr ausgerechnet jene Individuen besserstellen, die schon in der Ausgangssituation deutlich am besten dastanden (Be. (157)).

Be. 12:   Ineffizienz muß eine Gesellschaft sich leisten können

Ökonomen wird häufig eine Obsession mit Effizienz – oder vielmehr Ineffizienz – nachgesagt. Tatsächlich liegt der Ursprung des ökonomischen Fokus auf Effizienz in einer Zeit, die für die Masse der Zeitgenossen wenig mehr als Hunger, Zahnschmerzen, andere Krankheiten und einen frühen Tod bereithielt. Clark (2008) urteilt in seiner Wirtschaftsgeschichte „A Farewell to Alms" über den Moment kurz vor Hereinbrechen der industriellen Revolution ... und kurz nach Erscheinen des „Wealth of Nations" von Smith:

> "... the average person in the world of 1800 was no better off than the average person of 100,000 BC. Indeed in 1800 the bulk of the world's population was poorer than their remote ancestors."

Aber so verständlich er in seinen Ursprüngen ist: Hat der traditionelle ökonomische Fokus auf den effizienten Einsatz der immer knappen gesellschaftlichen Ressourcen heute noch Sinn? Zugespitzt fragen manche: Sind wir nicht reich genug? Ineffiziente Situationen aufzudecken heißt immer, einen Weg aufzuzeigen, mindestens ein Gesellschaftsmitglied besserzustellen, ohne irgendein (anderes) Gesellschaftsmitglied schlechterzustellen (Be. (6)). Auf solche Verbesserungen zu verzichten bedeutet also darauf zu verzichten, jemanden besserzustellen. Dieser Jemand muss wohlgemerkt nicht die eigene Person sein, er könnte ja auch beispielsweise das ärmste Gesellschaftsmitglied – oder sogar das ärmste Mitglied einer anderen Gesellschaft – sein. Derjenige, der von der eigentlichen Pareto-Verbesserung unmittelbar profitiert, könnte doch seinen Vorteil mit diesem ärmsten Bürger teilen – oder, falls unwillig, zu gerade diesem Teilen per Steuer angehalten werden? Aus dieser Perspektive besehen scheint Effizienz zwar kein hinreichendes, aber immerhin doch ein notwendiges Kriterium für eine gute Gesellschaft.

1.3   Gesellschaft vs. Gesellschaftsmitglieder

Be. 13:   Trugschluss der Unsichtbaren Hand

Adam Smith gilt vielen Volkswirten als Begründer ihres Fachs. Smith widmet sich der Frage, auf welche Weise Märkte die vielen verschiedenen Tauschgeschäften einer Gesellschaft erleichtern – und so zur Effizienz in dieser Gesellschaft beitragen können. Aus seinem 1776 – nicht ganz zufällig im Jahr der amerikanischen Unabhängigkeitserklärung – erschienenen Buch „Wealth of Nations" stammt das folgende Zitat, das in keiner einzigen Einführung in die Volkswirtschaftslehre fehlt ... und natürlich auch nicht fehlen darf:

> "Every individual ... by pursuing his own interest ... promotes that of society. He is led ... by an invisible hand ... to promote an end which was no part of his intention."

Abbildung 1.4: *Manager sind künftig ethischer (FAS 23.12.2012).*

Jedes der vielen Individuen hat ausschließlich seine eigenen Interessen im Blick („pursuing his own interest"). Keinesfalls sorgt es sich um das Gemeinwohl („an end which was no part of his intention"). Und doch wirkt es aktiv mit an einem Ergebnis („promotes an end"), das sich auch aus der Perspektive des Gemeinwohls („interest of society") sehen lassen kann. Voraussetzung dieses bemerkenswerten Resultats ist, dass individuelle Interessen durch Preisanpassung auf Märkten (die „invisible hand") koordiniert werden. Smith warnt so insbesondere vor einem sog. Trugschluss von den Gesellschaftsmitgliedern auf die Gesellschaft. Während jedes Gesellschaftsmitglied nur das jeweils eigene Wohlergehen verfolgt, verfolgt die aus ebendiesen Mitgliedern komponierte Gesellschaft letztlich das Wohlergehen aller.

Be. 14: Schlüsse und Trugschlüsse

Der im Theorem der Unsichtbaren Hand behandelte Trugschluss ist ein sog. Trugschluss der Komposition. Trugschlüssen der Komposition zufolge hat das Ganze nicht notwendig die gleichen Eigenschaften wie seine Teile. Anlässlich der Fußballweltmeisterschaft 2010 wurde etwa heftig diskutiert, ob das deutsche Team nicht gerade deswegen so erfolgreich war, weil ihr erfahrenster Einzelspieler, Michael Ballack, zum Zeitpunkt der WM verletzt war (Be. (366)). Ist eine Mannschaft der Besten also wirklich automatisch immer die beste Mannschaft? – Ist das Theorem der Unsichtbaren Hand ein eigenständiges wichtiges Resultat der Volkswirtschaftslehre, so birgt es gleichzeitig auch einen

Hinweis auf eine eigenständige Methode und ein allgemeineres Thema. Die eigenständige Methode ist, Eigenschaften einer Gesellschaft und ihrer Mitglieder systematisch zu erkunden und miteinander abzugleichen. Das allgemeinere Thema ist, Schlüssen von Gesellschaftsmitgliedern auf die Gesellschaft (Trugschlüsse der Komposition) oder von der Gesellschaft auf ihre Mitglieder (sog. Trugschlüsse der Division) zu misstrauen.

Be. 15:   Bankenkrise Reflex eigensüchtiger Banker?

Viele Kommentatoren der seit 2009 an- und abschwellenden Bankenkrise vertreten die Vorstellung, ein gewaltige Ressourcen verschlingendes Finanzsystem sei Ausdruck des individuellen Fehlverhaltens vieler einzelner gieriger Banker. Kurioserweise sehen das nicht nur die vielen neuen boomenden Studiengänge zur „ethischen Managerausbildung" (Abb. (1.4)) so, sondern auch manche Banker selbst. Die Gefahr eines solchen Schlusses von der Gesellschaft (Finanzkrise) hin zu den angeblichen Eigenschaften der Gesellschaftsmitglieder (Bankmanager) ist nicht einmal, den vielen unterschiedlichen Motiven der vielen einzelnen Bankmitarbeitern kaum gerecht zu werden. Die Gefahr eines solchen Schlusses ist, der Politik nahezulegen, sich mit – letztlich unüberprüfbaren – Verhaltensänderungen bei Managern zufrieden zu geben (Abb. (1.4)), statt die Chancen einer strikteren Regulierung des Banken- oder sogar Finanzsektors gründlich auszuloten.

Be. 16:   Franzosen Gegner der Kohabitation?

Ein Trugschluss der Division schließt von beobachteten Eigenschaften einer Gesellschaft auf bei allen Gesellschaftsmitgliedern gleichermaßen vorliegende identische individuelle Eigenschaften. Den Ausgang des ersten Wahlgangs der französischen Parlamentswahlen 2007 kommentiert die tageszeitung (12.06.2007) unter der Überschrift „Frankreich kippt nach rechts" unter anderem so:

> „Dafür, dass die Nationalversammlung beinahe komplett nach rechts gekippt ist, lassen sich mehrere Gründe ins Feld führen. ... Franzosen mögen keine Kohabitation."

Aber dieser Schluss von der im Wahlgang zum Ausdruck gekommenen gesellschaftlichen Ablehnung der Kohabitation – eines bürgerlichen Präsidenten mit einem sozialistischen Parlament – auf die angeblichen Wünsche sämtlicher Gesellschaftsmitglieder – „Franzosen mögen keine Kohabitation" – scheint ein dankbarer Kandidat für einen Trugschluss der Division. Kaum haben alle Franzosen die gleiche Meinung zur Kohabitation. Jetzt könnten wir den Autoren zugute halten, dass sie dies auch gar nicht gemeint haben: Aber dann bliebe immer noch unklar, warum die Franzosen, wenn sie grundsätzlich keine Kohabitation mögen, diese vor der Wahl solange tolerierten.

Be. 17: Deutsche Hedonisten?

Das Bundesinstitut für Bevölkerungsforschung und die dessen Studien aufgreifende Presse vermelden zum Jahresende 2012, Kinder würden in Deutschland immer weniger populär. Spiegel Online (17.12. 2012) etwa fasst diese Studie so zusammen:

> „Die Ergebnisse sind ernüchternd. Vielen Deutschen sind ihr Beruf,
> ihre Hobbys und ihre Freunde wichtiger als ein Kind zu bekommen.
> Dem Bericht zufolge lautet das Fazit: ‚Kinder stellen nicht mehr für
> alle Deutschen einen zentralen Lebensbereich dar.‘ "

In anderen Kommentaren heißt es zusätzlich sinngemäß, weil Deutschland weniger Kinder habe als andere Länder wollten Deutsche seltener Kinder als Bürger anderer Länder. Wieder wird das gesellschaftliche Ergebnis (sinkende Kinderzahl) als Reflex der Summe einheitlicher, gleichgerichteter Veränderungen in den Wünschen der Gesellschaftsmitglieder interpretiert (weniger Deutsche wollen Kinder). Vielleicht ist ja auch etwas an dieser Überlegung richtig? Aber falls nicht, ist sie allenfalls ein bequemes Stereotyp – ein Stereotyp, das die Familienpolitik dazu verleiten könnte, die Suche nach Ursachen und geeigneten Anreizen einzustellen.

Be. 18: Berliner großstädtischer?

Die tageszeitung („Stadtsoziologin über Lebensgefühle. Münchener rennen nicht", 20.1. 2013) befragt eine Stadtsoziologin zu den Verhaltensunterschieden zwischen U-Bahn-Fahrenden in Berlin und denen in München. Auszugsweise zitiert die tageszeitung:

> „‚In München rennen die Bewohner der U-Bahn weniger hinterher
> als in Berlin, obwohl in Berlin die U-Bahn in einem viel schnelle-
> ren Minutentakt fährt.‘Das habe etwas mit der Selbstwahrnehmung
> der Berliner als schnelle Großstadt zu tun. Die Eigenlogik der Stadt
> schreibe sich durch . . . die Schrittgeschwindigkeit in die Körper ihrer
> Bewohner ein."

Das schnellere Rennen der U-Bahn-Nutzer in Berlin (Abb. (1.5)) wäre demnach in einer anderen, „schnelleren" Psyche der Berliner angelegt: Ein Schluss nicht so sehr von der Gesellschaft auf ihre Gesellschaftsmitglieder wie in vielen vorangehenden Bemerkungen, sondern von Unterschieden in Gesellschaften (Berlin vs. München) auf Unterschiede in deren Mitgliedern (Berliner vs. Münchener). Problematisch an diesem Schluss scheint, dass wir ihn nie überprüfen können. Wie wollen wir wissen, ob die Berliner das großstädtische Lebensgefühl wirklich stärker verinnerlicht haben als die Münchener? Instruktiv ist ein kurzer Blick in den spontanen blog der tageszeitung zu diesem Interview. Manche Kommentatoren nennen die stärkere Varianz (Unzuverlässigkeit) in den Abfahrtzeiten Berliner U-Bahnen als mögliche Ursache. Eine andere, aber ebenfalls

Abbildung 1.5: *Schnelle Berliner (U-Bahnhof Wilmersdorfer Straße, Januar 2013)*

überprüfbare, Erklärung könnte an die Größe des U-Bahn-Netzes anknüpfen: Umsteiger in einen Anschlusszug einer anderen U-Bahn-Linie werden typischerweise stärker hasten als Nutzer, die das Netz ganz verlassen. Und das Berliner Netz ist größer als das Münchner, es bietet mehr Umsteigepunkte. (Wieder andere Kommentatoren sehen übrigens eher die Münchener schneller hasten.)

Be. 19:   Anderes wollen oder nicht anders können?

Die eben beschriebene Strategie – Verhaltensunterschiede auf Umgebungsunterschiede zurückzuführen – ist (dem Mainstream) der Volkswirtschaftslehre Programm. Eine beobachtete Änderung gesellschaftlichen Verhaltens versuchen Ökonomen typischerweise nicht auf unterstellte Veränderungen in den individuellen Präferenzen (sinngemäß: „es plötzlich anders wollen"), sondern auf Veränderungen in den Möglichkeiten der Individuen („gerade nicht anders können") zurückzuführen. In einer frühen Lehrbuchfassung dieses Programms (Becker (1976)) heißt es hierzu:

> "With an ingenuity worthy of admiration if put to better use, almost
> any conceivable behavior is alleged to be dominated by ... values
> and their frequent unexplained shifts ... "

Grundsätzlich sind Werte bzw. Präferenzen kaum überprüfbar – und damit auch nicht ihr Wandel. Daher sollten wir zuerst konkurrierende Erklärungsvarianten durchprüfen, die an Veränderungen in den individuellen Möglichkeiten anknüpfen. Ohnehin gibt es zu vielen Verhaltensänderungen eine große Fülle an Veränderungen in individuellen Möglichkeiten, die sich zeitgleich ereignen oder kurz zuvor ereignet haben – und damit mögliche Kandidaten für Ursachen sind: Veränderungen im Einkommen, in den Preisen, in der Steuergesetzgebung, im Familienstatus, im Alter, etc. Viele solcher beobachterer Veränderungen unterliegen den im Folgenden angebotenen Erklärungen.

Be. 20: Sympathien der Ökonomen ...

Häufig wird Volkswirten nachgesagt, einem Zerrbild des Menschen anzuhängen. Der Mensch sei eben kein homo oeconomicus. Eher schon sei der ihn als solchen analysierende Ökonom ein kühler Rechner, der die Anliegen des „echten Menschen" nur aus der Distanz, wenig teilnehmend analysiert. Schon die wenigen Beispiele dieses Abschnitts zeigen, warum diese Sicht falsch ist. Gerade indem Ökonomen Verhaltensänderungen des Menschen aus möglichen Änderungen in seinen Lebensumständen heraus zu erklären versuchen (Be. (19)), bringen sie diesem die Sympathie entgegen, seine möglichen Leistungen oder Verfehlungen nicht zu Fragen überdurchschnittlichen oder mangelhaften Charakters zu stilisieren. Stattdessen wollen sie sich die Zeit nehmen, nach möglichen Veränderungen in der Umgebung des Menschen zu suchen. Dieses eigentlich selbstverständliche Prinzip spiegelt sich auch in der Literatur. Im ersten Satz des „Great Gatsby" von John F. FitzGerald etwa notiert Ich-Erzähler Nick Carraway:

> "In my younger and more vulnerable years my father gave me some advice that I've been turning over in my mind ever since. 'Whenever you feel like criticizing any one,' he told me, 'just remember that all the people in this world haven't had the advantages that you've had'."

Auf ähnliche Weise liest sich die eingangs angeführte Betonung der Möglichkeit von Trugschlüssen (Be. (16)) oder die ökonomische Skepsis gegenüber jeder Form von Verschwörungstheorie (Be. (393)) als Zurückhaltung gegenüber dem einzelnen Individuum nicht gerecht werdenden Schlüssen auf ihre angeblichen – nie verifizierbaren – Vorlieben oder Eigenschaften.

1.4 Bausteine

Be. 21: Bausteine auswählen

Viele ökonomische Modelle bedienen sich aus einem gleichbleibenden Baukasten identischer Bausteine, auch wenn sie einander in Aussage und Inhalt fremd sind. Einige – später im Detail erläuterte – Beispiele solcher Bausteine sind: Preise, maximale Zahlungsbereitschaften, Renten und Pläne als Ausdruck individuellen Strebens nach Glück, aggregierte Nachfragen, aggregierte Angebote und Verteilungsfunktionen als Konzepte der

Aggregation individueller Eigenschaften in der Gesellschaft, Marktgleichgewichte, Nash-Gleichgewichte, Erwartungsgleichgewichte, Arbitragegleichgewichte, Politische Gleichgewichte als Varianten gesellschaftlicher Ruhezustände sowie Pareto-Effizienz oder utilitaristische Effizienz als Kriterien für deren Evaluierung. – Immer neue Arrangements dieser Bausteine ergeben unterschiedliche Modelle. Damit erleichtert das Zerlegen von Modellen in Bausteine das Bilden von verständnisfördernden Querbezügen: Das, was in einem Modell verstanden ist, lässt sich auf ähnliche Modelle übertragen. Das letzte Kapitel *Bausteine* versammelt die im Text verwendeten Bausteine an einem Ort.

Be. 22: Bausteine arrangieren

Exogene Bausteine eines Modells sind die, die es voraussetzt. Endogene Bausteine eines Modells sind die, die es mit Hilfe der exogenen Bausteine erklärt. Viele Missverständnisse entstehen aus dem – absichtlichen oder unbewussten – Verwechseln exogener Bausteine mit endogenen Bausteinen. Exemplarisch zitieren wir die Frankfurter Allgemeine Sonntagszeitung (10.2. 2008) unter der Überschrift „Und jetzt zum Mars!" zur Ressourcenallokation in der Weltraumforschung. Freunde der unbemannten Weltraumforschung befürchten . . .

> „. . . die teure bemannte Raumfahrt fresse Geldmittel, die sonst allein der Forschung zugutekämen. ‚Sie stellen sich die Forschungsgelder wie Flüssigkeit in kommunizierenden Röhren vor', sagt Esa-Generaldirektor Dordain. Würde man die besonders dicke Röhre der bemannten Raumfahrt dichtmachen, dann . . . müßten die Pegel in den anderen Röhren doch kräftig ansteigen."

Dordain dazu: „Das gilt in der Strömungsmechanik, aber nicht in der Mechanik von Budgets." Für die Wissenschaftler ist das Budget von der Höhe her exogen (etwa: Bedarf der Weltraumwissenschaft), während die Förderung der bemannten Raumfahrt innerhalb dieses Budgets endogen ist (Verhandlungsmasse unter kompetenten Wissenschaftlern). Für Dordain ist das Teilbudget der bemannten Raumfahrt exogen (Enthusiasmus des Publikums), während das gesamte Weltraum-Budget in der Höhe endogen (Verhandlungsmasse unter fachfremden Politikern) ist.

Be. 23: Bausteine interpretieren

Dieses Beispiel deutet die Bedeutung der durch ein Modell ausgesprochenen Klassifizierung von Größen in exogen und endogen an. Eine Fülle von Kausalitätskontroversen beherrschen Literatur und Medien. Die Frankfurter Allgemeine Zeitung (24.02. 2007) zitiert unter der Überschrift „Bunte Vögel wollen an die Macht" aus dem Vorfeld des amerikanischen Präsidentschaftswahlkampfes 2008:

> „Bill und Hillary sehen zu, wie ein Jugendfreund Hillarys ihr Auto betankt. Bill: ‚Stell' dir vor, du hättest den geheiratet. Dann könntest

du jetzt die Frau eines Tankwarts sein.'Hillary: ‚Bill, hätte ich ihn geheiratet – wäre er Präsident geworden'."

eine gelungene Zuspitzung, die zwei völlig konträre Vorstellungen über Ursache und Wirkung zweier Größen widerspiegelt: Wählt der Präsident Hillary, oder wählt Hillary den Präsidenten? Ähnliche Kontroversen durchziehen entsprechend auch diesen Text bei der Frage nach der Beziehung zwischen Spezialisierung und Tausch (Be. (28) und (263)), zwischen Handel und Stadt (Be. (134)), zwischen Preisen und Kosten (Be. (108) und (142)), zwischen Geldmenge und Sozialprodukt (Be. (197)), zwischen Wachstum und Demokratie (Be. (368)) oder zwischen Agglomeration und Miete. Auch ein simultanes Hin und Her dürfen wir dabei nicht ausschließen, weil sich beide Aspekte auch wechselseitig durchdringen können.

Be. 24: Literatur

Einführungen in die Ökonomie, die die Struktur dieses Textes vorwegnehmen und mitprägen, sind Schelling (1978) und Weise et al. (1993). Anschauliche populärwissenschaftliche Einführungen bieten die Bücher von Harford (2006), Häring/Storbeck (2007), Levitt/Dubner (2006) und Wheelan (2002). Frey (1990), Elster (1989) und North (1990) diskutieren Unterschiede und Gemeinsamkeiten der Ökonomie vis-à-vis anderer Sozialwissenschaften. Weimann (2008) verknüpft Ethik und Effizienz anschaulich im Kontext der Klimapolitik. Samuelson/Nordhaus (2004), Mankiw (2006), Case/Fair (2007), Frank/Bernanke (2004) sowie Krugman/Wells (2006) sind bekannte amerikanische Lehrbücher, die teils auch in deutschen Übersetzungen vorliegen. Einführungen in die Volkswirtschaftslehre im deutschen Sprachraum sind Siebert/Lorz (2006) oder Bofinger (2004). Buchheim (1994), Clark (2008) und Diamond (1999) bieten anschauliche wirtschaftshistorische Einführungen.

2 Tausch

Be. 25: Neolithische Revolution

Im Anfang der wirtschaftlichen Entwicklung steht der Tausch. Hier markiert der Zeitpunkt, ab dem Menschen begannen, sich in Städten niederzulassen, einen besonderen Schritt. Vor diesem Zeitpunkt – der sog. Neolithischen Revolution – zog der Mensch umher, um im Sammeln, Fischen und Jagen seinen Nahrungsquellen zu folgen. Erst mit der Neolithischen Revolution wird der Mensch sesshaft. Er beginnt, Landwirtschaft zu treiben. Die Überschüsse aus der im Lauf der Zeit immer produktiver werdenden Landwirtschaft erlauben es, einzelne vom unmittelbaren Prozess der Nahrungsgewinnung freizustellen und als Handwerker zu spezialisieren. In den vor ca. 7,000 Jahren entstehenden ersten echten Städten der sog. Obed-Zeit entsteht ein rasant anwachsenden Spektrum an völlig neuen Produkten (Science, 17.2. 2012):

> "Although the sites are relatively small and lack complex organization, the people of this era were among the first in the world to spin wool into cloth, use the wheel to manufacture distinctive pottery, irrigate their fields, and live in well-planned rectangular houses with multiple rooms."

In der beginnenden Spezialisierung und ihrer Produktvielfalt verorten wir eine der Ursachen für den intensiven Tausch, wie wir ihn heute kennen. Obed-Keramik etwa wurde „ ... in großer Zahl nicht nur in ganz Mesopotamien, sondern auch in Kleinasien, in Iran und in Syrien gefunden" (Hrouda (2005)).

Be. 26: Streiten und verständigen

Tauschobjekte der neolithischen Revolution sind: Lapislazuli als Schmuck- und Kultgegenstand, Obsidian und Zinn als Grundstoffe für Schneidwerkzeuge und Waffen, Keramik für die Inventarisierung (Abb. (2.1)) und Tuche für den Haushalt, etc. Wir lassen im Folgenden alle Tauschpartner ihre Geschäfte in Einheiten eines einheitlichen Gutes – Obsidian etwa – abrechnen. Diesen einheitlichen Rechenmaßstab bezeichnen wir als *Numéraire*. Miteinander zu tauschen bedeutet einerseits, miteinander zu kooperieren. Beide Partner profitieren von dieser Kooperation, andernfalls würden die beiden Tauschpartner ja nicht freiwillig miteinander tauschen. Miteinander zu tauschen bedeutet andererseits aber auch, miteinander zu streiten. Beide Partner streiten über die

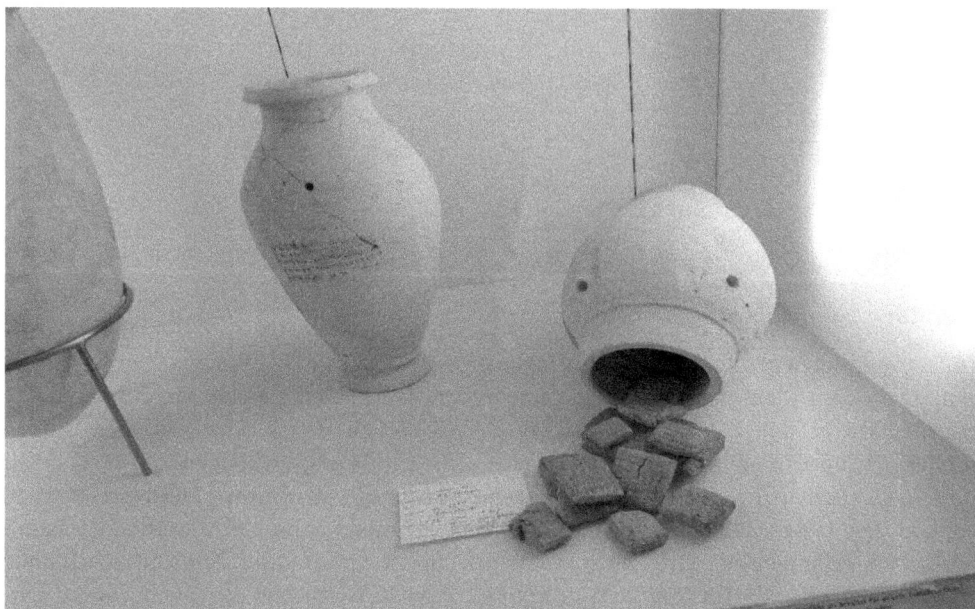

Abbildung 2.1: *Keramik (hier als Behälter für Tontafelarchive). Assur, 8. Jh. v. Chr. (Pergamonmuseum, Berlin)*

Höhe der Tauschrate. Aus dieser Perspektive vereint Tausch nicht nur Elemente des Konflikts, sondern auch Elemente der Kooperation. Weder der eine noch der andere Aspekt wird dem Vorgang des Tauschs ganz gerecht. Und beide Aspekte gemeinsam motivieren auch, warum die Volkswirtschaftslehre über ihr ursprüngliches Thema – den Tausch – hinaus- und in allgemeinere Fragestellungen hineingewachsen ist, in denen z.B. Konflikt und Kooperation auch Dritte erfassen oder in denen entweder Konflikt oder Kooperation dominieren.

Be. 27:   Ohne Markt tauschen

Individuen tauschen seit jeher und in allen Gesellschaften (Be. (25)). Oft wird die Vorteilhaftigkeit des Tauschs über die Diskussion von Märkten eingeleitet. Das aktuelle Kapitel verzichtet allerdings bewusst auf *jeden* Bezug zu Märkten. Insbesondere gibt es hier niemanden, der versucht, gesamtes Angebot und gesamte Nachfrage miteinander in Einklang zu bringen. Und schon Begriffe wie Gesamtangebot und Gesamtnachfrage haben hier wenig Sinn, niemand achtet auf sie. Auf dieser eher archaischen Hintergrundfolie diskutieren wir im Detail, wer und zu welchen Tauschraten miteinander tauscht. Erst im anschließenden Kapitel *Markt* gleichen wir unsere Ergebnisse mit den Tauschgeschäften und Tauschraten ab, die in einem Marktkontext resultieren würden. Wir werden einigermaßen überrascht feststellen, dass Tauschgeschäfte und -raten mit und ohne Markt ähnlich oder sogar identisch ausfallen (Be. (92)). Der einzige noch verbleibende Unterschied zwischen Tausch und Markt wird darin bestehen, dass Märkte die Zuordnung von Tauschpartnern schneller und friktionsärmer leisten. Märkte sind ein Vehikel, um Tauschgeschäfte zu erleichtern. Im Prinzip führen sie zu genau denjenigen Tauschgeschäften, die auch ohnehin, ganz ohne Markt, stattfinden würden. Eine fundamentale Kritik sämtlicher Transaktionen einer auf Märkte gestützten Gesellschaft läuft letztlich auf eine fundamentale Kritik an den in ihr abgewickelten Tauschgeschäften hinaus.

Be. 28:   Erst spezialisieren, dann tauschen

Das obenstehende Zitat verdeutlicht die Bedeutung der Spezialisierung für den Tausch. Spezialisierte Handwerker können sinnvoll miteinander tauschen, weil der eine hat, was der andere braucht. Wir erwarten, dass zunehmende Spezialisierung zu zunehmendem Tausch führt. Im aktuellen Kapitel *Tausch* nehmen wir an, dass tauschende Individuen bereits spezialisiert sind. Die einen – die Anbieter – haben etwas, was die anderen – die Nachfrager – möchten. Aber wir erwarten auch, dass zunehmender Tausch umgekehrt auch zu zunehmender Spezialisierung führt. Erst die Aussicht, Dinge einzutauschen, auf deren Herstellung man selbst verzichtet, wird Individuen dazu bringen, sich in bestimmten Tätigkeiten zu spezialisieren. Das Kapitel *Handel* befasst sich später eingehend mit dem Tausch zwischen Akteuren aus unterschiedlichen Ländern. Im dortigen Modell der komparativen Kostenvorteile ermutigt die Option des Tausches die beteiligten Individuen sogar zu einer vollständigen Spezialisierung in nur einer Tätigkeit.

Be. 29:   Tausch im alten Mesopotamien?

Der Tausch kann natürlich sehr unterschiedliche Formen annehmen. Zwei Tauschparteien könnten etwa in einem hierarchischen Kontext zum Tausch miteinander gezwungen werden, ohne Einfluss auf die Rate, zu der sie miteinander tauschen. Gerade dies gilt für viele Spielarten des Tauschs in den vormodernen Wirtschaftssystemen des Neolithikums (Be. (25)). Die mesopotamischen Staaten etwa handelten zwar mit anderen, teils weit entlegenen Regionen (Renger (1991)):

> „Arm an Rohstoffen, war Mesopotamien auf ausgedehnte Handelsbeziehungen angewiesen, um Metalle zum Herstellen von Werkzeugen und Rollsiegel oder Holz für monumentale Bauten zur Verfügung zu haben."

Tatsächlich aber, so Renger, hatte die Masse der Tauschgeschäfte einen lokalen, autoritären Charakter. Hier bestimmte der königliche Palast die Zuweisung der Anteile aus der teils hochproduktiven, innovativ bewässerten Landwirtschaft an die einzelnen Bürger als Gegenleistung für deren Beiträge zu Ernte und Produktion entweder bis in die kleinsten Details. Oder aber der königliche Palast bestimmte Statthalter, die Mindestmengen beizubringen hatten, den über diese Mindestmengen hinausgehenden Ertrag aber auch für sich behalten konnten. Ganz im Kontrast zu dieser Frühform eines sehr hierarchischen Tauschs diskutiert dieses Kapitel im Folgenden ausschließlich das andere Extrem eines völlig dezentralisierten und freiwilligen Tausch. Kein Tauschpartner wird hier jemals zum Tausch gezwungen, und keine Transaktion wird zu einer anderen als der von den Tauschenden festgelegten Tauschrate abgewickelt.

2.1   Individuen

Be. 30:   Einfache Tauschkonzepte Revue passieren lassen

Lassen wir einige einfache Konzepte des Tauschs Revue passieren. Gehandelt wird im Folgenden etwa ein Pferd, ein Haus, ein Auto, ein Sofa, ein Arbeitstag: also eine einzige Einheit eines Gutes. Ein Anbieter des Guts verhandelt mit einem Nachfrager nach diesem Gut. Im Zuge ihrer bilateralen Tauschverhandlungen einigen sich beide Parteien entweder auf eine Tauschrate und tauschen anschließend zu dieser. Damit resultiert eine Tauschgeschäft oder eine Transaktion. Oder die beiden Parteien einigen sich eben nicht. Dann gehen beide nach Hause oder – soweit in Sicht – auf alternative Tauschpartner zu. Ein vollzogenes Tauschgeschäft ist wie eingangs betont also immer freiwillig. Die Tauschrate bezeichnet konkret die Anzahl Einheiten des Numéraire (kürzer: die Numéraires), die bei Abschluss der Verhandlungen konkret vom Nachfrager an den Anbieter fließen. Kürzer dürfen wir gerne auch einfach nur vom Preis sprechen – aber nur dann, wenn wir darunter nicht notwendig einen in Währungseinheiten gemessenen, also nominalen, Preis verstehen. Nichts an den im Folgenden beschriebenen Transaktionen setzt die Existenz von Geld, wie wir es heute kennen, voraus. Ist die Tauschrate z.B. 6, dann hat der Nachfrager sechs Numéraires an den Anbieter zu zahlen. Allgemein erfassen wir die Tauschrate über die Variable

$$p \, .$$

Ist das Tauschgeschäft vollzogen, wird der Anbieter zum Verkäufer und der Nachfrager zum Käufer.

Be. 31:   Höchstens . . . zahlen wollen

Jeder Nachfrager eines Guts hat eine Tauschrate, oberhalb derer er das Gut keinesfalls ertauschen wollen wird. Diese Tauschrate ist der Vorbehaltspreis des Nachfragers. Bleibt die tatsächliche Tauschrate unter diesem Vorbehaltspreis, wird der Nachfrager das Gut gerne kaufen, und ist die tatsächliche Tauschrate gleich dem Vorbehaltspreis des Nachfragers, wird der Nachfrager so gerade noch kaufen. Beispielsweise könnte der Vorbehaltspreis des Nachfragers gerade

7

Einheiten des Numéraire lauten. Der Nachfrager kauft hier das Gut nur, wenn es nicht mehr als 7 Einheiten des Numéraire kostet. Der Vorbehaltspreis eines Nachfragers lässt sich alternativ auch als eine maximale Zahlungsbereitschaft auffassen. Allgemein schreiben wir den Vorbehaltspreis eines Nachfragers als v. Je höher der Vorbehaltspreis eines Nachfragers ist, desto weniger ist der Nachfrager am Tausch interessiert. Das Konzept der maximalen Zahlungsbereitschaft verallgemeinert sich später zur marginalen Zahlungsbereitschaft (Be. (217)). Später diskutieren wir auch die Frage, ob die höhere Zahlungsbereitschaft eines Individuums nicht so sehr die Präferenz des Nachfragers für das nachgefragte Gut, sondern eher dessen höheres Einkommen spiegelt (Be. (120)).

Be. 32: Mindestens ... verlangen müssen

Jeder Anbieter eines Guts hat eine Tauschrate, unterhalb derer er das Gut keinesfalls abgeben wird. Diese Tauschrate bezeichnen wir als den Vorbehaltspreis des Anbieters. Übersteigt die tatsächliche Tauschrate den Vorbehaltspreis des Anbieters, wird der Anbieter das Gut sicher gerne abgeben. Und ist sie dem Vorbehaltspreis gleich, wird er es gerade noch so – oder auch nur zähneknirschend – abgeben. Beispielsweise könnte der Vorbehaltspreis gerade

$$5$$

betragen: Der Anbieter verkauft sein Gut also nicht für weniger als 5 Numéraires. Der Vorbehaltspreis eines Anbieters lässt sich auch als eine minimale Kompensationsforderung erfassen. In einfachen Fällen entspricht diese Kompensationsforderung gerade den Kosten der Produktion des Guts. Allgemein schreiben wir den Vorbehaltspreis des Anbieters als c. Je höher der Vorbehaltspreis eines Anbieters ist, desto weniger ist er am Tausch interessiert. Das Konzept der minimalen Kompensationsforderung verallgemeinert sich später zur marginalen Kompensationsforderung (Be. (217)).

Be. 33: Ein Schnäppchen machen (Käufer)

Ein Käufer mit Vorbehaltspreis 7 erzielt, wenn er zu einer Tauschrate von 6 zuschlägt, einen Vorteil von per Saldo

$$7 - 6$$

oder einer Einheit des Numéraire. Die Differenz zwischen Vorbehaltspreis (in seiner Eigenschaft als Zahlungsbereitschaft) und Tauschrate (in ihrer Eigenschaft als Zahlungsnotwendigkeit) heißt individuelle Konsumentenrente. Sie ist uns aus dem Alltag vertraut; dort heißt diese Differenz auch Schnäppchen. Ein anderer Käufer mit Vorbehaltspreis 8 erzielt bei einer Tauschrate von 6 noch ein Schnäppchen von 2. Aber ein Käufer mit Vorbehaltspreis 6 macht zur Tauschrate von 6 allerdings kein Schnäppchen mehr; er zahlt ja gerade genau den Betrag, den er höchstens zu zahlen bereit ist. Aus diesem Grund heißt er oft auch marginaler Nachfrager. Ebenso wenig erzielt ein Nachfrager mit Vorbehaltspreis 5 ein Schnäppchen; denn er wird zu einer Tauschrate von 6 ja gar nicht tauschen wollen.

Be. 34: Ein Schnäppchen machen (Verkäufer)

Tauscht ein Anbieter zu einer über seinem Vorbehaltspreis liegenden Tauschrate, erzielt er einen Vorteil, der umso größer ist, je kleiner sein Vorbehaltspreis ist bzw. je größer die Tauschrate ist. Die Differenz zwischen Tauschrate und Vorbehaltspreis beträgt für einen Anbieter mit Vorbehaltspreis 5 gerade 1 oder

$$6 - 5$$

Diese Differenz erfasst gerade den in Numéraires gemessenen Vorteil des Anbieters aus seiner Teilnahme am Tauschgeschäft. Ökonomen sprechen statt vom Vorteil des Tausches auch von der individuellen Produzentenrente eines Anbieters. Analog könnten wir hier von einem Schnäppchen des Produzenten sprechen. Ein Anbieter mit einem Vorbehaltspreis gerade in Höhe der Tauschrate macht übrigens kein echtes Schnäppchen mehr; er erzielt ja gerade das, was er mindestens erzielen will. Aus diesem Grund heißt er oft auch marginaler Anbieter. Ebenso wenig garantiert sich ein Anbieter mit einem Vorbehaltspreis oberhalb von 6 ein Schnäppchen; er wird schließlich gar nicht verkaufen wollen.

Be. 35: Was ist ein Tausch wert?

Welchen Wert misst der Konsument eines Guts dessen Konsum zu? Verknüpfen wir die Idee des Werts zuerst mit der Vorstellung des Verlusts. Ein Experte einer Firma zur Wiederherstellung von Daten auf ramponierten Festplatten argumentiert in der Frankfurter Allgemeinen Sonntagszeitung („Detektivarbeit auf dem Operationstisch, 8.1. 2006):

> „Die Anwender bekommen erst dann ein Gespür dafür, was ihre Daten
> ihnen eigentlich wert sind, wenn sie den ersten Verlust erlebt haben."

Dieser Experte verknüpft intuitiv das Konzept des Werts mit der Erfahrung des Verlusts. Übertragen wir diese Definition des Werts auf unser Tauschmodell. Unterstellt, Sie sollten die Möglichkeit des Tauschs verlieren. Entweder wir bewerten den Verlust in Numéraires, indem wir nach der notwendigen Kompensation fragen: Wie viele Numéraires müsste man Ihnen geben, damit Sie mit diesem Ausschluss leben könnten? Oder wir bewerten den Verlust in Numéraires, indem wir nach einem dem Verlust äquivalenten Entzug an Numéraires fragen: Wie viele Numéraires wären Sie höchstens zu zahlen bereit, um diesen Ausschluss zu verhindern? Sind Sie ein Anbieter mit einer individuellen Produzentenrente von 1 (Be. (34)), würden Sie vermutlich – in beiden Fällen – antworten: ... 1. Sind Sie ein Nachfrager mit einer individuellen Konsumentenrente von 2 (Be. (33)), würden Sie vermutlich – wieder in beiden Fällen – antworten: ... 2. Mit dieser neuen Interpretation erfasst die individuelle Konsumenten- bzw. Produzenten-Rente gerade den Wert der Möglichkeit des Tauschs.

Be. 36: Wert und Rente

Die Summe aus Konsumentenrente $p - c$ und Produzentenrente $v - p$ misst, wie viel Konsument und Produzent gemeinsam dafür zu zahlen bereit wären, dass sie an ihrem geplanten Tauschgeschäft nicht gehindert würden (Be. (35)). Sie misst den Wert des Tauschakts für die Tauschparteien. Im ökonomischen Jargon heißt diese Summe auch Rente; die Summe aller individuellen Konsumentenrenten heißt aggregierte Konsumentenrente KR; die Summe aller individuellen Produzentenrenten heißt aggregierte Produzentenrente PR, und die Summe aus aggregierter Konsumentenrente und Produzentenrente ist der Soziale Überschuss $SÜ$. Zum freiwilligen Tausch kann es nur kommen, wenn der Vorbehaltspreis des Anbieters c für das in Frage stehende Gut unter dem Vorbehaltspreis des Nachfragers v liegt. Andernfalls verlangt der Anbieter ja mehr Entschädigung, als der Nachfrager je zu zahlen bereit wäre. Zusätzlich muss die tatsächliche Tauschrate p zwischen c und v liegen. Die Höhe von p entscheidet über die Aufteilung der beiden Parteien aus dem Tausch erwachsenden Rente von

$$v - c$$

in seine beiden Bestandteile $p - c$ und $v - p$.

2.2 Verhandlungen

Be. 37: Tausch entfesseln

Finden sich die Tauschpartner, die zueinander passen? Vorausgesetzt, dass die in Aussicht stehende Rente groß genug ist, werden Anbieter und Nachfrager sich auf die Suche nach einem entsprechenden Nachfrager bzw. Anbieter machen. Als Transaktionskosten werden die unterschiedlichen Kosten bezeichnet, die beispielsweise verknüpft sind mit: (i) Tauschpartner suchen und finden, (ii) Guts-Qualitäten überprüfen, (iii) Vertrag abschließen, (iv) Vertrag durchsetzen (Lieferung bzw. Bezahlung) etc. Diese Transaktionskosten sind nicht auf ewig fixiert. Potentielle Tauschpartner werden oft versuchen, diese Transaktionskosten durch das Entwickeln geeigneter Institutionen zu drücken. Börsen, Märkte, Makler, Auktionshändler, etc. mögen später bei der Suche nach einem geeigneten Tauschpartner helfen (Be. (40), (92)); Normung und Standardisierung helfen bei der Erkennung der Qualität des getauschten Guts; Polizei, Gesetze und Gerichte überprüfen die Einhaltung abgeschlossener Verträge (Be. (60)). Die folgenden Ausführungen abstrahieren fürs erste von den vielen möglichen Transaktionskosten.

Be. 38: Über Tauschrate streiten

Beide Parteien werden versuchen, die Höhe der Tauschrate p zu ihren Gunsten zu beeinflussen. Nachfrager streben eine möglichst hohe Konsumentenrente $v - p$ an, Anbieter suchen eine möglichst hohe Produzentenrente $p - c$. In diesen Verhandlungen wird es sinnvoll sein, möglichst geschickt vorzugehen. Aber dass das nicht beiden Parteien gleichzeitig gelingen kann, spiegelt den fundamentalen Verteilungskonflikt im Tausch. Die Frankfurter Allgemeine Zeitung (25.07. 2012) widmet sich dem Konflikt zwischen Süd- und Nordsudan. Der Süden hat das Öl, der Norden die Pipelines. Für die Nutzung bietet der Süden

> „eine Transitgebühr zwischen 7,26 Dollar und 9,1 Dollar je Fass an
> ...Seit der Unabhängigkeit des Südens Mitte voriges Jahr wird über
> eine entsprechende Gebühr gestritten."

Welche Tauschrate sich letztlich einstellt, hängt allerdings bei weitem nicht allein vom eigenen Verhandlungsgeschick ab. Gerade die Präsenz anderer möglicher Anbieter- und Nachfrager spielt eine wichtige Rolle im Beantworten der Frage, wie die verfügbare Rente letztlich aufgeteilt wird. (Aus ebendiesem Grund will Süd-Sudan auch eine eigene Pipeline durch Kenia legen.)

Be. 39:   Rente ungleich verteilt? (Pharmaprodukte)

Ein mögliches Beispiel für eine extreme Aufteilung der Rente auf die beiden Tauschparteien sieht die Süddeutsche Zeitung in ihrem „1x1 der Pharmaindustrie", demzufolge sich sinngemäß der Preis eines Pharmaprodukts p gerade in Höhe der maximalen Zahlungsbereitschaft der Patienten v einschwinge – den Konsumenten also keinerlei Konsumentenrente $v - p$ verbleibe (18./19. August 2012, „Gewinn mit Nebenwirkung"): „Die Rechnung ist ganz einfach. Je größer das Leid und je mehr Hoffnungen mit einem Medikament verbunden sind, desto teurer wird es." Weiter heißt es im Text:

> „Nicht die Produktionskosten ... bestimmen, wie viel ein Arznei-
> mittel kostet, [sondern die] Schwere der Krankheit, gegen die es
> eingesetzt wird."

Setzen wir die Kosten des Arzneimittels mit p gleich und die Schwere der Krankheit mit der Zahlungsbereitschaft des Patienten v (sicher keine ganz falsche Annahme), übersetzt sich diese Aussage tatsächlich in $v - p = 0$. Leider findet sich im Artikel keine explizite Erklärung, warum das dort besprochene Pharmaprodukt so teuer ist. Intuitiv steht zu vermuten, dass nur wenigen Anbietern eines konkreten innovativen Medikaments viele Nachfrager gegenüberstehen und dass sich diese Asymmetrie in einer für die Konsumenten ungünstigen Tauschrate niederschlägt. Mit dieser Vermutung befassen wir uns in Kürze.

Be. 40:   Rente ungleich verteilt? (Makeln)

Makler vermitteln Wohnungssuchende an Wohnungen – und Wohnungen an Wohnungssuchende. Sie reduzieren so die Suchkosten (Be. (37)). Die Maklergebühr oder *Courtage* von zwei Monatsmieten trägt nach Zustandekommen des Mietvertrags bislang der neu einziehende Mieter. Die Frankfurter Allgemeine bezweifelt (25.10.2012), ob diesem Betrag eine hinreichende Leistung des Maklers gegenübersteht: „Unbestreitbar ist, dass deren Leistungen in schicken Innenstadtvierteln weit hinter deren Preis zurückbleiben.

> Wer bloß eine Anzeige schalten muss, damit Wohnungssuchende bei
> ihm Schlange stehen, hat wenig Aufwand. Zu Recht sehen Betroffene
> nicht ein, wenn sie alleine dafür zwei Monatsmieten berappen sollen."

Makler und Mieter tauschen die Dienstleistung Wohnungsvermittlung gegen Geld. Der Frankfurter Allgemeinen zufolge erzielt der Makler in diesem Tausch eine hohe Produzentenrente, denn sein „Aufwand" (sein Vorbehaltspreis) ist ja „gering". Der Mieter als Nachfrager der Vermittlungsleistung hat dagegen eine nur geringe Konsumentenrente. Er erwägt ja schon, vom Tausch gleich ganz Abstand zu nehmen. Kürzer gilt wieder: $v = p$. Darüber hinaus gilt dem Artikel zufolge in etwa: $c = 0$. Die Rente würde also sehr ungleich aufgeteilt.

Be. 41: Ein Nachfrager trifft einen Anbieter

Stellen wir uns die Präsenz nur zweier möglicher Tauschpartner vor. Der einzige Nachfrager und der einzige Anbieter haben Vorbehaltspreise von

7   bzw.

3 .

Der Vorbehaltspreis des Nachfragers steht hier in der oberen Zeile, der des Anbieters in der unteren. Ohne zusätzliche Informationen ist jede Tauschrate zwischen 3 und 7 – einschließlich 3 und 7 – denkbar. Aber was passiert, wenn sich plötzlich ein weiterer Anbieter mit Vorbehaltspreis 4 dem einzigen Nachfrager andient? Diese Veränderung hat zur Konsequenz, dass die letztlich realisierte Tauschrate nunmehr nur noch zwischen 3 und 4 – einschließlich 3 und 4 – liegen kann. Warum? Probieren wir beispielhaft ein Szenario, in dem Anbieter 3 und Nachfrager 7 eine „faire" Tauschrate von 5 erwägen. Anbieter 4, dem bei diesem Deal der Ausschluss vom Tausch droht, könnte allerdings auf Nachfrager 7 zugehen und ihm das gleiche Gut zu einer Tauschrate von weniger als 5 anbieten. – In letzter Konsequenz wird Anbieter 3 sich zwar dennoch gegenüber Anbieter 4 durchsetzen ... aber nur zu einem Preis von allerhöchstens 4.

Be. 42: Ein Nachfrager trifft zwei Anbieter

Der Zutritt des zusätzlichen Anbieters mit Vorbehaltspreis 4 (Be. (41)) zieht die für den zuerst präsenten Anbieter 3 erreichbare Tauschrate drastisch nach unten. Wie sehr der eine neu hinzutretende Anbieter die vorgefundene Tauschkonstellation beeinflusst, tritt besonders klar hervor, wenn wir unterstellen, dass der zweite, zusätzliche Anbieter ebenfalls einen Vorbehaltspreis von 3 hat. Dem einen Nachfrager mit Vorbehaltspreis 7 stehen also jetzt zwei Anbieter mit Vorbehaltspreisen 3 gegenüber:

$$7$$
$$3\ ,\ 3.$$

Jetzt kann die tatsächliche Tauschrate nicht einmal mehr über 3 liegen. Würde einer der beiden Anbieter dem Nachfrager einen Preis von mehr als 3 abfordern, würde ihn der jeweils andere Anbieter sofort unterbieten: entweder auf eigene Initiative oder nach Ansprache durch den Nachfrager. Im Ergebnis kann die erreichte Tauschrate nur bei 3 liegen. Eine analoge Beobachtung würden wir machen, wenn ein einziger Anbieter zwei identischen Nachfragern gegenüberstünde. Die tatsächliche Tauschrate würde gerade die Höhe der maximalen Zahlungsbereitschaft der beiden Nachfrager erreichen.

Be. 43: Zwei Nachfrager treffen zwei Anbieter

Erweitern wir unsere kleine Tauschgesellschaft auf den Fall zweier Nachfrager mit maximalen Zahlungsbereitschaften von 7 und 6 sowie zweier Anbieter mit minimalen Kompensationsforderungen von 3 und 4, kurz:

$$7\ ,\ 6$$
$$3\ ,\ 4. \tag{2.1}$$

Welche Tauschgeschäfte sind hier möglich, und zu welchen Tauschraten? Ein erstes einfaches Prinzip wird schon in diesem kleinen Beispiel sichtbar: Es kann keine zwei unterschiedliche Tauschraten geben. Gäbe es sie, würde der Nachfrager im teureren Deal sich dem Anbieter im günstigeren Deal – zu beider Vorteil – zuwenden. Würden etwa die Anbieter-3 und die Nachfrager-7 zu einer Tauschrate von 4 tauschen und die Anbieter-4 und die Nachfrager-6 zu einer Rate von 5, dann hätte die Nachfrager-6 Anlass, sich der Anbieter-3 zuzuwenden und die Nachfrager-7 zu überbieten, etwa durch eine Offerte einer Tauschrate von 4,5. Diese Einsicht verallgemeinert sich auf Gesellschaften mit beliebig vielen Tauschpartnern: Alle Tauschraten in allen bilateralen Tauschgeschäften müssen einander gleich sein.

Be. 44: Drei Nachfrager treffen drei Anbieter

Betrachten wir schließlich drei Nachfrager 7, 6 und 2 auf der einen Seite sowie drei Anbieter 3, 4 und 8 auf der anderen Seite. Kurz,

$$7\ ,\ 6,\ 2$$
$$3\ ,\ 4,\ 8. \tag{2.2}$$

In einer dauerhaften Tauschkonstellation müssen alle Transaktionen zu einer einheitlichen Tauschrate stattfinden (Be. (43)). Aber zu welcher? „Zu niedrige" oder „zu hohe" Tauschraten können jedenfalls nicht von Dauer sein: (i) Auf der einen Seite ist eine Tauschrate von 3,5 zu niedrig: Zu dieser Tauschrate wollen nur ein Anbieter (die 3), aber zwei Nachfrager (die 6 und die 7) tauschen. Tauscht etwa Anbieter 3 mit Nachfrager 6, wird der dann leer ausgehende Nachfrager 7 dem Anbieter 3 ein attraktiveres Angebot – von notwendigerweise mehr als 3,5, aber nicht mehr als 7 – unterbreiten. Tauschraten unterhalb von 4 sind nicht robust gegen Neuverhandlungen, weil sie unzufriedene Nachfrager produzieren. (ii) Auf der anderen Seite ist eine Tauschrate von etwa 6,5 zu hoch: Zu ihr wollen Anbieter 3 und Anbieter 4 tauschen, aber nur Nachfrager 7. Tauscht Nachfrager 7 beispielsweise mit Anbieter 3, wird der übrig bleibende, nicht zum Zuge kommende Anbieter 4 auf Nachfrager 7 zugehen und ihm ein attraktiveres Angebot machen – von weniger als 6,5, aber nicht unter 4. Tauschraten oberhalb von 6 sind nicht robust gegen Neuverhandlungen, weil sie unzufriedene Anbieter produzieren. Das zweite einfache Prinzip, das sich aus den Beispielen herausschält, ist: Eine robuste einheitliche Tauschrate hat die Eigenschaft, dass zu ihr jeder, der tauschen will, auch tauschen kann.

Be. 45:   Tauschrate neuverhandeln?

Nachfrager wie in (i) und Anbieter wie in (ii) aus der vorhergehenden Be. (44) sind „Unruhestifter": Sie brechen die fast schon fertige Konstellation von Tauschgeschäften und Tauschraten wieder auf. Vor diesem Hintergrund interessieren wir uns für eine Tauschrate p^*, die keinerlei Anlass mehr zu Neuverhandlungen bietet. Für sie muss gelten:

- Sie ist „einheitlich". Tauschgeschäfte können nicht zu unterschiedlichen Tauschraten abgeschlossen werden, ohne dass einige der Beteiligten ihre Tauschpartner wechseln (wollen) werden.

- Sie ist „nicht zu niedrig". Gibt es zu ihr auch nur einen einzigen interessierten Nachfrager noch ohne Tauschpartner, wird dieser in Neuverhandlungen mit einem der zu p^* verkaufswilligen Anbieter eintreten ... und ihn durch die Offerte von etwas mehr als p^* zu sich ziehen.

- Sie ist „nicht zu hoch". Denn gibt es zu ihr auch nur einen einzigen interessierten Anbieter noch ohne Tauschpartner, wird dieser in Neuverhandlungen mit einem der zu p^* kaufwilligen Nachfrager eintreten und ihm durch die Offerte von etwas weniger als p^* zu sich ziehen.

Die letzten beiden Eigenschaften einer robusten Tauschrate lassen sich alternativ auch mit dem Konzept der Überschussnachfrage ansprechen – im Vorgriff auf Be. (91): Eine gegen Neuverhandlungen robuste Tauschrate darf weder Überschussnachfrage noch -angebot provozieren. Denn andernfalls werden Anbieter und Nachfrager vom Tausch ausgeschlossen, die sich durch Unter- und Überbietungen erneut ins Spiel zu bringen versuchen (und damit bringen werden).

2.3   Gleichgewicht

Be. 46:   Kritischer Listenplatz

Hier folgt ein Vorgehen, das die Eigenschaften robuster Tauschraten (Be. (45)) respektiert. Die Liste der Zahlungsbereitschaften der Nachfrager in Be. (44) ist schon absteigend geordnet, die Liste der Kompensationsforderungen der Anbieter aufsteigend. Entsprechend können wir von der „ersten" Zahlungsbereitschaft in der Liste der Zahlungsbereitschaften sprechen (sie ist 7), von der zweiten (sie ist 6), etc. Auch können wir von der „ersten" Kompensationsforderung in der Liste von Kompensationsforderungen sprechen (sie beläuft sich auf 3), von der zweiten (sie beträgt 4), etc. Allgemein könnten wir uns auch auf den k-ten Listenplatz beziehen. Sprechen wir allerdings von dem besonderen Listenplatz

$$k^* ,$$

dann meinen wir gerade den Listenplatz, zu dem die Zahlungsbereitschaft des k^*-ten Nachfragers die Kompensationsforderung des k^*-ten Anbieters eben noch übersteigt. Würden wir also auf den Listenplatz $k^* + 1$ weiterschreiten, würde die Zahlungsbereitschaft des $k^* + 1$-ten Nachfragers kleiner als die Kompensationsforderung des $k^* + 1$-Anbieters ausfallen. Mit dem Konzept des kritischen Listenplatzes grenzen wir eine dauerhafte Tauschrate jetzt nach der folgenden Regel ein: Eine robuste, sich gegen Neuverhandlungen behauptende Tauschrate p muss über dem Vorbehaltspreis des k^*-ten Anbieters und unter dem Vorbehaltspreis des k^*-ten Nachfragers liegen.

Be. 47:   Tausch robust?

Unsere Gesellschaft von Tauschpartnern (2.2) illustriert Abb. (2.2). Der obere treppenartige Graph zeigt anhand dünn eingezeichneter Treppenstufen, dass die maximale Zahlungsbereitschaft eines Nachfragers umso kleiner ausfällt, je größer der Listenplatz dieses Nachfragers ist. Der untere treppenartige Graph illustriert anhand fett gezeichneter Treppenstufen, dass die minimale Kompensationsforderung eines Anbieters umso größer ausfällt, je größer der Listenplatz dieses Anbieters ist. Der kritische Listenplatz ist Abbildung (2.3) zufolge hier gerade

$$k^* = 2 . \tag{2.3}$$

Mit anderen Worten: Es finden zwei Tauschgeschäfte statt. Und die Tauschrate, zu denen diese beiden Transaktionen abgewickelt werden, muss zwischen der zweithöchsten maximalen Zahlungsbereitschaft und den zweitniedrigsten Produktionskosten liegen. Eine solche, gegen Neuverhandlungen robuste Tauschrate muss also zwischen 4 und 6 – einschließlich 4 und 6 – liegen.

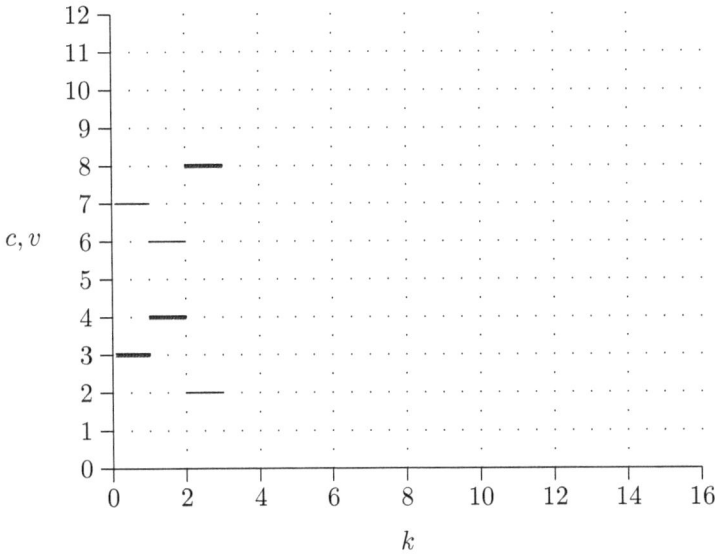

Abbildung 2.2: *Robuste Tauschkonstellation*

Be. 48: Zwölf Unternehmer treffen zwölf Arbeiter

Wir erproben die vorgestellten Konzepte an einer anspruchsvolleren Gesellschaft. Jetzt haben insgesamt 12 Nachfrager sowie 12 Anbieter die folgenden – absteigend sortierten – maximalen Zahlungsbereitschaften bzw. – aufsteigend sortierten – minimalen Kompensationsforderungen:

$$10, \quad 10, \quad 9, \quad 9, \quad 8, \quad 8, \quad 7, \quad 7, \quad 6, \quad 6, \quad 5, \quad 5$$
$$2, \quad 2, \quad 3, \quad 3, \quad 4, \quad 4, \quad 5, \quad 5, \quad 6, \quad 6, \quad 7, \quad 7. \tag{2.4}$$

Abb. (2.3) illustriert diese beiden Listen. Wir bestimmen zuerst den kritischen Listenplatz k^* aus Be. (46). Aus dem Vergleich der beiden Listen (2.4) sehen wir: $k^* = 10$. Der zehnte Nachfrager hat eine Zahlungsbereitschaft (von 6), die die Kompensationsforderung des zehnten Anbieters (von 6) gerade noch so übersteigt. Für den elften Nachfrager gilt das im Vergleich mit dem elften Anbieter dagegen nicht mehr. Die einzige Tauschrate, die zwischen der Zahlungsbereitschaft des zehnten Nachfragers und der Kompensationsforderung des zehnten Anbieters liegt, ist 6. Eine robuste Tauschrate darf also nicht von 6 abweichen.

Be. 49: Tausch robust!

Eine potentiell robuste Zuordnung ordnet so zu, dass in der folgende Liste jeder Nachfrager aus der ersten Zeile mit jeweils einem – egal welchem – Anbieter aus der zweiten

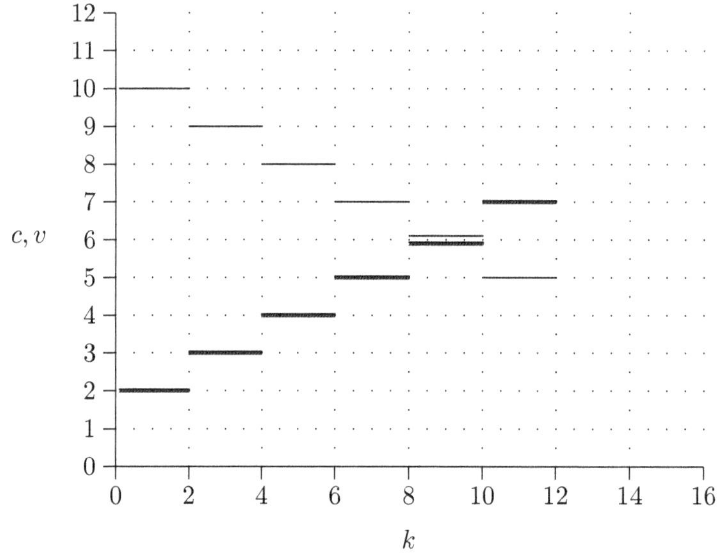

Abbildung 2.3: *Robuste Tauschkonstellation*

Zeile tauscht:

$$10, \quad 10, \quad 9, \quad 9, \quad 8, \quad 8, \quad 7, \quad 7, \quad 6, \quad 6$$
$$2, \quad 2, \quad 3, \quad 3, \quad 4, \quad 4, \quad 5, \quad 5, \quad 6, \quad 6 \tag{2.5}$$

Gemeinsam ist allen die Tauschrate von 6. Tatsächlich erfüllt die obenstehende Zuordnung nicht nur sämtliche notwendigen Bedingungen einer robusten Zuordnung (Be. (45)). Sie ist auch wirklich eine robuste Zuordnung. Sie ist wirklich ein Ruhezustand, ein sog. Tauschgleichgewicht. Stellen wir uns dazu beispielsweise vor, die beiden Nachfrager-10en würden aus der oben beschriebenen Zuordnung ausbrechen, einer Zuordnung, in der sie gegenwärtig eine Rente von 4 erzielen, um anschließend mit den beiden vom Tausch bislang ausgeschlossenen Anbieter-7en zu tauschen. Von Renten von 4 könnten sie im Tausch mit diesen Anbietern allerdings nur träumen. Ein ähnlich ernüchterndes Fazit gilt für alle anderen „Ausbrüche" aus der eingangs beschriebenen Zuordnung (2.5). Eine robuste Zuordnung im Tausch heißt übrigens auch Kernallokation.

Be. 50:   Alle könnten arbeiten ...

Die in Be. (48) vorgestellten vierundzwanzig Nachfrager und Anbieter könnten etwa Arbeitsplatzsuchende und Arbeitsplatzanbietende sein. Ein Vorschlag, Anbieter und Nachfrager einander zuzuordnen, besteht darin, die Nachfrager mit der höchsten Zahlungsbereitschaft mit den Anbietern mit der höchsten Kompensationsforderung zusammenzubringen, die Nachfrager mit der zweithöchsten Zahlungsbereitschaft mit den Anbietern mit der zweithöchsten Kompensationsforderung, etc. Es entstünde die folgende

Zuordnung (untereinander stehende Vorbehaltspreise bilden ein Match):

$$5, \quad 5, \quad 6, \quad 6, \quad 7, \quad 7, \quad 8, \quad 8, \quad 9, \quad 9, \quad 10, \quad 10$$
$$2, \quad 2, \quad 3, \quad 3, \quad 4, \quad 4, \quad 5, \quad 5, \quad 6, \quad 6, \quad 7, \quad 7. \tag{2.6}$$

wobei $2-5$ z.B. ein Tauschgeschäft (Arbeitsverhältnis) zwischen einer Anbieter-2 und einer Nachfrager-5 beschreibt. Bemerkenswert ist, dass in dieser Allokation alle Anbieter und Nachfrager zum Zuge kommen: Jeder Arbeitsanbieter (Arbeitssuchende, Arbeiter) wird eingestellt; jeder Arbeitsplatzanbieter (Arbeitsnachfrage, Beschäftigungsgeber) findet einen Arbeiter. Es herrschen sowohl Vollbeschäftigung als auch Kapazitätsvollauslastung. Nur ist die hier vorgestellte Tauschkonstellation nicht von Dauer. Die Beteiligten haben Anreize zum Neuverhandeln, u.a. weil die Tauschgeschäfte nicht zur gleichen Tauschrate abgewickelt werden (Be. (46)). Die folgende Bemerkung stellt einige Möglichkeiten für Neuverhandlungen vor.

Be. 51: ...aber nicht alle können arbeiten

Die Vollbeschäftigung aus der vorigen Be. (50) macht die besonders tauschwilligen Nachfrager mit Vorbehaltspreis 10 und die besonders tauschwilligen Anbieter mit Vorbehaltspreis 2 nicht glücklich. Jeder dieser vier Akteure erzielt aktuell in der Tauschkonstellation (2.6) bestenfalls eine Konsumenten- bzw. Produzentenrente von 3. Würde eine Anbieter-2 alleine aus der Zuordnung (2.6) ausbrechen, stellte sie sich zwar sicher nicht besser: Auf sich alleine gestellt könnte sie mit niemandem tauschen und käme damit höchstens auf eine Rente von Null. Würde sie allerdings gemeinsam mit einer Nachfrager-10 ausrücken, erzielte dieses Team durch Tausch untereinander eine Rente von 8: Teilen sie diese neue Rente von 8 dann beispielsweise gleichmäßig untereinander auf, können sie sich beide mühelos besserstellen gegenüber dem Vollbeschäftigungs-Match. Dass ihre ehemaligen Partner darüber nicht glücklich sein werden, wird sie dabei nicht weiter kümmern. Ihre ehemaligen Partner können sie in der hier beschriebenen Welt nicht festhalten. Wir schließen schon aus dieser Überlegung, dass die Zuordnung (2.6) kein Gleichgewicht sein kann.

Be. 52: Scheidung ertauschen?

Nicht nur materielle Güter werden getauscht. Vielleicht können wir Tausch sinnvoll auch im Bereich der Partnerschaft erkennen – in einem zwischenmenschlichen Kontext also, in dem viele von Tausch grundsätzlich nicht sprechen möchten (und in dem zugegeben hohe Transaktionskosten (Be. (37)) die folgenden Überlegungen womöglich dominieren). In *The Great Gatsby* will sich Daisy von Tom trennen, Tom will die Ehe dagegen fortführen. Die Intensität der Bindung der beiden Partner aneinander erfassen wir über das schon vorgestellte Konzept der Vorbehaltspreise. Es sei beispielsweise Daisy maximal 7 Numéraires bereit, an Tom im Tausch für ihre Freiheit zu zahlen. Gleichzeitig fordere Tom mindestens 5 Numéraires dafür, Daisy freizugeben. Typischerweise unterscheidet das Scheidungsrecht zwischen zwei Konstellationen. (i) Entweder müssen beide Partner der Scheidung zustimmen; oder aber (ii) es reicht, dass sich einer der beiden scheiden lassen will. In Fall (ii) wird Daisy Tom ohne zu zögern verlassen. Aber auch im Fall (i) würde Daisy Tom verlassen: Zahlt Daisy Tom einen Transfer von mindestens 5 und höchstens 7, also eine Anzahl Numéraires irgendwo

$$\text{zwischen} \quad 5 \quad \text{und} \quad 7,$$

wird Tom in die Scheidung einwilligen. Dass Daisy sich von Tom trennen will, folgt daraus, dass ihr Vorbehaltspreis größer als der Toms ist. Der rechtliche Rahmen spielt keine Rolle für diese Entscheidung. (Er spielt allerdings eine erhebliche Rolle dafür, wie intensiv Daisys Glücksgefühl ist, wenn sie Tom verlässt.)

Be. 53:   Verbleiben ertauschen?

Dass Daisy sich im Roman tatsächlich gar nicht von Tom trennt, weist darauf hin, dass die Vorbehaltspreise von Daisy und Tom anders zueinander stehen könnten. Nehmen wir alternativ an, Daisy habe eine Zahlungsbereitschaft von 6, Tom eine Kompensationsforderung von 8. Wieder unterscheiden wir zwei Fälle: (i) Erfordert die Trennung die Zustimmung Toms, wird Tom sie nicht nur verweigern. Auch hat Daisy – anders als in Be. (52) – gar keinen finanziellen Spielraum, sich diese Zustimmung durch die Zahlung von Numéraires zu ertauschen. (ii) Erfordert die Scheidung dagegen nicht die Zustimmung Toms, wird Daisy zwar die Trennung erwägen. Allerdings hat Tom jeden Anreiz, Daisy über die Zahlung eines Transfers von mindestens 6 aber höchstens 8, also einen Transfer irgendwo

$$\text{zwischen} \quad 6 \quad \text{und} \quad 8$$

zu halten. (Tom verspricht u.a. vielleicht, künftig öfter Geschirr zu spülen.) Unabhängig vom rechtlichen Rahmen wird Daisy sich nicht von Tom trennen.

Be. 54:   Rechte tauschen?

Eine Scheidung unterscheidet sich grundsätzlich von dem Tausch, den wir in den Be. (36) bis (53) betrachtet hatten. Dort kam es immer nur zum freiwilligen Tausch tauschwilliger Tauschpartner. Im Gegenzug für das Abgeben des Guts floss immer eine gemeinsam ausgehandelte Anzahl von Numéraires, eine als angemessen empfundene Kompensation. Im Kontext der Scheidung kann ein Partner dagegen dem anderen einen Verzicht (auf sich, auf einen neuen Partner) aufzwingen, ohne diesen dafür kompensieren zu müssen. Trotz dieser so unterschiedlichen Ausgangslage zeigt Be. (53), dass es nicht zwangsläufig zur Trennung kommen muss. Denn beide Partner erwägen den Tausch von Rechten. Im Fall (i) der Be. (52) ertauscht sich Daisy das Recht, Tom zu verlassen. Und im Fall (ii) der Be. (53) ertauscht sich Tom Daisys Recht, ihn zu verlassen. Nicht die Rechtslage, sondern nur der Vergleich von Zahlungsbereitschaft und Kompensationsforderung entscheidet in unserem Beispiel, ob es wirklich zur Trennung kommt. Im Beispiel der Be.

(52) kommt es zur Trennung, im Beispiel der Be. (53) eben nicht. Eine analoge Diskussion folgt später im Kontext der Entscheidung zwischen teurer gelungener Architektur und billiger Massenware (Be. (166)).

2.4 Wohlfahrt

Be. 55: Die richtige Miete?

Um die jeweils für sie selbst „richtige Tauschrate" ringen die Parteien nicht nur im Stillen. Viele solcher Konflikte werden öffentlich ausgetragen und beschäftigen unzählige Artikel der Tagespresse: Arbeitgeber und Gewerkschaften streiten wiederkehrend um die Lohnhöhe oder den Lohnzuwachs. Mitgliedsländer der Eurozone sehen die Europäische Zentralbank unterschiedlich stark in der Pflicht, die Zinsen auf Staatsanleihen zu verändern. Aber was ist in diesen Fällen die gesellschaftlich richtige Tauschrate? Unter der Überschrift „Mieter auf der Straße" schreibt die tageszeitung (10./11.11. 2012):

> „Bundesweit rufen mehrere Mieterinitiativen ... zu Demonstrationen gegen überhöhte Mietpreise und Wohnungsmangel auf. ... Die Proteste werden befeuert durch die Preissteigerungen bei Neuvermietungen"

In dieser Diskussion spiegelt sich der offensichtliche Verteilungskonflikt zwischen Mietern und Vermietern (Be. (39)), der hier übrigens nicht nur zwischen jeweils einem Mieter und einem Vermieter ausgetragen wird, sondern sogar in organisierten Interessengruppen und in der politischen Arena. Schon die bisherige Diskussion dieses Kapitels signalisiert, dass die Tauschrate allerdings nicht nur offensichtlich über die Aufteilung der Rente eines Tauschgeschäfts entscheidet, sondern auch und weniger offensichtlich über die Anzahl dieser Tauschgeschäfte. Beide Aspekte müssen in der Beurteilung der gesellschaftlich richtigen Miete eine Rolle spielen.

Be. 56: Einen Verdienst verdienen?

Die Frankfurter Allgemeine schreibt in ihrem Feuilleton:

> „Die (ohnehin wenigen) wirtschaftswissenschaftlichen Theorien zur Lohnstruktur geben ... kaum etwas für Fragen der Gerechtigkeit oder Angemessenheit her. Kein Mensch weiß, weshalb Müllfahrer weniger verdienen als Werbegrafiker oder Hebammen weniger als Journalisten und Apotheker."

Diese Kritik ist wirklich schwer nachvollziehbar: Bereits Adam Smith (1776) hat in einer Passage, die fast so berühmt geworden ist wie seine Unsichtbare Hand (Be. (13)) oder der vielzitierte Absatz zur Spezialisierung in der Produktion in einer Nadelfabrik im Detail überlegt, warum manche Berufe ihren Ausübenden weniger Lohn bieten als andere. Aber vor allem führt unsere Diskussion der Vollbeschäftigung auf die Einsicht, dass der richtige Lohnsatz nicht nur die Aufteilung der Renten am Arbeitsmarkt mitbedenken muss, sondern auch deren Anzahl. Diese Ambivalenz des Lohnsatzes spiegelt sich in der Beobachtung, dass der Soziale Überschuss bei Vollbeschäftigung nicht maximal ist:

Be. 57: Was ist ein Tauschgleichgewicht wert?

Herrscht die Zuordnung (2.5) von Arbeitgebern und Arbeitern aus Be. (49) vor, ist der Soziale Überschuss

$$2 \cdot (10 - 2) + 2 \cdot (9 - 3) + 2 \cdot (8 - 4) + 2 \cdot (7 - 5)$$

Numéraires oder gerade 40. Allerdings sind nicht alle Arbeiter beschäftigt, und nicht alle Arbeitgeber finden jemanden, der für sie arbeitet. Herrscht dagegen die Zuordnung (2.6) vor, ist der Soziale Überschuss kleiner; er beträgt nur 36. Jedes der insgesamt 12 Matches erführt ja eine Rente von gerade 3. Gleichzeitig sind aber alle Arbeiter beschäftigt; und auch alle Arbeitgeber finden einen Arbeitnehmer. Wir wissen bereits, dass die Vollbeschäftigungskonstellation keine Chance hat, sich durchzusetzen, wenn jeder Arbeiter und Arbeitgeber frei darin ist, sich seinen Tauschpartner zu suchen (Be. (51)). Sicher ist trotzdem die Frage statthaft, in welcher Gesellschaft man selber leben wollen würde: in einer Gesellschaft mit robuster Beschäftigung und maximalem Sozialen Überschuss oder in einer Gesellschaft mit Vollbeschäftigung und eben kleinerem Sozialen Überschuss?

Be. 58: Dritten Weg suchen

Die in der vorhergehenden Bemerkung gestellte Frage nach der optimalen Alternative zwingt uns allerdings nicht zur Antwort, weil sie das Spektrum möglicher Alternativen unnötig verengt. Vielleicht lässt sich der Vollbeschäftigungsvorteil der Gesellschaft (2.6) ja mit dem Wert-Vorteil der Gesellschaft (2.5) kombinieren? Diese Idee ist nicht utopisch, sondern spielt vielmehr eine ganz zentrale Rolle in der modernen Volkswirtschaftslehre. Dixit/Skeath/Reiley (2009) schreiben in ihrem Lehrbuch: „... you could let the negotiations ... go their way and generate the maximum surplus; then you could take some of that surplus away from those who enjoy it and redistribute it to the others by using a tax-and-transfer policy." Zwar wird zuerst nach der Zuordnung (2.5) getauscht. Der dann erzielte zusätzliche Überschuss von 4 soll anschließend aber dann mit den über die Zuordnung (2.5) vom Tausch Ausgeschlossenen oder in dieser Zuordnung Benachteiligten geteilt werden. Dieses Teilen nimmt die Form monetärer Transfers an. Der Gewinn derjenigen, die vom Wechsel von (2.6) nach (2.5) profitieren, wird an diejenigen, die unter dem Wechsel von (2.6) nach (2.5) leiden, ausgeschüttet. Das geht, weil der der Soziale Überschuss ja wächst. Die Kompensationsmasse ist größer als die Summe der Entschädigungsforderungen:

Be. 59:   Die gesellschaftliche Wohlfahrt steigern?

Nennen wir den Sozialen Überschuss (Be. (36)) im Fall der Vollbeschäftigung: $kr + pr$. Analog schlüsseln wir den Sozialen Überschuss im Tauschgleichgewicht auf: $KR + PR$. Der zu verteilende Überschuss ist kleiner bei Vollbeschäftigung: $KR + PR > kr + pr$. Wir können nicht sicher sein, ob sich sowohl Konsumenten als auch Produzenten im Tauschgleichgewicht besser fühlen als bei Vollbeschäftigung. Beispielsweise mag $KR - kr$ positiv sein, aber $PR - pr$ negativ. Aber wir können durch Umstellen der obigen Ungleichung schreiben, dass

$$(KR - kr) > -(PR - pr) \tag{2.7}$$

gilt. Dieser Ungleichung zufolge übersteigt der Gewinn der Gewinner (hier: die Arbeitsnachfrager) den Verlust der Verlierer (hier: die Arbeiter). Sofern die Gewinner also ihren Gewinn von $KR - kr$ an die Verlierer überweisen, stellten erstere sich nicht einmal schlechter – während letztere von Verlierern zu Gewinnern mutierten. Den Sozialen Überschuss steigernde Übergänge von einer Tauschkonstellation zur nächsten können alle Gesellschaftsmitglieder besserstellen, wenn sie von geeigneten Transfers seitens der Reformgewinner an die Reformverlierer begleitet werden. Diese Überlegung – oder besser: dieser Vorbehalt – rechtfertigt den Gebrauch des Konzepts des Sozialen Überschusses im Evaluieren von Gesellschaften.

Be. 60:   Reformverlierer entschädigen?

Unter der Überschrift „Für ein paar Rupien" berichtet die Süddeutsche Zeitung (15.02. 2012) über die Kohleförderung in Indien. Indien ist nach China und den USA das drittgrößte Förderland für Kohle. Der Ausdehnung der Kohleförderung stehen allerdings Dörfer und Städte im Fördergebiet entgegen. Brennende Flöze sind ein besonders virulentes Problem. Aus diesem Grund siedelten die Behörden die Bewohner um.

> „Als Ausgleich versprach man den Bewohnern Schulen und Krankenhäuser in ihren neuen Dörfern, aber nichts davon wurde wahr, sagen die Betroffenen."

Die Expansion der indischen Kohleförderung ist den Förderunternehmen sicherlich mehr wert als die von der Umsiedlung betroffenen Bewohner zur Entschädigung fordern würden. Würden die Bewohner ihr Recht auf ihren angestammten Wohnort gegen Geld verkaufen, könnten sich prinzipiell beide Parteien besserstellen (während sich der Rest des Globus durch die weiter wachsenden Kohlendioxid-Emissionen schlechterstellt – ein Aspekt, den wir an dieser Stelle ausblenden wollen). Das Kompensationsversprechen wird allerdings nicht eingehalten, die Umgesiedelten erhalten „nur ein paar Rupien". Gerade die Aussicht auf einen solchen Vertragsbruch lässt eine Partei in diesem Tausch zögern – und oft sogar von vornherein vom Tausch Abstand nehmen – wenn sie das, anders als in unserem Beispiel, kann. Dieses Problem ist im ökonomischen Jargon bekannt als eines der Zeitinkonsistenz kompensierender Transfers.

2.5   Spezielle Tauschraten

Be. 61:   Geld

Keine der bisherigen Passagen setzt die Existenz von Geld voraus. Alle Tauschpartner
verwenden nur einen Rechenmaßstab, einen Numéraire, in dessen Einheiten sie ihre
Tauschgeschäfte abrechnen (Be. (26)). Tausch setzt Geld in der Form, wie wir es heute
kennen, nicht voraus, wie ja auch die historischen Tauschgeschäfte der Jungsteinzeit
ohne Geld stattfanden. Auch ohne Münzen, Banknoten, Girokonten oder Kreditkarten
ließ sich tauschen (Be. (25)). Andersherum bedeutet das Verwenden von Geld nicht,
dass sich an den Grundprinzipien eines Tauschgeschäftes etwas ändert. Geldpreise – und
Quotienten aus ihnen – transportieren nichts anderes als Tauschraten. Die tageszeitung
(14.10. 2008) vermittelt auf plastische Weise, wie die zu Beginn der Finanzkrise vor-
gesehenen (und dann nie in dieser Höhe abgerufenen) Garantiemittel zur Rettung von
angeschlagenen Banken in Höhe von 500 Mrd. Euro sich in äquivalente Gütermengen
umrechnen lassen: „Was könnte man mit 500,000,000,000 Euro noch so alles anfangen?
. . . [Z.B.] . . . 1,428,471, Mio. Reihenendhäuser mit kleinem Garten".

Be. 62:   Preise transportieren Tauschraten

Der Preis eines Guts gibt an, wie viel eine Einheit dieses Guts kostet. Er ist einfach eine
Tauschrate (Be. (30)). Zerlegen wir den Begriff des Preises in seine drei Bestandteile: (i)
Ein Preis meint grundsätzlich *zwei* Güter: Das Gut, das ertauscht wird, als Objekt des
Tauschinteresses, sowie das Gut, mit dem bezahlt wird, als Bezugsbasis. Abb. (2.5) etwa
spielt offensichtlich auf den Preis einer Einheit des Guts Pflegeprodukt in Einheiten
des Guts Schulbuch an. Häufig ist die Bezugsbasis Geld, aber oft ist sie auch nicht
Geld. (ii) Ein Preis meint grundsätzlich die Kosten *einer Einheit* des zu ertauschenden
Guts. (iii) Ein Preis präzisiert die Höhe dieser Kosten. Er gibt an, wie viele Einheiten
der Bezugsbasis für die Einheit des zu ertauschenden Guts zu zahlen sind. (iv) Aber
natürlich beziffert der Preis aus der Perspektive des Verkäufers keine Kosten, sondern
einen *Umsatz*.

Be. 63:   Nominale Kosten eines Guts? (Nominaler Preis)

Ein Preis (Be. (62)) mit Bezugsbasis Geld (Be. (61)) ist ein sog. nominaler Preis. Die
Anzahl Euro, die der Käufer eines Guts dessen Verkäufer überlassen muss, ist der nominale Preis dieses Guts. Kurz:

$$p$$

Die nominalen Preise wiederkehrender konkreter Güter dieses Textes sind die für Wein
und Tuch: p_W und p_T. Ein nominaler Preis ist ein spezieller Preis. Also besitzt er
alle Eigenschaften eines Preises: Er (i) präzisiert die Kosten (ii) einer Einheit eines
Guts (iii) in Einheiten einer Bezugsbasis (Be. (62)). Daneben besitzt er eine weitere

NR. 8708
42. WOCHE
30. JAHRGANG
AUSGABE BERLIN
€ 1,70 AUSLAND
€ 1,00 DEUTSCHLAND
DIENSTAG, 14. OKTOBER 2008

die tageszeitung

Das sind 500 Milliarden Euro

So viel Geld setzt die Bundesregierung ein, um das Finanzsystem zu retten. Davon wird nicht alles verschwinden. Dennoch: Was könnte man mit 500.000.000.000 Euro noch so alles anfangen?

6.060,61 Euro an jeden Einwohner in Deutschland verschenken

109.589 Jahre in der Präsidentensuite des Berliner Luxushotels Adlon wohnen

1.428.571 Reihenendhäuser mit kleinem Garten bauen

35.762 Jahre lang das Gehalt von Deutsche-Bank-Chef Ackermann beziehen

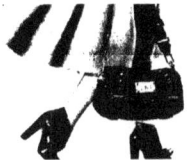

Abbildung 2.4: *Der relative Preis einer Einheit Bankenrettung (taz vom 14.10. 2008)*

Interpretation, die nicht jeder Preis vorweisen kann: Ein nominaler Preis misst auch die Höhe der Geldzahlung, die bei erfolgtem Kauf an den Verkäufer fließt. Aus der Perspektive des Verkäufers ist ein nominaler Preis dabei typischerweise auch (iv) der *Umsatz* der verkauften Einheit. Die Existenz unterschiedlicher Währungen zwingt uns zu erklären, welches Geld Bezugsbasis eines nominalen Preises sein soll. Typischerweise ist der Euro diese Bezugsbasis.

Be. 64: Was kann ein Euro? (Kaufkraft des Euro)

Der Kehrwert eines nominalen Preises (Be. (63)) ... ist wiederum ein Preis (Be. (62)). Dieser Schluss erschliesst sich schnell anhand eines Zahlenbeispiels. Der nominale Preis eines Nahrungsmittels sei etwa 25 Cent. Dann ist $1/0.25 = 4$ ... einfach die Anzahl Nahrungsmittel, die ein Euro kaufen kann. Allgemein gilt also: Der Kehrwert des Preises p eines Guts,

$$1/p,$$

misst die Kaufkraft eines Euro in Einheiten dieses betreffenden Guts. Natürlich lässt sich die Kaufkraft eines Euro auch anhand ganz anderer Bezugsgrößen darstellen. Etwa ist $1/p_W$ bzw. $1/p_T$ die in Wein respektive Tuch ausgedrückte Kaufkraft eines Euro. Eine alternative Interpretation von $1/p$ stellt ab auf den Verkäufer. Für diesen Käufer eines Euro ist etwa $1/p_W$ die Anzahl Weinflaschen, die der Verkäufer für einen Euro hergeben muss. Zusammengefasst gilt: Der Kehrwert des nominalen Preises eines Gutes misst auch den – in Einheiten dieses Guts ausgedrückten – Preis eines Euro.

Be. 65: Kosten einer Elternzeit

Viele Erwerbstätige nutzen die Elternzeit für eine berufliche Pause, während derer sie sich um ihre kleinen Kinder kümmern. Während – und auch damit – sie das tun, erhalten sie häufig sogar das sogenannte Elterngeld. Das Zentrum für Europäische Wirtschaftsforschung (ZEW) rechnet der Elternzeit die entsprechenden Nachteile gegen. Zum einen verliert der zuhause bleibende Partner das Gehalt, das er verdiente, wenn er weiterhin arbeiten würde. Zum anderen verliert er einen Teil seines zukünftigen Lohneinkommens. Denn, so das ZEW (2002), „Die Folgekosten einer Karrierepause umfassen jedoch nicht nur das entgangene Einkommen während der Unterbrechung, sondern auch eventuelle Einbußen in der späteren Lohnentwicklung." Diese langfristigen Konsequenzen einer Erwerbspause würden oft vernachlässigt. Saldieren wir ggf. das Elterngeld mit diesen beiden Typen von Nachteilen, dann bestimmen wir effektiv den nominalen Preis der Elternzeit oder dessen sog. *Opportunitätskosten.*

Be. 66: Reale Kosten eines Guts? (Realer Preis)

Ein in Einheiten irgendeines anderen Guts – und also nicht in Geldeinheiten – ausgedrückte Preis eines Guts ist dessen realer Preis. Abb. (2.5) aus der Werbung etwa fragt – nicht ohne pädagogische Absicht – nach dem – in Schulbüchern ausgedrückten, also realen – Preis eines Pflegeprodukts. Der so ausgewiesene Preis macht sehr viel konkreter, auf was der Käufer etwa tatsächlich verzichtet beim „Kauf eines Pflegeprodukts". Reale Preise folgen manchmal auf natürliche Weise aus den beiden dahinterstehenden nominalen Preisen. Denn es ist der Quotient dieser beiden nominalen Preise, etwa von p_W zu p_T, ein realer Preis. Zum Verständnis dieses Quotienten p_W/p_T ist es hilfreich, ihn als Produkt $p_W \cdot (1/p_T)$ zu schreiben. Einerseits misst p_W die Anzahl Euro, auf die der Käufer verzichten muss, wenn er eine Flasche Wein kauft (Be. (63)). Andererseits erfasst $1/p_T$ die Menge an Tuch, die *jeder einzelne* dieser p_W Euros hätte kaufen können (Be. (64)). Aber dann ist das Produkt $p_W \cdot (1/p_T)$ oder

$$p_W/p_T$$

oder einfach kurz p gerade die Einheiten Tuch, auf die der Käufer verzichten muss, wenn er sich zugunsten des Kaufs einer Flasche Wein entscheidet. Anders gesprochen: p_W/p_T bzw. p ist der – in Nahrungsmitteln ausgedrückte – reale Preis des Weins. Prägnanter: p_W/p_T ist der Tuchpreis des Weins. (Und was ist dann p_T/p_W?) Ein weiterer in diesem Text häufig auftauchender Quotient nominaler Preise ist w/p_F. Wegen seiner Prominenz in der öffentlichen Diskussion diskutieren wir diesen realen Preis separat (Be. (68)).

Be. 67: Nominale Entlohnung der Arbeit? (Nominallohn)

Der *Nominallohn* ist der nominale Preis der Arbeit (Be. (63)), kurz:

$$w.$$

Aus der Perspektive eines Unternehmens misst w die Kosten einer Arbeitseinheit; aus der Perspektive des Haushalts erfasst w die Entlohnung seiner Arbeitseinheit. Mit den Preisen p_W und p_T dieses Textes hat der Nominallohn gemein, ein nominaler Preis zu sein. Er unterscheidet sich von ihnen aber darin, dass er ein Faktorpreis, und eben kein Güterpreis, ist. Auch der Kehrwert des Nominallohns, $1/w$, hat die Interpretation eines Preises. Experimentieren wir kurz mit einem Zahlenbeispiel: Beträgt der Nominallohn 5 Euro je Beschäftigten und Stunde, dann ist $1/5$ ... die Zahl der Beschäftigtenstunden, die das Unternehmen sich für einen Euro leisten kann. Anders formuliert: Der Kehrwert des Nominallohns ist die – in Arbeitseinheiten ausgedrückte – Kaufkraft eines Euro (Be. (64)).

Be. 68: Reale Entlohnung der Arbeit? (Reallohn)

Der Quotient aus Nominallohn und nominalem Preis eines beliebigen Guts, etwa Wein, ist ein Preis (Be. (66)). Betrachten wir dazu etwa den Quotienten

$$w/p_W$$

Das Verständnis dieses Quotienten erschließt sich wieder am einfachsten durch Umschreiben als Produkt $w \cdot (1/p_W)$. Es ist $1/p_W$ die – in Weinflaschen ausgedrückte – Kaufkraft *eines* Euro (Be. (64)). Aber dann ist das w-fache dieser Kaufkraft gerade die – in Weinflaschen ausgedrückte – Kaufkraft des Nominallohns. Der Quotient ω hat eine *reale*, weil in Güter- statt nur in Geldeinheiten erfasste, Dimension. Daher heißt er in Nahrungsmitteleinheiten ausgedrückter Lohn oder kürzer: Reallohn. Aus der Perspektive der Haushalte ist der Reallohn eine Kaufkraft. Aus der Perspektive eines Unternehmens ist der Reallohn natürlich ein Preis: Denn er gibt die Anzahl Nahrungsmittel an, die dieses im Tausch gegen eine Arbeitseinheit zahlen muss. Andere Bezugsbasen sind denkbar: w/p_T etwa ist ein – in Bahnen Tuch ausgedrückter – Reallohn. Ist klar, in Einheiten welches Gutes der Reallohn ausgedrückt wird, schreiben wir kurz einfach: ω.

Be. 69: In Arbeit bemessener Preis? (Arbeitspreis)

In der Frankfurter Allgemeinen Zeitung (01.08. 2007) findet sich vor dem Hintergrund steigender Butterpreise für das Jahr 2007 der folgende instruktive Vergleich:

> „Für ein halbes Pfund Butter ... musste ein Arbeitnehmer mit Durchschnittseinkommen 1970 noch 22 Minuten arbeiten. Vor der jüngsten Preiserhöhung reichten vier Arbeitsminuten, um sich ein Stück Butter leisten zu können."

Abbildung 2.5: *Der in Schulbüchern gemessene Preis eines Pflegeprodukts*

Hier wird der – in Arbeitszeit gemessene – Preis eines halben Pfunds Butter angesprochen. Wird der Preis eines halben Pfunds Butter mit p_B bezeichnet, dann lässt sich der in Arbeitszeit gemessene Preis eines halben Pfunds Butter analog zu den bisherigen Überlegungen gerade als Quotient p_B/w oder $1/\omega$ darstellen. Vor allem natürlich bietet der Vergleich des Zitats einen anschaulichen, weil durch Inflation nicht beeinträchtigten, wenn auch partiellen Blick auf den Wohlstandszuwachs der Bundesrepublik über die knapp 40 Jahre zwischen 1970 und 2007.

Be. 70:   Wenn wirklich alle Preise steigen? (Inflation)

Mit Inflation wird in mikroökonomischen Lehrbüchern oft ein gleichmäßiger und dauerhafter Anstieg aller nominaler Güter- und Faktorpreise bezeichnet. Unter einer solchen Inflation verdoppeln sich etwa jedes Jahr nicht nur sämtliche nominalen Güterpreise, sondern auch ... alle Nominallöhne. Eine solche Inflation belässt reale Preise (Be. (66)) und Reallöhne (Be. (68)) auf ihrem ursprünglichen Niveau. Makroökonomische Lehrbücher weisen demgegenüber darauf hin, dass nominale Preise und Löhne in echten Inflationen nicht gleichmäßig ansteigen, so dass reale Preise und reale Löhne unvorhergesehen und deutlich schwanken können. Sebastian Haffner (2000) erinnert sich an den Alltag der Hyperinflation der Weimarer Republik von 1923 so:

> „Wieviel das Gehalt wert war, war schwer abzuschätzen; ... einmal
> konnten hundert Millionen eine beachtliche Summe darstellen, we-

nig später waren eine halbe Milliarde ein Taschengeld. ... innerhalb
einer Stunde wurde das Monatsgehalt eines Oberregierungsrats für
unverderbliche Speisen ausgegeben"

Die durch unkalkulierbare Schwankungen in den relativen Preisen provozierte Hast in
Konsum- und Investitionsentscheidungen, die in dem Zitat anschaulich wird, zählt zu
den sehr realen gesellschaftlichen Kosten der Inflation.

2.6   Ausblick

Be. 71:   Literatur

Weise et al. (1993) illustrieren die Idee des Tauschs anhand weiterer Beispiele. Alternative oder vertiefende Darstellungen genau des Tauschmodells dieses Kapitels finden
sich in Dixit/Skeath/Reiley (2009, Kap. 19.1) sowie Osborne (2004, Section 8.4). Eine
tiefergehende Diskussion dieses Tauschmodells bietet die sog. *Edgeworth-Box*, die sich
in jedem Lehrbuch der Mikroökonomie findet – etwa in Boadway/Bruce (1984), Varian
(2003), Fritsch/Wein/Ewers (2011), Wellisch (2000) oder auch Mas-Colell et al. (1995).
Dort tauschen nicht nur Individuen Güterbestände, sondern auch die diese Güterbestände bereitstellenden Unternehmen ihre Bestände an Produktionsfaktoren (Arbeit
und Kapital etwa). Mueller (2003) bespricht den sog. *Stimmentausch* in der Politik.
Die Darstellung der Neolithischen Revolution folgt Tudge (1999), Hrouda (2005) und
Jacobs (1970). Renger (1991) bebildert den frühen Tausch in Mesopotamien mit einer
Vielzahl anschaulicher Details.

Be. 72:   Tausch unterschätzt?

Nicht wirklich der Tausch selbst ist Quelle wachsender Wohlfahrt, sondern die mit
ihm einhergehenden Renten (Schnäppchen). Diese Renten sind Außenstehenden nicht
unmittelbar sichtbar. Vielleicht wird der Tausch deshalb oft unterschätzt? Oder weil
er das Ideal des noblen, keinerlei Reziprozität erwartenden Geschenks nicht erreicht?
(Dass auch Geschenke oft implizit Erwartungen an Gegengeschenke wecken und damit
letztlich nichts anderes als Tauschgeschäfte begründen, illustriert etwa Renger (1991):
Mesopotamische Herrscher der Vormoderne teilten sich ihre Wünsche an Luxusgütern
Renger zufolge per Korrespondenz mit und erfüllten sie sich wechselseitig in Form von
Geschenken.) Wie hoch die im Tausch erzielten Renten im übrigen sein können, illustrieren mittelbar die oft enormen Transaktionskosten, die in Kauf genommen werden, um
Tauschparteien miteinander zu verbinden. Transport über weite Entfernungen, durch
unsichere und gefährliche Regionen, mit unzuverlässigen Handelspartnern, etc. Eine
weitere wichtige mittelbare Rente des Tauschs ist das mit ihm verbundene Knüpfen
sozialer Kontakte: Tauschpartner haben weniger Anreize als autarke Parteien, sich zu
bekriegen.

3   Markt

Be. 73:   Markt in der Krise?

Die mit der Finanzkrise des Jahres 2008 einsetzende wirtschaftliche Krise scheint die Idee des Markts – und damit auch die der Marktwirtschaft – in Verruf gebracht zu haben. Exemplarisch fordert Wolfgang Huber, damaliger Bischof der evangelischen Kirche, der tageszeitung vom 3.11. 2008 zufolge ...

> „ein Einschreiten des Staats gegen die zerstörerische Gewinnsucht der Wirtschaft .... An die Stelle einer Vergötzung des Geldes und der Gier nach Gewinn müsse soziale Gerechtigkeit treten."

Das Unbehagen an der Marktwirtschaft artikuliert sich hier in Gestalt der Ziele der in dieser Marktwirtschaft operierenden Akteure: „Vergötzung des Geldes", „Gier nach Gewinn". Ein Anliegen dieses Kapitels ist es zu zeigen, inwiefern das individuelle Streben nach Gewinn ein starker Motor gesellschaftlicher Wohlfahrt und sogar sozialer Gerechtigkeit sein kann, *sofern* es durch geeignete Institutionen begleitet wird. Ein Beispiel einer solchen disziplinierenden Institution ist der über Preise vermittelte *Wettbewerb auf Märkten* ... der im obenstehenden Zitat kurioserweise keine Rolle spielt, obwohl er wirklich ein ganz unverzichtbarer Bestandteil des Konzepts der Marktwirtschaft ist. Ganz anders und doch wieder ähnlich greift die Zeitschrift „The Economist" den Höhepunkt der Finanzkrise auf. Sie befürchtet auf ihrem damaligen Cover ein Erodieren der Akzeptanz der Marktwirtschaft in der Gesellschaft.

Be. 74:   Dienen Märkte uns ... oder wir ihnen?

Das Feuilleton der Süddeutschen Zeitung berichtet unter der bezeichnenden Überschrift „Wir herrenlosen Sklaven" (12.12. 2012) von einer Tagung, der zufolge Märkte einer „schleichenden Ökonomisierung der Werte in der Gesellschaft" Vorschub leisten. Die „Paradigmen der Ökonomie: die Rationalisierung, das Management, die Quantifizierung, die Effizienz, die Zeiterfassung, der Profit, die Optimierung, der Wettbewerb finden sich heute in den Selbstbeschreibungen von Menschen wieder, in ihren gesellschaftlichen und privaten Interaktionen ..., ihren persönlichen Zielen". Der heutige Mensch lasse zu, dass diese Paradigmen Bestandteil seines Wertekanons werden: Er

> „...hat Termine beim Speed-Dating, investiert in Partnerbörsen, engagiert sich bei Ratings in sozialen Netzwerken, ...spricht von 'Work-Life-Balance'".

Man könne „so von einem Sachzwang-Charakter der Marktwirtschaft sprechen, die bis in die Privatsphäre hineinregiert". Dieses Zitat ist typisch für manche Marktkritik. Allerdings: Speeddating, Partnerbörsen und soziale Netzwerke sind zwar tatsächlich Orte, an denen sich der Mensch heute austobt. Aber gleichzeitig sind diese Institutionen ja gar keine Märkte. Sie rufen keine Preise aus, und niemand zahlt oder erhält welche. Auch überrascht, dass eine in Verruf geratene Idee (Be. (73)) ausgerechnet jetzt einen so starken Einfluss auf die individuellen Werte der Gesellschaftsmitglieder haben soll. Und heißt Ökonomisierung der Gesellschaft wirklich notwendig, dass ihre Gesellschaftsmitglieder ökonomisiert sind (Be. (16))? Schließlich lässt sich der behauptete Wertewandel einfacher auch alternativ über Veränderungen in ganz anderen (und beobachtbaren) Größen beschreiben, die – Markt hin, Markt her – auf uns einwirken: eine neue Transparenz des Individuums im Netz, eine Zunahme an Singles in der Gesellschaft oder gegenüber früher gestiegene Durchschnittseinkommen und -vermögen, die früher Undenkbares wie „Work-Life-Balance" überhaupt erst erlauben?

Be. 75: Märkte als Sprachen

Das im Kapitel *Einführung* vorgestellte Theorem der Unsichtbaren Hand (Be. (13)) verknüpft das Verhalten der Individuen einerseits mit dem gesellschaftlichen Ergebnis all dieser verschiedenen Verhalten andererseits. Bemerkenswert ist daran die Koordination der individuellen Verhalten durch ein Regelsystem, den Markt. Wie bemerkenswert dieses Phänomen der Koordination ist, wird durch den Querverweis auf ein anderes Regelsystem – die Sprache – vielleicht schon zu Beginn etwas klarer. Jede Sprache hat viele unterschiedliche Wörter. Aber erst das Befolgen der Regeln, der Syntax einer Sprache, führt zum Bilden verständlicher und sinnvoller Sätze. Deutscher (2005):

> "The most extraordinary thing about language . . . is that one doesn't have to be a Napoleon or a Newton to set its wheels in motion. The language machine allows just about everybody – from pre-modern foragers . . . to post-modern philosophers – to tie these meaningless sounds together into an infinite variety of subtle senses."

Dass ein Sprecher wirklich verstanden wird und echte Kommunikation fließt, ist nicht allein sein Verdienst, sondern auch das Ergebnis der Regeln, mit denen er seine Worte wählt und über die seine Aussagen vom Zuhörenden interpretiert werden. So koordinieren grob gesprochen auch Märkte individuelle Pläne. Die Suche nach einem individuell idealen Tauschpartner (der Versuch, sich verständlich zu machen) mündet in einer gesellschaftlich effizienten Allokation der Tauschobjekte (in echter Kommunikation).

Be. 76: Häuser, Pferde, Arbeitstage

Konkret entwirft dieses Kapitel die Interessen der Teilnehmer eines Markts, präsentiert den Kauf bzw. Verkauf eines Guts und evaluiert das Marktgeschehen aus der Perspektive der Gesellschaftsmitglieder, also der Anbieter und Nachfrager. Ein Anbieter,

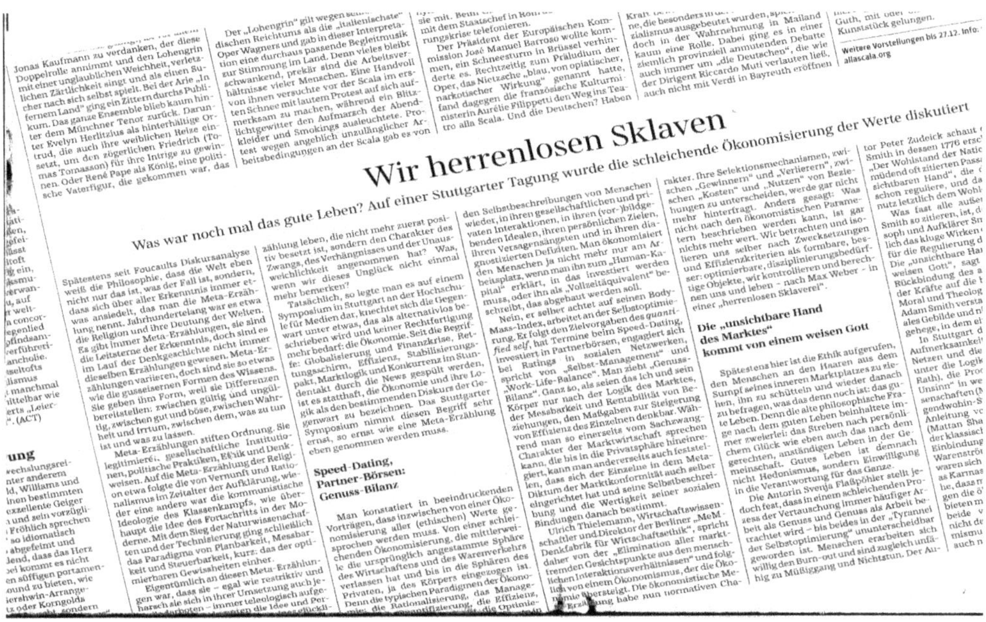

Wir herrenlosen Sklaven

Was war noch mal das gute Leben? Auf einer Stuttgarter Tagung wurde die schleichende Ökonomisierung der Werte diskutiert

Speed-Dating, Partner-Börsen: Genuss-Bilanz

Die „unsichtbare Hand des Marktes" kommt von einem weisen Gott

Abbildung 3.1: *Individuen als Sklaven der Märkte?*

dessen Angebot tatsächlich nachgefragt wird, wird zum Produzent; entsprechend wird ein Nachfrager, dessen Kaufwunsch zum Zug kommt, ein Konsument. Bezahlt wird in Nahrungsmitteln. Ein Auktionator registriert sämtliche Nachfrage- und Angebotspläne zu allen möglichen Preisen und wählt schließlich denjenigen Preis aus, der Gesamtangebot und Gesamtnachfrage in Übereinstimmung bringt. Wie schon im Kapitel *Tausch* nehmen wir an, dass jeder Anbieter (Nachfrager) entweder eine – oder keine – Einheit des gehandelten Guts anbietet (nachfragt). Märkte, auf denen Transaktionen immer nur eine Einheit betreffen, sind dabei gar nicht einmal so selten. Und auch so wird unser Modell einen wichtigen Teil des Geschehens auf allgemeineren Märkten abbilden.

3.1 Individuen

Be. 77: Angebotsfunktion

Ein Anbieter sollte am Markt die folgende Regel befolgen: Ist der tatsächlich zu erzielende Preis p größer als – oder gleich – seinem Vorbehaltspreis c (Be. (32)), bietet er sein Produkt an. Andernfalls bietet er es nicht an. Ökonomen bezeichnen dieses Verhalten als Angebotsfunktion des Anbieters. Eine graphische Illustration bietet Abb. (**??**). Für den dort dargestellten Anbieter ist der Vorbehaltspreis 2. Die Abbildung illustriert, warum der Vorbehaltspreis des Anbieters ein hilfreiches Konzept ist: Sein Angebot y ist fast

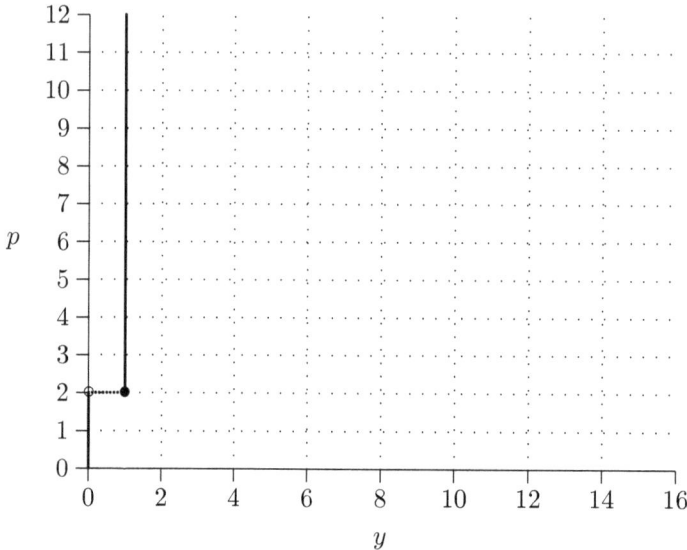

Abbildung 3.2: *Individuelles Angebot*

immer gleich. Nur dort, wo der tatsächliche Preis den Vorbehaltspreis erreicht, schlägt es von Null auf Eins – oder eben von Eins auf Null um. – Beachten Sie den ausgefüllten Punkt mit den Koordinaten (1; 2) sowie den nicht ausgefüllten, leeren Punkt mit den Koordinaten (0; 2). Nur der ausgefüllte Punkt ist Teil der Angebotsfunktion; der leere Punkt ist es nicht. Dies spiegelt unsere Vereinbarung, den Anbieter auch dann anbieten zu lassen, wenn er indifferent zwischen Angebot und Abstinenz ist. Fehlinterpretationen der Angebotsfunktion rühren immer von dem Versuch her, einem Wert auf der y-Achse einen Wert auf der p-Achse zuzuordnen. Dies kann zwar auch ein sinnvolles Vorgehen sein, bedeutet aber etwas ganz anderes (Be. (88)).

Be. 78:   Eine Angebotsfunktion missverstehen

Zwei wichtige Eigenschaften der individuellen Angebotsfunktion eines Anbieters sind häufigen Missverständnissen ausgesetzt: (i) Erstens weist die Angebotsfunktion nicht einfach einem ausgewählten Preis oder einzelnen ausgewählten Preisen, sondern allen nur denkbaren Preisen das jeweils entsprechende Angebot des Anbieters zu. Bildlich gesprochen ist die Angebotsfunktion das Resultat einer vorausschauenden, alle Eventualitäten berücksichtigenden Planung des Unternehmers. Dieser stellt sich bereits vor dem Zusammentreffen mit den potentiellen Nachfragern, gleichsam vorbeugend, auf alle möglichen Preise ein – obgleich doch letztlich typischerweise nur ein einziger Preis für ihn relevant sein wird. (ii) Zweitens weist die Angebotsfunktion jedem denkbaren Preis nicht irgendein, sondern grundsätzlich immer das für den Anbieter jeweils beste, oder optimale, Angebot zu. Beide dieser Eigenschaften sind leider aus dem Begriff der Angebotsfunktion selbst nicht herauszulesen.

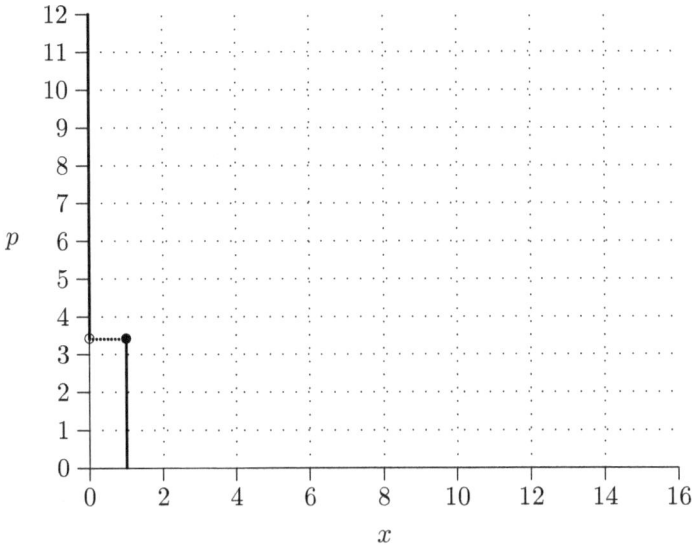

Abbildung 3.3: *Individuelle Nachfrage*

Be. 79: Nachfragefunktion

Das optimale Verhalten eines Nachfragers oder Haushalts mit Vorbehaltspreis v (Be. (31)) lässt sich mit Hilfe einer einfachen Regel umschreiben: Liegt der tatsächliche Preis p unter – oder gerade auf Höhe – seiner maximalen Zahlungsbereitschaft v, fragt der Nachfrager eine Einheit des Guts nach. Andernfalls fragt er das Konsumgut nicht nach. Sich gemäß dieser Regel zu verhalten ist für den Nachfrager optimal. Ökonomen sprechen statt von einer „Nachfrageregel" typischerweise von der Nachfragefunktion des Nachfragers. Eine Illustration des Graphen dieser Nachfragefunktion finden Sie in Abb. (3.3). Beachten Sie dort den ausgefüllten Punkt mit den Koordinaten $(1; 3,4)$, sowie den nicht ausgefüllten, leeren Punkt mit den Koordinaten $(0; 3,4)$. Nur der ausgefüllte Punkt ist Teil der Nachfragefunktion, nicht dagegen der leere Punkt. Beim Preis von $3,4$ Nahrungsmitteleinheiten ist die Nachfrage Eins, nicht Null. Dies spiegelt unsere Konvention, den Nachfrager selbst dann das Gut nachfragen zu lassen, wenn er zwischen Kauf und Nicht-Kauf strenggenommen indifferent ist. Fehlinterpretationen des Graphen der Nachfragefunktion rühren immer von dem Versuch her, einem Wert auf der Abszisse – also einer Menge! – einen Wert auf der Ordinate – einen Preis – zuordnen zu wollen (Be. (87)).

Be. 80: Eine Nachfragefunktion missverstehen

Die individuelle Nachfragefunktion ist ähnlichen Missverständnissen ausgesetzt wie die individuelle Angebotsfunktion (Be. (78)). Um diese Missverständnisse auszuräumen, seien die betroffenen Eigenschaften der Nachfragefunktion auch hier extra hervorgehoben: (i) Erstens weist die Nachfragefunktion nicht ausgewählten, oder irgendwelchen,

Preisen, sondern allen denkbaren Preisen die jeweils entsprechende Nachfrage des Haushalts zu. Die Nachfragefunktion ist das Resultat einer vorsorglichen, vorausschauenden Planung des Haushalts. Der Haushalt plant bereits vor dem Zusammentreffen mit potentiellen Anbietern, wie er auf den geforderten Preis reagieren wird – obwohl letztlich ja nur ein einziger Preis relevant sein wird. (ii) Zweitens weist die Nachfragefunktion einem Preis grundsätzlich immer die jeweils für den Nachfrager optimale Nachfrage zu. Nie weist sie einem Preis einfach irgendeine, für den Nachfrager nicht optimale, gewünschte Konsummenge zu. Auch diese Eigenschaften sind nicht am Begriff der Nachfragefunktion ablesbar.

Be. 81: Treppen begrenzen einfach zu bestimmende Flächen

Angebots- und Nachfragefunktionen dieses Kapitels sind Treppenfunktionen (Abb. (3.1) und (3.3)). Treppenfunktionen lassen sich nicht zeichnen, ohne an mindestens einer Stelle mit dem Bleistift vom Blatt abheben zu müssen. Die beim Abheben des Stifts entstehende Lücke und auch die Unterscheidung zwischen gestrichelten und durchgezogenen Linien scheinen etwas unhandlich. Wäre es nicht sinnvoller, Angebots- und Nachfragefunktionen mittels lückenlos durchgezeichneter Beispiele zu illustrieren, wie das die allermeisten einführenden Lehrbücher tun? – Die Treppenfunktionen dieses Textes haben immerhin zwei erhebliche Vorteile, die sich erst im weiteren Verlauf des Textes wirklich herausschälen: (i) Erstens geben die Flächen unterhalb von Angebots- und Nachfragefunktionen Auskunft über die Wohlfahrt der Marktteilnehmer. Aber diese Flächen sind unter Treppenfunktionen besonders leicht zu bestimmen. Wir müssen einfach nur „Kästchen zählen". (ii) Zweitens lässt sich die Identität der Marktteilnehmer aus aggregierten Angebots- und Nachfragefunktionen einfach rekonstruieren. Treppenfunktionen sind nur auf den ersten Blick unhandlich, auf den zweiten Blick entschädigen ihre Vorteile bei der Interpretation.

3.2   Aggregation

Be. 82:   Kaufen oder Verkaufen zu jedem Preis?

Wir betrachten einen Markt, dessen Gut von 12 Haushalten begehrt wird. Allerdings unterscheiden sich diese 12 Haushalte in der Intensität ihres Tauschwunsches, also in ihren Vorbehaltspreisen. Konkret sei

$$7,\ 9,\ 8,\ 6,\ 10,\ 5,\ 10,\ 9,\ 8,\ 7,\ 6,\ 5 \tag{3.1}$$

eine ungeordnete Liste aller Werte, die v annimmt. Jeder Eintrag dieser Liste repräsentiert einen Haushalt. Grob können wir Haushalte auch anhand ihrer Vorbehaltspreise ansprechen: Mit den „beiden 7en" beispielsweise meinen wir etwa diejenigen zwei Haushalte in der Liste (3.1), die nur zu Preisen von 7 oder weniger zu kaufen bereit sind.

Auf der Anbieterseite unseres einfachen Markts lassen wir 12 Anbieter anbieten. Auch die Anbieter unterscheiden sich in ihren Vorbehaltspreisen. Konkret sei

$$2, 3, 3, 4, 2, 4, 5, 6, 5, 7, 7, 6 \qquad (3.2)$$

eine ungeordnete Liste all der Werte, die c annimmt; jeder Eintrag der Liste repräsentiert einen Anbieter. Wir können die Anbieter der Liste (3.2) ebenfalls grob anhand ihrer Vorbehaltspreise identifizieren: „Die beiden 6en" etwa meint diejenigen zwei Anbieter, die erst zu Preisen von 6 oder höher zu verkaufen bereit sind. Dass die Zahl der Anbieter gerade der Zahl der Nachfrager entspricht, ist übrigens nicht notwendig für alles Weitere.

Be. 83: Nachfrager aggregieren

Die individuelle Nachfragefunktion haben wir bereits kennengelernt (Be. (79)). Eine aggregierte Nachfragefunktion beschreibt zu jedem möglichen Preis die Höhe der insgesamt, über alle möglichen Nachfrager hinweg, bestehenden Nachfrage. Wir bestimmen sie anhand des folgenden Wiederholungsverfahrens. Im ersten Schritt rufen wir einen konkreten, festen Preis p' aus; anschließend zählen wir die Nachfrager, die einen Vorbehaltspreis von p' oder mehr aufweisen. All diese sind ja sicher bereit zu kaufen (Be. (31)). (ii) Diesen Schritt wiederholen wir sukzessive für alle möglichen Preise. Abtragen der durch dieses Wiederholungsverfahren gewonnenen Liste von Preis-Mengen-Paaren gibt uns den Graphen der aggregierten Nachfragefunktion. Abb. (3.4) zeigt diesen Graphen. – Beachten Sie, dass Sie, wenn Sie auf der Suche nach der Nachfrage sind, sich zuerst einen Preis vorgeben, um anschließend die korrespondierende Menge am Graphen abzulesen. Gehen Sie umgekehrt vor und geben sich eine Menge vor, um anschließend einen Preis zu suchen, interpretieren Sie unwillentlich den eingezeichneten Graphen als Graphen der Inversen der aggregierten Nachfragefunktion. Diese Umkehrfunktion besitzt eine völlig andere Interpretation, mit der wir uns erst etwas später beschäftigen werden (Be. (87)).

Be. 84: Aggregierte Nachfrage fällt

Statt zur Herleitung der aggregierten Nachfrage alle möglichen Preise in beliebiger Reihenfolge auszurufen und die jeweils in Frage kommenden Nachfrager immer wieder von neuem auszuzählen, ist es arbeitsparend, (i) die Vorbehaltspreise der Haushalte aus Liste (3.1) in absteigender Reihenfolge zu ordnen:

$$10, 10, 9, 9, 8, 8, 7, 7, 6, 6, 5, 5 \, , \qquad (3.3)$$

(ii) Preise in fallender Reihenfolge auszurufen sowie (iii) lediglich diejenigen Preise auszurufen, die auch in der obigen Liste aufgeführt sind. Zuerst rufen wir also den höchsten Preis der Liste aus und zählen die Anzahl der Nachfrager mit Kaufwunsch. Anschließend rufen wir den zweithöchsten Preis der Liste aus und zählen die neu hinzutretenden Kaufinteressenten zu den bereits identifizierten Kaufinteressenten lediglich hinzu. Usf. Also:

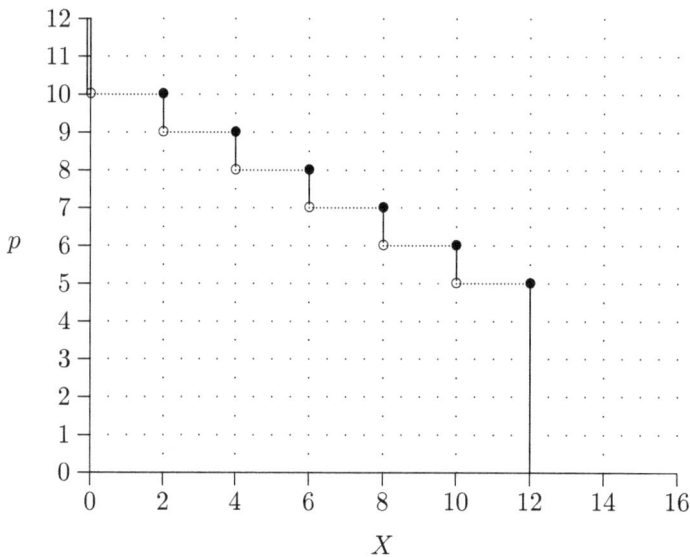

Abbildung 3.4: *Aggregierte Nachfrage*

Bei einem Preis von 10 kommt die aggregierte Nachfrage in Höhe von 2 von den beiden Haushalten, die einen Vorbehaltspreis von 10 haben. Bei einem Preis von 9 springt die aggregierte Nachfrage um die 2 Haushalte, die einen Vorbehaltspreis von 9 haben, auf insgesamt 4; usf. Mit diesem Verfahren finden wir die aggregierte Nachfragefunktion nicht nur schneller. Auch wird klar, dass die aggregierte Nachfrage dieses Modells mit fallendem Preis grundsätzlich wachsen muss.

Be. 85: Anbieter aggregieren

Die aggregierte Angebotsfunktion gibt zu jedem Preis die Höhe der insgesamt angebotenen Menge des Konsumguts an. Analog zu oben bestimmen wir sie anhand des folgenden Wiederholungsverfahrens: Im ersten Schritt rufen wir einen konkreten, festen Preis p' aus; anschließend zählen wir die Anbieter, die einen Vorbehaltspreis von p' oder weniger aufweisen. (ii) Diesen Schritt wiederholen wir sukzessive für alle möglichen Preise. Abtragen der durch dieses Wiederholungsverfahren gewonnenen Liste von Preis-Angebots-Paaren gibt uns den Graphen der aggregierten Angebotsfunktion, Abb. (3.5) zeigt diesen Graphen. Beachten Sie einmal mehr, dass Sie, wenn Sie auf der Suche nach dem aggregierten Angebot sind, sich zuerst einen Preis vorgeben müssen, um anschließend die korrespondierende Menge am Graphen abzulesen. Gehen Sie umgekehrt vor und geben sich zuerst eine Menge vor interpretieren Sie unwillentlich den eingezeichneten Graphen als Graphen der Inversen der aggregierten Angebotsfunktion. Deren Interpretation ist eine völlig andere. (Be. (88)) trägt diese alternative Interpretation nach.

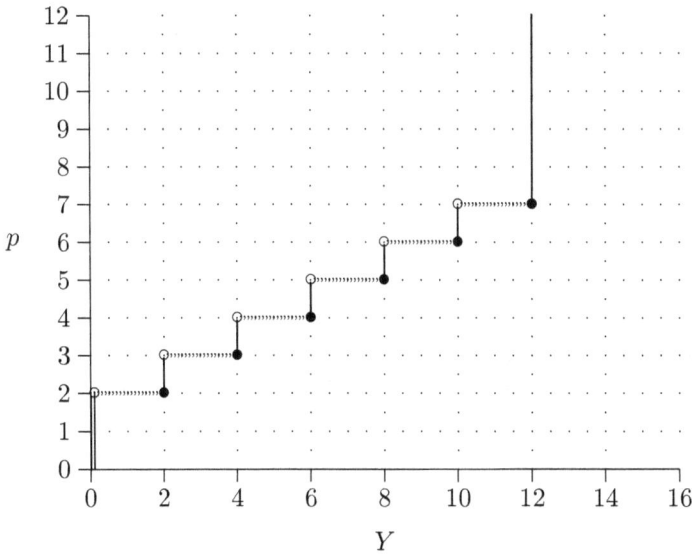

Abbildung 3.5: *Aggregiertes Angebot*

Be. 86: Aggregiertes Angebot steigt

Statt zur Herleitung der aggregierten Angebotsfunktion alle möglichen Preise in beliebiger Reihenfolge auszurufen und die jeweils in Frage kommenden Anbieter jeweils von neuem auszuzählen, ist es hilfreich, (i) die Vorbehaltspreise der Anbieter in aufsteigender Reihenfolge zu ordnen:

$$2, 2, 3, 3, 4, 4, 5, 5, 6, 6, 7, 7 , \tag{3.4}$$

(ii) Preise in ansteigender Reihenfolge auszurufen sowie (iii) lediglich diejenigen Preise auszurufen, die auch in der obigen Liste aufgeführt sind. Zuerst rufen wir also den niedrigsten Preis der Liste (3.4) auf und zählen die Anzahl der verkaufswilligen Anbieter. Anschließend rufen wir den zweitniedrigsten Preis auf und zählen die neu hinzutretenden Verkaufswilligen zu den bereits identifizierten Verkaufswilligen hinzu. Usf. Also: Bei einem Preis von 2 entstammt das aggregierte Angebot von 2 den beiden Anbietern, die einen Vorbehaltspreis von 2 haben; bei einem Preis von 3 springt das aggregierte Angebot um die 2 Anbieter, die einen Vorbehaltspreis von 3 haben, auf 4; usf. Mit diesem Verfahren finden wir die aggregierte Angebotsfunktion nicht nur schneller. Auch wird dadurch klar, dass das aggregierte Angebot mit steigendem Preis grundsätzlich steigen muss.

Be. 87: Marginale Zahlungsbereitschaft als Inverse Nachfragefunktion

Der Graph der aggregierten Nachfragefunktion gestattet uns, zu einem beliebigen festen Preis die jeweils resultierende Nachfrage abzulesen (Abb. (3.4)). Ein enger Verwandter diesen Graphen erlaubt eine interessante alternative Interpretation. Treffen wir die Konvention, dass nicht mehr durchgezogene Liniensegmente sowie ausgefüllte Punkte Teil des Graphen sind, sondern nurmehr punktierte Liniensegmente zusammen mit ausgefüllten Punkten. Diese Variante des Graphen ordnet jedem aggregierten Konsumniveau X die maximale Zahlungsbereitschaft des am wenigsten kaufwilligen der X kaufwilligsten Nachfrager zu. Ein Beispiel illustriert die Idee. Unterstellen wir einen aggregierten Konsum von 2. Der aus punktierten Liniensegmenten und ausgefüllten Punkten bestehende Graph ordnet diesem Konsum eine maximale Zahlungsbereitschaft von ... 10 zu. Und tatsächlich: Die geringste maximale Zahlungsbereitschaft unter den zwei konsumwilligsten Nachfragern beträgt ja gerade 10. Der derart „rückwärts" gelesene, leicht modifizierte Graph der aggregierten Nachfrage informiert über die maximale Zahlungsbereitschaft des am wenigsten kaufwilligen aktiven Nachfragers – oder eben die maximale Zahlungsbereitschaft des marginalen Nachfragers.

Be. 88:   Grenzkosten als Inverse Angebotsfunktion

Der Graph der aggregierten Angebotsfunktion gestattet uns, zu einem beliebigen Preis das resultierende Angebot abzulesen (Abb. (3.5)). Ein enger Verwandter diesen Graphen erlaubt eine interessante alternative Interpretation. Treffen wir die Konvention, dass nicht mehr durchgezogene Liniensegmente sowie ausgefüllte Punkte Teil des Graphen sind, sondern nurmehr punktierte Liniensegmente zusammen mit ausgefüllten Punkten. Diese Variante des Graphen ordnet jedem ganzzahligen aggregierten Produktionsniveau Y die Produktionskosten des am wenigsten verkaufswilligen der Y verkaufswilligsten Anbieter zu. Ein Beispiel illustriert die Idee. Unterstellen wir eine aggregierte Produktion von 5. Der aus punktierten Liniensegmenten und ausgefüllten Punkten bestehende Graph ordnet dieser aggregierten Produktion Produktionskosten von ... 4 zu. Und tatsächlich: Die höchsten Produktionskosten unter den gerade 5 verkaufswilligsten Anbietern betragen ja gerade 4. Der rückwärts gelesene, leicht modifizierte Graph des aggregierten Angebots informiert über die Produktionskosten des unter allen verkaufswilligen am wenigsten verkaufswilligen Anbieters, die Produktionskosten des marginalen Anbieters – oder auch die sog. Grenzkosten.

Be. 89:   Grenzkosten steigen (Ölförderung)

Die Grenzkosten sind definiert als die Produktionskosten des marginalen Anbieters (Be. (88)). Abb. (3.5) zufolge steigen sie: Je größer das Angebot sein soll, desto teurer werden die Produktionskosten des zuletzt gerade noch mobilisierten Anbieters ausfallen. Die Frankfurter Allgemeine Sonntagszeitung schreibt unter der Überschrift „Bis zum vorletzten Tropfen" (3.2. 2008):

> „Im Süden des Nationalparks Deutsches Wattenmeer liegt das größte Ölfeld der Bundesrepublik ... Wie an so vielen Orten gehören auch hier sprudelnde Quellen längst der Vergangenheit an, doch in den feinen Poren der Gesteine schlummern oft noch beachtliche Vorräte."

Um die Ölförderung zu steigern, erfordert es immer teurere Raffinesse in der Förderung. Der Artikel beschreibt im Detail die heutigen aufwendigen, teuren Fördermethoden. Dazu zählen das Einsetzen von Kernspinresonanzverfahren zum Auffinden unterirdischer Reservoirs unter dem Meeresboden, horizontale Bohrungen, etc.

3.3 Gleichgewicht

Be. 90: Einen Markt räumen

Abb. (3.6) führt die aggregierte Angebotsfunktion (Be. (85)) mit der aggregierten Nachfragefunktion (Be. (83)) zusammen. Dabei ist der Graph der Nachfragefunktion etwas nach links oben, der Graph der Angebotsfunktion leicht nach rechts unten versetzt gezeichnet. Dieser beabsichtigte „Zeichenfehler" in der Skizze soll jegliches Missverständnis durch ansonsten teilweise überlappende Kurvenverläufe ausschließen helfen. Gibt es einen Preis, zu dem aggregiertes Angebot Y und aggregierte Nachfrage X übereinstimmen? In Abb. (3.6) erkennen wir 6 als einen solchen markträumenden Preis. Die entsprechende Menge lesen wir wahlweise an dem Graphen der aggregierten Angebots- oder Nachfragefunktion ab. Sie liegt bei 10 (und nicht etwa bei 8). Diese Menge misst die Anzahl der erfolgreich abgeschlossenen Transaktionen. Jede Transaktion kombiniert einen Kaufakt (und Käufer) mit einem Verkaufsakt (Verkäufer). Eine Verallgemeinerung der Markträumung auf einem einzigen Markt ist Markträumung auf sämtlichen von mehreren Märkten. Im Kapitel *Handel* diskutieren wir simultane Markträumung auf mehreren Märkten (Be. (293)).

Be. 91: Überschussnachfrage

Denken wir uns einen Moderator des Markts, der bemüht ist, einen Preis zu finden, zu dem der Markt geräumt ist. Ein solcher Moderator heißt in der Literatur Walras-Auktionator. Jeder vom Auktionator ausgerufene Preis unterhalb von 6 führt auf eine sog. Überschussnachfrage. Ist beispielsweise $p = 5,3$, ist das aggregierte Angebot von 8 kleiner als die aggregierte Nachfrage von 10. Es herrscht eine Überschussnachfrage in Höhe von 2 vor. Jeder vom Auktionator oberhalb von 6 ausgerufene Preis dagegen erzeugt ein sog. Überschussangebot (... also eine negative Überschussnachfrage). Wählt er etwa einen Preis von 8, beträgt das aggregierte Angebot 12 – und ist damit größer als die aggregierte Nachfrage von 6. Es resultiert ein Überschussangebot von 6. Ein Walras-Auktionator identifiziert also den markträumenden Preis mechanisch durch Beobachtung der Überschussnachfrage. Dort wo sie Null beträgt, ist der markträumende Preis gefunden. Jeder Anbieter, der zu diesem Preis verkaufen möchte, kann auch tatsächlich verkaufen. Jeder Nachfrager, der zu diesem Preis kaufen möchte, findet auch einen Verkäufer. Die folgende Bemerkung verknüpft die Räumung am *Markt* mit den Ausführungen des vorigen Kapitels zu einem ohne helfende Institutionen vollzogenen *Tausch*.

Be. 92: Markträumung führt auf ein Tauschgleichgewicht

Zwischen der Allokation von Tauschpartnern im ohne Markt zustandekommenden Gleichgewicht und der Allokation von Tauschpartnern über den Markt besteht eine enge Beziehung:

- Im Kapitel *Tausch* stellten wir fest, dass in Abwesenheit des Markts einzig eine Tauschrate in Höhe von 6 robust ist gegenüber Versuchen einzelner oder sogar vieler, durch immer wieder neue Verhandlungen für sich selbst zu einem besseren Resultat zu kommen (Be. (49)).

- Im Kapitel *Markt* stellen wir fest, dass unter Nutzung der Institution des Markts ein dieselben Akteure koordinierender Walras-Auktionator ebenfalls gerade ... bei einer Tauschrate von 6 ankommt. Darüber hinaus ist die Identität der Transaktionspartner in beiden Situationen identisch (Be. (93)).

Mit dieser Übereinstimmung ist die Allokation, die durch markträumende Preise zustandekommt, gleichzeitig auch robust gegenüber Bestrebungen: einzelner, mehrer, vieler oder sogar aller, sich durch ein einzelnes oder gruppenweises Ausscheren aus dem Auktionsprozess am Markt zu verbessern. Mit dieser Übereinstimmung gilt auch: Der Auktionator repliziert das Ergebnis der dezentralen, ohne jeglichen Moderator auskommenden Tauschwirtschaft – nur schneller (Be. (27)). In anderen Worten: Der Preis, den der Auktionator mechanisch und mit Scheuklappen-Blick auf ein Austarieren von Angebot und Nachfrage herbeiführt, führt nicht nur zu einem Preis, der weder weitere Über- noch weitere Unterbietungsversuche auslöst: Markträumung bedeutet also auch Gleichgewicht. Ein markträumender Preis führt sogar auf genau dieselbe Tauschrate sowie dieselbe Gruppe von Transaktionspartnern auf Anbieter- und Nachfragerseite, auf die auch ein dezentraler, ganz ohne Marktkoordination ablaufender Tauschprozess führen würde. Nur koordiniert die Institution des Markts diese Transaktionen eben geräuschärmer – zu geringeren Kosten. Wie schon erwähnt: Mit dieser Koinzidenz wird eine Kritik am Marktergebnis auch eine Kritik der über dezentralen Tausch resultierenden Tauschgeschäfte (Be. (27)).

Be. 93: Marktgleichgewicht ordnet Tauschpartner einander zu

Einige Akteure sind im Marktgleichgewicht aktiv. Andere nehmen dagegen nicht teil. Es ist aufschlussreich, deren jeweilige Identität bestimmen: (i) Einerseits: Tatsächlich zum Zug kommen die zehn Nachfrager mit Vorbehaltspreisen oberhalb von, oder gleich, 6 sowie die zehn Anbieter mit Vorbehaltspreisen unterhalb von, oder gleich, 6. (ii) Andererseits: Nicht zum Zug kommen die zwei Nachfrager mit Vorbehaltspreis von 5 sowie die zwei Anbieter mit Vorbehaltspreis von 7. In anderen Worten: Das Marktgleichgewicht sortiert Nachfrager nach dem Kriterium der maximalen Zahlungsbereitschaft sowie Anbieter nach dem Kriterium der Kosteneffizienz. Nachfrager, deren maximale Zahlungsbereitschaft den Gleichgewichtspreis nicht erreicht, und Anbieter, deren Produktionskosten den Gleichgewichtspreis übersteigen, erhalten keinen Zuschlag. Oder

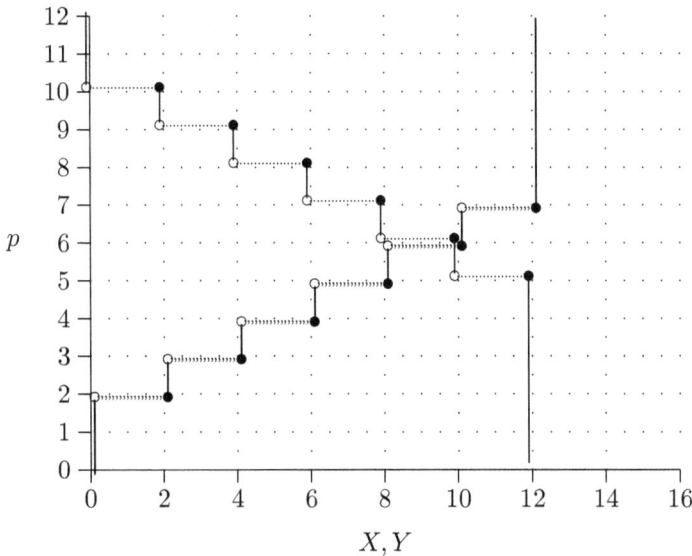

Abbildung 3.6: *Markträumung*

noch anders gewendet: Nur diejenigen, die intensiv tauschen möchten, tauschen tatsächlich. Der hier beschriebene Mechanismus klingt vielleicht ein bisschen nach Zwang. Aber tatsächlich vollzieht sich das Sortieren von Anbietern und Nachfragern in Marktteilnehmer und Nicht-Marktteilnehmer völlig freiwillig. Diejenigen, die zum gegenwärtigen Gleichgewichtspreis nicht zum Zug kommen, beschließen aus freien Stücken, dem Markt fernzubleiben – auch wenn sie natürlich wünschen könnten, der Gleichgewichtspreis wäre ein anderer gewesen. Eine Fallstudie zu dieser Funktion des Markts folgt unten zum Papstbesuch in Freiburg (Be. (122)).

Be. 94:   Preis Reflex der Anbieter-Kosten ...

Dogmengeschichtlich betrachtet existieren zwei entgegengesetzte Erklärungen des Preises eines Gutes. Die Klassiker sahen den Preis durch die Kosten der zur Produktion des Guts notwendigen Produktionsfaktoren erklärt. Die Arbeitswertlehre im Ricardianischen Modell dieses Textes ist ein Beispiel dieser Sicht (Be. (287)). Diese Schule musste sich vorhalten lassen, dass auch von niemandem produzierter Boden einen sehr hohen Preis haben kann (Be. (152)). Aber auch andere Widersprüche drängen sich auf. Die Frankfurter Allgemeine Sonntagszeitung (18.9.2012) wundert sich:

> „Dass der Cheeseburger am Frankfurter Hauptbahnhof plötzlich 1,19 Euro kostet ... zumal der Preis eines Hamburgers bei einem Euro bleibt. Der Unterschied zwischen beidem, eine Scheibe Käse, kostet jetzt also 19 Cent."

Da eine Scheibe Käse – sowie die Leistung, diese Scheibe auf den Burger zu applizieren – kaum 19 Cent kosten kann, muss noch etwas anderes den Preis mitbestimmen:

Be. 95:   ... oder Ausdruck der Nachfrager-Wertschätzung?

Eine zweite, ganz andere ökonomische Schule sah den Preis eines Gutes vielmehr bestimmt durch die Wertschätzung der Konsumenten. Diese Schule musste sich vorhalten lassen, dass beispielsweise Wohnungen sehr billig sein können, obgleich Wohnungen doch so wichtig sind (Wertparadox). – Das nach dem Ökonomen Alfred Marshall benannte „Marshallian cross" aus den beiden Graphen der Abb. (3.6) bietet die durch die Neoklassische Schule angebotene Synthese dieser beiden Perspektiven. Zum einen entspricht der Gleichgewichtspreis einem Produktionskostenniveau – und zwar dem des teuersten aktiven bzw. marginalen Anbieters. Angesprochen sind hier die beiden aktiven Anbieter mit Produktionskosten von 6. Zum anderen entspricht der Gleichgewichtspreis gleichzeitig einer maximalen Zahlungsbereitschaft – und zwar der des am wenigsten kaufwilligen aktiven bzw. marginalen Nachfragers. Angesprochen sind hier die beiden aktiven Nachfrager mit Zahlungsbereitschaften von 6.

Be. 96:   Preisschranken

Ein Mindestpreis verlangt, dass Transaktionen nur zu diesem – oder einem höheren – Preis abgeschlossen werden dürfen. Die Verordnung eines Mindestpreises von 8 würde die Nachfrage auf sechs Einheiten reduzieren; gleichzeitig würde sie das Angebot auf ein Niveau von zwölf Einheiten stimulieren (Abb. (3.6)). Nur sechs der zwölf Anbieter, die zum Mindestpreis von 8 gerne verkaufen würden, finden allerdings tatsächlich einen Transaktionspartner. Prominente Beispiele für Mindestpreise sind Mindestpreise auf landwirtschaftlichen Märkten der Europäischen Union. Ein Höchstpreis verlangt dagegen, dass Transaktionen nur zu diesem – oder einem geringeren – Preis stattfinden dürfen. Die Verordnung eines Höchstpreises von 3 würde das Angebot auf 4 Einheiten drücken; gleichzeitig würde sie eine Nachfrage von 12 Einheiten anziehen (Abb. (3.6)). Acht dieser Nachfrager gingen also leer aus. Höchstpreise finden sich oft auf städtischen Wohnungsmärkten. Auf dem Höhepunkt des irischen Immobilienbooms fand sich folgender Aushang:

> "Rent Controls Now! In the past year rents rose by 25%. Some landlords are charging 80 pounds a week for grotty bedsits."

Be. 97:   Stabilität des Marktgleichgewichts

Störungen des Marktgleichgewichts der Abb. (3.6) weisen eine Tendenz zur Selbstkorrektur auf. Liegt der Preis aus irgendeinem Grund zufällig einmal oberhalb von 6, veranlasst das resultierende Überschussangebot den Auktionator zu einem Absenken des Preises. Liegt der Preis analog aus irgendeinem Grund einmal unterhalb von 6, veranlasst die resultierende Überschussnachfrage ihn zu einem Anheben des Preises. Der

Markt findet also zurück in das in der Abbildung beschriebene Gleichgewicht. Diese sog. Stabilität des Marktgleichgewichts gibt den Analytikern des Markts die Rechtfertigung, sich vorwiegend – oder sogar ausschließlich – mit dem Gleichgewicht zu beschäftigen. Andere Zustände sind ja gar nicht von Dauer. – Nicht immer sind Marktgleichgewichte allerdings stabil. Vertauschen wir spielerisch einmal die Rollen von aggregiertem Angebot und aggregierter Nachfrage. Unterstellen wir also in Abb. (3.6), der fallende Graph repräsentiere das aggregierte Angebot und der steigende Graph repräsentiere die aggregierte Nachfrage. Hier führt ein kleiner Anstieg des Preises über 6 hinaus zu einer Überschussnachfrage ... und damit zu einem noch höheren Preis. Weit von einer „Selbstheilung" entfernt, beobachten wir hier eine immer weiter um sich greifende Krise zu steigenden Preisen und fallenden Transaktionen.

Be. 98: Instabilität (Spanische Staatsfinanzen?)

Normalerweise erwarten wir, dass der Angebotsgraph im Preis steigt. Am Markt für in spanische Staatsanleihen angelegte Ersparnisse mag im Jahr 2012 eine Zeitlang das Gegenteil der Fall gewesen sein. Anbieter von Kapital mögen damals umso weniger an einer Anlage beim spanischen Staat interessiert gewesen sein, je größer der gebotene Preis – hier jetzt: der Zins – ausfiel. Denn ein höherer Zins mochte gerade auf ein zunehmendes Bankrottrisiko des Staats hinweisen. In diesem Kontext mag das aggregierte Angebot nach spanischen Staatsanleihen also gerade einen im Preis/Zins fallenden Verlauf gehabt haben. Die Frankfurter Allgemeine schreibt unter der Überschrift „Anleger flüchten in die Sicherheit" (24.7. 2012):

> „Die Sorgen um die spanischen Staatsfinanzen sowie um einen möglichen Euro-Austritt Griechenlands haben am Montag zu hohen Kursverlusten ... für Staatsanleihen aus den Euro-Krisenländern geführt. Die Investoren flüchteten abermals in sichere Anlagen ....:"

Eine – hier nicht beschriebene, aber zeitgleich stattfindende – wachsende Verzinsung einer Anlage beim spanischen Staat führt zu einem Rückzug statt zu einem Zunehmen anlagewilliger Sparer – so zu einer möglicherweise noch größeren Diskrepanz zwischen Angebot und Nachfrage – und damit zu einem weiteren Anstieg des Zinses. In der Situation, in der aggregierter Angebots- und Nachfragegraph nicht die üblichen Verläufe aus Be. (86) bzw. (86) aufweisen, können sich Störungen des Marktgleichgewichts zur Krise ausweiten. Denn im Extremfall vertauschen Angebots- und Nachfragegraph gerade ihre Rollen. Dann führt eine kleine Abweichung vom Gleichgewichtspreis nach oben nur zu immer weiter steigenden Preisen statt zu einer Rückkehr zum Gleichgewichtspreis.

Be. 99: Alle Anbieter zusammen (Monopol)

Ein Monopol ist ein Zusammenschluss aller Anbieter zum Zweck, die den Nachfragern insgesamt angebotene Menge zu diktieren. Wir diskutieren den Einfluss eines solchen

Meissener Scherbenhaufen

Die Manufaktur zerschlägt stapelweise teures Porzellan

...egen 17 Uhr, als ...las große Schep-... Anwohner der ...llanmanufaktur ...ern im Firmen-des ohrenbetäu-dem Fabrikhof n des traditions-urde ganz offen-zellan zerschla-..., versteht sich. ...m Werksportal, ständigt worden ...alpolitik melde-t der parteilose Raschke öffent-em Brief an die Porzellanmanu-rmationen über

...ist nicht irgend-Die Manufaktur ...eb im Eigentum ...ür den die „blau-iges Export- und

Imageprodukt sind. Da ist es verständ-lich, dass die Zerstörungsaktion die säch-sische Gemüter erregte: Wochenlang wurde über mögliche Gründe des „Polter-abends" in der Porzellanfabrik gerätselt, der sich am 14. Oktober ereignet hat-te – eine offizielle Stellungnahme aber gab es dazu nicht. Erst jetzt, vier Wochen später, bestätigte Sachsens einstiger Ministerpräsident Kurt Biedenkopf, der Aufsichtsratsvorsitzender der Porzellan-manufaktur ist, den Scherbenhaufen: „Die Manufaktur hat sich von unverkäuf-lichen Produkten getrennt." Die Maß-nahme war einstimmig vom Aufsichtsrat beschlossen worden – in dem auch der Meißener Oberbürgermeister sitzt.

Doch Biedenkopfs Erklärung hat erst recht Unruhe ausgelöst: Dass wertvolle Porzellanbestände, für deren Herstel-

lung unendlich viel Mühe und Kunstfer-tigkeit aufgewandt worden waren, einfach so zerschmettert wurden, schien für die Bürger schwer verständlich zu sein. Und so fragte sich mancher, warum man das Porzellan, wenn es denn wirk-lich schwer verkäuflich war, nicht ein-fach hätte etwas preisgünstiger verscher-beln können – gleichsam nach dem Mot-to: Ein Stück Meissener für alle?

Nein, das hätte man eben nicht. Denn in der Welt der Luxusgüter gehört der Schutz der Marke zur Geschäftspolitik: Louis Vuitton macht es mit seinen Ta-schen, Hermès mit seinen Tüchern. „Auf den ersten Blick wird so zwar Wert ver-nichtet", sagt der Münchner Marken-,,ex-perte Alexander Biesalski, „tatsächlich wird damit jedoch deutlich mehr Wert ge-sichert – nämlich der Markenwert."

Der Geschäftsführer Porzellanmanufaktur, ... ke, hat schon früher gev... einmal in den Billigstru... schon vorbei." Entspre... Betriebswirt, der seit Ei... nufaktur leitet, gezielt ... des Unternehmens aus. ... lässt er häufig nur in li... gen herstellen, zudem ... Geschäftsfelder wie d... design oder die Herstel... einrichtungen für Ölsch... Superreiche. Freilich ... noch allerlei altes Porze... Nach der Wende war zu ... Halde produziert word... Nachfrage Zug um Zug ... ten sich Altbestände a ... einem Jahr auf einen ... 30 Millionen Euro gesch... von dürfte nun allerl... worden sein. Freilich wi... haufen kleiner, wäre d ... kommuniziert worden.

Abbildung 3.7: *Nur die Pflege des Markenwerts? (Süddeutsche Zeitung vom 17.11. 2012)*

Monopols auf das Marktgleichgewicht im Kontext der Abb. (3.6). Lassen wir das Mono-pol zu Beginn zwei Einheiten des Konsumguts anbieten. Wir treffen zwei Vereinbarun-gen: (i) Sinnvollerweise wird das Monopol diejenigen seiner Mitglieder zu Produzenten bestimmen, die am günstigsten herstellen können: also die beiden Anbieter mit Pro-duktionskosten von 2. (ii) Der Gleichgewichtspreis ist zwar nicht eindeutig. Jeder Preis etwas über 9 und unter oder gleich 10 führt zu Markträumung. Aber nichts ist daran falsch, der Einfachheit halber den höchsten all dieser Gleichgewichtspreise anzusetzen. Der Gewinn, den das Monopol unter diesen Umständen einfährt, ist 16 oder

$$2 \cdot (10 - 2) \ . \tag{3.5}$$

Lassen wir das Monopol als nächstes insgesamt 4 Einheiten des Konsumguts bereitstel-len. (i) Mit der Erstellung beauftragt wird das Monopol diejenigen seiner Mitglieder, die geringstmögliche Produktionskosten – also von 2 bzw. 3 – vorweisen können. (ii) Der Gleichgewichtspreis erreicht 9. Unter diesen Voraussetzungen steigt der Gewinn des Monopols auf schon $26\big(=2 \cdot (9 - 2) + 2 \cdot (9 - 3)\big)$. Etc.

Be. 100: Markenwert oder Marktwert?

Die Überlegungen aus Be. (99) illustrieren, dass das Monopol zwischen dem Trade-Off beider auf den Gewinn einwirkenden Kräfte abwägen muss. Die Angebotsmenge auszuweiten trägt einerseits dazu bei, den Gewinn zu steigern: mehr wird verkauft; an-dererseits trägt die Ausweitung dazu bei, den Gewinn zu schmälern: der erzielte Preis jeder verkauften Einheit fällt. Und auch die Produktionskosten wachsen ja mit steigendem Ausstoß weiter. Die Berichterstattung über die Zerstörung von Beständen Meißener Porzellans (Be. (7)) illustriert den privatwirtschaftlichen Vorteil eines reduzierten Angebots, verweist gleichzeitig aber auch darauf, dass dieses Vorgehen nicht im Sinne der Gesellschaft sein kann. Die Begriffswahl „Markenpflege" ist womöglich nur der Versuch, privatwirtschaftliches Vorgehen mit gesellschaftlichen Ansprüchen eloquent zu versöhnen. Be. (118) erläutert, warum ein Verkauf des zerschlagenen Porzellans aus gesamtgesellschaftlicher Perspektive selbst dann besser gewesen wäre, wenn wir berücksichtigen, dass dies den „Markenwert" gemindert hätte.

Be. 101: Unser Markt als Arbeitsmarkt

Das Gleichgewicht in Abb. (3.6) repräsentiert einen Markt, auf dem ein Konsumgut gehandelt wird. Aber tatsächlich gelten die Einsichten, die sich aus ihm ableiten, prinzipiell auch für viele andere Märkte. Beispielhaft diskutieren wir als besonders wichtige Anwendung das Gleichgewicht auf einem Arbeitsmarkt. Allerdings müssen wir beachten, die Rollen von Nachfragern und Anbietern zu vertauschen. Auf einem Arbeitsmarkt, auf dem Arbeitsleistungen oder Arbeitstage gehandelt werden, sind die Haushalte Anbieter, während die Unternehmen den Part der Nachfrager übernehmen. Strenggenommen verlangt unsere Reinterpretation des Konsumgütermarkts eigentlich eine Wiederholung aller bisher unternommenen Schritte. Diese überspringen wir und betonen stattdessen lediglich, dass Vorbehaltspreise der Anbieter und Nachfrager hier spezielle Reallöhne sind (Be. (68)). Der Vorbehalts-Reallohn eines Arbeitsanbieters ist derjenige Reallohn, den der Arbeitsanbieter mindestens fordert, soll er zu arbeiten willens sein. Der Vorbehalts-Reallohn eines Arbeitsnachfragers dagegen ist derjenige Reallohn, den der Arbeitsnachfrager höchstens akzeptiert, soll er einen Arbeiter einstellen wollen.

Be. 102: Überschussangebot heißt Arbeitslosigkeit

Abb. (3.8) zeigt einen beispielhaften Arbeitsmarkt. Bereits vertraut ist uns der Verlauf der aggregierten Nachfrage aus Abb. (3.6). Der Verlauf des aggregierten Angebots allerdings entspricht nicht mehr dem aus Abb. (3.6). Ihm unterliegt die Annahme, dass insgesamt zwölf Arbeitsanbieter mit dem gleichen Reservationsreallohn, in Höhe von 3, ausgestattet sind. Entsprechend ist das aggregierte Arbeitsangebot gleich Null, solange der Reallohn unterhalb von 3 liegt; während das aggregierte Arbeitsangebot 12 beträgt, sobald der Reallohn 3 erreicht oder übersteigt. Der so entworfene Arbeitsmarkt besitzt multiple Marktgleichgewichte. Ein Reallohn von 3 ist ein Gleichgewichtspreis; aber ein Reallohn von 3,1 oder 3,75 ist es auch. Zwar ist allen Gleichgewichten die Gleichgewichtsmenge gemeinsam; diese beträgt 12. Aber der Gleichgewichtspreis fällt jeweils unterschiedlich aus. Liegt der Reallohn über dem größten Gleichgewichtsreallohn von 5, resultiert ein Überschussangebot, das im Kontext von Arbeitsmärkten konkreter unfreiwillige Arbeitslosigkeit heißt. Ein Reallohn von 7,5 etwa zieht eine unfreiwillige Arbeitslosigkeit von sechs Arbeitsanbietern nach sich. Gleichzeitig steigert er das Einkommen der verbleibenden sechs Beschäftigten.

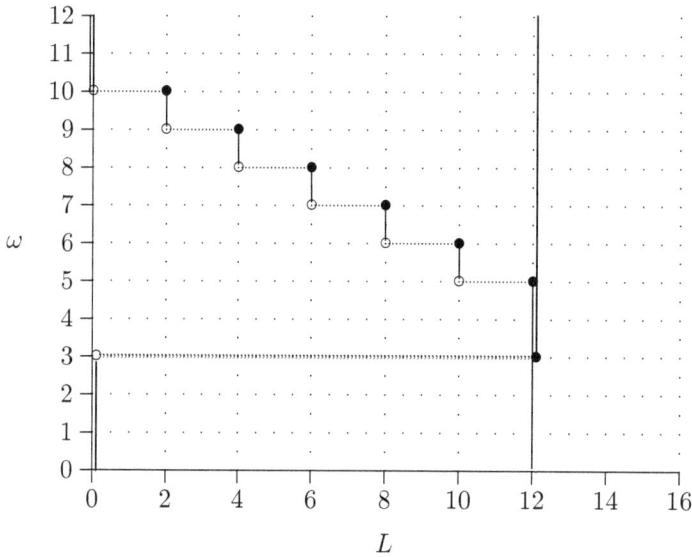

Abbildung 3.8: *Arbeitsmarktgleichgewicht*

Be. 103:   Vertriebskräfte wirklich verzweifelt gesucht?

Eine häufige Überschrift im Stellenteil von Zeitungen lautet „Vertriebskräfte verzweifelt gesucht" (Handelsblatt, 25.3. 2008) – so oder so ähnlich. Mangel besteht gerne auch in den Ingenieurwissenschaften. Im nachfolgenden Artikel wird dann anschließend typischerweise beschrieben, wie Unternehmen händeringend nach Arbeitskräften suchen, ohne sie zu finden. Im obengenannten Artikel heißt es:

> „Der Mangel an qualifiziertem Personal belastet die deutschen Unternehmen weiterhin stark. Zwei Drittel von ihnen haben derzeit Probleme, ihren Bedarf an Führungskräften zu decken, jeden fünfte Firma spricht sogar von ‚großen Problemen‘."

Jedenfalls vom Standpunkt des neoklassischen Arbeitsmarktmodells der Abb. (3.8) aus betrachtet ist diese Beobachtung kurios. Im Arbeitsmarktgleichgewicht – und nur dies beobachten wir, wenn Übergangszustände aufgrund der induzierten Lohnanpassungen schnell vorbeiziehen – gibt es kein Unternehmen, das zum geltenden Gleichgewichts-Lohnsatz keinen gewünschten Arbeitsanbieter findet. Die Überschussnachfrage nach Arbeit ist im Gleichgewicht Null (Be. (90)). Wenn die Unternehmen händeringend qualifizierte Arbeitskräfte suchen ... können sie ihnen dann nicht einfach eine bessere Entlohnung anbieten? Nehmen wir die Schlagzeile ernst, verweist sie auf eine mögliche wichtige Kritik der Anwendung des einfachen Marktmodells auf den Arbeitsmarkt. Die gehandelte Arbeitskraft ist kein homogenes Gut mit bekannten Qualitäten, ein Aspekt, den unsere Diskussion asymmetrischer Information am Arbeitsmarkt vertieft (Be. (187)).

3.4   Komparative Statik

Be. 104:   Zuwanderung anspruchsloser Arbeiter (Positiver Angebotsschock)

Die Zahl der Anbieter nimmt plötzlich um 4 zu. Dabei habe jeder dieser vier einen Vorbehaltspreis von 0. Wie verändert sich dann z.B. das Gleichgewicht der Abb. (3.6)? Der Einfluss des Angebotsschocks auf die aggregierte Angebotsfunktion offenbart sich, wenn wir die Liste der Vorbehaltspreise der bereits präsenten Anbieter (Be. (82)) um die der jetzt neu hinzugetretenen Anbieter (0, 0, 0, 0) aufstocken und die aggregierte Angebotsfunktion neu herleiten (Be. (85)). Das Ergebnis zeigt Abb. (3.9). Bildlich gesprochen verschiebt sich die aggregierte Angebotsfunktion nach rechts. Das neue Gleichgewicht zeichnet sich durch eine Menge von 12 und einen Preis von 5 aus. Im Vergleich zu zuvor nimmt die Gleichgewichtsmenge um 2 Einheiten zu, während der Gleichgewichtspreis um 1 Nahrungsmitteleinheit abnimmt. Interpretieren wir diesen Markt einmal mehr als Arbeitsmarkt (Be. (101)). Im Zuge des intensiver werdenden Wettbewerbs im Zuge der Immigration fällt die Beschäftigung anfangs bereits präsenter – einheimischer – Arbeitsanbieter: Die beiden Arbeitsanbieter mit Vorbehalts-Reallohn von 6 ziehen sich zurück. Aus ebendiesem Grund steigt die gleichgewichtige Beschäftigung auch nur von 10 auf 12 – statt auf 14. Der Rückgang des Reallohns wird als Erklärung dafür herangezogen, dass Gewerkschaften manchmal gegen Zuwanderung sind.

Be. 105:   Dürren in der Landwirtschaft (Negativer Angebotsschock)

Manchmal nimmt die Zahl der Anbieter plötzlich ab – statt zu. Auf landwirtschaftlichen Märkten spielen saisonale oder Wettereinflüsse die Rolle solcher negativer Schocks. Die in den USA im Jahr 2012 einsetzende Dürre lässt sich leicht anhand der Abb. (3.9) illustrieren, sofern wir jetzt die Ausgangssituation mit Hilfe der weiter außen – und die Endsituation mit der weiter innen – liegenden Angebotskurve identifizieren. Die Dürre lässt im Diagramm vier Anbieter ausscheiden, und zwar gerade diejenigen, die zu den geringsten Kosten produzieren. Davon profitieren ersichtlich die verbleibenden Anbieter. Die tageszeitung schreibt unter der Überschrift „Getreidebauern sahnen ab" (23.8. 2012):

> „Wer in diesem Jahr Weizen, Gerste oder Roggen angebaut hat, der verdient richtig Geld. Bis zu 240 Euro pro Tonne Weizen bekommt der Landwirt, vor einem Jahr waren es nicht einmal 200 Euro."

Gemeint sein können hier natürlich nur die europäischen Getreidebauern; amerikanische Getreidebauern erleiden infolge der Dürre massive Verluste. Den im Zitat erwähnten Anstieg des Gleichgewichtspreises sehen wir sinngemäß auch im Diagramm. Unter diesem Ansteig leiden die Konsumenten. Europäische Getreidebauern als „Dürre-Profiteure" zu bezeichnen wird der zyklischen Natur von Preisen landwirtschaftlicher Produkte allerdings nicht ganz gerecht. Besonders schlechte Erntejahre gibt es nicht nur in anderen Ländern, sondern auch hier.

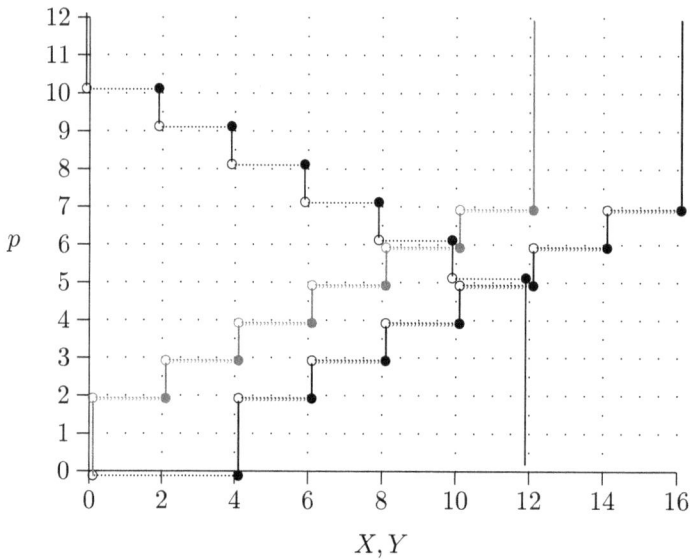

Abbildung 3.9: *Positiver Angebotsschock*

Be. 106:   Wachsende Einkommen (Positiver Nachfrageschock)

Alternativ nehme die Zahl der Nachfrager schlagartig um 4 zu, und jeder dieser 4 habe einen Vorbehaltspreis von 10. Wie verändert sich das Gleichgewicht etwa in der Abb. (3.8)? Vereinen wir die Vorbehaltspreise der bisherigen Nachfrager (Be. (82)) mit denen der neu Hinzugekommenen, und bestimmen wir anschließend erneut die aggregierte Nachfragefunktion (analog zu Be. (84)). Das Ergebnis dieser Überlegungen zeigt Abb. (3.10). Bildlich gesprochen verschiebt sich der Graph der aggregierte Nachfragefunktion im wesentlichen um 4 Mengeneinheiten nach rechts. Das neue Gleichgewicht zeichnet sich durch eine Gleichgewichtsmenge von weiterhin 12 aus – während der neue Gleichgewichtspreis irgendeinen Wert von größer als 6 aber kleiner gleich 7 annimmt. Treten weitere Nachfrager in den Markt ein, nehmen zwar die Nachfragewünsche zum vorgefundenen Preis augenblicklich zu. Ob sich diese Wünsche aber tatsächlich in Gestalt einer letztlich einzig relevanten größeren gleichgewichtigen Nachfrage manifestieren, hängt von der Wirkung der durch die gestiegenen Nachfragewünsche ausgelösten Preissteigerungen ab: Lösen höhere Preise keine Angebotsexpansion aus, kann es im neuen Gleichgewicht auch nicht zu einem Anstieg der gleichgewichtigen Nachfrage kommen. Diese wichtige Paradoxie illustriert Abb. (3.10).

Be. 107:   Nachfrage missverstehen

Oft wird nicht unterschieden zwischen „Nachfrage" und „Nachfragefunktion". Eine Klärung wird allerdings umso wichtiger, als mit der gleichgewichtigen Nachfrage ein drittes Nachfragekonzept hinzutritt. Stellen wir alle drei Nachfragekonzepte zum besseren Vergleich hintereinander:

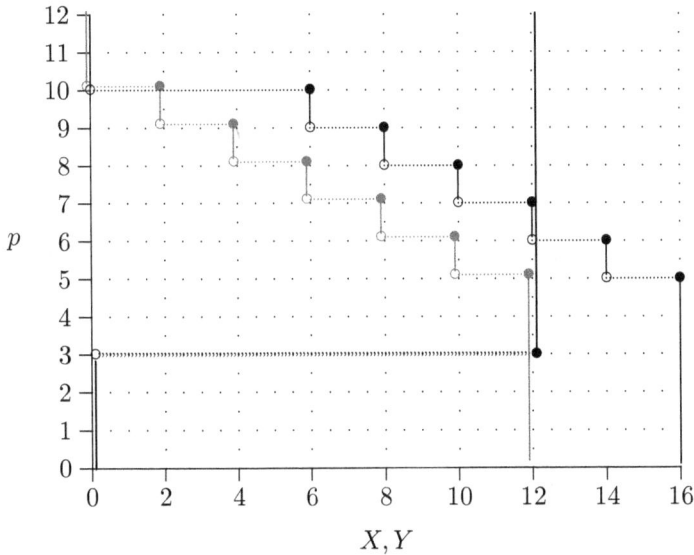

Abbildung 3.10: *Positiver Nachfrageschock*

- Die Nachfragefunktion ist eine Liste, die jedem Preis die entsprechend resultierende Nachfrage zuordnet. Abb. (3.10) zeigt beispielsweise die Graphen
  zweier Nachfragefunktionen. Wenn die Financial Times Deutschland schreibt:
  „Schwache Nachfrage trifft Fedex" (21.09. 2007), dann meint sie einen besonders nahe des Ursprungs verlaufenden Graphen der aggregierten Nachfragefunktion im Diagramm.

- Die Nachfrage ist die zu einem konkreten Preis an der Nachfragefunktion abgelesene Menge. Abb. (3.10) zufolge ist die nach dem Schock relevante Nachfrage
  zum Preis von 9 gerade 8.

- Die Gleichgewichtige Nachfrage ist die zum Gleichgewichtspreis an der Nachfragefunktion abgelesene Menge. Die gleichgewichtige Nachfrage nach dem Eintreten des Schocks in Abb. (3.10) ist gerade 12. Beispielsweise meint die tageszeitung (23.05. 2008) die gleichgewichtige Nachfrage nach Öl, wenn sie fordert:
  „Die Nachfrage [nach Öl] muss sinken".

Die Unterschiede zwischen diesen Konzepten spitzt das Szenario in Abb. (3.10) zu. Dort
„verschiebt sich die Nachfragefunktion". Auch „steigt die Nachfrage" zu jedem Preis.
Aber die „gleichgewichtige Nachfrage" verändert sich kein bisschen. Dass die gleichgewichtige gesellschaftliche Nachfrage nicht zu wachsen versucht, obwohl die individuellen
Nachfragen zu wachsen versuchen, ist ein weiterer Trugschluss der Komposition in diesem Text.

Be. 108:   Höhere Preise ein Reflex höherer Kosten?

Die Frankfurter Allgemeine beschreibt den Anstieg der Lebensmittelpreise um das Jahr
2007 herum. Konkret schreibt sie (15.11. 2007):

> „Die höheren Preise sind Folge gestiegener Erzeugerkosten."

Diese Aussage behauptet einen kausalen Zusammenhang von den Kosten der Anbieter
hin zu den Gleichgewichtspreisen. – Dieser kausale Zusammenhang ist nicht so klar, wie
er auf den ersten Blick scheinen mag. (i) Der Angebotsschock aus Be. (105) und Abb.
(3.9) führt zu einem Ausfall effizienter Anbieter; dieser Ausfall lässt den Gleichgewichtspreis in der Tat ansteigen. Aber dieser Preisanstieg kann nicht das Ergebnis höherer
Erzeugerkosten sein. Die Erzeugerkosten der verbliebenen Anbieter haben sich doch gar
nicht verändert. (ii) Der Nachfrageschock aus Be. (106) mit Abb. (3.10) führt zu einem
Zutritt zusätzlicher Nachfrager, der ebenfalls den Gleichgewichtspreis ansteigen lässt.
Hier steigen zwar die aggregierten Kosten der Angebotsseite. Aber dieser Kostenanstieg
ist doch wohl eher eine Folge denn eine Ursache des Anstiegs des Gleichgewichtspreises.
Eine ähnliche Warnung vor einem Schluss auf eine Kausalität von Kosten hin zu Preisen
findet sich in Be. (142).

Be. 109:   Wer zahlt die Mengensteuer wirklich?

Die Höhe des Graphen der aggregierten Nachfrage in Abb. (3.11) ordnet jeder ganzzahligen aggregierten Konsummenge X die maximale Zahlungsbereitschaft des am wenigsten
kaufwilligen Nachfragers unter den X kaufwilligsten Nachfragern zu (Be. (87)). Die Einführung der Mengensteuer lässt sämtliche maximale Zahlungsbereitschaften um gerade
den Betrag der Mengensteuer abrutschen – also auch die des jeweils am wenigsten kaufwilligen Nachfragers. Aber dann rutscht – bildlich gesprochen – auch der Graph der
aggregierten Nachfragefunktion um den Betrag der Mengensteuer nach unten. Für

$$\tau = 4 \tag{3.6}$$

beispielsweise verschiebt er sich um 4 Einheiten nach unten (Abb. (3.11)). Die Gleichgewichtsmenge fällt von 10 auf 6. Im neuen Gleichgewicht erzielt jeder Verkäufer einen Anbieterpreis von 4. Gleichzeitig allerdings zahlt jeder Käufer nicht nur 4 Nahrungsmittel
an den Verkäufer, sondern führt anschließend auch noch 4 Nahrungsmittel Mengensteuer an den Staat ab. Sein Nachfragerpreis beträgt also 8. Anbieter- und Nachfragerpreis
klaffen nach Einführung der Mengensteuer gerade um deren Betrag auseinander. Bemerkenswert ist, dass eine bei den Nachfragern erhobene Mengensteuer indirekt, über
deren Wirkung auf das Gleichgewicht, auch die Anbieter trifft. Das Steueraufkommen
schließlich beträgt mit $24 = (6 \cdot 4)$ deutlich weniger, als die „naive" Steuerschätzung
von $10 \cdot 4$ erwarten ließe. Die Steuer verschreckt einen Teil der vor ihrer Einführung
stattfindenden Transaktionen; wir beobachten ein sog. *Crowding Out*.

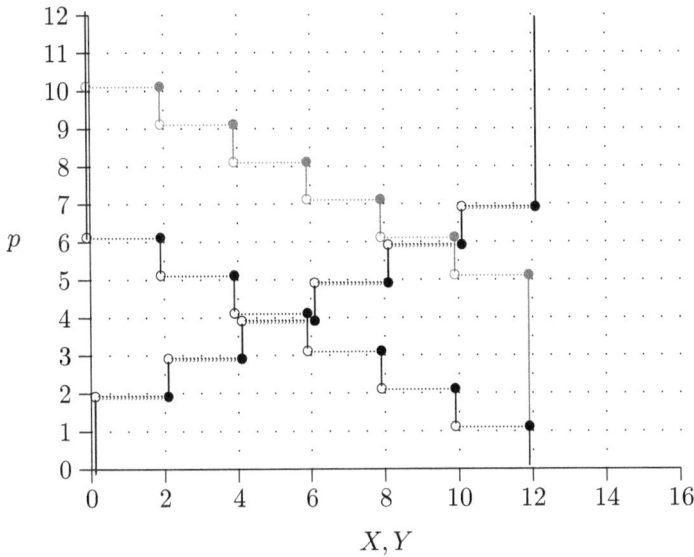

Abbildung 3.11: *Mengensteuer auf der Nachfrageseite*

Be. 110: Invarianz der Inzidenz

Alternativ könnte der Staat eine Mengensteuer natürlich auch auf der Angebotsseite erheben, etwa in Höhe von σ. Die Höhe des Graphen der aggregierten Angebotsfunktion ordnet jeder aggregierten Produktionsmenge Y den ineffizientesten der Y effizientesten Anbieter zu (Be. (88)). Die Mengensteuer steigert den Vorbehaltspreis jedes Anbieters um σ (Be. (32)) – also auch den des jeweils ineffizientesten. Damit verschiebt sich der Graph der aggregierten Angebotsfunktion um σ Einheiten nach oben: Für

$$\sigma = 4 \tag{3.7}$$

beispielsweise gerade um 4 Nahrungsmittel (Abb. (3.12)). Im resultierenden neuen Gleichgewicht ist der Nachfragerpreis, den ein Käufer seinem Verkäufer zahlen muss, 8. Gleichzeitig bleibt dem Verkäufer von diesem Verkaufserlös nach Abführung der Steuer von 4 nur noch ein Anbieterpreis von 4. Bemerkenswert ist, dass eine auf die Anbieter erhobene Mengensteuer indirekt, nämlich über deren Wirkung auf das Gleichgewicht, auch die Nachfrager trifft. Ein Teil dieser Steuer wird überwälzt. Vergleichen wir die Mengensteuer von 4 zulasten der Anbieter mit der Mengensteuer von 4 zulasten der Nachfrager (Be. (109)). Unabhängig davon, auf welcher Marktseite die Mengensteuer erhoben wird, resultieren die gleichen Veränderungen für Anbieterpreise, Nachfragerpreise und Steuereinnahmen.

Be. 111: Makler-Courtage

Eine Initiative einiger Bundesländer aus dem Jahr 2012 sieht vor, die Makler-Courtage künftig nicht mehr vom Mieter, sondern vom Vermieter bezahlen zu lassen. Sofern ohne

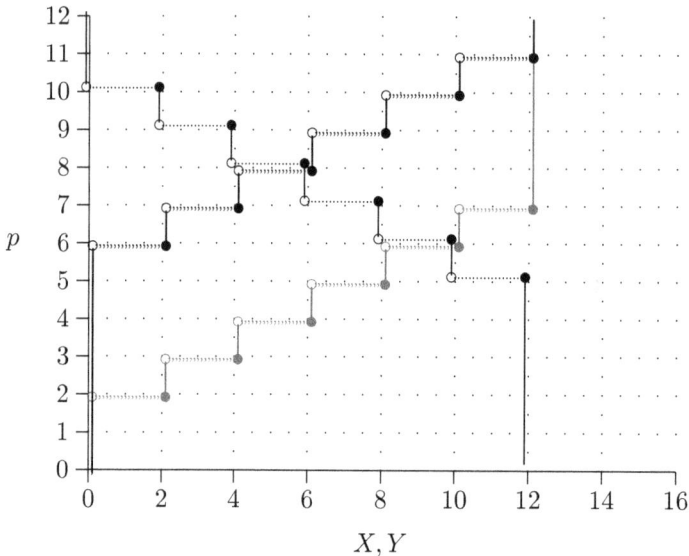

Abbildung 3.12: *Mengensteuer auf der Angebotsseite*

Vermittlung eines Maklers effektiv keine Wohnung zu haben ist, wirkt die Courtage aus der Perspektive von Mieter und Vermieter – also aus der Perspektive eines Markts für Wohnungen – wie eine Steuer: Sie fließt an eine dritte Partei. Unter den Annahmen des einfachen Marktmodells – also insbesondere ohne Berücksichtigung des Feinheiten des deutschen Mietrechts – spielt es hier allerdings gar keine Rolle, wer die Courtage bezahlt: Bezahlen die Mieter, wird die den Vermietern anschließend gezahlte Miete kleiner ausfallen. Bezahlen dagegen die Vermieter, wird die den Mieter anschließend abgeforderte Miete größer ausfallen. In beiden Fällen tragen beide Parteien – und nicht einfach nur die nominell zur Zahlung verpflichtete Partei – die sog. Zahllast.

Be. 112:   Energiesteuer senken?

Viele Artikel und manche Politiker liebäugeln mit einer Senkung der Steuer auf Mineralöl. Ein ähnlicher Vorschlag wurde Anfang 2008 auch in den USA diskutiert. Die tageszeitung (8.5. 2008) urteilt unter der Überschrift „Hillary bleibt unbeirrt kopflos", auch der damalige Präsidentschaftskandidat McCain verstehe „von Wirtschaft wenig":

> „Er schlug ebenso wie Clinton vor, die Spritsteuer für drei Monate
> auszusetzen, damit die BürgerInnen mehr Geld in der Tausch haben.
> Pech nur, dass ... Die Ölkonzerne ... einfach die Preise [erhöhten]."

Die Möglichkeit, dass die Ölkonzerne auf eine Steuerreduktion mit einer Preiserhöhung reagieren, scheint aus der Perspektive unseres einfachen Modells nicht irreal – auch (bzw. erst recht) weil auf der Anbieterseite im Vergleich weniger Wettbewerb herrscht sowie die Energiesteuer eine Steuer auf den Wert – statt wie hier auf die Menge – des verbrauchten Mineralöls ist. Um der hier beschriebenen Gefahr einer endogenen Preiserhöhung entgegenzusteuern, senkte der französische Präsident Hollande im Herbst 2012 temporär die Benzinsteuer um 3 Cent und ... rang im gleichen Zug den Mineralölunternehmen die Konzession ab, ihrerseits für den gleichen Zeitraum auf 3 Cent zu verzichten.

Be. 113: Subvention matcht Tauschpartner, die sich eigentlich fremd sind

Eine Subvention an die Nachfrager des Guts in Höhe von, sagen wir,

$$\sigma = 4 \tag{3.8}$$

mindert deren Vorbehaltspreise um jeweils 4. Jetzt können sie sich eine um den Subventionsbetrag höhere Kompensation ihrer Tauschpartner erlauben; der Staat schießt ja 4 dazu. Graphisch dient uns die Abbildung (3.11) genauso gut zur Illustration einer Steuer wie zur Illustration einer Subvention. Wir vertauschen lediglich die Rollen der beiden Nachfragegraphen. Im Fall einer an die Nachfrager gerichteten Subvention ist in Abb. (3.11) jetzt der weiter unten liegende Zahlungsbereitschaftsgraph der in der Ausgangssituation relevante Graph. Die Subvention von 4 hebt die Zahlungsbereitschaften aller Nachfrager gleichmäßig um 4 an und schiebt so den Graphen um 4 Einheiten nach oben. Im Ergebnis wird die Subvention partiell auf die Anbieter überwälzt, weil der Gleichgewichtspreis um 2 steigt. Die Anbieter kommen in den Genuss eines von 4 auf 6 gestiegenen Preises, während die Konsumenten zwar über die Subvention verfügen können, diesem Vorteil von 4 aber den Nachteil es um 2 gestiegenen Preis entgegenrechnen müssen. Ganz analog lässt sich der Fall einer Subvention an die Anbieterseite diskutieren. Zwei Probleme der Subvention deuten sich an: (i) Wer finanziert sie? (ii) Die Subvention führt möglicherweise Transaktionspartner zusammen, die wenig füreinander empfinden. Im Gleichgewicht ist es etwa denkbar, dass eine Nachfrager-2 mit einer Anbieter-5 tauscht – und zwar nur, weil Dritte dieses an sich absurde Match alimentieren.

Be. 114: Wohlmeinende Entwicklungshilfe: „Green Stove"

Die Frankfurter Allgemeine Zeitung (8.2. 2008) illustriert die Auswirkungen einer konkreten entwicklungspolitischen Maßnahme, des „green stove". Ein solcher „green stove" ist ein geschlossener Lehmofen, der nur die Hälfte der sonst notwendigen Brennstoffmenge benötigt. Adressat dieses Küchengeräts sind Frauen in Äthiopien, deren Arbeitsalltag entlastet werden soll. Allerdings berichtet eine dieser Frauen, Yeshi Shoafera vom äthiopischen Hochland in der Nähe des Ortes Ginager,

> „... dass sie nun zwar mehr Zeit zur Verfügung hat, doch dafür noch
> Arbeit ihres Ehemanns erledigen muss."

Die Subvention – der „green stove" – kommt effektiv nicht bei Yeshi Shoafera an,
sondern wird im Resultat des intrafamiliären Verhandlungsprozesses von ihrem Mann
expropriiert. Hier stellen sich Fragen zur Inzidenzwirkungen im Verhandlungsprozess,
die denen zur Inzidenz einer Subvention am Markt ähneln.

3.5   Wohlfahrt

Be. 115:   Wert des Markts für die Konsumenten

Das Schnäppchen jedes einzelnen Konsumenten (Be. (33)) ist eine in Nahrungsmitteln
ausgedrückte Größe. Abb. (3.13) zeigt beispielsweise auch die Konsumentenrente einer
Nachfrager-10 im Marktgleichgewicht. Summieren wir die Schnäppchen sämtlicher im
Marktgleichgewicht zum Zuge kommenden Konsumenten, erhalten wir die aggregierte
Konsumentenrente zum Marktgleichgewicht. Zum Gleichgewichtspreis von 6 im Markt
der Abb. (3.13) beispielsweise lautet diese

$$2 \cdot (10 - 6) + 2 \cdot (9 - 6) + 2 \cdot (8 - 6) + 2 \cdot (7 - 6)$$

oder 20. Die Konsumentenrente von 20 Nahrungsmitteleinheiten ist ein anschauliches
Maß für die Wertschätzung des Markts durch alle Konsumenten. Abb. (3.13) zeigt die
Konsumentenrente als dunkel schattierte Fläche.

Be. 116:   Wert des Markts für die Produzenten

Das Schnäppchen eines jeden Produzenten ist eine in Nahrungsmitteleinheiten ausgedrückte Größe (Be. (34)). Summieren wir die Schnäppchen sämtlicher im Gleichgewicht zum Zuge kommenden Anbieter, erhalten wir die aggregierte Produzentenrente
im Marktgleichgewicht. Zum Gleichgewichtspreis von 6 im Markt der Abb. (3.13) beispielsweise lautet diese

$$2 \cdot (6 - 2) + 2 \cdot (6 - 3) + 2 \cdot (6 - 4) + 2 \cdot (6 - 5)$$

oder 20. Die Produzentenrente von 20 Nahrungsmitteleinheiten ist ein anschauliches
Maß für die Wertschätzung des Markts durch alle Produzenten. Abb. (3.13) zeigt die
Konsumentenrente als hell schattierte Fläche. (Dass Produzentenrente und Konsumentenrente hier gleich sind, ist zufällig und keine allgemeine Eigenschaft des Marktgleichgewichts.)

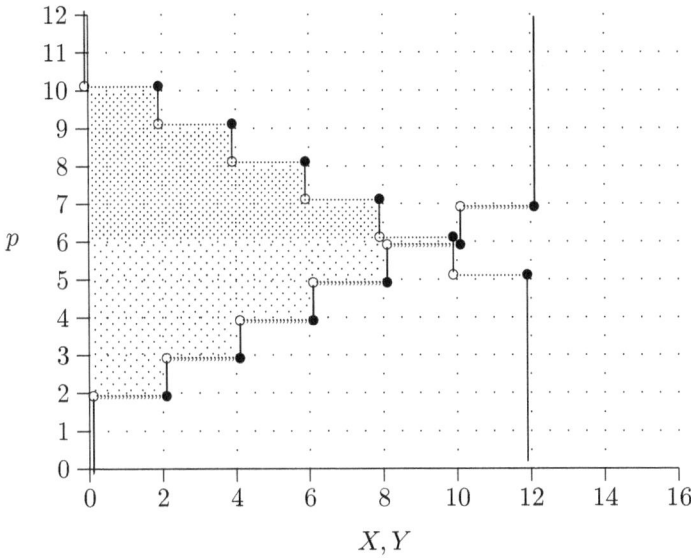

Abbildung 3.13: *Konsumentenrente und Produzentenrente im Gleichgewicht*

Be. 117: Wert des Markts für alle

Die Summe von Konsumentenrente und Produzentenrente ist der Soziale Überschuss des Markts. Im Beispiel der Abb. (3.13) beträgt er $20+20$ oder 40. Gleichzeitig entspricht er dem Inhalt der schattierten Fläche. Der Soziale Überschuss ist ein in Nahrungsmitteln ausgedrücktes Maß für die Wertschätzung des Markts durch sämtliche Marktteilnehmer. Daneben ist der soziale Überschuss auch die Antwort auf zwei weitere Fragen, die den Wert des Markts finden wollen, indem sie – wie schon Be. (35) – auf den Aspekt des Verlusts rekurrieren: (i) Angenommen, der Markt sollte gesperrt werden: Welchen Betrag an Nahrungsmitteln wäre die Gesellschaft bereit zu investieren, um diese Sperrung zu verhindern (Androhung der Sperrung des Markts oder sog. Äquivalente Variation)? Und (ii): Angenommen, der Markt wäre gesperrt worden: Welchen Betrag an Nahrungsmitteln müsste die Gesellschaft erhalten, um diese Sperrung wettzumachen (Entschädigung für Sperrung des Markts oder sog. Kompensierende Variation)? Der Soziale Überschuss misst so gesehen den Wert des Markts für die Gesellschaft. (Das gilt allerdings nur, sofern nicht auch andere Gesellschaftsmitglieder als die unmittelbar am Markt Beteiligten von dessen Transaktionen berührt werden (Be. (130))).

Be. 118: Wert des Markts maximal: Pareto-Effizienz

Eine enge Beziehung lässt sich zwischen Sozialem Überschuss und Pareto-Effizienz knüpfen. Einerseits: Ist der Soziale Überschuss maximal, dann liegt auch Pareto-Effizienz vor. Denn läge Pareto-Ineffizienz vor, dann gäbe es ja einen alternativen Zustand, der mindestens ein Individuum besserstellt (ihm eine höhere Rente verschafft), ohne irgendjemanden schlechterzustellen (ohne irgendjemandes Rente zu kürzen). Aber dann

p	KR	PR	SU
2	16	0	16
3	26	2	28
4	30	6	36
5	28	12	40
6	20	20	40
7	12	28	40
8	6	30	36
9	2	26	28
10	0	16	16

Tabelle 3.1: *Konsumentenrente, Produzentenrente, Sozialer Überschuss*

ließe sich der Soziale Überschuss doch steigern. Andererseits: Liegt Pareto-Effizienz vor, dann ist auch der soziale Überschuss maximal. Denn wäre der soziale Überschuss nicht maximal, ließe er sich steigern. Das wiederum bedeutet, dass die Rentengewinne der Gewinner die Rentenverluste der Verlierer übersteigen. Und das wiederum bedeutet, dass – die Möglichkeit kompensierender Transfers vorausgesetzt – alle Verlierer vollständig entschädigt werden können, während den Gewinnern aus ihrer jeweiligen Kompensationsmasse ja noch etwas übrigbliebe. Tabelle (3.1) zufolge ist der Soziale Überschuss zu keinem Preis so hoch wie zum Gleichgewichtspreis von 6. Denn dann ist der Soziale Überschuss 40 (Be. (117)). Das Marktgleichgewicht maximiert also den Sozialen Überschuss. Und deswegen ist es auch Pareto-effizient.

Be. 119:   Marktgleichgewicht ist effizient (Erster Hauptsatz)

Wesentlich allgemeiner als im Modell dieses Kapitels gilt: Ein sich unter den Annahmen (i) des vollkommenen Wettbewerbs, (ii) der Preisflexibilität, (iii) gesicherter Eigentumsrechte, (iv) der Abwesenheit externer Effekte und öffentlicher Güter und der (v) vollständigen Information aller Marktteilnehmer einstellendes Marktgleichgewicht ist Pareto-effizient. Diese Aussage heißt Erster Hauptsatz der Wohlfahrtstheorie. Der erste Hauptsatz listet hinreichende Bedingungen, unter denen wir Märkten zutrauen können, Pareto-effiziente Gleichgewichte zu generieren. Er ist die moderne Variante der Unsichtbaren Hand (Be. (13)). Einen allgemeineren Fall dieses Hauptsatzes lernen wir im Kapitel *Handel* kennen. – Ist ein unter anderen als den oben genannten Bedingungen resultierendes Marktgleichgewicht Pareto-ineffizient, sprechen Ökonomen von Marktversagen. Im Text diskutierte Beispiele für ein solches Marktversagen sind die Ineffizienz des Monopols (Be. (118)), die Ineffizienz bei Preisstarrheiten (Be. (96)), Marktversagen infolge externer Effekte (Be. (130)) oder Versagen des Markts bei der Bereitstellung sog. öffentliche Güter (Be. (209)). Ist eine der eingangs aufgeführten Annahmen verletzt, kann das Marktgleichgewicht Pareto-ineffizient sein – muss es aber nicht (Be. (200)).

Be. 120: Effizienz als Marktgleichgewicht (Zweiter Hauptsatz)

Nun muss die Gesellschaft nicht mit dem sich einstellenden Marktgleichgewicht zufrieden sein – Pareto-Effizienz hin oder her (Be. (11)). Auch ein effizientes Gleichgewicht kann schließlich mit extremer Ungleichheit der Einkommen einhergehen. Vielleicht haben ja ausgerechnet diejenigen eine besonders hohe Zahlungsbereitschaft für das am Markt gehandelte Gut, die auch ein hohes Vermögen haben? Dann würde das Marktgleichgewicht gerade denjenigen hohe Renten verschaffen, die ohnehin schon über ein hohes Vermögen verfügen. Dieser Verteilungskritik nimmt sich der Zweite Hauptsatz der Wohlfahrtstheorie an. Etwas verkürzt gesprochen könnten wir ihm zufolge – und gesellschaftlichen Verteilungsprioritäten folgend – Vermögen von weniger bedürftigen hin zu bedürftigeren Gesellschaftsmitgliedern verschieben, um anschließend all diese Gesellschaftsmitglieder wie bisher miteinander handeln zu lassen. Eine praktische Umsetzung des Zweiten Hauptsatzes trifft in der Realität auf eine Fülle von Problemen, nicht zuletzt, weil in einem längerfristigen Kontext die hier vorgesehene Besteuerung negative Anreizwirkungen für die Einkommenserzielung in der Zukunft haben könnte. Aber der Kern der Argumentation ist ja ohnehin: Eine Kritik der Ergebnisse eines Marktgleichgewichts sollte sich nicht gegen die Institution des Markts, sondern gegen die Verteilung der sog. Erstausstattungen bzw. ursprünglichen Besitzverhältnisse unter den Gesellschaftsmitgliedern richten.

Be. 121: Harfords „Head Start Theorem"

Harford (2006) hält folgende Metapher für den Zweiten Hauptsatz der Wohlfahrtstheorie parat: Stellen wir uns vor, der 100 Meter Lauf im Sport würde von zwei Läufern dominiert, die deutlich schneller als alle anderen sind. (Diese Situation ist gleichbedeutend mit einem Marktgleichgewicht, in dem sich immer diejenigen durchsetzen, die die besten Voraussetzungen – auf Anbieterseite etwa eine besonderes Talent in der Produktion – für den dort abgewickelten Tausch mitbringen.) Das Ergebnis ist ein zwar beeindruckendes, schnelles Rennen der ersten beiden. Gleichzeitig sind die Rennen aber auch nicht so spannend, die schnellsten beiden gewinnen eben immer. Das Publikum könnte einerseits die beiden schnellsten Läufer zwingen, langsamer zu laufen. (Im Markt wäre dies gleichbedeutend damit, ihnen zusätzliche Kosten – zusätzliche Wartezeiten bei der Bewilligung neuer Fabriken etwa – aufzubürden.) Alternativ könnte das Publikum

> "... move some starting blocks forward and some starting blocks back,
> so that although each sprinter was running as fast as he could ... the
> fastest had to cover enough extra ground that he would end up breaking the tape neck and neck with the slowest."

Harford bezeichnet dies als „Head Start Theorem": Statt die besonders effizienten Unternehmen zu behindern, sollten wir sie vielmehr in ihrer Effizienz bestärken – um ihnen gleichzeitig allerdings, unabhängig von ihrer besonderen Effizienz, einen Teil ihres

Effizienzgewinnes zwecks Verteilung an alle anderen abzunehmen. Eine verwandte Formulierung dieses Arguments hatten wir schon einmal in unserer Diskussion des Dritten Wegs kennengelernt (Be. (58)).

Be. 122:   Angebot zu Marktpreisen Bereicherung?

Beleuchten wir den Fall dem Papstbesuch wohlwollend gesinnter Vermieter in Freiburg mit Hilfe eines an unser Modell angelehnten Beispiels (Be. (9)). Unterstellen wir, dass vier Anbieter mit Vorbehaltspreis 0 erwägen, entweder in den Markt einzutreten und ihre Wohnung dort zum Gleichgewichtspreis zu vermieten oder aber ihre Wohnungen „am Markt vorbei" – jetzt nicht an die Meistbietenden, sondern an nach irgendeinem anderen Kriterium ausgesuchte Kurzzeitmitbewohner zur Miete 0 loszuschlagen. Abb. (3.14) illustriert den Effekt auf den Gleichgewichtspreis, wenn alle vier ihre Wohnungen über den Markts vermieten. Die Miete würde von 6 auf 5 fallen. Ein Vergleich der Gleichgewichtsmengen zeigt, dass per Saldo tatsächlich nur zwei extra Wohnungen auf den Märkt kämen, weil der fallende Gleichgewichtspreis Vermieter mit Vorbehaltspreisen von 5 aufgeben lässt. Die resultierende gesellschaftliche Wohlfahrt beläuft sich auf 62 – wie sich durch Abzählen der relevanten Kästchen nachvollziehen lässt. In der Antwort auf die in Abb. (1.3) gestellte „Gewissensfrage" ist dies der Fall der „Bereicherung":

> „Und Sie können den Menschen ... so weit respektieren oder wertschätzen, dass Sie sich an ihm nicht übermäßig bereichern wollen."

Beachten Sie schon jetzt, dass die auf einen maximalen Mieterlös abzielenden zusätzlichen vier Vermieter trotzdem immerhin zu einem Wohlfahrtsgewinn für die Messebesucher beitragen ... weil sie die Miete bei gleichzeitigem Anstieg der Vermietungen reduzieren helfen.

Be. 123:   Angebot zu Niedrigpreisen Respekt?

Als alternatives Szenario unterstellen wir, dass von den 4 zusätzlichen Vermietern (i) 2 weiterhin am Markt anbieten, während (ii) die anderen 2 „am Markt vorbei" und „umsonst" zufällig an gerade diejenigen Wohnungsnachfrager vermieten, die ohnehin schon am Markt die höchsten Zahlungsbereitschaften aufwiesen: die beiden Nachfrager-10en also. Abb. (3.15) illustriert einerseits die so um 2 Einheiten nach rechts verschobene aggregierte Angebotsfunktion. Abb. (3.15) trägt andererseits eine um 2 Einheiten nach rechts verschobene aggregierte Nachfragefunktion ab. Denn an die Zehnen am Markt vorbei zu vermieten, bedeutet ja, dass diese dort keine Nachfragewirkung mehr entfalten können. (In dieser Abbildung ist die Nachfragekurve um zwei Nachfrager mit Vorbehaltspreis 4 sowie zwei Nachfrager mit Vorbehaltspreis 3 „verlängert". Dies erleichtert einfach nur das nachfolgende Argument, ohne es aber zu verfälschen.) Der unter diesen Veränderungen resultierende Gleichgewichtspreis ist – wieder – 5. Die Gleichgewichtsmenge der am Markt getauschten Wohnungen beträgt 10. Der Wert aller über den

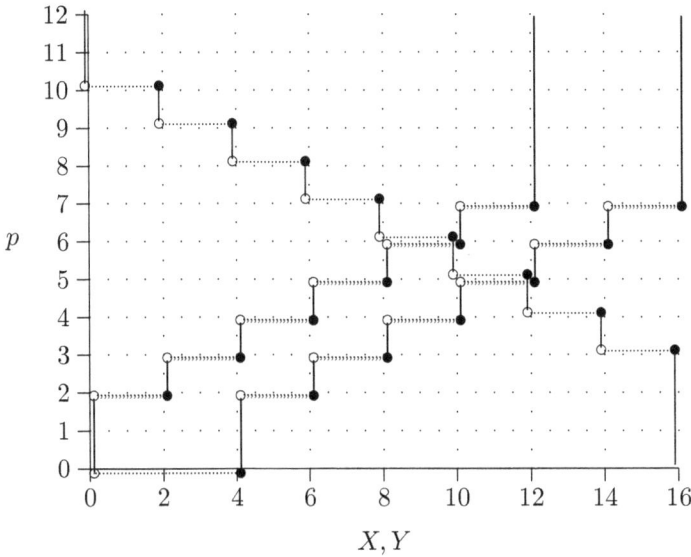

Abbildung 3.14: *Beteiligung aller ethisch motivierten Anbieter am Markt*

Markt laufenden Tauschakte beträgt 42. Gleichzeitig beträgt der Wert der nicht über den Markt vermittelten Tauschakte 20. Der Gesamtwert aller Tauschakte beträgt also – wieder – 62. Das altruistisch motivierte Verhalten zweier Anbieter nützt der Summe aller gesellschaftlichen Renten nicht sichtlich.

Be. 124: Angebot zu Niedrigpreisen Verschwendung

Als letztes Szenario unterstellen wir schließlich, dass von den 4 zusätzlichen Vermietern (i) 2 weiterhin am Markt anbieten, während (ii) die 2 verbleibenden „am Markt vorbei" und „umsonst" zufällig nunmehr an 2 Wohnungsnachfrager vermieten, die gerade nicht die höchsten Zahlungsbereitschaften aufweisen. Stattdessen seien diese beiden Glücklichen 2 Nachfrager, die im Marktgleichgewicht gar nicht zum Zuge kämen: die beiden Nachfrager-3en etwa. Abb. (3.16) illustriert einerseits den wieder um zwei Einheiten nach rechts verschobenen Graphen der aggregierten Angebotsfunktion, andererseits einen zwar nicht verschobenen, aber immerhin doch verkürzten Graphen der aggregierten Nachfragefunktion. Der unter diesen Veränderungen resultierende Gleichgewichtspreis ist jetzt irgendein Preis oberhalb von 5 und unterhalb von 6. Die Gleichgewichtsmenge der am Markt getauschten Wohnungen beträgt 10. Der Wert aller über den Markt laufenden Tauschakte – als Fläche zwischen Angebots- und Nachfragefunktion – beträgt 52. Gleichzeitig beträgt der Wert der nicht über den Markt vermittelten Tauschakte nur: 6. Der Gesamtwert aller Tauschakte beträgt also – nur – 58. Der zentrale Schluss ist hier, dass der Soziale Überschuss als Wert aller zustandekommenden Tauschakte unter wohlwollendem Verhalten der Anbieter tatsächlich kleiner ausfallen

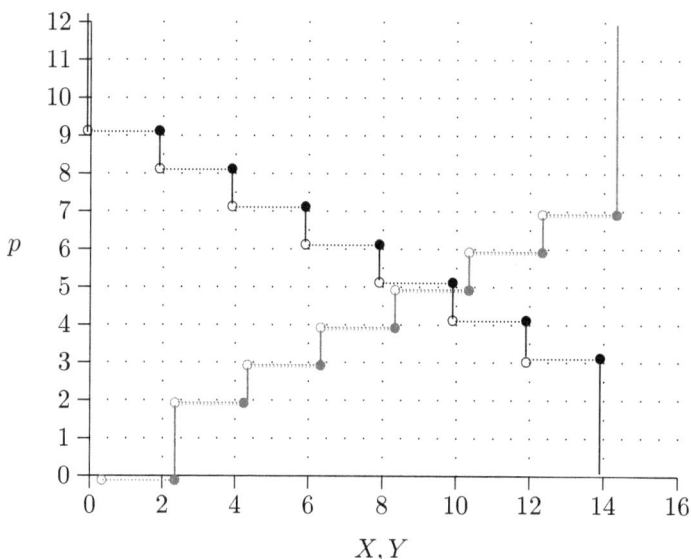

Abbildung 3.15: *Bereicherung oder Respekt?*

kann – und typischerweise sogar kleiner ausfallen wird – als im ausschließlich vom eigennutzorientierten Verhalten geprägten Marktgleichgewicht. Die intuitive Begründung ist, dass im Marktgleichgewicht niemand tauscht, der nicht auch ein hinreichend hohes Interesse am Tausch nachweisen kann (Be. (93)).

3.6   Politik

Be. 125:   Markt und Staat

Märkte koordinieren den freiwilligen Tausch von spezialisierten Anbietern mit ihren Nachfragern. An dieser Funktion ist nichts auszusetzen. Märkte kommen im Kern zu dem gleichen Tauschergebnis wie ein ganz ohne Märkte stattfindender Tausch – allerdings schneller, zu geringeren Transaktionskosten. Eine wohlmeinende Ordnungspolitik kann im Sinne des Ersten Hauptsatzes der Wohlfahrtstheorie (Be. (119)) den Tausch auf Märkten fördernde Rahmenbedingungen schaffen: Reduktion von Marktmacht (Wettbewerbspolitik), Transparenz der Eigenschaften gehandelter Güter, Durchsetzung von Eigentumsrechten und Verträgen, u.ä. Statt der Funktionsweise von Märkten also im Weg zu stehen, stärkt eine solche Ordnungspolitik – auf der konstitutionellen Ebene gewissermaßen – sie. Ein Eingriff in Märkte reduziert nur die auf Märkten entstehende gesellschaftliche Wohlfahrt. Dies illustrieren Interventionen wie Mindestlöhne und Höchstmieten (Be. (96)), Mengensteuern (Be. (109)) oder -subventionen (Be. (113)). Eine die Funktionsweise von Märkten stärkende Rolle des Staats deckt darüber hin-

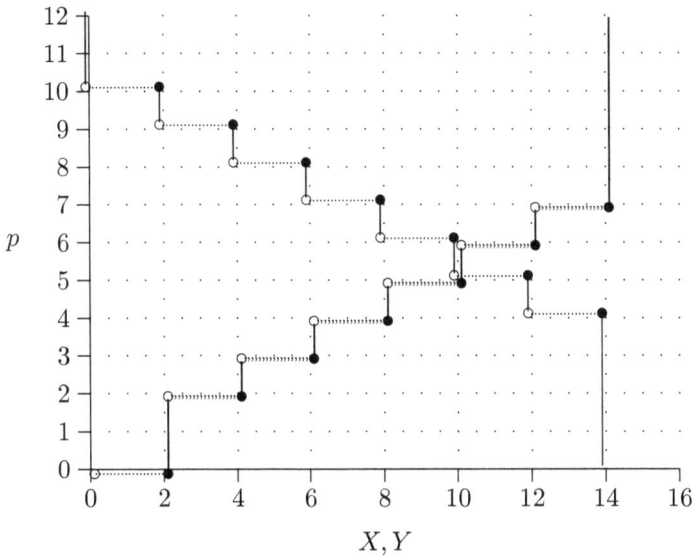

Abbildung 3.16: *Pareto-Effizienz?*

aus auch der Zweite Hauptsatz der Wohlfahrtstheorie auf (Be. (120)). Die dort avisierte Umverteilung ist allerdings dem eigentlichen Markttausch vorgelagert, statt in die Höhe der Tauschraten einzugreifen.

Be. 126: Grunderwerbsteuer erhöhen

Der Immobilienteil der Süddeutschen Zeitung (14.12.2012) berichtet unter der Überschrift „Völlig losgelöst" über die Erhöhung der Grunderwerbsteuer. Die Zahllast der Grunderwerbsteuer trägt in einem typischen Kaufvertrag der Käufer eines Grundstücks. „Wer vom ersten Januar 2012 dort [im Saarland] ... ein Grundstück oder eine Immobilie erwirbt, muss 5,5 Prozent Grunderwerbsteuer zahlen", heißt es dort. Die Grunderwerbsteuer hat also im wesentlichen den Charakter einer Besteuerung der Nachfragerseite (auch wenn es sich um eine am Wert des Besteuerungsobjekts ansetzende Wert- und nicht um eine Mengensteuer handelt). Die Konsequenzen dieser Steuer beschreibt die Geschäftsführerin des Bundes Freier Immobilien- und Wohnungsunternehmen so: „Die Erhöhung der Grunderwerbsteuer erschwert jungen Familien, ins Eigenheim zu ziehen.

> Wer zum Beispiel ein Haus für 250 000 Euro erwirbt, zahlt bei einem Steuersatz von 4,5 Prozent 11 250 Euro. Liegt der Satz bei 5,5 Prozent, sind es 2500 Euro mehr."

Diese Darstellung unterstellt, dass der Immobilienpreis nicht auf die Erhöhung der Grundsteuer reagiert. Unsere Diskussion einer Besteuerung der Nachfrageseite zeigt dagegen, dass wir genau damit – einer Veränderung des Immobilienpreises – rechnen

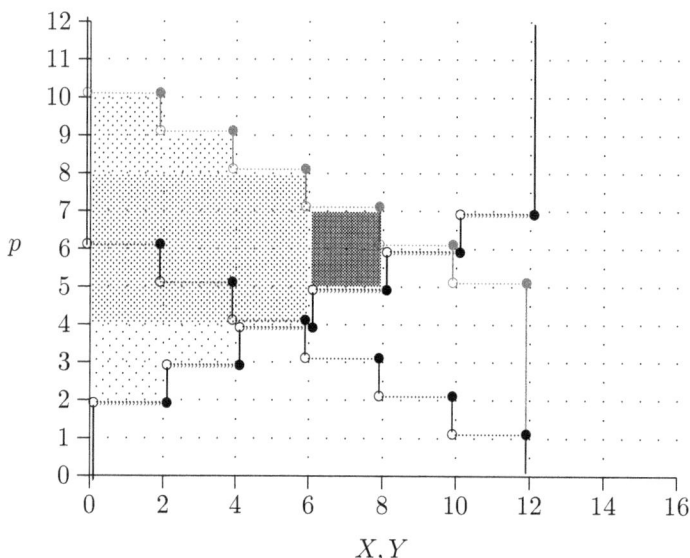

Abbildung 3.17: *Wohlfahrtsverlust der Mengensteuer*

müssen. Wir erwarten, dass der Immobilienpreis fällt, so dass auch die Immobilien-Anbieter effektiv einen Teil der Steuerlast tragen, obwohl sie an der Zahllast selbst gar nicht beteiligt werden. Diese Interpretation kann erklären, warum sich die Anbieter von Immobilien in der Öffentlichkeit um den Eigenheimkonsum junger Familien sorgen.

Be. 127:   Staatseinnahmen erzielen

Liegen negative externe Effekte vor, kann eine Besteuerung der Nachfrager wohlfahrts-steigernd wirken (Be. (131)). Gibt es dagegen keine negativen externen Effekte, wirkt die Besteuerung der Nachfrager wohlfahrtsmindernd – jedenfalls, wenn wir die gewonnen Steuermittel lediglich als mögliche Transfermasse auffassen statt interessantere Verwendungen zuzulassen wie etwa die Finanzierung öffentlicher Güter (Be. (209)). Konsultieren wir einmal mehr das Beispiel einer Besteuerung der Nachfrager durch eine Mengensteuer in Höhe von 4 (Be. (109)). Abb. (3.17) zeigt Konsumenten- und Produzentenrente nach Einführung der Mengensteuer. In der Summe beläuft sich der Soziale Überschuss auf $KR + PR = 6 + 6 = 12$. Er entspricht der hell schattierten Fläche in der Abbildung. Dieser soziale Überschuss fällt wesentlich kleiner aus als der Soziale Überschuss im Gleichgewicht ohne Steuern, von 40. Häufig werden die – in der Graphik mittel schattierten – Steuereinnahmen $T = 6 \cdot 4 = 24$ allerdings dem Sozialen Überschuss zugeschlagen. Aber selbst der so „korrigierte Soziale Überschuss" beträgt immer noch nur $6 + 6 + 24 = 36 < 40$. Der in der Abbildung dunkel schattierte Wohlfahrtsverlust – die sog. Zusatzlast der Besteuerung – beträgt 4. Besteuerung mindert die Wertstiftung des besteuerten Markts. Die Aufhebung der beschriebenen Mengensteuer hat das Po-

τ	X	T
$0 < \tau \le 2$	8	8τ
$2 < \tau \le 4$	6	6τ
$4 < \tau \le 6$	4	4τ
$6 < \tau \le 8$	2	2τ
$8 < \tau$	0	0

Tabelle 3.2: *Mengensteuer-Aufkommen*

tential einer Pareto-Verbesserung. Mit ähnlichen Argumenten lässt sich beispielsweise die Forderung nach einer Aufhebung von Zöllen untermauern.

Be. 128: Besteuerung nicht übertreiben? (Laffer-Kurve)

Arthur Laffer behauptete, eine Absenkung der Steuersätze unter ihr gegenwärtiges Niveau führe zu einem solch kräftigen Anstieg der Bemessungsgrundlage, dass das Steueraufkommen trotz Steuersatzsenkung letztlich steige. Tabelle (3.2) illustriert, wie sich das Steueraufkommen T verändert, wenn die Mengensteuer τ sich verändert. Die Tabelle zeigt insbesondere, dass das Steueraufkommen bei einem Steuersatz von 0 sowie bei einem Steuersatz von 8 jeweils 0 beträgt. Diese Beobachtung erlaubt selbst in unserem einfachen Grundmodell aber nicht den Schluss, das Steueraufkommen T steige von 0 ausgehend monoton an, erreiche zu irgendeinem Steuersatz zwischen 0 und 8 ein Maximum und falle anschließend monoton wieder bis auf 0. Unsere konkrete Laffer-Kurve zeigt, dass fallende und steigende Abschnitte der Laffer-Kurve alternieren (Abb. (3.18)). Ausgehend von einem Steuersatz von 6,5 steigert dessen Rückgang um eine Einheit das Steueraufkommen; ausgehend von einem Steuersatz von 5,5 reduziert dessen Rückgang um eine Einheit es dagegen.

Be. 129: Auch Organe am Markt handeln?

Der Tausch von geschützten Tierarten ist ein sehr spezielles Beispiel eines negativen externen Effekts auf Märkten. Viele andere Güter werden getauscht, bei denen der Tausch Dritte – über die eigentlichen Tauschpartner hinaus – berührt. Kauf und Verkauf von Transplantationsorganen stellen im besten Fall – und über die diesen Fragen eigenen ethischen Bedenken hinaus – sowohl Spender als auch Empfänger des Organs besser. Im Idealfall willigen beide freiwillig in diesen Tausch ein. Der Spender erhält einen Geldbetrag, der über seine Kompensationsforderung hinausgeht, und der Empfänger erhält ein lebensrettendes Organ, das ihm mehr als dessen Preis wert ist. Wie hoch ist dieser Preis? Der Frankfurter Allgemeinen zufolge (19.8. 2012, „Nicht alles sollte für Geld zu haben

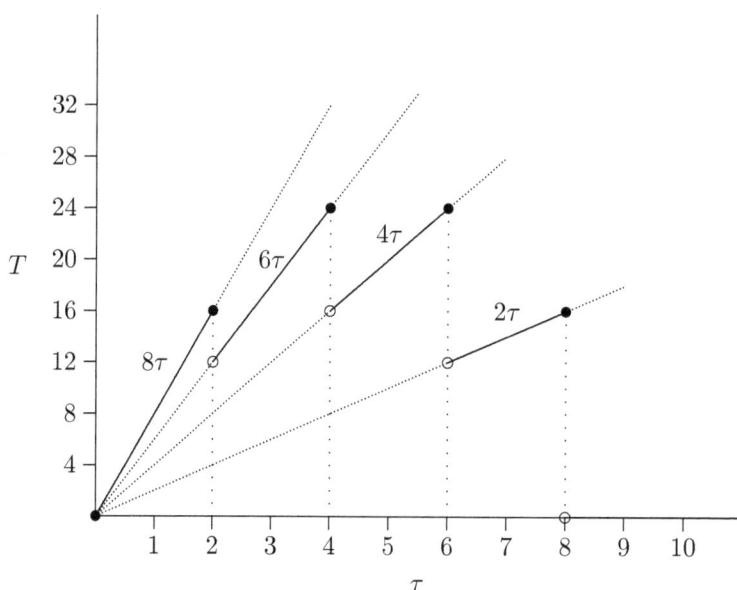

Abbildung 3.18: *Laffer-Kurve*

sein") werden auf dem Schwarzmarkt „...Nieren für 50 000 bis 70 000 Euro ..." angeboten. Die Auswirkungen über die unmittelbaren Tauschpartner hinaus sind bekannt:
„Arme Menschen könnten gedrängt werden, aus Not ihre Organe zu verkaufen.", was
die Freiwilligkeit des Tausches in Frage stellt. Einen Handel in Organen zu legalisieren
inspiriert darüber hinaus kriminelle Aktivitäten. Dramatische Beispiele sind der internationalen Presse zu entnehmen: Unbeteiligten werden Organe ohne ihre Einwilligung
und ohne ihr Wissen entnommen, Straftäter werden von korrupten Gerichten willkür-
lich zum Tod verurteilt. (Die aktuelle Diskussion um die Transplanationschirurgie in
Deutschland zeigt gleichzeitig allerdings auch auf, dass andere Zuteilungskriterien als
die Zahlungsbereitschaft ebenfalls umstritten sind: Sollte derjenige operiert werden, der
am kränkesten ist? Oder derjenige, der dank des zugeteilten Organs die größte weitere
Lebenserwartung hat?)

Be. 130: Oder wilde Singvögel handeln?

Es seien die zwölf Anbieter und Nachfrager nicht mehr die einzigen möglichen Betroffenen des Markts. Nehmen wir den Spezialfall eines Markts für wilde Singvögel in Irland.
Sarah Fields, eine Biologin des Irish Wildlife Trust, weist auf den Schaden des Fangens
wilder Singvögel – und anschließenden Verkaufs auf einem Dubliner Vogelmarkt – hin
(Abb. (3.19), Sunday Times, „Illegal Sale of Songbirds Rife at City Market", 8.4. 2007):

> "[Illegal sale of songbirds] ...threatens the conservation of our wild
> birds, ...especially as the nesting season has begun."

Abbildung 3.19: *Negativer externer Effekt*

Unterstellen wir, der Schaden, der den nicht auf dem Vogelmarkt aktiven Gesellschaftsmitgliedern mit jedem verkauften gefangenen Vogel entsteht, beträgt 1. Dann hat das
Marktgleichgewicht aus Abb. (3.13) die Eigenschaft, nicht nur den jeweils zehn Verkäu-
fern und Käufern einen Überschuss von insgesamt 40 zu bescheren, sondern auch allen
anderen Mitgliedern der Gesellschaft einen Schaden von 10 zu bereiten. Netto beträgt
der Soziale Überschuss nur noch 30. – Vogelhändler und -käufer werden diesen Schaden,
oder externen Effekt, allerdings ignorieren. Und aufgrund der nachlässigen Kontrollen –
„Illegal sale of songbirds rife at city market"– können sie sich dies auch straflos leisten.
Die folgende Bemerkung zeigt, warum ein Marktgleichgewicht bei externen Effekten
nicht mehr Pareto-effizient ist.

Be. 131:   Negative externe Effekte des Markts besteuern!

Im Beispiel des Markts für wilde Singvögel (Be. (130)) entsteht den Nichtteilnehmern
dieses Markts ein Schaden von 1 für jeden verkauften Vogel. Eine Reduktion der verkauften Vögel um 2 – und ein Abschied der ohnehin nicht vom Markt profitieren-
den Käufer und Verkäufer mit Vorbehaltspreis 6 – wäre eine Pareto-Verbesserung. Die
sich zurückziehenden Händler und Kunden würden nichts verlieren. Gleichzeitig würde
die Gesellschaft einen Wohlfahrtsgewinn von 2 verzeichnen. Aber wie kann der Staat
diese Pareto-Verbesserung umsetzen? Eine Mengensteuer von 2 zulasten der Anbieter
verschiebt den Graph des aggregierten Angebots um zwei Einheiten nach oben (Be.
(110) und Abb. (3.20)). Der neue Nachfragerpreis pendelt sich bei 7 ein, während der

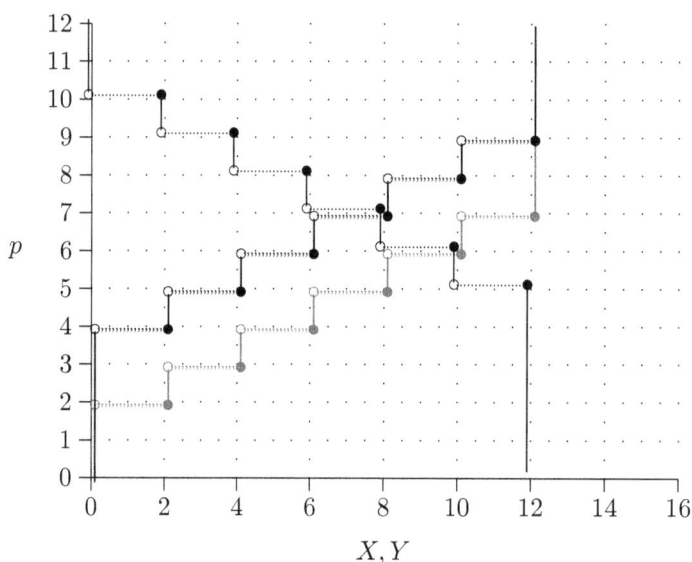

Abbildung 3.20: *Besteuerung eines negativen externen Effekts*

Angebotspreis zukünftig 5 beträgt. Nicht überraschend ziehen sich sowohl die beiden Nachfrager-6-en als auch die beiden Angebots-6-en zurück. Da keiner dieser vier Akteure ein Schnäppchen erzielte, stellen sie sich dadurch auch nicht schlechter. Wird gleichzeitig das entstehende Steueraufkommen von 16 an die verbleibenden 16 Anbieter und Nachfrager zurückgeschleust, stellen sich auch diese nicht schlechter. Und alle anderen Gesellschaftsmitglieder stellen sich besser. Eine kleine Mengensteuer löst hier eine Pareto-Verbesserung aus. Das legt die Frage nahe, wie hoch eine optimale Steuer hier wäre. Die Diskussion dieser optimalen Steuer greift das Kapitel *Umwelt* im wichtigen Kontext der Straßenmaut wieder auf (Be. (331)).

3.7   Ausblick

Be. 132:   Literatur

Alle einführenden Lehrbücher (Be. (24)) erläutern immer auch das einfache Marktmodell. Der hier gewählte Zugang – anhand einfacher Treppenfunktionen, unter- und oberhalb derer die so wichtigen diversen Flächen besonders leicht zu bestimmen sind – findet sich darüber hinaus in Dixit/Skeath/Reilly (2009, Kap. 19.1). Varian (1992) und Varian (2003) bieten weitere Einführungen in das sog. *discrete-good-model*. Mas-Colell et al. (1995), Varian (1993) und Tirole (1993) sind Standard-Einführungen in die mikroökonomische Analyse des Markts. Homburg (2004) diskutiert anschaulich die Wirkungen unterschiedlichster Steuern – unter anderem in einem Marktmodell, das dem dieses Textes ähnelt. Dort ist nachzulesen, wie die Inzidenz einer Steuer insbesondere von den Steigungen von Angebots- und Nachfragefunktion abhängt. Harmgart/Huck (2008) interpretieren den Film „Dogville" aus der Perspektive des Partialmarktgleichgewichts. Clarks (2008) Wirtschaftsgeschichte sowie Acemoglu et al. (2010) verweisen auf die historische Entwicklung all der Institutionen, die hinter heute funktionierenden Märkten stehen: Niederlassungsfreiheit, Gewerbefreiheit und freie Berufswahl, Diskriminierungsschutz, Aufhebung der Gilden, etc. Franz (2006), Wagner/Jahn (2004) sowie Cahuc/Zylberberg (2004) sind umfassende Einführungen in die Arbeitsmarktökonomik. Frank (2007) beschreibt diverse Markt-Anomalien: Märkte, auf denen die Nachfrage mit dem Preis steigt, o.ä. Breyer/Kolmar (2005) bieten einen systematischen Überblick über theoretische Aspekte der Wirtschaftspolitik. Ribhegge (2004) führt im Detail die Bedeutung sozialpolitischer Begleitung von Marktergebnissen aus.

4 Stadt

Be. 133: Markt in der Stadt und Stadt als Markt

Warum ein eigenes Kapitel zur Stadt? Aus naheliegenden Gründen (und vom Arbeitsmarkt abgesehen) kommt kaum einem Markt so viel Aufmerksamkeit zu wie dem städtischen Wohnungsmarkt. Zwar können wir den städtischen Wohnungsmarkt auch im Kapitel *Markt* analysieren (Be. (122) - Be. (124)). Allerdings hat dieser Markt noch keine räumliche Dimension: Meinen wir gerade den Teilmarkt für Wohnungen im Stadtzentrum? Oder den für Wohnungen am Stadtrand? Darüber hinaus sind doch gerade Städte historisch diejenigen Orte, an denen sich Märkte am besten entfalten konnten. Oft um die zentrale Stadtkirche herum gruppierte Marktplätze wie in Heidelberg, Freiburg oder Frankfurt (Oder) schafften Schutz und Platz für Lebensmittel- oder Wochenmarkt, Messehäuser oder Messegelände wie in Leipzig, Frankfurt oder Berlin beherbergten temporäre Verkaufsstände, innerstädtische Straßenkreuzungen standen für den Schnittpunkt von Handelswegen, auf denen Käufer und Verkäufer kommen und gehen. Und natürlich versprechen Städte allein schon aufgrund ihrer schieren eigenen Größe, selbst eine Vielzahl von Abnehmern und Lieferanten innerstädtischer Industrien beizutragen bzw. bereitzustellen.

Be. 134: Brügge im Mittelalter (Natürliches Experiment)

Auch wenn uns in diesem Kapitel das Binnenleben einer Stadt interessiert, werfen wir doch einen kurzen Blick auf ihre Außenbeziehungen. Dort spielt der Handel mit anderen Städten eine hervorgehobene Rolle. Dies illustriert am besten ein natürliches Experiment, eine Umweltveränderung, in deren Zuge die Verbindungen zu den Handelspartnern gekappt werden, während alles andere beim alten bleibt. Wandelt sich die Stadt, können wir diesen Wandel der Umweltveränderung – und nichts sonst – zuschreiben. Harford (2006) beschreibt ein ebensolches Experiment für Brügge. Brügge in Flandern/Belgien, am Ästuar der Zwin gelegen, war vom 12. bis zum 15. Jahrhundert eine der reichsten Städte Europas, ein Zentrum der Hanse, ein Zentrum der Kunst und ein Zentrum der Diamantenschleiferei.

> "...But in the fifteenth century something strange began to happen. The Zwin began to silt up."

Und tatsächlich setzt Brügges wirtschaftlicher Niedergang genau hier ein. Von einer Bevölkerung bald doppelt so groß wie die Londons bleibt nur ein kleiner Teil, die wirtschaftliche Rolle Brügges als Handelshafen eignet sich Antwerpen an. Eine ähnliche

Geschichte lässt sich für Sevilla (Versandung des Guadalquivir) erzählen. Die Kapitel
Stadt, *Markt* und *Handel* sind zwar eigene Kapitel, aber eigentlich sind sie zusammen
zu lesen: Handel braucht und bildet Städte, und Städte brauchen und erzeugen Handel.

Be. 135: Shanghai heute

Das im Kern auf Johann Heinrich v. Thünen und David Ricardo zurückgehende einfache
Stadtmodell dieses Kapitels formuliert die Interessen einer Bevölkerung von landlosen
Wanderarbeitern bzw. Migranten, zeichnet deren Land-Stadt-Wanderungen nach und
evaluiert ihre spätere Ballung in der Stadt (Abb. (4.1)). Ausgangspunkt sind eine städtische Lohnprämie (der Lohnsatz in der Stadt ist höher als der Lohnsatz, der auf dem
Land verdient werden kann) sowie die Konkurrenz vieler mobiler potentieller Zuzügler
(nichts hält diese Zuwanderer vom Zuzug ab). In China, so die Frankfurter Allgemeine
Sonntagszeitung unter der Überschrift „Die schwere Last der Wanderarbeiter" (18.3.
2007), beträgt zurzeit

> „... das Durchschnittseinkommen der Landbevölkerung ... weniger als
> ein Viertel desjenigen der Städter ... So verlassen immer mehr Bauern
> den unterentwickelten Westen und machen sich auf in die Stadt."

Vor diesem Hintergrund ist unser Modell der für weitere Zuwanderung offenen Stadt
nicht nur von historischem Interesse, etwa bei der Erklärung der sich enorm schnell
vollziehenden Urbanisierung Europas im 19. Jahrhundert. Aktuelle Anwendungen sind
vielmehr immer dort denkbar, wo eine Stadt (i) viel mehr zu bieten hat als andere
Standorte in der Umgebung sowie (ii) von vielen mobilen potentiellen Zuzüglern er-
reichbar ist. Jeder Wanderarbeiter, der eine Bodeneinheit zum Bewohnen mietet, wird
zum städtischen Mieter. Gleichzeitig wird jeder Grundbesitzer, der eine Bodeneinheit
vermietet, zum städtischen Vermieter oder *Landlord*.

Be. 136: Agglomeration und Urbanisierung

Welche Ursachen hat die städtische Lohnprämie? Die stadtökonomische Literatur betont
die Rolle von Produktivitätsgewinnen, die Unternehmen verbuchen können, wenn sie
sich einen gemeinsamen Standort teilen statt sich wahllos über das Land zu zerstreuen.
Nah zu anderen Unternehmen zu sein bedeutet zum Beispiel, direkt von neuen Ideen
im Alltag und im Gespräch unter Kollegen – auch über Unternehmensgrenzen hinweg
– zu erfahren. Auch sind Unternehmen über die natürliche Fluktuation am lokalen
Arbeitsmarkt, aus dem sie ja gemeinsam schöpfen, miteinander verbunden. In dem
einen Unternehmen erbrachte Innovationen brauchen auch deswegen nicht lange, bis sie
in ein anderes Unternehmen – ein Mitwettbewerber der gleichen Branche oder auch ein
Abnehmer- oder Zulieferunternehmen – hinüberdiffundieren. Voraussetzung all dieser
knowledge spillovers ist räumliche Nähe oder, im regionalökonomischen Jargon, *face-to-
face*-Kontakt.

Abbildung 4.1: *Frankfurt (Oder) und – im Hintergrund – Słubice*

Be. 137: Mieten sind Standortprämien (Ricardianische Bodenrenten)

Der Preis am Wohnungsmarkt, die Miete, erfährt eine besonders prägnante Darstellung bei Ricardo (1821). Ricardo betrachtet drei mögliche Bodenqualitäten. Die auf diesen drei Böden jeweils möglichen landwirtschaftlichen Gewinne seien 100, 90 und 80 je Parzelle. Die drei Bodenqualitäten befinden sich in den Händen von Grundeigentümern, die ihre Böden nicht alle selbst bewirtschaften können und deshalb an von außen kommende Pächter verpachten möchten. Die ersten Pächter, die zuwandern, zahlen selbst auf der besten Bodenqualität überhaupt gar keine Miete oder Pacht. Sie sehen sich ja noch einem Überangebot dieser Bodenqualität gegenüber (Be. (43)). Allerdings: Sobald die Zahl der Pächter die Zahl der zu vermietenden Parzellen in Qualität 1 übersteigt, steigt die dortige Pacht sprungartig an. Jeder neu hinzukommende Pächter, der auf Qualität 2 auszuweichen gezwungen ist, wird schnell versuchen, bestehende Pachtverträge auf dem so viel ertragreicheren Boden der Qualität 1 zu überbieten. Schnell wird die Pacht auf Böden der Qualität 1 auf ein Niveau von

$$100 - 90$$

oder 10 anwachsen. Höchstens so viel ist den neuen Pächtern in Qualität 2 ja gerade der Wechsel auf den besseren Boden der Qualität 1 wert. Ist später auch das Angebot an Boden der Qualität 2 erschöpft, steigt die Miete auf Böden der Qualität 1 sogar auf $100-80$ oder 20 an. Die Ricardianische Bodenrente entspricht gerade dem Ertragsvorteil gegenüber der marginalen – also der zuletzt beanspruchten – Qualität.

4.1   Individuen

Be. 138:   Wie viel ist Mieter höchstens bereit zu zahlen?

Jeder Wanderarbeiter – oder kürzer: Migrant – arbeitet entweder in der Landwirtschaft zum Nominallohn w_a (Be. (67)). Insofern er nah an seinem Arbeitsplatz lebt, hat er keine weiteren Kosten. Oder er zieht in die Nähe einer im Stadtzentrum (*Central Business District*, CBD) neuentstandenen Fabrik, die ihm einen Lohnsatz von $w_u > w_a$ bietet. Diese Fabrik – der schwarze Punkt in Abb. (4.2) – beschäftigt viele Arbeitskräfte, deshalb ist Wohnraum in ihrer unmittelbaren Nähe knapp. Die in Wegeinheiten gemessene Entfernung des Wohnorts zum Arbeitsort, r, entscheidet über die Höhe der Pendelkosten. Kostet das Pendeln über eine Einheit direkten Wegs t Euro, summieren sich die Gesamtkosten des Hin- und Zurückpendelns für jemanden, der im Abstand von r_0 zum CBD wohnt, auf $2tr_0$. Die städtische Lohnprämie $w_u - w_a$ misst zwar den Lohnvorsprung städtischer Arbeit. Aber der Nettovorteil der Stadt für jemanden, der konkret in Entfernung r_0 vom CBD wohnt, wird erst durch den Ausdruck

$$(w_u - w_a) \; - \; 2tr_0 \tag{4.1}$$

erfasst. Nehmen Sie einmal an, dieser Ausdruck beträgt 4 Euro. Dann würde der Migrant sicherlich 2 oder 3, ... höchstens aber 4 Euro dafür zahlen, dass er dort, im Abstand r_0, vom CBD eine Bodeneinheit mieten kann. Mit anderen Worten: Der Ausdruck (4.1) ist das maximale Mietgebot oder auch die maximale Miet-Zahlungsbereitschaft des Migranten für eine Bodeneinheit (oder Wohnung) am Standort r_0. Abstrahieren wir von mehrstöckigen Gebäuden, ist die Zahl der Mieter je Bodeneinheit gerade Eins. indexKosten!Pendel-

Be. 139:   Orte gleicher Miethöhe (Isotime-Linien)

Für einen beliebigen Standort in Entfernung r zum CBD ist das maximale Mietgebot einfach

$$(w_u - w_a) \; - \; 2tr, \tag{4.2}$$

wobei wir uns natürlich nur über Standorte r unterhalten wollen, für die dieses Mietgebot tatsächlich existiert – d.h. positiv ist. Abb. (4.2) zeigt den Graphen des maximalen Mietgebots in Abhängigkeit von r als Mantel des gezeichneten Kegels. Dort sehen wir auch, dass diese maximale Mietzahlungsbereitschaft mit zunehmendem Abstand vom Zentrum fällt. Je mehr der Migrant für das tägliche Pendeln aufwenden muss, desto weniger bleibt ihm, um einen Vermieter von sich zu überzeugen. Die Abbildung zeigt zusätzlich einen Wanderweg auf dem Kegelmantel sowie eine unter diesem Wanderweg in der Abbildungsebene liegende konzentrische Linie. Diese konzentrische Linie hält überall einen Abstand von r_0 zum Zentrum ein. Sie ist eine Linie gleicher Pendelkosten, oder eine sog. Isotime-Linie, zum Niveau $2tr_0$. Ein- und dieselbe Isotime-Linie zeigt sämtliche Wohnorte, die sich durch identische Pendelzeiten und damit -Kosten auszeichnen. Die Abbildung zeigt übrigens auch die Isotime-Linien zu den Niveaus $w_u - w_a$ und Null.

4.2 Gleichgewicht

Be. 140: Welche Mieten stellen sich ein?

Hat ein Migrant die Chance, weniger als seine maximale Mietzahlungsbereitschaft zahlen zu müssen, wird er sicher sofort ergreifen. Aber weil es per Annahme sehr, sehr viele Migranten mit identischen maximalen Mietgeboten in diesem Modell gibt, die um ihren Platz in der attraktiven Stadt konkurrieren, sind solche Schnäppchen rar ... und dann auch nicht von Dauer. Im Wanderungsgleichgewicht mutiert die maximale Mietzahlungsbereitschaft $(w_u - w_a) - 2tr$ auch zur tatsächlich zu zahlende Miete $q(r)$:

$$q(r) \ = \ (w_u - w_a) \ - \ 2tr \tag{4.3}$$

an allen Standorten r, an denen Wanderarbeiter überhaupt etwas zu zahlen bereit sind. So prognostiziert Gleichung (4.3) also nicht einfach nur „die" Miete, sondern die Miete an jedem Standort der Stadt: das Mietprofil. Abb. (4.2) illustriert den Graphen der Miete als Kegel eines dreidimensional angedeuteten Diagramms. Die Miete fällt offensichtlich mit zunehmender Entfernung zum Zentrum. Dort lesen wir die Miete in Entfernung r' zum Zentrum als dortige Höhe des Kegels $q(r')$ ab; daneben misst die Differenz zwischen der größten Höhe des Kegels im Zentrum $(w_u - w_a)$ und der Höhe des Kegels in r' gerade die in r' anfallenden Pendelkosten $2tr'$. Obschon Boden nicht eigens produziert werden muss, fordert er den Mietern eine – teilweise ganz erhebliche – Zahlung an die Klasse der das städtische Land besitzenden Landlords ab (Be. (94)). Dass die Miete an einem Standort $q(r)$ gerade gleich dem dortigen Nettoeinkommen $w_u - 2tr$ abzüglich des Einkommen am Alternativstandort w_a ist, entspricht übrigens gerade der Grundidee der bei Ricardo beschriebenen Ricardianischen Bodenrente (Be. (137)).

Be. 141: Summe aus Pendelkosten und Miete konstant

Die Summe aus Pendelkosten und Miete ist unabhängig vom Standort: Einfaches Umstellen der Gleichgewichtsbedingung (4.3) gibt

$$q(r) \ + \ 2tr \ = \ w_u - w_a \tag{4.4}$$

Der Ausdruck auf der rechten Seite stellt die für alle Mieter gleiche und gleichermaßen erreichbare Lohnprämie dar. Der Ausdruck auf der linken Seite gibt den individuellen Mix aus Miete und Pendelkosten wieder. Für zentrumsferne Mieter ist die Miete klein, weil die Pendelkosten hoch sind. Für zentrumsnahe Mieter ist die Miete hoch, weil die

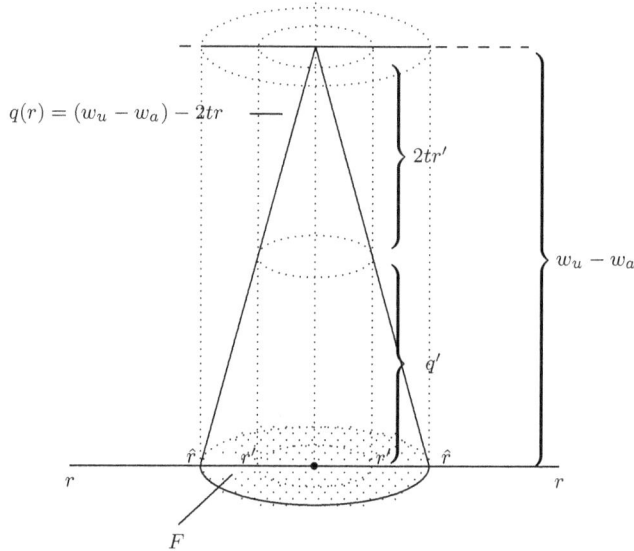

$$q(r) = (w_u - w_a) - 2tr$$

Abbildung 4.2: *Mieten, Stadtgrenze und Siedlungsfläche*

Pendelkosten klein sind. Während Mieter zwar die Möglichkeit haben, ihren Mix aus Pendelkosten und Miete durch ihre Standortwahl in der Stadt zu steuern, haben sie keinen Einfluss auf die Summe beider Kostenarten. Dieser mangelnde Einfluss spiegelt die fatale Eigenschaft des Thünenschen Wanderungsgleichgewichts, dass jeder noch so kleine Standortvorteil sofort massive Zuwanderung – und also Konkurrenz – aus dem Umland anzieht.

Be. 142: Preis ein Reflex der Ladenmieten?

Die Süddeutsche Zeitung (6.9. 2011) berichtet über die Mietenentwicklung auf den Champs-Elysées in Paris. Dort sind die Mieten inzwischen so hoch wie nicht einmal auf der Bond Street in London. Allerdings:

> „Der Stadt Paris ist die Entwicklung gar nicht recht. ,Die Preissteigerung birgt große Gefahren und könnte selbstmörderisch sein', sagt eine Sprecherin. ,Nur noch die ganz großen internationalen Marken können sich den Luxus leisten, hier ein Vorzeige-Geschäft zu eröffnen, von dem sie wissen, dass sie damit kein Geld verdienen werden.'"

Aus dieser Perspektive sind hohe Mieten ein Kostenfaktor, der die auf den Champs-Elysées domizilierenden Geschäfte dazu zwingt, extrem hohe Umsätze zu erwirtschaften, wenn sie nicht zumachen wollen. Aus der Perspektive des Thünenschen Modells dagegen sind die hohen Mieten – umgekehrt – ein Ausdruck der auf den Champs-Elysées möglichen extrem hohen Umsätze. Allerdings sei eingeräumt, dass die hohen Mieten die Zusammensetzung der Mieter steuern (Be. (145)). Diese Bemerkung ergänzt unsere frühere Beobachtung, dass wir nicht einfach kausal von Kosten auf Preise schließen dürfen (Be. (108)).

Be. 143: Bis wohin dehnt sich die Stadt aus?

Wie groß ist die Stadt? Die Stadt endet dort, wo die maximale Zahlungsbereitschaft auf 0 abgesunken ist. Für die Stadtrand-Distanz $\hat{r}$ gilt also: $q(\hat{r}) = 0$ oder $(w_u - w_a) - 2t\hat{r} = 0$. Umstellen nach $\hat{r}$ gibt:

$$\hat{r} = (w_u - w_a)/2t \tag{4.5}$$

Abb. (4.2) zeigt die Stadtgrenze als Schnittmenge des Kegelmantels mit der geographischen Ebene. In anderen Worten: Orte an der Stadtgrenze liegen auf der Isotime-Linie zum Niveau $w_u - w_a$ (Be. (139)). Die schattiert gezeichnete Siedlungsfläche und auch die Anzahl der Stadtbewohner erreichen $\pi\hat{r}^2$. Der Stadtrand misst $2\pi\hat{r}$. Gleichung (4.5) begründet eine einfache Theorie der Stadtgröße. Die Stadt wächst, wenn das Stadt-Land-Lohndifferential $w_u - w_a$ steigt bzw. wenn der Verkehrs-Parameter t fällt. Beispielsweise reflektiert das rasante Wachstum deutscher Städte im 19. Jahrhundert – oder das chinesischer Städte heute – den massiven Lohnvorsprung städtischer Fabriken, einen immer weiteren Ausbau der urbanen Verkehrsinfrastruktur sowie eine fortschreitende Motorisierung.

Be. 144: Motive jungsteinzeitlicher Stadtbildung?

Ein wichtiges frühes Motiv der Stadtbildung – etwa zurzeit der Gründung der ersten frühen Städte überhaupt, wie Ur, Uruk, Ninive, Assur, Babylon – ist nicht die Existenz von damals ja gar noch nicht existierenden Fabriken, sondern der Wunsch nach einem geschlossenen Befestigungswall: Einerseits ist die Einwohnerzahl der Stadt gleich der Stadtfläche $\pi\hat{r}^2$. Andererseits sind die Kosten des Walls annähernd proportional zu dessen Länge $2\pi\hat{r}$. Aber dann sind die Durchschnittskosten des Walls dem Quotienten

$$2/\hat{r}$$

proportional. Je größer die Stadt ist, desto kleiner sind die Kosten für den einzelnen Stadtbewohner. Größere Städte versprechen in einer Zeit, in der der Nahrungsüberschuss, den jeder einzelne Arbeiter erwirtschaftet, nicht gerade besonders groß ist, günstigeren (oder alternativ besseren) Schutz. Die die Reste der Berliner Stadtmauer zeigende Abb. (4.3) zeigt zwar keinen Palisadenzaun der Jungsteinzeit, aber die Stadtmauer Berlins verdankt sich bestimmt dem gleichen Urbanisierungsvorteil.

Abbildung 4.3: Authentische Reste der Stadtmauer Berlins (Littenstraße Berlin-Mitte)

Be. 145: Reiche und Arme

Alle Migranten sehen sich im Modell einer identischen städtischen Lohnprämie $(w_u - w_a)$ sowie einem für alle gleichen Pendelkostenparameters t gegenüber. Unterstellen wir jetzt, dass ein zweiter Haushaltstyp zum ersten hinzutritt. Dieser zeichnet sich durch eine geringere Lohnprämie, aber auch durch einen geringeren Pendelkostenparameter aus. Indizieren wir sämtliche Variablen des ersten Haushaltstyps mit h sowie sämtliche Variablen des zweiten Haushaltstyps mit l. Dann lauten die maximalen Mietgebote

$$(w_u^h - w_a^h) - 2t^h r \qquad \text{sowie} \qquad (w_u^l - w_a^l) - 2t^l r$$

für Typ 1 und 2 respektive (Be. (139)). In Abb. (4.4) sind die Mietgebote des ersten Typs als steiler Graph erkennbar; die des zweiten Typs sind als flacherer Graph wiedergegeben. In Zentrumsnähe überbietet Typ h Typ l; dort wohnt Typ h (dunkel schattierte Fläche in Abb. (4.4)). An der städtischen Peripherie dagegen überbietet Typ l Typ h; entsprechend wohnt dort Typ l (hell schattierte Fläche in Abb. (4.4)). Typ h-Haushalte wohnen ausschließlich im inneren Ring, Typ l-Haushalte dagegen ausschließlich im äußeren Ring.

Be. 146: Reiche und Arme in eigenen Stadtteilen (Thünensche Ringe)

Diese Ringe, oder Siedlungsflächen, heißen Thünensche Ringe. Beide Haushaltstypen sind im neuen Gleichgewicht vollständig segregiert. Ganz ohne Diskriminierung begegnen sich beide Haushaltstypen höchstens im Transit zum Stadtzentrum sowie an

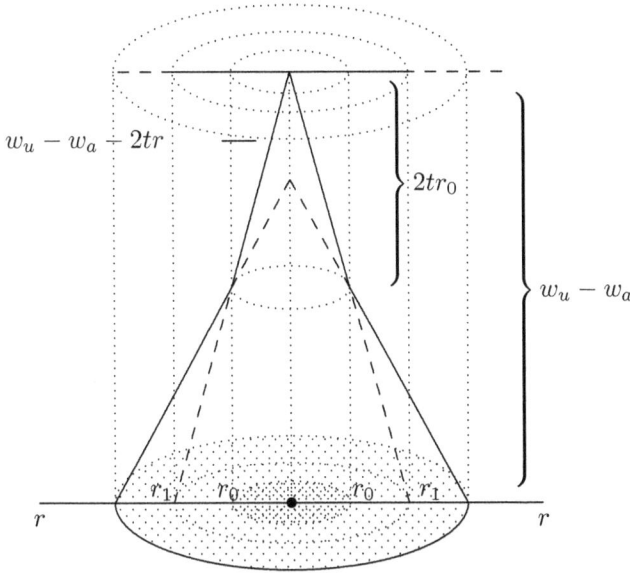

Abbildung 4.4: *Thünensche Ringe*

der Grenze zwischen den beiden Thünenschen Ringen. Diese Grenze findet sich in einer Entfernung zum Stadtzentrum r_0, zu der die maximalen Mietgebote der beiden Haushaltstypen übereinstimmen (Abb. (4.4)). Wir identifizieren r_0 mit Hilfe ebendieser Eigenschaft, dass also $(w_u^h - w_a^h) - 2t^h r_0$ gerade $(w_u^l - w_a^l) - 2t^l r_0$ entspricht. Lösen dieser Gleichung nach r_0 gibt

$$r_0 = [(w_u^h - w_a^h) - (w_u^l - w_a^l)] \big/ [2(t^h - t^l)]$$

Mit zunehmender Lohnprämie des Typs h, abnehmender Lohnprämie des Typs l, abnehmenden Pendelkosten des Typs h bzw. zunehmenden Pendelkosten des Typs l rutscht die Grenze zwischen beiden Ringen weiter nach außen.

4.3 Komparative Statik

Be. 147: Urbane Innovation oder Agrarische Misere

Ein etwa durch lokale Innovationen ausgelöster Anstieg des städtischen Einkommens von w_u auf einen noch höheren Lohnsatz $\overline{w}_u$ bedeutet auch ein Anwachsen der städtischen Lohnprämie von $w_u - w_a$ auf $\overline{w}_u - w_a$ – und damit ein weiteres Zunehmen des Zuwanderungsanreizes. Abb. (4.5) illustriert beide diese Aussagen durch ein Anwachsen des Mietenkegels nach oben sowie nach außen. Der neuentstandene äußerste Ring steht

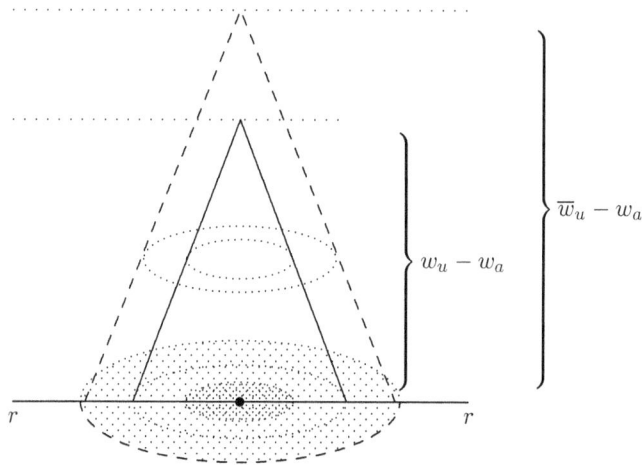

Abbildung 4.5: *Urbane Innovation oder Agrarische Misere*

dabei für den Flächenzuwachs der Stadt. Zwar führt der städtische Lohnzuwachs zu einem Anstieg der nominalen Einkommen in der Stadt. Aber gleichzeitig führt die Zuwanderung auf auch bisher schon bewohnten Grundstücken auch zu einem Anstieg der nominalen städtischen Mieten – und zwar genau in Höhe des diesen Anstieg auslösenden Einkommenszuwachses:

$$\overline{q}(r) \; - \; q(r) \; = \overline{w}_u \; - \; w_u \, . \tag{4.6}$$

Wir beobachten eine sog. Kapitalisierung des Lohnzuwachses in den Mieten. Einzige Gewinner des städtischen Lohnzuwachses sind hier die Vermieter. Am stärksten profitieren dabei die Vermieter der schon bewohnten Grundstücke. Weniger stark profitieren die Vermieter der jetzt zusätzlich bewohnten Grundstücke, im neuen äußersten Ring. Aber immerhin profitieren auch sie, und oft machen sie sich gerade aus diesem Grund besonders dafür stark, periphere Stadtflächen ebenfalls entwickeln zu dürfen. Eine identische Diskussion lässt sich für den Fall einer Missernte, die w_a fallen lässt, führen.

Be. 148: Ein lokaler Boom

Die Frankfurter Allgemeine Sonntagszeitung berichtet von dem damals in London zu beobachtenden beeindruckenden Immobilienpreisanstieg in den Jahren vor 2008 („Mein Reihenhaus für eine Million", 23.08. 2008). Sie zitiert Hauseigentümer Sunil, der sein eigenes Haus bewohnt und abwiegelt:

> „Wir haben uns 1999 unser Haus [in Fulham] für nur 400,000 Pfund gekauft. Aber von der starken Wertentwicklung des Hauses profitiert

man finanziell nicht. Wir hätten nur etwas davon, wenn wir es verkaufen würden und nach Sri Lanka zurückgehen würden."

Immobilienpreise in London sind u.a. deswegen so hoch, weil die dortigen Gehälter –
jedenfalls im Durchschnitt – stark angestiegen sind. Die starke Wertentwicklung des
Hauses selbst kommt Sunil und seiner Familie zwar nicht zugute. Aber Sunil hat von
der hinter dieser Wertentwicklung stehenden Einkommensentwicklung profitiert, weil er
als Hauseigentümer keinen den Einkommensanstieg konterkarierenden Mietanstieg zu
schultern hatte. Nur in dem Maße, in dem der Immobilienpreisanstieg andere Ursachen
als Einkommenszuwächse (oder Kollektivgutzuwächse, s. (Be. (149))) spiegelt, kann
Sunils Skepsis überzeugen.

Be. 149: Straßen, Museen, Stadtmöbel: Lokale Kollektivgüter

Lokale öffentliche Güter oder lokale Kollektivgüter sind im Stadtraum bereitgestellte
Güter, die alle Stadtbewohner – nicht dagegen die Landbewohner – konsumieren können,
ohne etwas – oder ohne viel – dafür zahlen zu müssen und deren Konsum sie sich oft
ziemlich problemlos teilen können. Beispiele sind: Parks, Museen (wie in Abb. (6.1)),
Flußbrücken, Straßen, Stadtmöbel, ... – kurz: alles, was ein typisches Stadtzentrum
neben seiner schon erwähnten Arbeitsplatzdichte eben auch auszeichnet. Bezeichnen wir
das Schnäppchen, das einem Stadtbewohner dadurch entsteht, dass er im Stadtzentrum
nach seinem Arbeitstag zusätzlich auch noch ein solches Bündel lokaler öffentlicher
Güter konsumieren kann, mit g. Dann sind städtischer Nettovorteil ... und damit
maximale Zahlungsbereitschaft ... und damit gleichgewichtige Miete

$$q(r) = (w_u - w_a) + g - 2tr \qquad (4.7)$$

Ein Anstieg von g auf $\bar{g}$ – beispielsweise durch die Anlage oder Verschönerung eines
Parks im Zentrum – lässt den Mietkegel der Stadt auf die gleiche Art und Weise steigen
wie ein Anstieg der städtischen Lohnprämie dies tun würde (Abb. (4.6)). Denn die Höhe
des Kegels beträgt $w_u - w_a + g$, sein Umfang an der Basis $(w_u - w_a + g)/2t$. Ein Anstieg
von g führt nach Gleichung (4.7) auf einen Mietanstieg in eben gleicher Höhe.

Be. 150: Eisenbahn, Infrastruktur, Wertsteigerung

In „Once Upon a Time in the West" lässt sich das gerade erläuterte Prinzip über einen
wichtigen Handlungsstrang des Films zusammenfassen. Eine Quelle auf dem Gelände
der Sweetwater Ranch (die einzige ergiebige Wasserquelle im Umkreis von 50 Meilen)
legt den zukünftigen Haltepunkt einer Eisenbahnlinie fest, die bis zum Pazifik gebaut
werden soll und im Dampfzeitalter viel Wasser benötigt. Ein wilder Haufen von Gangs-
tern um „Frank" (Henry Fonda) antizipiert den Wertzuwachs der Grundstücke um
diesen Haltepunkt herum und beabsichtigt, alle diese Grundstücke in seine Hand zu
bringen – bevor der Haltepunkt der Eisenbahn öffentlich bekannt wird. Denn dann sind
die Grundstücke zu einem geringen Preis – und mit weniger Gewalt – zu haben. Später,

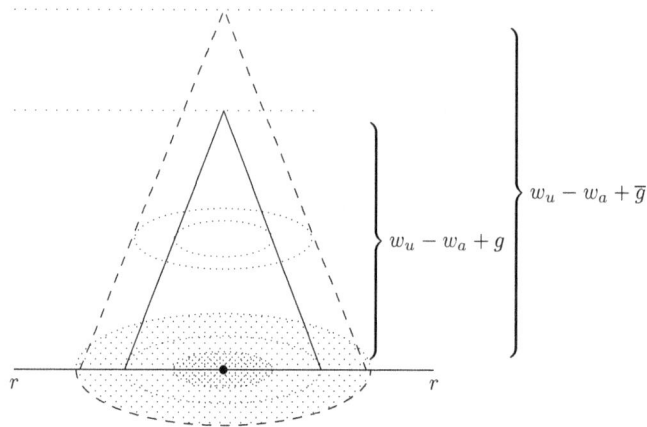

Abbildung 4.6: *Zunahme lokaler öffentlicher Güter im Zentrum*

nachdem der Bahnhof tatsächlich entstanden ist, sollen dann die vielen Zuwanderer auf der Suche nach Arbeit bei der Eisenbahn oder nach Anschluss an das Verkehrsnetz die Grundstückspreise nach oben treiben. Dann lassen sich diese Grundstücke teuer verkaufen. Tatsächlich durchkreuzt „Cheyenne" (Charles Bronson) diese Absicht und bringt Frank in der Schluss-Sequenz zur Strecke. Die letzte Einstellung des Films zeigt u.a. genau das Wachstum der Stadt, von dem Abb. (4.6) erzählt.

Be. 151:   In den Nahverkehr investieren?

Konsultieren wir alternativ auch einen Rückgang des Pendelkostenparameters t. Bezeichnen wir den neuen Wert dieses Parameters mit $\bar{t}$. Die maximale Mietzahlungsbereitschaft eines jeden Mieters wächst von $(w_u - w_a) - 2tr$ auf $(w_u - w_a) - 2\bar{t}r$. Dieser Zuwachs an Zahlungsbereitschaft ist dabei umso stärker, je weiter entfernt vom Zentrum der Wohnort liegt (Abb. (4.7)). Ein im Zentrum wohnender Migrant profitiert überhaupt nicht von der Verbesserung der Infrastruktur; er muss ja nicht pendeln. Je weiter draußen aber ein Pendler wohnt, desto stärker profitiert er von der Verbesserung. Tatsächlich werden jetzt sogar noch Grundstücke bewohnbar, die vorher als unzumutbar galten: die also jenseits der ursprünglichen Stadtgrenze $\tilde{r}$ liegen. In Abb. (4.7) sind dies Grundstücke in der leicht schattierten Fläche. Im Wanderungsgleichgewicht mutiert die größere Mietzahlungsbereitschaft sogar zur höheren Miete (Be. (140)). Mit Ausnahme natürlich des Zentrums wird Wohnen überall teurer. Dieser Mietanstieg frisst im Wanderungsgleichgewicht gerade den ursprünglichen Vorteil des schnelleren Zugangs zum Arbeitsplatz wieder auf. Der Vorteil einer besseren Infrastruktur kommt allein den Grundstückseigentümern zugute.

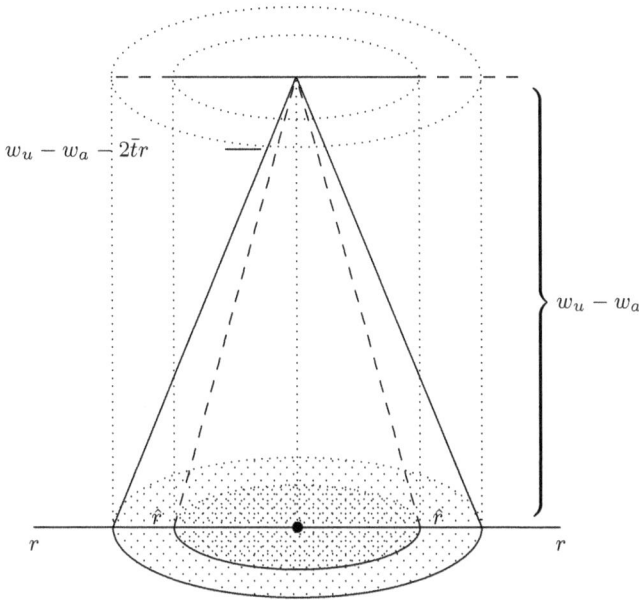

Abbildung 4.7: *Verbesserung der Verkehrsinfrastruktur*

4.4   Wohlfahrt

Be. 152:   Ricardianische Renten

Die Bodeneigentümer erzielen einen Mieterlös von $(w_u - w_a) - 2tr$ je im Abstand r zum Stadtzentrum vermieteter Bodeneinheit (Be. (140)). Diese Miete oder Bodenrente fällt den Grundbesitzern gleichsam in den Schoß. Oft wird argumentiert, dass Faktoreinkommen notwendig sind, um Faktorbesitzer überhaupt zum Anbieten motivieren. Arbeiter müssen etwa entlohnt werden, weil sie sonst die Arbeit verweigern. Aber Boden ist anders als Arbeit. Boden würde auch angeboten, wenn er fast gar nicht entlohnt würde. In diesem Sinn verdienen Grundbesitzer mehr, als sie tatsächlich verdienen müssten. Beträge, die über die tatsächlich zur Mobilisierung eines Angebots oder einer Nachfrage notwendige Zahlung hinausgehen, heißen Renten: (i) Bodenrente: Ein Grundbesitzer erzielt einen um die Bodenrente höheren Erlös, als er tatsächlich erzielen müsste, um die Bodeneinheit anbieten zu wollen. (ii) Produzentenrente: Der Verkäufer eines Guts erzielt einen um die Produzentenrente höheren Erlös, als er tatsächlich erzielen müsste, um das Gut anbieten zu wollen. (iii) Konsumentenrente: Ein Konsument erzielt eine Konsumentenrente, ohne die er das Gut auch gekauft hätte.

Be. 153:   Wert der Stadt?

Das Schnäppchen eines Migranten, der im Zuge der Entstehung der Fabrik in dessen

Nähe zieht, ist im Wanderungsgleichgewicht gleich Null (Be. (140)). Das Schnäppchen eines Landbesitzers, der eine Parzelle in Entfernung r zum Stadtzentrum besitzt, ist dagegen gleich $q(r) = (w_u - w_a) - 2tr$. Definieren wir die Summe der Renten aller am Bodenmarkt Beteiligten als den Sozialen Überschuss der Stadt. Da die Schnäppchen aller Mieter 0 sind, entspricht der Soziale Überschuss einfach der Summe der Schnäppchen der Grundbesitzer. Geometrisch gesprochen ist diese Summe im einfachsten Fall mit nur einem einzigen Haushaltstyp das Volumen des Kegels aus Abb. (4.2) – also

$$(1/3)\,\pi\,(w_u - w_a)\,\hat{r}^2,$$

mit $\hat{r}$ als Stadtgrenze aus Gleichung (4.5) in Be. (143). Im Fall zweier Haushaltstypen ist der Soziale Überschuss analog die – im Sinne der Mengenlehre definierten – Vereinigung der Volumina beider Kegel. Dieser Überschuss schließt also jeden Punkt im Diagramm ein, der in einem der beiden Kegel – oder sogar in beiden Kegeln – liegt (Abb. (4.4)). Untersuchen wir später die Wohlfahrtseffekte einer städtischen Politik und orientieren wir uns am Kriterium des Sozialen Überschusses, müssen wir also nur auf die Veränderung der entsprechenden Kegel-Volumina schauen. Eine Anwendung folgt mit Be. (155).

Be. 154: Wer profitiert vom Tempelhofer Park?

Das ehemalige Flughafenfeld Berlin-Tempelhof (Abb. (4.8)) wird zurzeit als Park genutzt, während es sich gleichzeitig aufgrund seiner zentrumsnahen Lage ausgezeichnet auch als Wohngebiet eignen würde. Der Anschluss an die Stadtautobahn findet sich in unmittelbarer Nähe, zwei U-Bahnlinien sowie eine S-Bahn-Linie grenzen an das Flughafenfeld und – nehmen wir die nordwestliche Ecke des Tempelhofer Feldes – nicht mehr als drei U-Bahn-Stationen trennen das Tempelhofer Feld von der U-Bahn-Station „Stadtmitte", dem historischen Zentrum der Stadt. Ausgerechnet auf einer so attraktiven und verkehrstechnisch erschlossenen Fläche ist Wohnbebauung derzeit nicht erlaubt. Gegner einer Wohnbebauung argumentieren, dass die Stadtbewohner von der Freifläche profitieren. Aus der Perspektive der offenen Stadt profitieren von der Parknutzung allerdings ohnehin immer nur die Landlords. Denn die Mieter zahlen einen dem Vorteil des Parks entsprechenden Mietzuschlag (Be. (149)). Entsprechendes legt jedenfalls die Lokalberichterstattung der tageszeitung („Willkommen in Prenzlkölln", 17.11. 2010) für die ans Flughafenfeld angrenzende Schillerpromenade nahe:

> „Lag die Nettokaltmiete für die im [Immobilienscout]-Portal inserierten Wohnungen vor drei Jahren noch bei durchschnittlich 4,70 Euro pro Quadratmeter, ist sie auf nun 5,75 Euro angestiegen - ein Plus von 22 Prozent."

Dieser Mietanstieg konterkariert offensichtlich den Vorteil der Parknähe. Zuende gedacht profitieren in unserem Modell die Mieter von der Parknutzung des Tempelhofer Felds per Saldo überhaupt nicht. Die Vorteile der Parknutzung eignen sich vielmehr die

Abbildung 4.8: *Tempelhofer Feld: Städtische Brache oder Lokales Öffentliches Gut?*

städtischen Vermieter an. Leicht ließe sich auf dieser Grundlage analog argumentieren, dass ein Wegfallen des Parks (etwa wegen Wohnbebauung) nur den Vermietern – nicht aber den Mietern – schaden würde (Dascher (2012)).

Be. 155: Tempelhofer Park alternativ mit Wohnungen bebauen?

Dass der Soziale Überschuss gerade den aggregierten Mieteinnahmen entspricht, erlaubt eine einfache, einfach sich an diesen Mieteinnahmen orientierende Wohlfahrtsanalyse. Lassen wir das Tempelhofer Feld dem dunkel schattierten Ring um das Zentrum der Stadt in Abb. (4.6) entsprechen. Bleibt das Feld als Park erhalten, ist die Summe der Mieteinnahmen in der offenen Stadt – der Soziale Überschuss – gerade gleich dem Volumen des äußeren, gestrichelten Kegels abzüglich des Rauminhalts, der sich über der dunkel schattierten Fläche aufbaut. (Dieser Rauminhalt lässt sich wiederum als Summe eines kleinen Zylinders und eines kleineren, auf ihm sitzenden Kegels darstellen.) Wird das Feld dagegen alternativ für Wohnzwecke freigegeben, ist die Summe der Mieteinnahmen – also wieder der Soziale Überschuss – gerade gleich dem Volumen des inneren, nicht gestrichelten Kegels ohne Abzug irgendeines Teils dieses Kegels. Welcher dieser beiden Überschüsse größer ist, hängt also nicht nur davon ab, wie wertvoll der Park den Stadtbewohnern ist – d.h. um wie viel sich die Höhen der beiden Kegel voneinander unterscheiden, sondern auch davon, wie groß der Park relativ zur Gesamtgröße der Stadt ist – d.h. wie groß die dunkel schattierte Fläche wirklich ist. Je größer die geplante Parkfläche ist und je kleiner die Mietzuwächse auf der verbleibenden Stadtfläche sind, desto stärker neigt sich der Saldo aus Vor- und Nachteilen zuungunsten der Parknutzungs-Variante.

Be. 156: Gentrifizierung

Kehren wir zurück zur Thünen-Variante mit zwei Haushaltstypen (Be. (145)). Auf einkommensstärkere Haushalte vom Typ h beschränktes Einkommenswachstum von w_u^h auf $\bar{w}_u^h$ schlägt sich in einer Verschiebung nur deren Mietgebotskurve nieder – wie in Abb. (4.9) skizziert. Folglich wandert auch die Grenze zwischen den Ringen der beiden Haushaltstypen r_0 weiter nach außen, und zwar nach r_1. Dort, wo Haushalte vom Typ h bislang nicht, aber jetzt plötzlich doch, Haushalte vom Typ l überbieten, also im Ring zwischen r_0 und r_1, beobachten wir Verdrängung einkommensschwächerer Haushalte bzw. Gentrifizierung. (i) Deutlich wird, warum dies die städtische Wohlfahrt erhöht. Das durch die beiden Mietgebotskurven beschriebene Volumen in Abb. (4.4) und damit gleichbedeutend der Soziale Überschuss wachsen ja. Bildlich wächst der „innere Kegel" nach außen, während der „äußere Kegel" so bleibt, wie er ist. Überall dort, wo einkommensstärkere Haushalte einkommensschwächere Haushalte verdrängen, steigt die den Grundbesitzern zustehende Miete. (ii) Deutlich wird damit gleichzeitig auch, dass der Zuwachs an städtischem Überschuss sich ausschließlich zugunsten der Vermieter niederschlägt. Weder Gentrifizierer noch Gentrifizierte profitieren von der Gentrifizierung. Wir beobachten eine sehr ungleiche Verteilung des durch den Einkommensanstieg ausgelösten Wohlfahrtszuwachses.

Be. 157: Verdrängung und Wanderungskosten

Die gerade beschriebene Verdrängung löst einerseits einen Wohlfahrtszuwachs aus: Denn die verdrängten Haushalte stellen sich im Modell ja nicht schlechter, während die Vermieter von höheren Mieteinnahmen profitieren. Andererseits hat die hier beschriebene Verdrängung realistisch betrachtet eben doch ihre Kosten. Im Modell können die verdrängten Haushalte die Stadt jederzeit verlassen und wieder zurück aufs Land ziehen. In der Realität können sie das nicht so einfach, weil Umzüge erhebliche Mobilitätskosten nach sich ziehen. Diese sollen hier nicht kleingeredet werden, im Gegenteil: Im Berliner Stadtmagazin „zitty" äußern sich Betroffene von Mietsteigerungen am Kottbusser Tor, einer von Verdrängung bedrohten Wohngegend in Berlin-Kreuzberg (14.-27. Juni 2012):

> „Kreuzberg ist mein Kiez. ... Meine Eltern wohnen um die Ecke, auch
> meine Freunde. Ich kann immer bei meinen Nachbarn klingeln, wenn
> ich etwas brauche. Woanders wären [wir] ... unglücklich."

Dass Haushalte höheren Mieten nicht einfach durch kostenlose Abwanderung entkommen können, lässt sie die Mietsteigerungen ertragen. Im Ergebnis stellen sich diese Haushalte natürlich eben doch schlechter.

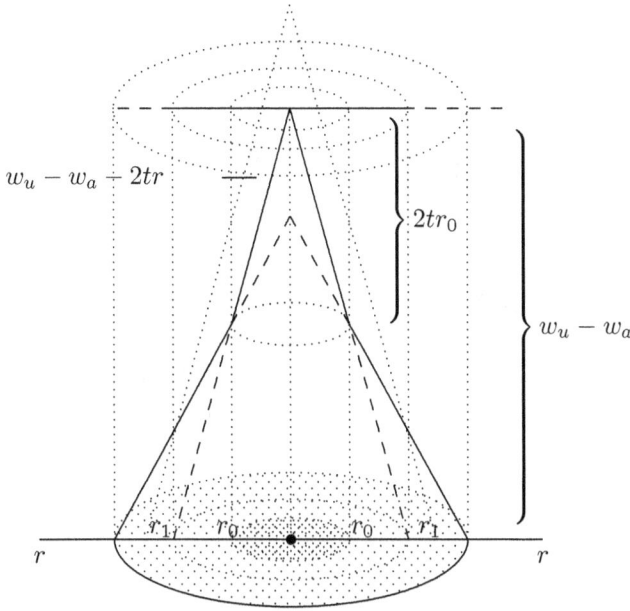

Abbildung 4.9: *Innerstädtische Verdrängungsprozesse*

Be. 158: Untervermieten?

Eine etwas andere Perspektive zur Gentrifizierung bietet ein Vergleich der Zahlungsbereitschaften der Verdränger und der Verdrängten. An allen Standorten $\tilde{r}$ im zwischen r_0 und r_1 gelegenen Ring übersteigt plötzlich das maximale Mietgebot der einkommensstärkeren Haushalte das der einkommensschwächeren Haushalte. Ignorieren wir für einen Moment die Rolle der Vermieter im Gleichgewicht. Denkbar wäre, dass ein einkommensstärkerer Haushalte einem einkommensschwächeren Haushalt ein Angebot der bekannten Art (Be. (36)) unterbreitet: „Du überlässt mir Deine Wohnung, ich zahle Dir einen Geldbetrag von z, mit z als irgendeiner Zahl zwischen:

$$(\bar{w}_u^h - w_a^h) - 2t^h\tilde{r} \qquad \text{und} \qquad (w_u^l - w_a^l) - 2t^l\tilde{r}. \qquad (4.8)$$

In einem solchen Tauschgeschäft stellten sich beide Haushaltstypen besser. Der verdrängte Haushalt verliert die Wohnung, die ihm $(w_u^l - w_a^l) - 2t^l\tilde{r}$ wert ist, aber gewinnt z. Der verdrängende Haushalt gewinnt eine Wohnung, die ihm $(\bar{w}_u^h - w_a^h) - 2t^h\tilde{r}$ bedeutet, aber verliert z. Für beide übersteigt der Gewinn den Verlust. Diese Interpretation der Verdrängung betont die Bedeutung der richtigen Allokation von Haushalten im Stadtraum. Derjenige, der besonders hohe Raumüberwindungskosten erleidet, sollte näher am Zentrum wohnen. Tauschgeschäfte der hier beschriebenen Art, bei denen der verdrängte Mieter Vertragspartner des Vermieters bleibt, firmieren unter dem Stichwort Untervermietung. Untervermietungen beschleunigen eine Entmischung von Stadtteilen selbst dort, wo Höchstmieten gelten.

Abbildung 4.10: *Eine Wohnimmobilie im Zentrum Berlins: Waldorf Astoria*

Be. 159:   Stockwerke der Häuser? Immobilien und Stadtbild

Im Thünenschen Grundmodell hat die offene Stadt überall nur ein einziges Stockwerk (Be. (138)). Effektiv gibt es damit gar keine Gebäude in der Stadt. In einer naheliegenden Erweiterung des Grundmodells bebauen Immobilienentwickler Grundstücke mit Gebäuden, die zwei oder mehr Stockwerke haben können. Der Anreiz, zusätzliche Stockwerke zu errichten, steigt mit zunehmender Nähe zum Stadtzentrum. Denn jedes über einer Bodeneinheit Grundfläche getürmte Stockwerk verspricht ja einen zusätzlichen Ertrag gerade in Höhe von $q(r)$ – und $q(r)$ wächst bekanntlich mit zunehmender Nähe zum Zentrum (Be. (140)). Gleichzeitig sind die zusätzlichen Kosten eines zusätzlichen Stockwerks – Kosten für Baumaterialien und Arbeitsleistungen – sicherlich, so hoch sie im Einzelnen auch sein mögen, unabhängig von der Distanz des geplanten Stockwerks zum Zentrum. Insgesamt besteht vor diesem Hintergrund ein stärkerer Anreiz im Zentrum als in der Peripherie, das zusätzlich erwogene Stockwerk zu bauen. Gebäude im Zentrum sind größer als die in der Peripherie (Abb. (4.10)). Weil Miethöhe und Gebäudehöhe positiv miteinander korrelieren, können die Mietkegel in den Abbildungen dieses Kapitels auch als „Stadtbilder" interpretiert werden.

Be. 160:   Einfach geben statt tauschen?

Ein Tauschgeschäft – Tausch Wohnung gegen Geld etwa – ist eine zweiseitige Transaktion. Beide Städter geben etwas ab. Ein positiver externer Effekt ist dagegen eine nur einseitige Transaktion. Ein Städter sendet etwas für den anderen Vorteilhaftes aus, aber empfängt nichts retour. Spiegelbildlich empfängt der andere Städter etwas, aber gibt nichts. Eine solche einseitige Transaktion heißt – leider – positiver externer Effekt. Typischerweise wimmeln Städte von solchen Externalitäten. In Berlin sitzen „junge Kreative" gemeinsam in Cafés, vermitteln sich Aufträge und spendieren sich abwechselnd einen Kaffee. Touristen verbreiten an den Wochenenden gute Laune und internationales Flair in den U-Bahnlinien. „Urban Gardeners" beackern Brachflächen und pflanzen Blumen zur allgemeinen Erbauung, wilde Geschenkboxen laden an manchen Ecken oder in Treppenhäusern zum Ablegen halbgelesener Bücher ein etc. Nichts an diesen positiven externen Effekten ist problematisch. Im Gegenteil, alle diese Effekte sind ein weiterer Ausdruck städtischer Vitalität. (Den Tausch komplett durch positive Externalitäten zu ersetzen ist das Ziel vieler alternativer (utopischer) Gesellschaftsentwürfe. Exemplarisch: "Wenn die Menschen Sachen nicht mehr aus wirtschaftlichem Interesse erfinden, sondern aus Nächstenliebe daran arbeiten, wären wir vielleicht schon viel weiter." („Der Berliner Raphael Fellner versucht, mit seiner Familie ohne Geld zu leben.", Süddeutsche Zeitung, 11.1. 2013)) Aber ist es wirklich realistisch, an diese Nächstenliebe zu appellieren?

Be. 161:   Zerbrochene Flasche aufheben?

Denn schon so gibt es leider – der obigen positiven Beispiele zum Trotz – unzählige weitere positive externe Effekte, die es nicht gibt, ... obwohl es sie geben sollte: Abb. (4.11) zeigt einen unbekannten – und auf dem Foto auch nicht zu erkennenden – Verkehrsteilnehmer, der dort stoppt, wo eine zerbrochene Flasche auf der Straße liegt. Er geht auf sie gerade in dem Moment zu, in dem der Autor die sicher schon länger auf der Straße liegende Flasche – es ist ca. 11 Uhr am Neujahrstag 2010, und die Flasche liegt vermutlich schon seit Mitternacht dort – bemerkt und als Beleg für die Nichtbereitstellung positiver externer Effekte fotografieren will, bevor er (der Autor) sie selbst aufheben sollte. Vielleicht gerade wegen seines eher untypischen Ausgangs erinnert das Beispiel an die gesellschaftliche Ineffizienz, die mit positiven externen Effekten einhergehen kann: Es besteht die Gefahr, dass es sie selbst dann zu selten gibt, wenn gesellschaftliche Normen oder Benimmregeln das Ausüben solcher positiven Externalitäten vorgeben. Intuitiv ist das klar: Im Winter wird zu wenig Schnee geschippt, Autofahrer hupen öfter als nötig, Hausbewohner lassen die Hoftür im Winter offenstehen, etc.

Be. 162:   Premium-Immobilien?

Vieles von dem, was große Städte wie Paris, London oder New York aus der Perspektive der Provinz so anziehend macht, geht nicht nur auf höhere städtische Löhne oder interessantere Kollektivgüter zurück, sondern entstammt gerade der Rubrik Positive Externe Effekte. Von anderen zu lernen oder von ihnen erbaut zu werden, ohne dafür gleich zahlen zu müssen, verspricht einen ganz eigenen Wohlfahrtsgewinn für den Zuwandernden. Später diskutieren wir die Möglichkeit, dass Nachbarn in einem „kooperativen Gleichgewicht" verschränkt sein könnten, in dem sich beide kooperativ (nachbarschaftlich)

Abbildung 4.11: *Unbekannter räumt zerbrochene Flasche von der Straße*

zueinander verhalten – obwohl auch gut denkbar wäre, dass sie sich unkooperativ verhalten (Be. (315)). Zählen Zuwanderer auf positive externe Effekte, finden sich gleichzeitig aber offensichtlich nicht bereit, selbst auch solche Effekte zu vermitteln, droht das diese Balance zu stören. Die Süddeutsche Zeitung spießt unter der Überschrift „Aber sicher!" (14./15.07. 2012) das wachsende Segment der mitten in die Stadt gebauten „Premium-Immobilien" auf, die sich wie „Gated Communities" mit Video-Kameras, „Doormen", Zäunen von ihrer Umgebung abschotten:

> „Die städtische Umgebung wird stets als eine Art erweiterter Vorgarten oder Erlebnispark verkauft. . . . Das eigene Haus aber soll Trutzburg sein."

Der Tübinger Baubürgermeister im selben Artikel: „Solche Projekte profitieren von dem sie umgebenden Kiez, aber sie geben der Stadt nichts zurück." Übersetzt in unseren Jargon verhalten sich „Premium-Immobilien" wenig kooooperativ, sie gefährden die Kooperationsbereitschaft (Offenheit) der eingesessenen Nachbarschaft.

Be. 163:   Einfach nehmen statt tauschen?

Vermitteln Städte positive Externalitäten, so sind sie aber auch gleichermaßen berüchtigt für ihre negativen externen Effekte. Die Großstadtkritik des 19. und 20. Jahrhunderts in den Romanen von Charles Dickens oder in den Kommentaren von Oswald

Spengler, aber auch etwa ganz praktisch der wöchentliche Immobilienteil einer jeden Tageszeitung heute sprechen Bände über die unzähligen Arten und Weisen, wie Nachbarn sich das Leben schwer machen. Nicht nur sind sie oft nicht in der Lage, sich positive externe Effekte zu vermitteln (Be. (161)). Auch stören sie sich willentlich oder unwillentlich an beispielsweise: „Kinderlärm", „zu laute Musik", „Geruchsbelästigung", „unangemessener Balkonschmuck", „Abgasemissionen", „Haustiere", „Kehrwoche", „Untervermietung an ständig wechselnde Touristen", „Radioaktivität aus wohnviertelnahen nuklearen Forschungsreaktoren", etc. Die tageszeitung (4./5.08. 2012) berichtet über die Lärmbelästigung der Anwohner in touristengeplagten Vierteln Berlins:

> „Mit ihren praktischen Trolleys rumpeln Touristen Tag und Nacht durch die Straßen. Manch einer wünscht sich den klassischen Tragekoffer zurück",

Ein weiteres bereits ausführlich erkundetes Beispiel ist der Überfüllungseffekt (Be. (186)). Problematisch ist aus ökonomischer Perspektive gar nicht so sehr die mögliche ethische Dimension – dass hier also einer etwas nimmt, das ihm nach Ansicht der anderen gar nicht zusteht: das Recht auf Lärm, auf Geruch, auf Emission, auf öffentliche Darstellung des eigenen Geschmacks. Problematisch ist, dass negative externe Effekte zu oft und zu stark wirken. Eine systematische Begründung dieser Behauptung reicht Be. (329) nach.

Be. 164: Vorstädte hässlich? (Architekturkritik des Feuilleton)

Architektur steht häufig in der Kritik. Die Frankfurter Allgemeine Sonntagszeitung zitiert den berühmten Architekten Helmut Jahn: „Es wird mehr Schlechtes als Gutes gebaut." (2.12. 2012) Dort heißt es auch: „Heute trauen sich die Manager nicht mehr, mutige Gebäude bauen zu lassen." An anderer Stelle „Architekten: Auf die Barrikaden!" (27.11.2011):

> „Die Vorstädte: Ein Horror. ... Die ökonomische Verödung, die die Innenstädte zu Wüsten macht, findet ihr Pendant vor der Stadt in den mit Baumarktlametta und Rallyestreifen individualisierten Serienbauten."

Warum heute Architektur schlechter sein soll als früher, können wir mit den Mitteln dieses Kapitels nicht ergründen. (Kapitel *Wandel* trägt allerdings eine mögliche Erklärung nach: sicher auch, weil alles Manuelle, Individuelle noch teurer ist gegenüber dem Seriellen als früher (Be. (335)).) Aber dass Architektur allgemein selten so ist, wie sie nach Empfinden der Betrachter sein sollte, hat nicht nur mit der Unterschiedlichkeit der Geschmäcker zu tun, sondern auch mit der Lokales-Kollektivgut-Eigenschaft schöner Architektur. Der Investor fragt sich leider, warum er für eine besonders schöne, spektakuläre Fassade zahlen soll, wenn diese gleichzeitig auch so viel mehr kostet? Immerhin: Über Umwege kann sich der ästhetische Eindruck der Passanten aber dann doch ins Kalkül des Investors schleichen, wenn (i) es viele Passanten gibt, die (ii) über die Fassade ins Gebäude gelockt werden können. Aus diesem Grund finden sich teure nobel gemeinte Sandsteinfassaden in den Zentren (Abb. (4.10)), aber nicht in den Vorstädten.

Be. 165: Schöne Architektur ertauschen?

Einen zweiten möglichen Lichtblick bieten bilaterale Verhandlungen der Art, wie wir sie schon im Kontext der Scheidung diskutiert haben (Be. (53)). Stellen wir uns vor, die Zahlungsbereitschaft des Nachbarn A dafür, dass Nachbar B ein schönes Haus baut, sei 8, während die bei B anfallenden Mehrkosten dieser Schönheit bei 6 liegen. Verwendet B wirklich

> „apricotfarbenen Dämmputz und Plastiksprossenfenster [statt] Holz-kastenfenster und Mauerwerk",

wäre das Resultat Pareto-ineffizient. Die Gesellschaft ließe sich etwa dadurch Pareto-verbessern, dass der Staat A 8 entzöge, B 6 zum Schultern der Mehrkosten zuteilte und die verbleibenden 2 Einheiten auf einen der beiden, auf beide oder auch auf Dritte verteilte. – Auf Coase geht allerdings die Frage zurück, ob es in einem solchen Kontext wirklich einer staatlichen Intervention bedarf. Wenn B ohne jede Bauauflage machen darf, was er will, könnte A ihm doch eine zwischen 6 und 8 liegende Kompensation anbieten. Wenn B dagegen das Einverständnis von A einholen muss, billig und damit vermutlich hässlich bauen zu dürfen, könnte er versuchen, A für die mangelnde Ästhetik zu entschädigen. (Das wird ihm allerdings nicht gelingen, weil die Forderung des A seine eigene Kompensationsmasse übersteigt.) In beiden Fällen resultiert die gleiche – Pareto-verbessernde und sogar Pareto-effiziente – Entscheidung: Das Haus wird mit Holzkastenfenster und Mauerwerk gebaut wenn (und allerdings auch nur wenn) die Zahlungsbereitschaft des A die Kompensationsforderung des B übersteigt.

Be. 166: Das Coase-Theorem in der Architektur

Gerade bei äußeren architektonischen Formen entstehen ja fast schon per Definition positive externe Effekte auf viele verschiedene Passanten. Jeder einzelne dieser vielen Effekte wird zwar positiv, aber auch ziemlich klein sein. Erst in der Summe aller dieser Effekte entsteht eine aggregierte Zahlungsbereitschaft, die hinreichende Kompensationsmasse für die höheren notwendigen Investitionskosten bieten könnte. In diesem Fall bieten Verhandlungen zwischen Empfängern und Auslöser der positiven Externalität allerdings weniger Anlass zu Optimismus. Alle Empfänger müssten sich organisieren, Geld einsammeln und anschließend in Verhandlungen mit dem Eigentümer der Fassade treten. Das sog. Coase Theorem besagt, dass bilaterale Verhandlungen zwischen Empfängern und Auslösern eines – positiven oder negativen – externen Effekts auf eine Pareto-effiziente Allokation (Fassadenästhetik) führen, sofern hohe Transaktionskosten (eine unübersichtliche Akteurskonstellation) dies nicht verhindern. Darüber hinaus, so

Coase und damit auch die vorhergehende Be. (165), ist dann die verwirklichte Allokation (Fassadenästhetik) unabhängig davon, ob der Investor eingangs auf eine ästhetische Fassade festgelegt ist oder nicht.

4.5   Politik

Be. 167:   Nutzungen getrennt planen?

Die Stadtplanung sucht durch die Definition eines Bebauungsplans und eines Flächennutzungsplans (engl. sog. *zoning*) Teilflächen der Stadt vorrangig bestimmten Nutzungen zu übereignen: Fabriken nur am Standort A, Wohnbebauung nur am Standort B, Hotels nur am Standort C, etc. Dahinter steht das Bemühen, negative externe Effekte von Industrie, Gewerbe, Hotellerie, Wohnen auf- und untereinander kleinzuhalten. Sicher ist es sinnvoll, potentielle Störer und potentiell Gestörte voneinander fernzuhalten. Hinter der Stadtplanung steckt implizit der Versuch, ein sehr anspruchsvolles städtisches Optimierungsproblem mit der Definition überschaubarer Kriterien näherungsweise zu lösen (Pehnt (2005)). Die in der *Charta von Athen* vorgesehene räumliche Trennung unterschiedlicher Stadtfunktionen soll allerdings auch berücksichtigen, dass (i) Nutzungsexternalitäten nicht in Stein gemeißelt sind, während Gebäude eine lange Lebensdauer haben, (ii) dass gerade Nutzungsmischungen Ausgangspunkt für Innovationen sein können (Jacobs (1993)) und (iii) dass *zoning* in der politischen Arena zur Rationierung des Immobilienangebots missbraucht werden kann (Be. (394)).

Be. 168:   Wertzuwächse besteuern?

Eine Bodensteuer in Höhe der – im einfachsten Fall – in Gleichung (4.3) definierten tatsächlichen Miete

$$q(r) \tag{4.9}$$

könnte die Produzenten- bzw. Ricardianische Rente im Modell der offenen Stadt in Gänze in Steuereinnahmen des Staats überführen. Diese Steuereinnahmen stünden anschließend zur Verteilung auf alle Gesellschaftsmitglieder bereit. Anders als die Besteuerung von Transaktionen auf Märkten (Be. (127)) hat diese Bodensteuer – zugegeben nur im sehr einfachen Kontext unseres einfachen Stadtmodells – den Vorzug, dass sie keine Zusatzlast der Besteuerung nach sich zieht: Der Staat kann sich die gesamte Produzentenrente aneignen, ohne dass die Wohlfahrt des privaten Sektors um mehr als diesen Aneignungsbetrag litte. Denn die Bodenbesitzer reagieren auf den Verlust ihrer Rente ja nicht mit einer Reduktion ihres Bodenangebots (Be. (152)). Eine Variante der hier vorgestellten Besteuerung ist die sog. Wertzuwachssteuer. Hier werden nicht die gesamten Mieteinnahmen eines Landlords aus der Vermietung eines Standorts wegbesteuert. Stattdessen wird nur der über eine wohldefinierte zurückliegende Zeitperiode eingetretene – und sich möglicherweise gerade staatlichen Investitionen in lokale Kollektivgüter verdankende – Wertzuwachs an den Staat abgeführt (Drèze (1992)).

Abbildung 4.12: *Drohende Konsequenzen des Klimawandels (Irish Times 2007)*

Be. 169:   Urbanisierte Länder sind eher für Klimapolitik

Verändert sich etwas in der offenen Stadt, dann ist Zu- oder Abwanderung ein sofort
wirksames Regulativ. Eine Modellvariante besteht darin, die Stadt als geschlossen zu
behandeln. Das soll nicht heißen, dass die Stadt tatsächlich ihre Tore gegenüber Zuwan-
derern schließt, sondern nur, dass die Stadt modelltheoretisch so behandelt werden kann,
als wenn sie es täte. Relevant wird diese Annahme in einem Land, das ausschließlich aus
Städten besteht. Verändert sich dort etwas, was alle Städte gleichzeitig berührt, wird
sich die Zahl der Einwohner jeder einzelnen Stadt kaum verändern. – Experimentieren
wir jetzt kurz mit einem gleichzeitigen Anstieg von t überall – etwa, weil eine nationa-
le Klimapolitik die Benzinpreise verteuert. Dies verteuert überall die zentralen Lagen,
weil periphere Stadtbewohner um sie jetzt nur noch stärker konkurrieren, ... ohne die
Einwohnerzahlen und damit vermieteten Flächen zu reduzieren. In der Summe steigen
die Mieteinnahmen der Stadt. Vor diesem Hintergrund lässt sich argumentieren, dass
Vermieter in verstädterteren Ländern von restriktiver Klimapolitik profitieren und daher dafür sind – selbst dann, wenn auch sie selbst mehr für ihr Pendeln zahlen müssen.
Dieser Mechanismus würde erklären, warum kurioserweise ausgerechnet in Europa das
Engagement in der Klimapolitik so ausgeprägt ist, dort also, wo der Klimawandel im
Vergleich zu anderen Regionen (Abb. (4.12)) eher wenig bedrohlich scheint (Dascher
(2013)).

4.6 Ausblick

Be. 170: Literatur

Das hier vorgestellte Modell der kleinen offenen Stadt folgt i.w. Brueckner (2011). Andere Einführungen in die Stadt- und Immobilienökonomie bieten Bröcker/Fritsch (2011), diPasquale/Wheaton (1996) und Arnott/McMillen (2008). Die Geschichte der Urbanisierung erzählen Bairoch (1988), Glaeser (2011) und m.E. Renger (1991). Glaeser (2011) interpretiert Städte als Orte der produktiven Verdichtung, des Voneinander-Lernens, der Innovation und weniger als – wie in der deutschsprachigen Stadttheorie typisch – ästhetische Raumerlebnisse. Tudge (1999) schildert die Bedeutung des Endes der letzten Eiszeit für die Neolithische Revolution, also den Übergang des Menschen von der Jagd zur Landwirtschaft – und damit auch zur allmählichen Urbanisierung. Jacobs (1970) diskutiert die unterschiedlichen Agglomerationsvorteile, die Unternehmen und Haushalte einander in der Stadt vermitteln. Kanemoto (1980) und Fujita (1989) sind Einführungen in die neoklassische Theorie der Stadt, Fujita/Krugman/Venables (1999) und Fujita/Thisse (2001) vermitteln jüngere Entwicklungen seit dem Aufkommen der sog. Ökonomischen Geographie. Pehnt (2005) erzählt Beispiele einer externalitätenreduzierenden Stadtplanung. Hough/Kratz (1983) und Ahlfeldt (2010) argumentieren, dass ästhetische Fassaden – nachgewiesen durch Architekturpreise oder Einträge in Denkmalschutzlisten – auch höhere Mietzahlungsbereitschaften der Mieter nach sich ziehen. Ahlfeldt (2010) hat einen Überblick über die ökonomische Theorie von Architektur und Denkmalschutz.

5 Ballung und Krise

Be. 171: Überblick

Akteure können sich ballen, oder sie können sich eben nicht ballen. Ballungen dieses Kapitels sind: (i) Demonstrationen, mit denen eine Gesellschaft wie während des Arabischen Frühlings oder vor dem Fall des Eisernen Vorhangs gegen ein autoritäres Régime protestiert, (ii) städtische Agglomerationen oder „Cluster", in denen viele Unternehmen sich zu wechselseitigem Vorteil an einem Ort ansiedeln, oder (iii) Weltsprachen, die zulasten kleiner Sprachen die Oberhand gewinnen. Krisen – verstanden als das Gegenteil von Ballungen – dieses Kapitels sind: (i) Scheiternde Revolutionen, (ii) Rezessionen, in denen die gesamtwirtschaftliche Produktion einbricht oder das (iii) Eingehen lebender Sprachen, wenn der letzte Sprecher einer Sprache stirbt. All diesen Ballungen und Krisen ist, so dieses Kapitel, eine ähnliche Dynamik eigen. Verstehen wir eine dieser Ballungen und Krisen besser können wir hoffen, auch andere, ebenso plötzlich und überwältigend eintretende, Ballungen und Krisen besser zu verstehen. Gemeinsames Merkmal von Krisen ist, dass keine Preisbewegungen vor ihnen warnen und dass keine Preisanpassungen in ihnen vermitteln. Während im Markt- und Tausch-Kontext eine Krise in der Regel über eine – eher geräuschlose – Anpassung eines Preises bewältigt wird, fällt in diesem Kapitel das Fehlen solcher Anpassungen auf. Hier ist die – eher laute, mühselige – Anpassung der Gesellschaft über eine Anpassung ihrer gehandelten (bzw. nicht gehandelten) Mengen die Regel.

Be. 172: Pinguine, Schafe, Demonstranten, Unternehmen: Ballungen

In ihrem Wissenschaftsteil berichtet die Süddeutsche Zeitung (25.07.2012):

> „...anders als ...Pinguine, die sich im rauen Klima der Antarktis geradezu rührend gegenseitig wärmen und sich fair dabei abwechseln, wer an der gefährlichen Außen- und der sicheren Innenseite der Kolonie steht, ist eine Schafsherde eine Ansammlung egoistischer Wollknäuel. ...Die Laufwege der Schafe lassen sich relativ simpel zusammenfassen. Anstatt [im Anblick eines Wolfes] in alle Richtungen auszuschwärmen ..., eilten alle Schafe in die Mitte der Herde."

Keinesfalls soll hier der Instinkt der Schafe kritisiert – oder der der Pinguine gelobt – werden. Das Verhalten von Schafen und Pinguinen soll lediglich zwei Situationen illustrieren, in denen größere Gesellschaften mehr Schutz bieten. Über den größten Teil

Abbildung 5.1: Straßenproteste in Burma, September 2007

dieses Kapitels hinweg greifen wir dieses Thema im Kontext einer politischen Demonstration gegen Willkürherrschaft auf. Je größer die Teilnehmerzahl des Protestzugs ist, desto geringer sind die Kosten der Demonstrationsteilnahme. Größere Teilnehmerzahlen versprechen jedem einzelnen ein kleines bisschen zusätzlichen Schutz vor dem Zugriff der Staatsgewalt. Weiter außen Stehende vermitteln den weiter innen Stehenden einen positiven externen Effekt (Be. (160)). Anschaulich – und sogar dramatisch – zeigt dies eine dem Economist entnommene Abbildung, in der eine kleine Gruppe burmesischer Mönche sich schutzlos der Polizei gegenübersieht (Abb. (5.1)).

Be. 173: Welche Ballungsvorteile Städte bieten

Trotz unseres Fokus auf politischen Protest will dieses Kapitel einen wichtigen Aspekt des vorigen Kapitels *Stadt* nachtragen. Dort hatten wir die Existenz eines Fabrikzentrums oder *CBD* unterstellt, der höhere Löhne als das Umland zahlt. Aber warum ballen sich alle Unternehmen dort? Wann immer wir weiter unten von (i) Bürgern, (ii) wechselseitigem Schutz, (iii) Teilnahme und (iv) Demonstration sprechen, können wir synonym genauso gut auch von (i) Unternehmen, (ii) Synergieeffekten, (iii) Ansiedlung und (iv) Stadt sprechen. Phänomene wie Ballung und Krise nehmen im urbanen Kontext die Interpretation von Agglomeration und Abwanderung von Unternehmen an. So gesehen hat das Modell dieses Kapitels nicht nur einen politischen, sondern auch einen räumlichen Charakter. Weitere Interpretationen – Vitalität einer Sprache – schließen sich ohnehin an.

5.1 Individuen

Be. 174: Teilnehmen um jeden Preis?

Bei großen Protestzügen wird ein Bürger vielleicht dazu neigen, sich anzuschließen, weil er in der Masse Schutz findet; während er bei geringen Teilnehmerzahlen der Demonstration sicher fernbleibt. Die kleinste oder auch kritische Teilnehmerzahl, die den Bürger eben noch vom Sinn des Weitermachens überzeugt, ist seine Vorbehaltsteilnehmerzahl δ. Mit Hilfe dieser kritischen Teilnehmerzahl lässt sich die Protestentscheidung des Bürgers umschreiben: Erreicht oder überschreitet die – ihn einschließende – Teilnehmerzahl die Zahl δ, sollte er bei der Demonstration bleiben. Erreicht die tatsächliche Teilnehmerzahl δ dagegen nicht, ist seine beste Entscheidung, der Demonstration fernzubleiben. Der kritische Listenplatz (Be. (46)), die Vorbehaltspreise (Be. (31) und (32)), ein maximales Mietgebot (Be. (139)) und jetzt auch die Vorbehaltsteilnehmerzahl sind Beispiele für kritische Werte oder Schwellenwerte.

Be. 175: Dissidenten, Opportunisten, ... (Heterogenität)

Das Ausmaß an Opposition, in dem jeder von insgesamt 15 Bürgern zu einer angenommen autoritären, unterdrückenden Regierung seines Landes steht, erfassen wir mit Hilfe von dessen Vorbehaltsteilnehmerzahl δ. Die ungeordnete Liste

$$5, 5, 0, 4, 10, 3, 6, 7, 8, 9, 4, 5, 6, 11, 5 \qquad (5.1)$$

zeigt die in der Gesellschaft virulenten Vorbehalts-Teilnehmerzahlen. Jeder Eintrag der Liste steht für die Vorbehalts-Teilnehmerzahl eines Bürgers. Wir können uns auf ausgewählte Bürger anhand ihrer Vorbehaltsteilnehmerzahl beziehen. So ist die 11 ein Bürger, der nur dann bereit ist, mitzudemonstrieren, falls insgesamt 11 es tun. Oder: Die 3 ist ein Bürger, der schon dann zu protestieren bereit ist, wenn sich nur insgesamt 3 Teilnehmer finden. – Die 3 ist ein Dissident, die 11 ein Zauderer. Und alle machen ihren Protest abhängig davon, ob er ihnen opportun scheint.

5.2 Aggregation

Be. 176: Länge des Demonstrationszugs

Wir bringen Ordnung in die vorgefundene Heterogenität der Bürger (Be. (175)). Dazu sortieren wir die Vorbehalts-Teilnehmerzahlen der 15 Bürger der Gesellschaft in aufsteigender Reihenfolge:

$$0, 3, 4, 4, 5, 5, 5, 5, 6, 6, 7, 8, 9, 10, 11. \qquad (5.2)$$

Das einen Bürger beeinflussende Signal ist hier die vorgefundene Zahl an Demonstrations-Teilnehmern. Wie schon früher wenden wir ein Wiederholungsverfahren an: (i) Im ersten

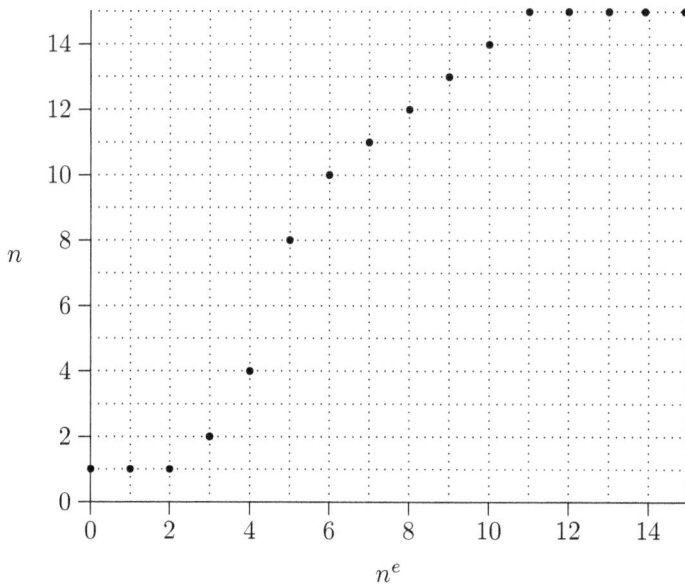

Abbildung 5.2: *Kumulierte Teilnahmepläne*

Schritt rufen wir eine allen Bürgern als Richtlinie für ihre Erwartungen an die tatsächliche Teilnehmerzahl dienende Teilnehmerzahl n^e aus. (ii) Im zweiten Schritt zählen wir alle zur ausgerufenen erwarteten Teilnehmerzahl n^e demonstrationswilligen Bürger. (iii) Und schließlich wiederholen wir die ersten beiden Schritte für alle anderen Teilnehmerzahlen, die sinnvollerweise erwartet werden können. Erwarten alle Bürger, dass niemand kommt, wird einer kommen: derjenige mit Vorbehalts-Teilnehmerzahl von 0. Erwarten alle Bürger, dass ein oder zwei Protestierende kommen, wird nach wie vor nur einer kommen. Erwarten allerdings alle Bürger, dass drei Protestierende kommen, werden schon zwei Demonstranten kommen. Dem Bürger mit Vorbehalts-Teilnehmerzahl 0 schließt sich jetzt der mit der Vorbehalts-Teilnehmerzahl 3 an; usf. – Wir schreiben die aggregierte Teilnehmerzahl n in Abhängigkeit von der allgemein erwarteten Teilnehmerzahl n^e:

$$n = n(n^e) \tag{5.3}$$

Diesen Zusammenhang dokumentiert gerade der Graph in Abb. (5.2).

Be. 177:   Gegenwart prägt Erwartungen, Erwartungen prägen Gegenwart

Einerseits bilden Demonstranten sich ihre eigenen Erwartungen über die Anzahl zukünftiger Mitdemonstranten. Andererseits prägen die Bilder heutiger Demonstrationen diese Erwartungen. Die simultane Interaktion zwischen Erwartungen und Gegenwart spiegelt sich im folgenden Zitat aus der Zeit (14.07. 2007) zum Nachwuchsmangel bei Ingenieuren unter dem Überschrift „Finderlohn für Ingenieure":

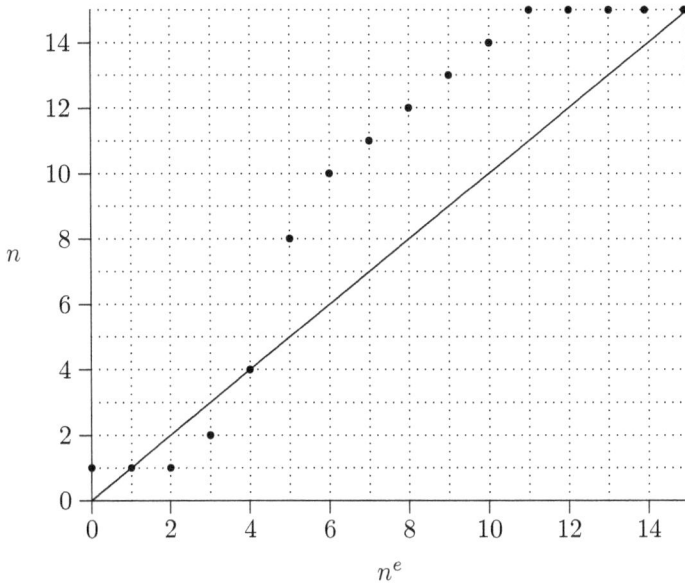

Abbildung 5.3: *Multiple Erwartungsgleichgewichte*

> „In den 1990er Jahren fanden viele Ingenieure keine Arbeit, da brach
> die Zahl der Studienanfänger ein. 'Wenn viele Absolventen auf der
> Straße stehen, schlägt das sofort bei den Anfängerzahlen durch', sagt
> der Maschinenbau-Professor Horn.“

Diesem Zitat zufolge erwarten (i) Studienfänger nach dem Abschluss eines Studiums
der Ingenieurwissenschaften auf einen Arbeitsmarkt für Ingenieure zu treffen, der dem
entspricht, den sie heute beobachten, und (ii) handeln entsprechend auch schon heute.

5.3   Gleichgewicht

Be. 178:   Erwartungsgleichgewichte

Die allgemeine Erwartung über die Teilnehmerzahl der Demonstration, n^e, beeinflusst
deren tatsächliche Teilnehmerzahl, n. Auf welche Weise die Erwartungen der Akteure
bezüglich der Teilnehmerzahl n^e auf deren eigene Teilnahmeentscheidung und damit die
tatsächliche Teilnehmerzahl n wirken, hatten wir bereits anhand der Funktion $n(n^e)$
diskutiert (Abb. (5.2) und Be. (176)). Jetzt interessieren wir uns für Erwartungen, die
sich selbst bestätigen. Denn nur sich selbst bestätigende Erwartungen lösen keinerlei
Revisionen in der gesellschaftlichen Realität aus. Nur sie sind kompatibel mit unserer
Idee eines Ruhezustands, oder Gleichgewichts. Ein Erwartungsgleichgewicht ist eine

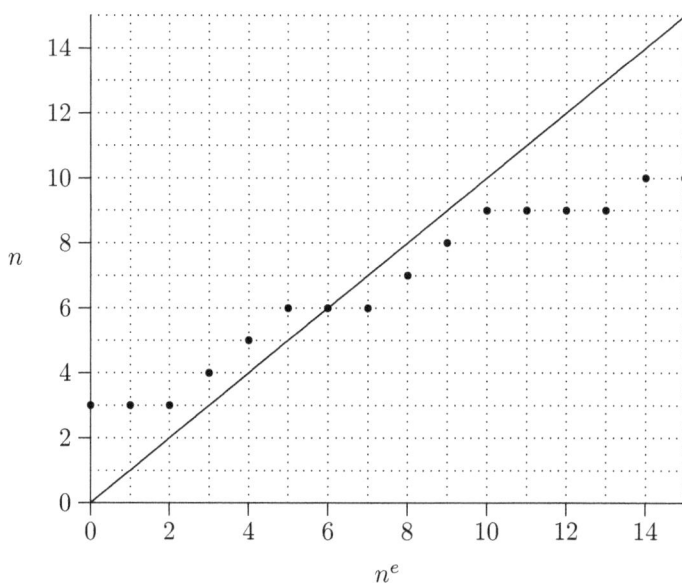

Abbildung 5.4: *Eindeutiges Erwartungsgleichgewicht*

erwartete Teilnehmerzahl n^e, für die gilt, dass sie eine tatsächliche Teilnehmerzahl n auslöst, die ihr entspricht:

$$n^e = n\left(n^e\right) \tag{5.4}$$

Abb. (5.3) repräsentiert die linke Seite dieser Gleichung durch eine Gerade mit einer Steigung von 1. Gleichzeitig repräsentiert Abb. (5.3) die rechte Seite der Gleichung als den schon vorgestellten Graphen der kumulierten Teilnehmerzahl, $n(n^e)$. Ein n^e, zu dem beide Graphen sich schneiden, ist ein Erwartungsgleichgewicht. Hier gibt es sogar drei Erwartungsgleichgewichte, namens 1, 4 und 15. Zum Gleichgewicht 1 bleibt die Revolution sicher aus, während sie im Gleichgewicht von 15 erfolgreich sein muss. Das Gleichgewicht 4 dagegen ist ein „schwelender Protest", von dem nicht klar ist, ob er eskaliert oder erstirbt:

Be. 179: Kritische Masse

Warum nur ein Erwartungsgleichgewicht Ruhezustand sein kann, erschließt sich über ein Experimentieren mit einem Ungleichgewicht. Unterstellen wir, dass alle Bürger für die Zukunft grundsätzlich das erwarten, was sie in der Gegenwart beobachten (sog. statische Erwartungsbildung). Und nehmen wir in Abb. (5.3) an, dass aus irgendeinem Grund die fünf Bürger mit den niedrigsten Vorbehalts-Teilnehmerzahlen zum Termin der ersten Demonstration erscheinen. Diese sind: 0, 3, 4, 5, 5. Unter den zehn Bürgern, die noch nicht demonstrieren, befinden sich drei Fünfen. Jede dieser drei Fünfen stellt fest, dass ihre Vorbehalts-Teilnehmerzahl erreicht ist. Per Annahme erwartet sie, dass

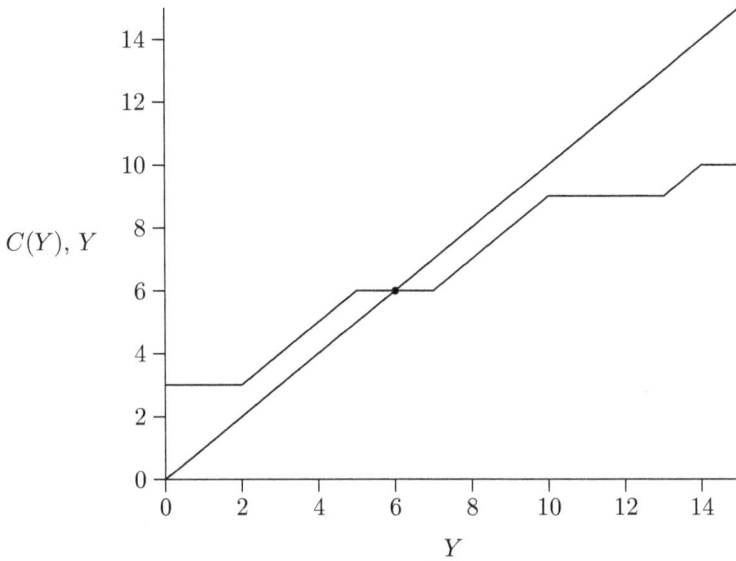

Abbildung 5.5: *Keynesianisches Gütermarktgleichgewicht*

alle bisherigen Teilnehmer auch zum nächsten Termin erscheinen werden. Daher wird sie sich zum nächsten Termin dem Protest anschließen. Die Teilnehmerzahl zum zweiten Termin schwillt auf 8 an. Die verbleibenden 7 Bürger erwarten per Annahme, dass zum dritten Demonstrationstermin die gerade beobachteten 8 Teilnehmer kommen. Aber dann schließen sich zum dritten Termin zusätzlich die beiden Sechsen, die Sieben sowie die Acht an. Usf. Die Teilnehmerzahl von 4 ist eine kritische Masse. Wird sie überschritten, schwillt die Demonstration zu einer die gesamte Gesellschaft umfassenden Kraft an. Kleine Veränderungen lösen große Wirkungen aus, wenn sie zu einem Überschreiten der kritischen Masse führen.

Be. 180: Modellvariante

Lassen wir die Vorbehaltsteilnehmerzahlen der Akteure jetzt einmal alternativ

$$0, 0, 0, 3, 4, 5, 8, 9, 10, 14, 16, 16, 16, 16, 19 \tag{5.5}$$

lauten. Analog zu dem Vorgehen aus Be. (176) leiten wir in Abhängigkeit von der erwarteten Teilnehmerzahl den Graphen der kumulierten Teilnehmerzahl $n(n^e)$ her. Diesen Graphen zeigt Abb. (5.4). Dort sind sechs Teilnehmer ein – einziges, eindeutiges – Erwartungsgleichgewicht. Auch dessen Verständnis erschließt sich über ein Verständnis der vom Ungleichgewicht angestoßenen Anpassungsprozesse. Unterstellen wir zur Illustration wieder statische Erwartungen. Liegt die tatsächliche Teilnehmerzahl bei 12, finden sich 3 Teilnehmer mehr ein, als dies eigentlich zu einer Teilnehmerzahl von 12 wünschen. Drei Teilnehmer der Demonstration werden sich unmittelbar zurückziehen. Allein, deren Rückzug verringert nicht einfach die Länge des Protestzugs um 3 auf 9. Ihr Rückzug schwächt auch den Protestwillen der noch verbleibenden 9 Teilnehmer. Nur allmählich finden tatsächliche und gewünschte Teilnehmerzahl zueinander. Ein Gleichgewicht ist erst bei einer Teilnehmerzahl von 6 erreicht. Liegt die tatsächliche Teilnehmerzahl dagegen zu Beginn bei 2, gibt es einen Bürger, der eigentlich teilnehmen möchte, ohne dies bislang getan zu haben. Stößt er zur Demonstration hinzu, wächst die Länge des Protestzugs aber nicht einfach um 1. Vielmehr stärkt der Zuwachs um einen Demonstranten die Anreize eines bislang Ferngebliebenen, jetzt ebenfalls teilzunehmen. Usf.

Be. 181: Keynesianisches Gleichgewicht

Übertragen wir unsere Überlegungen auf ein zentrales makroökonomisches Modell: das sog. keynesianische Modell. Auf der Abszisse tragen wir Y ab, die in der Gesellschaft insgesamt produzierte Gütermenge – auch als das gesamtwirtschaftliche Angebot oder Sozialprodukt bezeichnet. Auf der Ordinate lesen wir zu jedem Sozialprodukt $C(Y)$ ab, den in der Gesellschaft zum vorherrschenden Sozialprodukt Y insgesamt gewünschten Güterkonsum – auch gesamtwirtschaftliche Nachfrage genannt. Die beiden in Abb. (5.5) eingetragenen Graphen stehen für dieses so verstandene Angebot und diese so verstandene Nachfrage. In der Graphik entspricht das Angebot der Geraden mit Steigung 1, die Nachfrage entspricht dem zweiten ebenfalls ansteigenden, aber etwas weniger steil verlaufenden Graphen, der natürlich dem Graphen aus Abb. (5.4) nachempfunden ist. Angebot und Nachfrage werden im keynesianischen Modell nicht nur Preisanpassung austariert. Und doch müssen Angebot und Nachfrage einander gleich sein:

$$Y \;=\; C\,(Y) \tag{5.6}$$

Konkret in der Abbildung muss das Sozialprodukt im Gleichgewicht also 6 betragen. Warum nur dieses Sozialprodukt von 6 Ruhezustand sein kann, erschließt sich über ein Nachzeichnen der vom Ungleichgewicht angestoßenen Anpassungsprozesse:

Be. 182: Keynesianisches Ungleichgewicht

Denn liegt die Produktion Y in Abb. (5.5) beispielsweise einmal oberhalb von 6, gilt also

$$Y \;>\; 6,$$

dann übersteigt sie die gesamtwirtschaftliche Güternachfrage $C(Y)$. Denn der Graph von Y (die Gerade) liegt dort oberhalb des Graphen von $C(Y)$ (die keynesianische Konsumfunktion). Ein Teil der Produktion bleibt in den Hallen liegen. Die Anbieter des Sozialprodukts werden ihr Angebot reduzieren. Allein, eine Reduktion des Angebots verringert nicht nur das Angebot. Es verringert auch die Nachfrage. Nur allmählich finden Angebot und Nachfrage zueinander; Gleichgewicht ist erst bei einem Sozialprodukt in Höhe von 6 erreicht. Liegt die Produktion dagegen unterhalb von 6, hinkt sie der gesamtwirtschaftlichen Güternachfrage hinterher. In ihrem Bemühen, die beobachtete

Überschussnachfrage zu bedienen, steigern die Anbieter ihre Produktion. Aber Produktionssteigerungen lösen Einkommenserhöhungen bei den in der Produktion beschäftigten Arbeitern aus, die ihrerseits zu weiteren Nachfrageschüben führen. Nur allmählich finden Angebot und Nachfrage zueinander; Gleichgewicht ist erst bei einem Sozialprodukt in Höhe von 6 erreicht.

Be. 183: Kreislauf

Das keynesianische Gütermarktgleichgewicht (Be. (181)) ähnelt in seiner Struktur dem Erwartungsgleichgewicht aus Be. (180). Dieser Eindruck drängt sich im Vergleich der beiden Gleichgewichtsbedingungen (5.4) und (5.6) auf. Zum besseren Vergleich:

$$n^e = n(n^e) \tag{5.7}$$
$$Y = C(Y) \tag{5.8}$$

Beide Gleichung deuten eine „Kreislaufeigenschaft" an. Erwartete Teilnehmerzahlen beeinflussen tatsächliche, aber tatsächliche Teilnehmerzahlen beeinflussen auch erwartete (Gl. (5.7)). Die gesellschaftlich angebotene Gütermenge beeinflusst die gesellschaftlich nachgefragte, aber die gesellschaftlich nachgefragte Gütermenge koppelt sich zurück in die angebotene (Gl. (5.8)). Die Ähnlichkeit der beiden Modelle drängt sich erst recht auf im Vergleich der jeweiligen Abbildungen. Abb. (5.5) ersetzt den nur für ganze Zahlen gezeichneten Graphen aus Punkten in Abb. (5.4) – den Graphen der kumulierten Teilnehmerzahl – durch einen durchgezogen gezeichneten Graphen – den Graphen der keynesianischen Konsumfunktion. Diese Parallelen sind hilfreich, weil sie uns erlauben, unser konkretes Verständnis einer gleichgewichtigen Demonstration auf das Verständnis eines gleichgewichtigen Sozialprodukts zu übertragen.

Be. 184: Keynesianische Arbeitslosigkeit

Das gleichgewichtige Sozialprodukt 6 bestimmt sich ohne jedweden Bezug auf das tatsächlich mögliche Sozialprodukt $\bar{Y}$. Zwar muss ein Sozialprodukt von 6 unterhalb dieses Kapazitätsoutput liegen. Aber nichts garantiert, dass das gleichgewichtige Sozialprodukt 6 den Kapazitätsoutput $\bar{Y}$ auch tatsächlich erreicht. Tut es das nicht, gilt also

$$6 < \bar{Y},$$

werden die betroffenen Unternehmen einen Teil ihrer Arbeiterschaft entlassen; denn warum sollten sie auf Halde produzieren? Keynesianische Arbeitslosigkeit ist nicht exzessiven Reallöhnen (Be. (101)) oder Informationsasymmetrien auf dem Arbeitsmarkt (Be. (189)) geschuldet, sondern ist das Produkt einer mangelnden Nachfrage auf dem gesamtwirtschaftlichen Gütermarkt. Das keynesianische Gleichgewicht auf dem gesamtwirtschaftlichen Gütermarkt hat einen grundlegend anderen Charakter als etwa das partielle Marktgleichgewicht für ein einziges Gut: (i) Das gesamtwirtschaftliche Angebot hat über seinen spürbaren Einfluss auf die Faktoreinkommen eine Rückwirkung

$$C(Y) + \bar{I}, Y$$

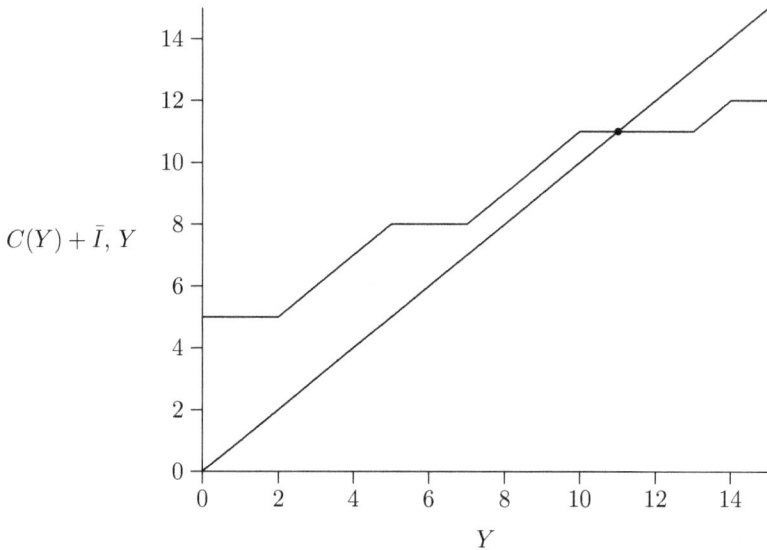

Abbildung 5.6: *Erweitertes Keynesianisches Gütermarktgleichgewicht*

auf die gesamtwirtschaftliche Nachfrage. Ein solcher Mechanismus ist in einem partiellen Gleichgewicht nicht präsent. (ii) Gesamtwirtschaftliche Güternachfrage und gesamtwirtschaftliches Güterangebot werden aus keynesianischer Perspektive nicht von Preisen gesteuert: entweder, weil sie diesen nicht gehorchen oder weil sich die Preise aus irgendeinem Grund nicht ändern können. Auch diese Sicht widerspricht der Modellierung eines partiellen Gleichgewichts auf dem Markt für ein einzelnes Gut (Kapitel 3). (iii) Keine Selbstheilungskräfte sind in Sicht. Eine lange Rezession droht.

Be. 185:   Investitionen im keynesianischen Modell

Die bisherige Darstellung des keynesianischen Gütermarkt-Gleichgewichts unterstellt, dass allein die Haushalte Konsumenten des Sozialprodukts sind (Be. (181)). Jetzt ziehen wir die Unternehmen in unsere Betrachtung hinein. Auch Unternehmen möchten auf Einheiten des realen Sozialprodukts zugreifen. Deren aggregierte Wünsche drückt die keynesianische Investitionsnachfrage aus, $\bar{I}$. Zusammen ergeben keynesianische Konsumfunktion $C(Y)$ sowie keynesianische Investitionsnachfrage $\bar{I}$ die gesamtwirtschaftliche Güternachfrage des erweiterten keynesianischen Modells. In dieser erweiterten Fassung erfordert Gleichgewicht

$$Y = C(Y) + \bar{I} \tag{5.9}$$

gilt. Offensichtlich hängt dasjenige Sozialprodukt Y, das gesamtwirtschaftliche Nachfrage und Angebot in Übereinstimmung bringt, von $\bar{I}$ ab. Je größer $\bar{I}$, desto höher liegt auch der Graph der gesamtwirtschaftlichen Güternachfrage. Und je höher der Graph

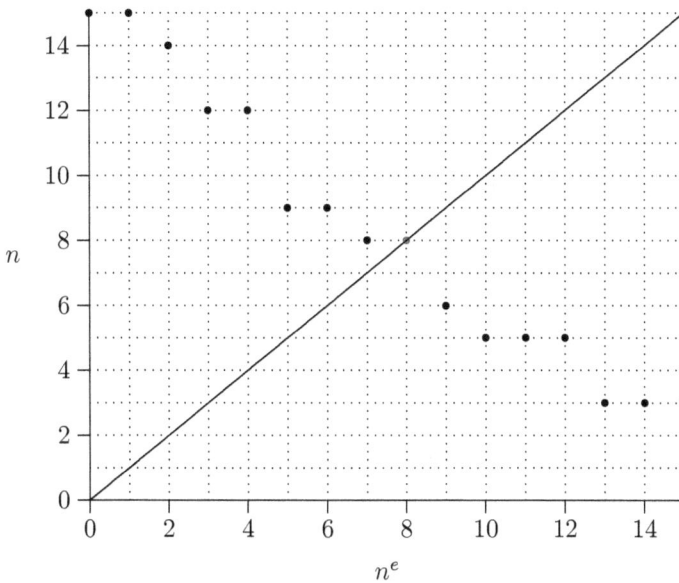

Abbildung 5.7: *Erwartungsgleichgewicht bei Überfüllungseffekten*

der gesamtwirtschaftlichen Güternachfrage, desto größer das gleichgewichtige Sozialprodukt. Abb. (5.6) illustriert das Gleichgewicht im erweiterten Modell für den Fall $\bar{I} = 2$. Dieses Gleichgewicht liegt bei 11.

Be. 186:   Manche Ballungen nicht zu klein, sondern ... zu groß

Im Gegensatz zu Modellen, in denen eine wachsende Teilnehmerzahl von allen Teilnehmern positiv bewertet wird, steht eine wachsende Teilnehmerzahl häufig für eine zunehmende Belastung des einzelnen. Straßenbahnen, Landstraßen, Kinovorführungen aber auch Vorlesungen und Seminare etwa dürfen nicht zu voll sein, um attraktiv zu bleiben. Interpretieren wir daher jetzt alternativ Vorbehaltsteilnehmerzahlen einmal als Höchst- statt als Mindestzahl, die ein Akteur voraussetzt, damit er teilnimmt. Beispielsweise wird eine 2 nur dann die Vorlesung besuchen, wenn die Zahl der anwesenden Kommilitonen – wieder sich selbst miteingeschlossen – höchstens 2 beträgt. Die so zu interpretierenden Vorbehaltsteilnehmerzahlen seien:

$$1, \ 2, \ 4, \ 9, \ 4, \ 4, \ 6, \ 8, \ 2, \ 8, \ 12, \ 12, \ 15, \ 15, \ 15$$

Tolerantere Individuen zeichnen sich durch höhere Vorbehaltsteilnehmerzahlen aus, eine Eins dagegen erträgt nur sich selbst. Abb. (5.7) zeigt den Graphen der kumulierten Teilnehmerzahlen. Dieser Graph fällt mit zunehmender erwarteter Teilnehmerzahl. Ein Erwartungsgleichgewicht findet sich bei 8 Teilnehmern.

Be. 187: Unterschiedlich produktive Arbeiter

In der Interpretation des Marktmodells im Kapitel *Markt* als Arbeitsmarkt sind sämtliche Arbeiter gleich produktiv, Arbeitsanbieter unterschieden sich lediglich in der Höhe ihres Vorbehaltsreallohns (Be. (101)). Variieren wir jetzt dieses Modell, indem wir unterstellen, dass sich Arbeitsanbieter sehr wohl in ihrer Arbeitsproduktivität – also in dem, was sie jeweils produzieren – unterscheiden. Die folgende Liste zeigt in jeder von insgesamt 15 Spalten den Vorbehaltsreallohn eines Arbeiters (erste Zeile) sowie jeweils direkt darunter dessen individuelle Arbeitsproduktivität (zweite Zeile):

$$0 \quad \frac{3}{4} \quad \frac{6}{4} \quad \frac{9}{4} \quad \frac{12}{4} \quad \frac{15}{4} \quad \frac{18}{4} \quad \frac{21}{4} \quad \frac{24}{4} \quad \frac{27}{4} \quad \frac{30}{4} \quad \frac{33}{4} \quad \frac{36}{4} \quad \frac{39}{4} \quad \frac{42}{4}$$
$$0 \quad 1 \quad 2 \quad 3 \quad 4 \quad 5 \quad 6 \quad 7 \quad 8 \quad 9 \quad 10 \quad 11 \quad 12 \quad 13 \quad 14$$

Offensichtlich übersteigt die Produktivität eines jeden Arbeiters seinen Vorbehaltsreallohn um ein Drittel. Für alle Arbeitsanbieter mit Ausnahme desjenigen mit Vorbehaltsreallohn von 0 gilt: Das, was er mindestens verlangt, unterschreitet deutlich das, was er erwirtschaftet. Und selbst die 0 darf in gewisser Weise noch als zurückhaltend gelten: Ihre Mindestforderung jedenfalls überschreitet nicht ihre Arbeitsproduktivität. Realistischerweise unterstellen wir zusätzlich, dass ein Unternehmen dem Arbeiter, der sich ihm anbietet, dessen individuelle Produktivität nicht an der Nasenspitze ansehen kann. Hier liegt eine spezielle Variante asymmetrischer Information vor: Arbeitsanbieter kennen ihre individuelle Produktivität, aber das Unternehmen kennt sie nicht.

Be. 188: Nach Team-, nicht individueller Produktivität bezahlen?

Das Unternehmen kann zwar, so viel wollen wir annehmen, die Durchschnittsproduktivität eines Arbeiterkollektivs oder Teams feststellen. In dieser Situation bleibt ihm trotzdem nichts anderes übrig, als allen Arbeitern den gleichen Lohn zu zahlen. Bietet das Unternehmen jetzt einen Reallohn von 0, ist ein Arbeiter bereit zu arbeiten. Die Durchschnittsproduktivität ist dann ebenfalls 0. Bietet das Unternehmen einen Reallohn von 3/4, sind 2 Arbeiter bereit zu arbeiten. Deren Durchschnittsproduktivität ist

$$(0+1)/2$$

oder 1/2. Sie liegt unterhalb des Reallohns, der notwendig ist, um beide zum Arbeiten zu bewegen. Bietet das Unternehmen einen Reallohn von 6/4, erklärt sich ein dritter Arbeiter zu arbeiten bereit. Die Durchschnittsproduktivität wächst auf $(0+1+2)/3 = 1$. Und doch liegt auch sie unterhalb des Reallohns, der notwendig ist, um die jeweils Arbeitenden zur Arbeit zu bewegen. Etc. Abb. (5.8) schreibt diese Überlegungen fort und zeigt den Verlauf der Durchschnittsproduktivität $\bar{a}$ in Abhängigkeit vom Reallohn ω, $\bar{a}(\omega)$.

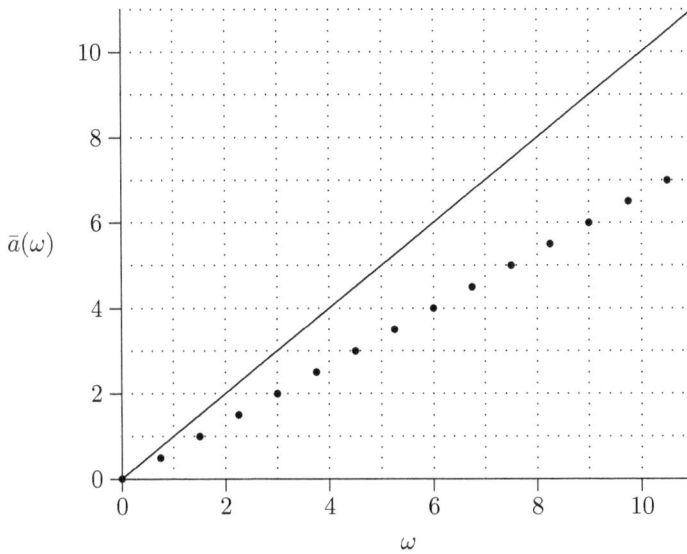

Abbildung 5.8: Vollständige Arbeitslosigkeit bei asymmetrischer Information

Be. 189: Unfreiwillige Arbeitslosigkeit bei asymmetrischer Information

Jedes strikt positive Reallohngebot des Unternehmens lockt Arbeiter an, deren durchschnittliche Produktivität unterhalb des gebotenen Reallohns liegt. Denn laut Abb. (5.8) liegt der Graph der durchschnittlichen Produktivität $\bar{a}(\omega)$ für alle strikt positiven Reallöhne grundsätzlich unterhalb des ebenfalls eingezeichneten Graphen der Funktion ω. Für alle strikt positiven Reallöhne gilt also: $\bar{a}(\omega) < \omega$. Aber dann läuft das Unternehmen bei jedem strikt positiven Beschäftigungsniveau unter Verlust. Strikt positive Reallöhne können keinen Ruhezustand repräsentieren, weil das Unternehmen Verlust nicht dauerhaft akzeptieren wird. – Der einzige Reallohn, der eine Durchschnittsproduktivität in eben seiner Höhe generiert:

$$\omega \; = \; \bar{a}\,(\omega) \tag{5.10}$$

ist Null. Nur ein Reallohn von 0 ist ein Ruhezustand und damit Gleichgewicht auf diesem Arbeitsmarkt unter asymmetrischer Information. Nur im Ursprung des Diagramms schneiden sich die beiden eingezeichneten Graphen. Kein Arbeitsanbieter findet Beschäftigung im beschriebenen Unternehmen. Dies mag überraschen, hat doch kein Arbeitsanbieter einen Reservationsreallohn, der seine Produktivität übersteigt. Allerdings: Im Schutz der Informationsasymmetrie lassen auch Arbeitsanbieter mit geringer Produktivität es sich nicht nehmen, hohe vom Unternehmen ausgerufene Reallöhne mitzunehmen. Besonders deutlich wird dies an der 0. Obschon immer unproduktiv ist sie zu jedem Reallohn dennoch gerne bereit, die eigene Arbeitskraft dem Unternehmen anzubieten: und zwar zum jeweils gebotenen Reallohn, zu keinem Cent weniger.

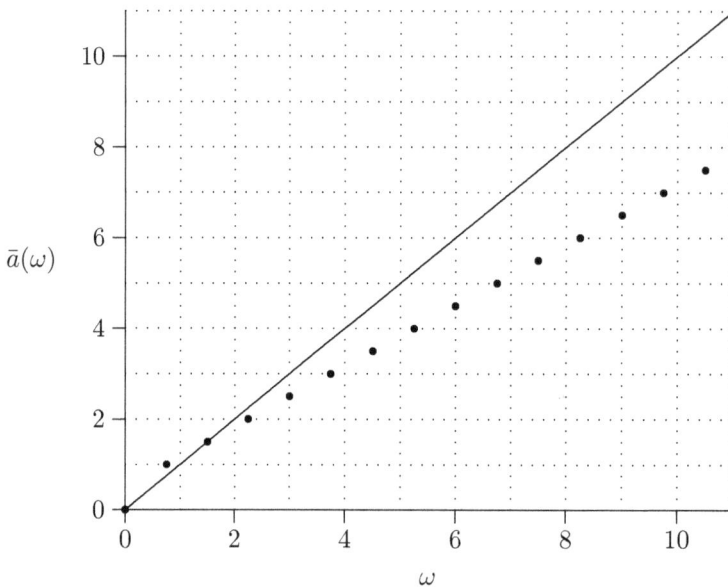

Abbildung 5.9: *Adverse Selektion*

Be. 190: Ausgerechnet die unproduktivsten beschäftigen (Adv. Selektion)

Der Arbeiter mit Produktivität von 0 ist ein Arbeiter, der – sofern beschäftigt – eine besonders hohe Rente erzielt. Ihn identifizieren zu können und künftig überhaupt nicht mehr einstellen zu können, löst allerdings nicht das Grundproblem asymmetrischer Information. Der modifizierte Pool von Arbeitern, in dem die 0 nicht mehr auftaucht, ist:

$$\begin{array}{cccccccccccccc} \frac{3}{4} & \frac{6}{4} & \frac{9}{4} & \frac{12}{4} & \frac{15}{4} & \frac{18}{4} & \frac{21}{4} & \frac{24}{4} & \frac{27}{4} & \frac{30}{4} & \frac{33}{4} & \frac{36}{4} & \frac{39}{4} & \frac{42}{4} \\ 1 & 2 & 3 & 4 & 5 & 6 & 7 & 8 & 9 & 10 & 11 & 12 & 13 & 14 \end{array}$$

Der entsprechende Graph der Durchschnittsproduktivität $\bar{a}(\omega)$ findet sich in Abb. (5.9). Dieser Graph liegt insbesondere für einen Reallohn von 0,75 über dem Graphen der Durchschnittskosten. Für diesen Reallohn macht das Unternehmen also tatsächlich Gewinn. Ein Reallohn von 0 oder 1,5 induziert Gewinne von Null. Und Reallöhne, die oberhalb von 1,5 liegen, führen wie schon vorher zu Verlust. In der hier beschriebenen Konstellation wird das Unternehmen tatsächlich einen Teil der Arbeiterschaft einstellen. Zwar ist die Arbeitslosigkeit nicht mehr vollständig, zwei Arbeiter sind jetzt beschäftigt. Aber die gezahlten Löhne sind niedrig. Darüber hinaus werden kurioserweise ausgerechnet die Arbeiter mit Produktivität von 1 bzw. 2 eingestellt. Das sind gerade diejenigen Arbeiter, die die niedrigsten Produktivitäten unter allen Arbeitern aufweisen. Dieses Phänomen heißt adverse Selektion.

Be. 191: Gleicher Lohn für alle?

Die Frankfurter Allgemeine Sonntagszeitung (27.07. 2008) berichtet unter der Überschrift „So eine Art kategorischer Imperativ" von einer Offenbacher Firma für Veranstaltungstechnik, die „allen Mitarbeitern den gleichen Lohn" zahlt. Dass die Firma mit dieser Strategie floriert, ist nicht nur ungewöhnlich, sondern scheint auch unsere Überlegungen zu asymmetrischer Information am Arbeitsmarkt infrage zu stellen. Die Lektüre des Artikels bietet allerdings eine Reihe von Zusatzinformationen:

> „Jeder Neue muss sich sechs Monate lang behaupten. Während dieser Probezeit hat jeder andere Kollege das Recht zu sagen: Mit dem komme ich nicht klar. ‚Ohne weitere Diskussion wird der Anwärter dann nicht eingestellt.'"

Die Offenbacher Firma hat offensichtlich erfolgreiche Regeln, die die Produktivitäten der Arbeiter offenlegen helfen. Dazu zählt auch das Arbeiten in kleinen Teams, wechselnde Teams, offene Arbeitsräume. Gleichzeitig helfen diese Regeln vielleicht sogar die Produktivitäten der einzelnen zu steigern. Der hier praktizierte gleiche Lohn wird u.a. deswegen möglich, weil die Informationsasymmetrie des Modells überwunden wird. Niemand kann sich hier darauf zurückziehen, nichts zu tun.

5.4   Komparative Statik

Be. 192: Deutsche Fahne aushängen?

Strulik (2006) argumentiert sinngemäß, die Abb. (5.3) unterliegende Konstellation von Vorbehalts-Teilnehmerzahlen könne die plötzlich aufkommende Begeisterung der Deutschen für das Zeigen ihrer Nationalfarben motivieren. Anfangs sind deutsche Fahnen so gut wie gar nicht in der Öffentlichkeit präsent. Die Zahl derjenigen, die eine deutsche Fahne schwingen, ist gering. Dies entspricht dem Gleichgewicht $n = n^e = 1$. Jetzt komme es zu einer plötzlichen geringfügigen Änderung in den Präferenzen einzelner Bürger: zwei Bürger mit ursprünglicher Vorbehalts-Teilnehmerzahl von 5 konvertieren zu einer 1 bzw. 2, gleichzeitig werde ein Bürger mit ursprünglicher Vorbehalts-Teilnehmerzahl von 6 nunmehr zu einer 13. Die neue Liste von Vorbehalts-Teilnehmerzahlen lautet also

$$0,\ 1,\ 2,\ 3,\ 4,\ 4,\ 5,\ 5,\ 6,\ 7,\ 8,\ 9,\ 10,\ 11,\ 13.$$

Den Verlauf des entsprechenden Graphen der kumulierten Teilnehmerzahl zeigt Abb. (5.10). Statt ursprünglich dreier Gleichgewichte (Be. (178)) existiert lediglich noch ein Gleichgewicht; und dieses verbleibende Gleichgewicht ist das Randgleichgewicht, in dem sämtliche Bürger öffentlich die Fahne zeigen.

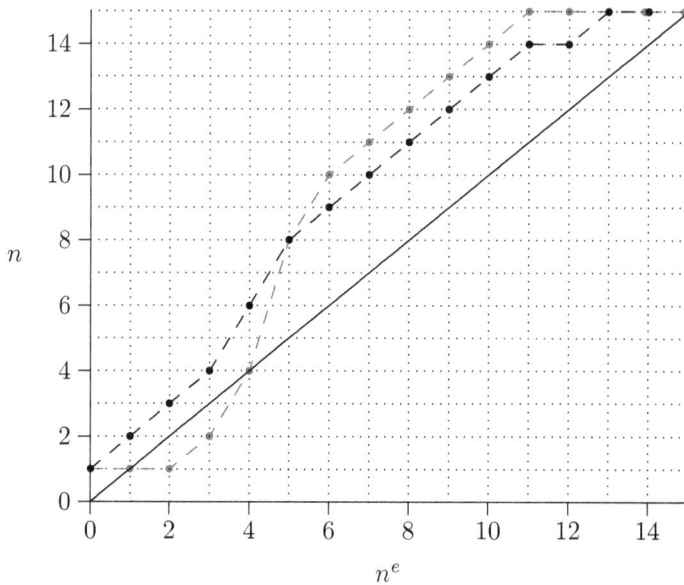

Abbildung 5.10: *Fußball-WM in Deutschland*

Be. 193:   Deutsche plötzlich alle Patrioten?

Strenggenommen liegt dem tiefgreifenden Stimmungsumschwung der Be. (192) zwar ein Wertewandel einiger weniger – dreier – Bürger zugrunde. Aber die durchschnittliche Vorbehalts-Teilnehmerzahl hat beispielsweise nicht abgenommen. Denn der aggregierten Abnahme von $(5-1)+(5-2)$ steht eine Zunahme von $[13-6]$ gegenüber. Aus dieser Perspektive ist das Modell skeptisch gegenüber dem in der Financial Times Deutschland (2007) gezogenen Schluss, der in Meinungsumfragen dokumentierte „neue Patriotismus" reflektiere einen tiefgreifenden Wertewandel:

> „Nach einer repräsentativen Umfrage des Meinungsforschungsinstituts Ipsos für die FTD sind auch heute noch 62% der Einwohner der Meinung, dass durch das Großereignis [der WM 2006] das Nationalbewußtsein gestärkt wurde."

Dabei ist das neugefundene Randgleichgewicht ein stabiler Zustand. Keiner der Bürger hat einen Anreiz, seinen dort zur Schau gestellten neugefundenen Patriotismus „zurückzunehmen".

Be. 194:   Multiplikator

Die keynesianische Konsumfunktion hat die durch den Graphen aus Abb. (5.5) skizzierte Gestalt. Jetzt reduziere sich der sog. autonome Konsum plötzlich um 2 Gütereinheiten. Bildlich gesprochen verschiebt diese Reduktion den Graphen der aggregierten

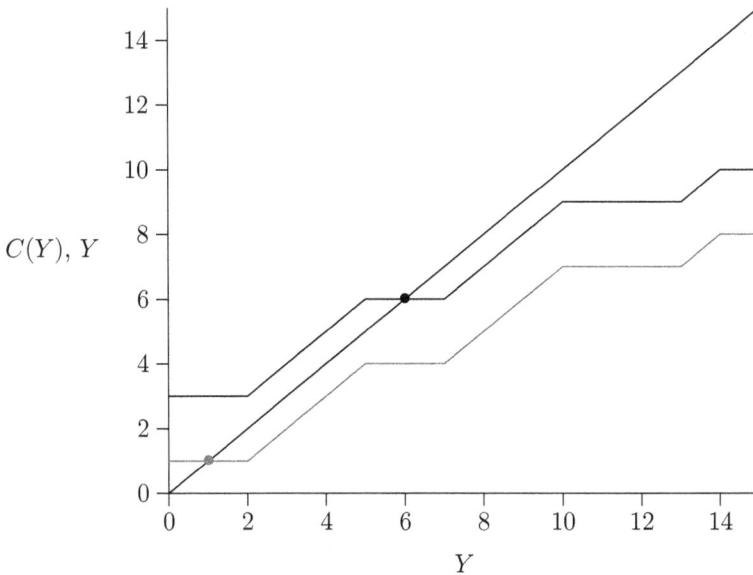

Abbildung 5.11: Multiplikatoreffekt: Rückgang des autonomen Konsums

Konsumnachfrage um 2 Einheiten nach unten (Be. (181)). Das gleichgewichtige Sozial-produkt fällt in der Folge dramatisch von 6 Gütereinheiten auf eine Gütereinheit. Die Erklärung dieses Rückgangs fußt auf dem Umstand, dass der ausgängliche Rückgang des autonomen Konsums von 2 Gütereinheiten zu einem Überschussangebot auf dem gesamtwirtschaftlichen Gütermarkt führt. Die Wirkungen eines solchen Überschusses diskutiert Be. (182): Nicht nur kommt es zu einer Rücknahme des Angebots. Auch min-dert diese Angebotsrücknahme die Einkommen der Haushalte und dämpft so weiter deren Nachfrage. Die dramatische Vervielfachung des ursprünglichen Nachfrageschocks über dessen unmittelbaren Wirkung hinaus heißt keynesianischer Multiplikatoreffekt. Er ist formal identisch mit dem Multiplikatoreffekt der Verhaftung von Dissidenten (Be. (202)). Insofern bietet die dort beschriebene Wirkungskette der Verhaftung von Dissidenten auch zusätzliche Intuition für das Verständnis des Multiplikatoreffekts im keynesianischen Konjunkturmodell.

Be. 195: Sparpolitik Ersparnis?

John Maynard Keynes erzählt in seinem 1930 erschienenen Buch „Treatise on Money" die Parabel eines Gemeinwesens, in dem „ ... nun eine Sparkampagne durchgeführt" wird, die sämtliche Bürger dazu animiert, einen Teil ihres Einkommens zurückzulegen. Blieben die individuellen Einkommen gleich, würden in der Folge tatsächlich auch sämt-liche individuellen Ersparnisse und also auch deren Summe steigen. Aber Keynes zufolge bleiben die individuellen Einkommen eben *nicht* gleich. Die geringere Konsumnachfrage der Bürger hat unmittelbar Konsequenzen für die Absatzlage der Unternehmen. Diese

können zwar als Reaktion auf den verschlechterten Absatz „ihre Arbeiter vor die Tür
setzen oder deren Löhne herabsetzen"... Aber fatalerweise wird „selbst das ... ihre
Position nicht verbessern, da die Konsumkraft des Publikums [infolge der Entlassun-
gen und Lohnsenkungen doch nur weiter] vermindert" würde. Individuelle Ersparnisse
versuchen zwar zu wachsen, die gesellschaftliche Ersparnis versucht das aber nicht. Wir
dürfen nicht von Veränderungen in den individuellen Sparwünschen auf Veränderungen
der gesellschaftlichen Ersparnis schließen.

Be. 196: Sparparadox

Unterstellen wir $C(Y) = \bar{C} + cY$ konkret als keynesianische Konsumfunktion. Die keynesianische Sparfunktion ist dann einfach das, was von Y nach Abzug des Konsums
übrigbleibt, also

$$Y(1-c) - \bar{C}.$$

Betrachten wir jetzt einen plötzlichen Anstieg des Sparwunsches aller Bürger ... oder
auch der Regierung. Ein solcher Anstieg lässt sich abbilden als Rückgang von $\bar{C}$. Keynes'
fundamentale Überlegung ist, dass dieser Rückgang nicht isoliert betrachtet werden darf;
vielmehr berührt er das gleichgewichtige Sozialprodukt. Dieses bestimmt sich anhand
von Gleichung (5.8) in unserem Fall konkret durch die Gleichung $Y = \bar{C} + cY$. Umstellen dieser Gleichung nach Y gibt ein gleichgewichtiges Sozialprodukt von $\bar{C}/(1-c)$.
Ein plötzlicher Anstieg des Sparwunsches bewirkt damit eine Rezession (Abb. (5.12)).
Einerseits steigt also die keynesianische Ersparnis, weil die zweite Komponente der keynesianischen Sparfunktion, also $-\bar{C}$, steigt. Andererseits fällt die keynesianische Ersparnis, weil deren erste Komponente, also $Y(1-c)$ fällt. Es lässt sich darüber hinaus zeigen,
dass per Saldo die gleichgewichtige keynesianische Ersparnis sich gar nicht verändert.
Dass die gesellschaftliche Ersparnis nicht zu wachsen versucht, obgleich die individuellen
Ersparnisse der Gesellschaftsmitglieder dies versuchen, heißt keynesianisches Sparparadox (Be. (195)). Aus der Perspektive des Sparparadoxes hat eine auf individueller Ebene
tugendhafte Absicht nichts Tugendhaftes mehr auf der Ebene der Gesellschaft.

Be. 197: Klassische Theorie

Der große Rivale des keynesianischen Modells ist das sog. klassische Modell. Dort spielen
Erwartungsgleichgewichte keinerlei Rolle. Die Grundzüge dieses einfachen makroökonomischen Modells seien dennoch an dieser Stelle skizziert, weil sie so stark mit dem keynesianischen Modell kontrastieren. Zentrales Element des klassischen Modells ist nicht
etwa ein makroökonomischer Gütermarkt, sondern der sog. makroökonomische „Geld-
markt". Die Haushalte haben eine präzise Vorstellung über den Bestand an Münzen,
Papiergeld und Girokontoguthaben, den sie zur Abwicklung ihrer Käufe und Verkäufe
wünschen. Diese Vorstellung schlägt sich nieder in der aggregierten gewünschten Kassenhaltung kPY, die dem aktuellen Preisniveau P sowie der tatsächlichen und mittelfristig fixen Gütermenge Y proportional ist. Der so bestimmten gewünschten Geldmenge

Abbildung 5.12: *Rezession und Protest in Spanien*

steht die tatsächlich vorhandene Geldmenge, M, gegenüber. Diese Geldmenge unterliegt der Kontrolle der Zentralbank. Geldmarktgleichgewicht herrscht, wenn die gewünschte Geldmenge der tatsächlich umlaufenden Geldmenge entspricht:

$$M = kPY. \tag{5.11}$$

Umstellen dieser Gleichung nach dem Preis einer Einheit des realen Sozialprodukts, P, gibt $P = M/kY$. Zum Verständnis dieser Gleichung ist die Betrachtung des Ungleichgewichts instruktiv. Gälte aus irgendeinem Grund $M > kPY$, hielten die Haushalte mehr Geld in den Händen, als sie wünschten. Sie würden versuchen, ihre überschüssige Kassenhaltung in Konsum umzumünzen. Da aber das Sozialprodukt Y vorgegeben ist, resultierten lediglich steigende Preise. Ein Ruhezustand im klassischen Modell setzt voraus, dass gewünschte und tatsächliche Kassenhaltung übereinstimmen. Die klassische Theorie ist eine einfache Theorie des Preisniveaus.

Be. 198: Quantitätstheorie

Jetzt drucke die Zentralbank eine größere Menge zusätzlichen Geldes und verteile es an die Haushalte. Dann steigt die Geldmenge M. Die tatsächliche Kassenhaltung der Haushalte übersteigt ihre gewünschte Kassenhaltung; die überschüssige Kasse motiviert die Haushalte zur Finanzierung weiterer Konsumwünsche. Allerdings trifft diese Ausweitung von Nachfragewünschen auf ein per Annahme gleichbleibendes Güterangebot

Y. Folglich kommt es zu einem Preisanstieg, der solange anhält, bis die mit ihm mitwachsende gewünschte Kassenhaltung das gestiegene Niveau der nominalen Geldmenge erreicht. Dieser Anpassungsprozess gleicht demjenigen, der sich im Zuge des Nachfrageschocks in Abb. (3.10) auf Seite 61 einstellt. Umstellen des Geldmarktgleichgewichts nach *P* gibt die hier beschriebene Erklärung des Preises des realen Sozialprodukts, oder Quantitätstheorie:

$$P = M/kY.$$

Ein anhaltender Anstieg des sich aus allen Preisen zusammensetzenden Preisniveaus heißt Inflation (Be. (70)). Änderungen der eigentlich mittelfristig fixen Größen *k*, *Y* und *M* können zwar im Prinzip ebenfalls Inflation verursachen. Allerdings sind Schwankungen in *k* und *Y* den Klassikern zufolge entweder selten oder gering, nie dagegen andauernd und groß. Aus diesem Grund sind anhaltende Steigerungen des Preisniveaus grundsätzlich auf anhaltende Steigerungen der Geldmenge zurückzuführen.

5.5   Wohlfahrt

Be. 199:   Mangelhafte Auslastung vorhandener Kapazität

Eine Situation andauernder Unterauslastung der Produktionskapazitäten kann ein Gleichgewicht sein (Be. (181)). Würden sämtliche Unternehmen ihre im Gleichgewicht noch nicht genutzten brachliegenden Überkapazitäten gleichzeitig mobilisieren, käme ein Sozialprodukt bei voll ausgelasteten Kapazitäten zustande. Der resultierende Sozialproduktzuwachs könnte gleichmäßig unter allen Haushalten der Gesellschaft aufgeteilt werden – oder auch nur einem einzigen dieser Haushalte zukommen, ohne alle anderen schlechter zu stellen. In anderen Worten: Das Unterbeschäftigungsgleichgewicht 6 ist Pareto-ineffizient. Zwar gibt es einen zum Unterbeschäftigungsgleichgewicht Paretobesseren Zustand. Aber dieser Zustand ist nicht leicht zu erreichen: Entweder müssen alle Unternehmen gleichzeitig ihre Produktion erhöhen; oder alle Haushalte müssen gleichzeitig ihren Konsum steigern. Gelingt eine simultane Koordination all dieser individuellen Verhaltensänderungen nicht, erfordert das Erreichen des Pareto-besseren Gleichgewichts andere Maßnahmen: Fiskalpolitik etwa.

Be. 200:   Brachliegen verfügbarer Arbeitskraft

Im Erwartungsgleichgewicht bei asymmetrischer Information auf dem Arbeitsmarkt ist jeder der Arbeitsanbieter arbeitslos, obwohl niemand einen Vorbehaltsreallohn aufweist, der über seine Produktivität hinausgeht (Be. (188)). Gäbe es eine Instanz, die über die individuellen Produktivitäten der Arbeitsanbieter informiert wäre, könnte das Unternehmen die Entscheidung über Beschäftigung und Entlohnung an diese delegieren. Diese Instanz könnte jeden Arbeitsanbieter gerade in Höhe seiner von ihr beobachteten Produktivität entlohnen. Damit wäre nicht nur jeder von ihnen bereit zu arbeiten,

Auch würde das Unternehmen jeden von ihnen beschäftigen wollen, es erzielte sogar Gewinn. Das Null-Beschäftigungs-Gleichgewicht bei asymmetrischer Information wäre so gesehen tatsächlich Pareto-ineffizient. Allerdings: Warum ausgerechnet sollte eine Instanz, die vom Arbeitsmarktgeschehen weiter entfernt ist als die unmittelbar Beteiligten, mehr über die individuellen Produktivitäten der Arbeitsanbieter wissen? Bei einer realistischen Einschätzung des Informationsvorsprungs des Staats ist das Erwartungsgleichgewicht auf einem Arbeitsmarkt mit asymmetrischer Information eben doch nicht Pareto-ineffizient.

5.6   Politik

Be. 201:   An Gesellschaftsmitglieder appellieren?

Ein Appell scheint einfach nur ein Aufruf an die Gesellschaftsmitglieder zu sein, sich in dieser oder jener Form zu verhalten. Anders als der Fiskal- (Be. (203)) oder Sprachpolitik (Be. (204)) haftet einem Appell aber nichts Verbindliches an. Aus der Perspektive dieses Kapitels ist ein Appell allerdings eher der Versuch, die Erwartungen aller Gesellschaftsmitglieder auf ein bestimmtes Niveau zu setzen. Die Bundeskanzlerin Angela Merkel ist bekannt für ihren Appell, angesichts der hereinbrechenden Eurokrise Ruhe zu bewahren. Mit ihrer Aussage von 2011,

> „Wir garantieren den Sparerinnen und Sparern, dass ihre Spareinlagen sicher sind",

appelliert sie an alle Gesellschaftsmitglieder, nicht zur Bank zur gehen und die dortigen Guthaben in Bargeld eintauschen zu wollen – etwas, das bekanntlich nicht funktionieren kann. Die Bargeldbestände sind nur ein Bruchteil der auf Giro-, Spar- und ähnlichen Konten vorhandenen Geldbestände. Konkret lässt Frau Merkel alle Bankkunden erwarten, dass alle anderen Bankkunden ihre Guthaben halten werden . . . was sie veranlasst, ihr eigenes Guthaben ebenfalls zu halten.

Be. 202:   Gesellschaftsmitglieder verhaften?

Das autoritäre Régime verhafte zwei Dissidenten – und zwar zwei Bürger mit Vorbehalts-Teilnehmerzahlen von jeweils 0. Damit lautet die Liste von Vorbehalts-Teilnehmerzahlen nicht mehr 0, 0, 0, 3, 4, 5, 8, 9, 10, 14, 16, 16, 16, 16, 19 wie noch in Be. (180), sondern nurmehr

$$0, 3, 4, 5, 8, 9, 10, 14, 16, 16, 16, 16, 19.$$

Der aus Be. (180) bereits bekannte Graph verschiebt sich um zwei Einheiten/Bürger nach unten (Abb. (5.13)). Die neue gleichgewichtige Teilnehmerzahl der Demonstration ist nur noch 1 – statt bislang 6. Damit ist die komparativ-statische Änderung des

$$n, n^e$$

$$n^e$$

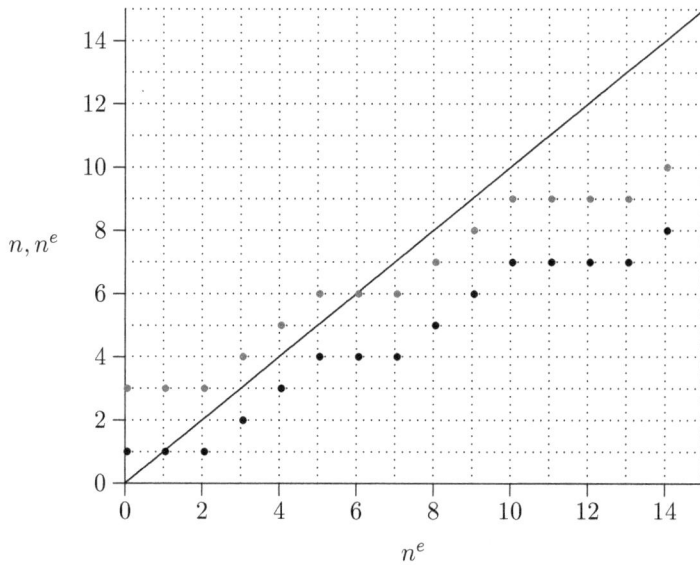

Abbildung 5.13: *Multiplikatoreffekt: Verhaftung zweier Dissidenten*

politischen Protests: 5. Zusammengefasst schmälert die gezielte Verhaftung zweier Dissidenten die Demonstration nicht einfach um zwei, sondern sogar um 5 Bürger. Die Vervielfachung des ursprünglichen Schocks über dessen unmittelbare Wirkung hinaus heißt Multiplikatoreffekt. Dessen Wirkungskette lässt sich im Detail über die Anreize der sechs Beteiligten der ursprünglichen Demonstration rekonstruieren. Werden die beiden Dissidenten verhaftet, schrumpft der Protest im ersten Schritt auf vier Teilnehmer: darunter eine 5. Aber dieser 5 genügen die verbleibenden vier Teilnehmer nicht; folglich springt sie ab und die Demonstration schrumpft auf 3 Teilnehmer: darunter eine 4. Drei Teilnehmer wiederum genügen dieser 4 nicht; etc. Multiplikatoreffekte spielen eine zentrale Rolle in keynesianischen Konjunkturmodellen (Be. (194)).

Be. 203:   Staatsausgaben ausdehnen?

Der Staat kann das Unterbeschäftigungsgleichgewicht aus Be. (199) mit Hilfe einer expansiven Fiskalpolitik lindern ... oder sogar beenden. Entfaltet er eine – ausgänglich bei 0 liegende – Nachfrage nach Einheiten des realen Sozialprodukts von 2, verschiebt sich bildlich gesprochen die aggregierte Güternachfrage – bestehend aus aggregierter Konsumnachfrage aller Haushalte und nunmehr auch Staatsnachfrage – in Abb. (5.14) gleichmäßig um 2 nach oben. In der Folge wächst das gleichgewichtige Sozialprodukt um 5 von 6 auf 11. Wir beobachten den gleichen Multiplikatoreffekt wie in Be. (194) – nur dass dieser jetzt expansiv statt kontraktiv wirkt. Weil das Sozialprodukt Y steigt, vermuten wir eine Pareto-Verbesserung. Das Gegenteil einer expansiven Fiskalpolitik ist ein Sparkurs oder eine sog. Austeritätspolitik. Viele Ökonomen sehen Irland, Spanien und Griechenland in solchen Sparkursen gefangen, die die Staatsausgaben reduzieren,

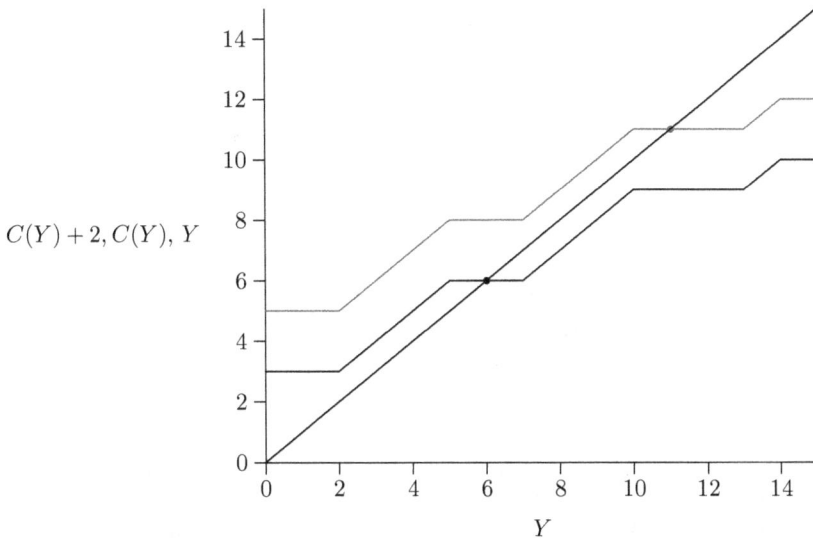

Abbildung 5.14: *Multiplikatoreffekt: Expansive Fiskalpolitik*

um Budgetdefizite zu reduzieren, und so die bestehende Krise verschärfen ... statt sie zu mildern. Abb. (5.12) illustriert bezeichnenderweise den Sparkurs der spanischen Regierung über den dagegenhaltenden politischen Protest und vereint so die beiden fortlaufenden Themen dieses Kapitels.

Be. 204:   Die eigene Sprache im Ausland fördern?

Neben der traditionellen Sprache dieser Gesellschaft können alle 15 Bürger einer Gesellschaft auch eine zweite Sprache – *Bad English* – sprechen. Ob sie dies tatsächlich tun, hängt allerdings davon, wie viele andere Bürger bereit sind, dies zu tun. Unterstellen wir „Vorbehalts-Sprecherzahlen" (Mindestsprecherzahlen) der schon bekannten Form (5.1). Mögliche Gleichgewichte identifiziert Abb. (5.3). Dort hat das Gleichgewicht (4, 4) die Kritische-Masse-Eigenschaft: Erwartete Sprecherzahlen unterhalb der kritischen Masse resultieren in einem Verschwinden von *Bad English*, erwartete Sprecherzahlen oberhalb der kritischen Masse resultieren in einer vollständigen Übernahme der Alltagssprache durch *Bad English*. Indem die Regierung ein gewisses Sprechen im Alltag erzwingt – auf Ämtern, in Behörden, in Schulen, auf Universitäten, als Beschilderung in Geschäften, etc. – könnte sie es schaffen, die allgemeinen Erwartungen bezüglich der Sprecherzahl über die kritische Masse zu hieven. Anschließend „läuft" die Sprache dann von ganz alleine.

Be. 205:   Kritische Masse in der Sprache

Der Economist (1.3. 2003) berichtet unter der Überschrift „The Galling Rise of English" über den Versuch Frankreichs, die französische Sprache stärker in der EU zu verankern.

Diesem Artikel zufolge resignieren französische Politiker mittlerweile allerdings: „however much cash and energy are put into the promotion of French within the Union and elsewhere, it is a losing battle." Falls es also wirklich eine kritische Masse an Sprechern der französischen Sprache gibt, jenseits derer Französisch ganz von allein weiter expandieren würde, dann wurde sie offenkundig nicht erreicht. Aus diesem Grund bröckelt das Französische im Alltagsgebrauch (wie auch viele andere Sprachen) weiter ab. Weiter im Text heißt es dann übrigens:

> " 'This is a real trauma for France', says Mr. Dethomas. 'Our only revenge is that the English language is being killed by all these foreigners speaking it so badly'."

Dethomas' sanfter Kommentar steht im Widerspruch zu unserer Annahme, dass alle Sprecher – insbesondere auch Muttersprachler – des Englischen von einer immer größeren Zahl an English-Sprechern uneingeschränkt profitieren. Die Wohlfahrtseigenschaften der unterschiedlichen Gleichgewichte sind eben doch nicht so ganz einfach zu fassen.

5.7   Ausblick

Be. 206:   Literatur

Eine Reihe von Aussagen dieses Kapitels – Dynamik, Stabilität, Ruhezustände von Gesellschaften, in denen Individuen nicht auf Preissignale, sondern auf Mengensignale reagieren – lehnen sich an Schelling (1978) an. Die Plötzlichkeit von Revolutionen anhand von Vorbehalts-Teilnehmerzahlen und Erwartungsgleichgewichten zu analysieren geht zurück auf Kuran (1991). Das Modell asymmetrischer Information ist ein Spezialfall der allgemeineren Analyse in Mas-Colell et al. (1995). Eine alternative Einführung in das einfache keynesianische Modell bieten Krugman/Wells (2007) oder auch traditionell Dornbusch/Fischer (2003). Weiterführende makroökonomische Modelle versammeln Felderer/Homburg (2005) in ihrem dogmengeschichtlichen Überblick. Bryson (1991) und Deutscher (2006) führen Beispiele aussterbender Sprachen an. Krugman (1991) und Fujita/Thisse (2002) interpretieren Ballung aus einer wirtschaftsgeographischen Perspektive. Dass Pinguine altruistisch motiviert sind, bezweifelt Dawkins (1976): Pinguine stoßen einander ins Wasser, um die Aufmerksamkeit der Seehunde von sich selbst abzulenken.

6 Staat

Be. 207: Kollektive Entscheidungen treffen

Unter dem Staat verstehen wir die Menge der Institutionen, die für alle Gesellschaftsmitglieder verbindliche Entscheidungen treffen. Insbesondere definiert der Staat die Eigentumsrechte an den in der Gesellschaft insgesamt zur Verfügung stehenden Ressourcen. In unseren bisherigen Anwendungen erzwingt er beispielsweise – auch gegen den Willen einzelner oder vieler Bürger – das Zahlen von Steuern (Be. (127)), ein bestimmtes Niveau der Gesamtausgaben des Staats (Be. (203)), die Entscheidung über die Verwendung dieser Ausgaben etwa über die Finanzierung lokaler öffentlicher Güter (Be. (149)) oder den Gebrauch von Sprachen zumindest in Teilbereichen des Alltags (Be. (204)). Gleichzeitig steht er mit seinen weitgehenden Kompetenzen selbst unter dem Zwang, seine Entscheidungen gegenüber den Gesellschaftsmitgliedern zu rechtfertigen. Ohne Demokratie kommt es möglicherweise zu Protest und Revolution (Be. (178)). Mit Demokratie kommt es dagegen zu einer Aggregation aller individuellen politischen Präferenzen in eine alle Individuen betreffenden Politik.

Be. 208: Staat und Markt

Zwei entgegengesetzte Strömungen prägen die Dogmengeschichte der ökonomischen Theorie des Staats. Adam Smith argumentiert, dass der Staat für Rahmenbedingungen sorgen sollte, die den durch Märkte vermittelten Tausch beflügeln. Insbesondere sollte er also Eigentumsrechte durchsetzen, Transaktionskosten reduzieren, freie Preisbildung befördern. Jenseits dieser Nachtwächterrolle kommen dem Staat keine weiteren Aufgaben zu. Dieser Standpunkt schlägt sich später im Ersten Hauptsatz der Wohlfahrtstheorie nieder, demzufolge ein Marktgleichgewicht nicht verbesserbar ist (Be. (119)). Aber was ist, wenn eine dem Ersten Hauptsatz zugrundeliegende Annahme nicht erfüllt ist? Aus dem Nichterfülltsein dieser Annahme können wir einerseits nicht gleich zwingend auf das Vorliegen von Pareto-Ineffizienz schließen. Verschiedene Szenarien der vorangehenden Kapitel zeigen allerdings, dass das Nichterfülltsein einer Annahme tatsächlich oft mit Ineffizienz einhergeht: Das Versagen des Preismechanismus etwa führt zu langanhaltenden Rezessionen (Be. (196)) und so zur Ineffizienz. In diesem Kapitel stellen wir weitere Situationen vor, in denen „Märkte versagen" – oder besser: überfordert sind. Liegen etwa öffentliche Güter vor, verspricht die Institution des Markts keine effiziente Bereitstellung (Be. (209)). So benanntes Marktversagen legt staatliches Eingreifen nahe; allerdings macht es der Staat auch nicht immer besser („Staatsversagen").

Abbildung 6.1: *Lokales oder sogar globales Kollektivgut: Altes Museum (Berlin)*

Be. 209:   Stadtmauer, Fiskalpolitik, Dissidenz: Kollektivgüter

Die herkömmliche ökonomische Theorie des Staats rechtfertigt dessen Eingreifen in Marktprozesse u.a. mit der Existenz sog. öffentlicher Güter oder synonym Kollektivgüter. Ein Gut heißt öffentlich, wenn es – ganz anders eben als alle bisher betrachteten, als privat bezeichneten Güter – beide folgenden Eigenschaften in sich vereint: (i) Erstens mindert sein Konsum durch noch ein weiteres Individuum nicht den Konsum aller dieses Gut schon jetzt konsumierenden Individuen. Individuen sind also keine Konkurrenten in der Nutzung des öffentlichen Guts. Diese Eigenschaft heißt auch Nicht-Rivalität. (ii) Gleichzeitig kann ein öffentliches Gut niemandem vorenthalten werden. Kein Individuum kann vom Konsum des öffentlichen Guts ausgeschlossen werden. Diese Eigenschaft heißt auch (etwas umständlich) Nicht-Ausschließbarkeit. Beispiele solcher öffentlicher Güter dieses Textes sind m.E.

- die eine Stadt sichernde Stadtmauer (Be. (143))

- die dem Pendeln dienende Verkehrs-Infrastruktur (Be. (149))

- ein städtischer Park (Be. (154))

- Dissidenz in einem autoritären Staat (Be. (175))

- expansive Fiskalpolitik in der Rezession (Be. (203))

Das ideale und aktuell auch interessanteste Beispiel für ein öffentliches Gut ist allerdings die Bekämpfung der zukünftigen Emissionen von Treibhausgasen (Be. (210)). Abb. (6.1) zeigt das Alte Museum auf der Berliner Museumsinsel. Die auf der Museumsinsel ausgestellten Exponate (wie etwa das assyrische Palastrelief in Abb. (8.6)) sind Berlinern und Touristen zugänglich, aber die Mehrzahl der Museumsressourcen lagert unsichtbar im Depot. Deren Konservierung für spätere Generationen ist nicht nur ein lokales, sondern ein nationales und vielleicht sogar ein globales öffentliches Gut – das „globale Erbe der Menschheit" (Süddeutsche Zeitung vom 25.07. 2012).

Be. 210: Den Klimawandel bremsen: Globales Kollektivgut

Von einer irgendwo weniger emittierten Tonne Kohlendioxid profitiert der gesamte Globus, weil so der sonst immer dominanter werdende Treibhauseffekt abgemildert wird. Gleichzeitig kann kein Erdbewohner von den bremsenden Wirkungen dieser Emissionsreduktion ausgeschlossen werden. Die Bekämpfung des Klimawandels und seiner Konsequenzen ist damit ein öffentliches Gut. Öffentliche Güter haben unter Ökonomen einen kritischen Ruf: Sie verursachen Probleme. Wie kann es sein, dass Ökonomen ein Gut problematisch finden, von dem (i) alle gleichermaßen profitieren und das zudem (ii) niemandem vorenthalten werden kann? Die einfache, aber fundamentale Antwort ist, dass die allermeisten öffentlichen Güter nicht vom Baum fallen. Sie müssen oft erst mühsam und kostspielig bereitgestellt werden. Dies gilt nicht nur für die ausgewählten Beispiele in der vorhergehenden Bemerkung, sondern auch für eine treibhauseffektneutrale Atmosphäre. Wir müssen befürchten, dass niemand die oft sehr hohen Kosten der Bereitstellung des öffentlichen Guts zu tragen bereit sein wird, wenn er nicht erwarten kann, sie anschließend über die Möglichkeit des Ausschlusses – und also über die Möglichkeit, Nutzungsgebühren zu erheben – wieder einzuspielen.

6.1   Individuen

Be. 211: Konsumbündel kartieren: Indifferenzkurve

Im Kapitel *Tausch* haben wir die beiden Konzepte maximale Zahlungsbereitschaft (Be. (31)) und minimale Kompensationsforderung (Be. (32)) für eine einzelne Einheit eines Guts – etwa ein Haus oder ein Pferd – kennengelernt. Jetzt verallgemeinern wir diese Konzepte. Im Folgenden interessieren wir uns für die maximale Zahlungsbereitschaft für eine weitere Einheit bzw. minimale Kompensationsforderung für eine Einheit weniger des in Frage stehenden Guts. Damit folgt ein wichtiger Schritt der Verallgemeinerung. Typischerweise werden ja nicht eine Einheit, sondern mehrere Einheiten des in Frage stehenden Guts konsumiert. Ein zentrales graphisches Hilfsmittel ist hier die Indifferenzkurve eines Individuums. Auf der horizontalen Achse trägt das Diagramm aus Abb. (6.2) die Menge des öffentlichen Guts namens 1 ab, die das Individuum konsumiert. Auf der vertikalen Achse findet sich entsprechend die Menge des privaten Guts namens

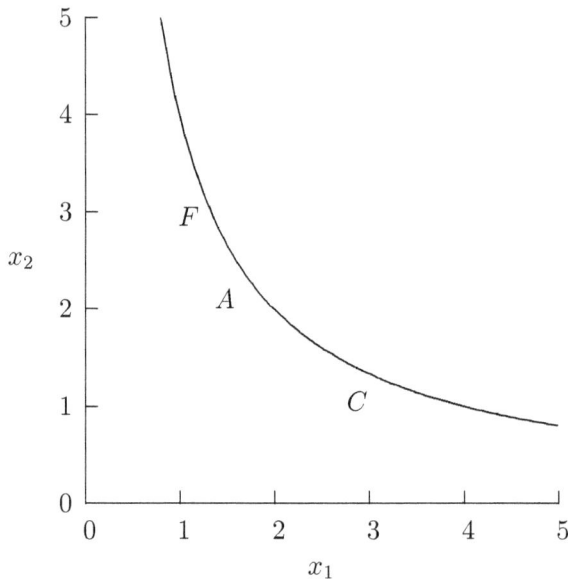

Abbildung 6.2: *Eine Indifferenzkurve*

1, die das Individuum konsumiert. Beide Achsen gemeinsam rahmen den sog. Konsumraum des Individuums ein: In diesem Quadranten liegen alle denkbaren Konsumbündel. Eingezeichnet in diesen Konsumraum ist eine einzelne Indifferenzkurve. Die auf der Indifferenzkurve eingezeichneten Punkte F, A und C sind Konsumgüterbündel, zwischen denen – da sie auf der gleichen Indifferenzkurve liegen – das Individuum indifferent ist: Es ist ihm egal, ob er F, A oder C konsumiert. Eine einzelne Indifferenzkurve wie in Abb. (6.2) charakterisiert das Individuum allerdings nur unvollständig. Vielmehr sollten wir uns das Individuum durch eine Schar unendlich vieler Indifferenzkurven repräsentiert vorstellen. Typischerweise wird man aber nicht alle diese Indifferenzkurven zeichnen, sondern nur diejenigen, die gerade relevant sind.

Be. 212: Wetterlagen kartieren: Isobaren

Indifferenzkurven sind uns aus anderen Feldern vertraut. Eine Isobare zum Luftdruck c markiert sämtliche Orte auf einer Karte, die einen Luftdruck von c bar aufweisen. Typischerweise verzeichnet eine meteorologische Karte eine Familie unterschiedlicher Isobaren: etwa eine Isobare zum Luftdruck 1 000 mbar, eine weitere zum Luftdruck 1 005 mbar sowie eine dritte zum Luftdruck 1 010 mbar (Abb. (6.3) auf S. 137). Eine Familie von Isobaren vermittelt einen Eindruck von der Kontur des Luftdrucks, ganz ohne dass die Wetterkarte selbst eine dreidimensionale Gestalt annehmen müsste. Eine Isobare zum Luftdruck c und eine weitere zum Luftdruck $d \neq c$ können sich nicht schneiden: Ein Schnittpunkt wäre ein Ort, an dem zwei unterschiedliche Luftdrücke herrschten. Dies widerspricht der Definition des Luftdrucks, der zufolge der einem Ort zugeordnete Luftdruck grundsätzlich den dort auf Höhe des Meeresspiegels herrschenden meint. (Da viele Orte nicht auf Höhe des Meeresspiegels liegen, wird an ihnen eine geeignete Korrektur vorgenommen.)

Be. 213: Landschaften kartieren: Isohypsen

Abb. (6.4) zeigt drei vertraute Konzepte: (i) einen Berg, (ii) zwei ihn in gleichbleibender Höhe von $476\,m$ bzw. $490\,m$ umrundende Wanderwege, sowie (iii) jeweils senkrecht unter diesen Wanderwegen in die Kartenebene eingezeichnete Höhenlinien. Eine Höhenlinie, oder Isohypse, zur Höhe c ist ein in eine Karte eingezeichneter Graph, der sämtliche Orte mit Koordinaten r_1 und r_2 kennzeichnet, die c Meter über dem Meeresspiegel liegen. Verzichten wir auf die explizite Darstellung der Höhe eines Orts über dem Meeresspiegel, bleibt zwar nur noch die Darstellung der beiden Höhenlinien (Abb. (6.5)). Dennoch gelingt es diesen beiden Höhenlinien, uns immer noch einen – wenn auch groben – Eindruck von den Konturen des über ihnen aufragenden Berges zu vermitteln. Dabei gilt natürlich: Je größer die Zahl der eingezeichneten Höhenlinien, desto präziser dieser Eindruck. Zwei unterschiedliche Höhenlinien, etwa die zur Höhe c und die zur Höhe $d \neq c$, schneiden sich in der Regel nicht. Ein Schnittpunkt wäre schließlich ein Koordinatenpaar mit der Eigenschaft, zwei oder mehr unterschiedliche „Höhen" vorweisen zu können. Koordinatenpaare mit zwei oder mehr Höhen sind ziemlich selten: Dort müsste schon eine senkrechte Klippe sich auftürmen.

Be. 214: Sprachverbreitung kartieren: Isoglossen

Eine Isoglosse zum Dialekt x kennzeichnet sämtliche Orte auf einer Karte, an denen der gleiche Dialekt x gesprochen wird. Typischerweise zeichnen Linguisten nicht nur eine einzelne Isoglosse, sondern gleich eine ganze Familie von Isoglossen in ihre Sprachatlanten ein. Unterschiedliche Isoglossen werden unterschiedlich koloriert. Deutsche Sprachwissenschaftler beispielsweise unterscheiden die beiden Isoglossen „niederdeutsch" (oft gelb) und „hochdeutsch" (oft blau). Diese beiden Isoglossen berühren sich ungefähr entlang einer von Aachen über Düsseldorf/Benrath, Magdeburg und Berlin bis nach Frankfurt (Oder) reichenden Linie. Aus diesem Grund heißt diese Linie unter Sprachwissenschaftlern Benrather Linie. Südlich der Benrather Linie ersetzen insbesondere „ich" das norddeutsche „ik", „machen" das norddeutsche „maken", und „das" das norddeutsche „dat". Typischerweise schneiden sich unterschiedliche Isoglossen nicht. Orte in der Schnittmenge zweier Isoglossen hätten die Eigenschaft, dass dort zwei Dialekte nebeneinander gesprochen würden.

Be. 215: Kartenlesen: Maximale Zahlungsbereitschaft

Jetzt nutzen wir eine beliebige Indifferenzkurve, um zwei einfache, aber zentrale Konzepte einzuführen: die marginale (maximale) Zahlungsbereitschaft und die marginale

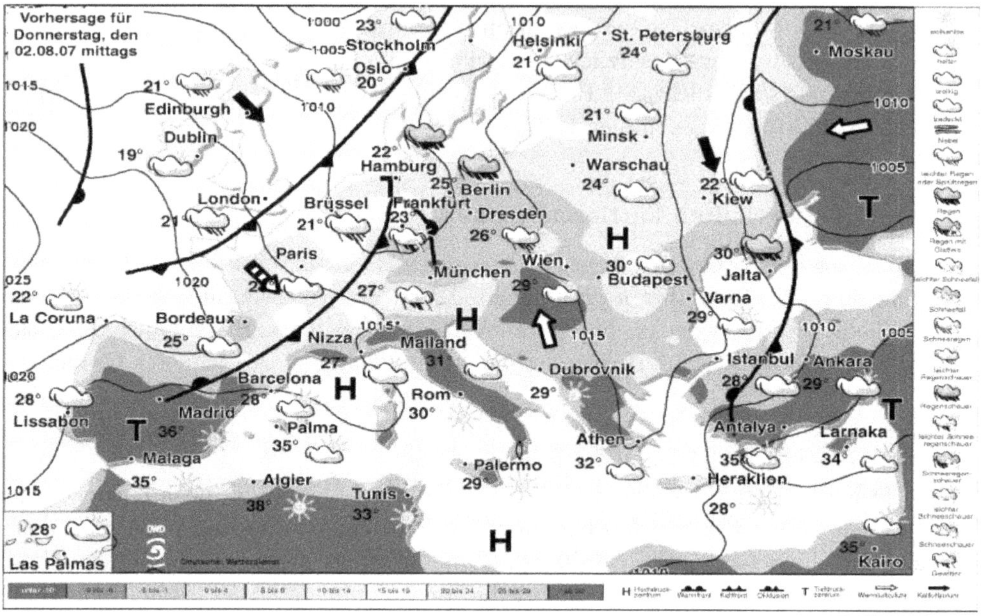

Abbildung 6.3: Isobaren am 2. August 2007 (Deutscher Wetterdienst)

(minimale) Kompensationsforderung. Wir diskutieren zuerst die maximale Zahlungs-bereitschaft. Erstens ist Abb. (6.6) zufolge $\overline{BD}$ ganz intuitiv die Menge an Gut 2, die das Individuum höchstens aufzugeben bereit ist im Tausch gegen eine zusätzliche Einheit von Gut 1, wenn es im Ausgangszustand das Konsumbündel $A = (2, 2)$ konsu-miert. Denn dann bleibt es ja gerade auf der ursprünglichen Indifferenzkurve. Kürzer gesprochen ist $\overline{BD}$ die maximale – in Einheiten von Gut 2 ausgedrückte – Zahlungs-bereitschaft für eine zusätzliche Einheit von Gut 1. Zweitens ist $\overline{BD}$ ungefähr gleich $\overline{BC}$. Und drittens ist $\overline{BC}$ wegen $\overline{AB} = 1$ auch gleich $\overline{BC}/\overline{AB}$ – und damit bis auf das Minuszeichen gleich der Steigung der Indifferenzkurve im ausgänglichen Konsumbündel A. Zusammengefasst gilt:

$$\overline{BD} \approx \overline{BC}/\overline{AB}.$$

In Worten: Die in Einheiten von Gut 2 ausgedrückte maximale Zahlungsbereitschaft des Konsumenten für eine weitere Einheit von Gut 1 ist gerade gleich dem Absolutwert der Steigung der Indifferenzkurve im Ausgangskonsumbündel. Oder falsch, aber einfacher zu merken: Die Steigung der Indifferenzkurve misst die Zahlungsbereitschaft.

Be. 216: Kartenlesen: Minimale Kompensationsforderung

Wir wenden uns der minimalen Kompensationsforderung zu. Erstens ist Abb. (6.6) zu-folge $\overline{EG}$ ganz intuitiv die Menge an Gut 2, die der Konsument mindestens fordern wird,

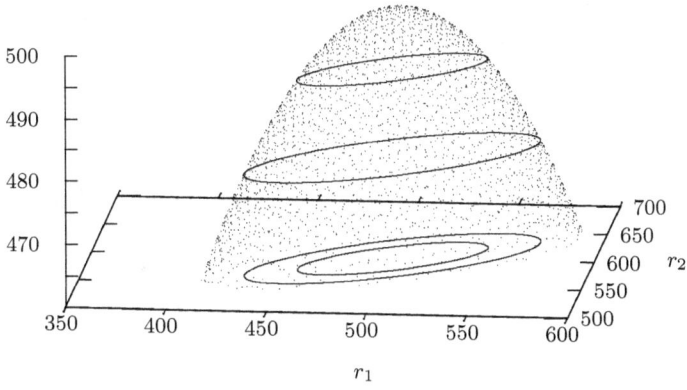

Abbildung 6.4: *Höhe über dem Meeresspiegel*

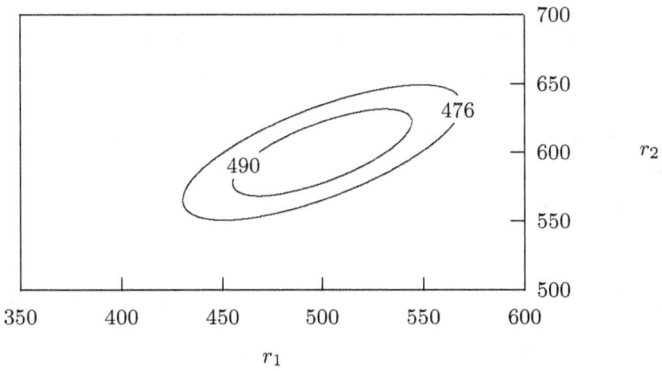

Abbildung 6.5: *Isohypsen (Höhenlinien)*

soll er freiwillig auf eine Einheit von Gut 1 verzichten, wenn er im Ausgangszustand das Konsumbündel $A = (2, 2)$ konsumiert. Denn erst dann erreicht er ja wenigstens wieder die ursprüngliche Indifferenzkurve. Kürzer gesprochen ist $\overline{EG}$ gerade die minimale – in Einheiten von Gut 2 ausgedrückte – Kompensationsforderung des Konsumenten – für eine freigegebene Einheit von Gut 1. Zweitens ist $\overline{EG}$ ungefähr gleich $\overline{EF}$. Und drittens ist $\overline{EF}$ wegen $\overline{AE} = 1$ auch gleich $\overline{EF}/\overline{AE}$ – und damit bis auf das Minuszeichen gleich der Steigung der Indifferenzkurve im ausgänglichen Konsumbündel A. Zusammengefasst gilt:

$$\overline{EG} \approx \overline{EF}/\overline{AE}.$$

In Worten: Die in Einheiten von Gut 2 ausgedrückte minimale Kompensationsforderung des Individuums für das Aufgeben einer Einheit von Gut 1 ist gerade gleich dem Absolutwert der Steigung der Indifferenzkurve im Ausgangskonsumbündel. Oder falsch, aber einfacher zu merken: Die Steigung der Indifferenzkurve misst auch die Kompensationsforderung.

Be. 217: Kartenlesen: Marg. Zahlungsbereitschaft/Kompensationsforderung

Das eben diskutierte Konzept der maximalen Zahlungsbereitschaft bezieht sich – anders als noch in der einführenden Be. (31) – nicht auf *die* eine Einheit von Gut 1, sondern auf *die nächste* Einheit von Gut 1. Explizit vorgesehen ist also von jetzt an die Möglichkeit, dass die maximale Zahlungsbereitschaft für die dritte Einheit von Gut 1 anders aussieht als die maximale Zahlungsbereitschaft etwa für die erste oder zweite Einheit von Gut 1, etc. Um die maximale Zahlungsbereitschaft für die nächste von der maximalen Zahlungsbereitschaft für die eine einzige Einheit von Gut 1 auseinanderzuhalten, heißt erstere auch marginale maximale Zahlungsbereitschaft oder kürzer marginale Zahlungsbereitschaft. Entsprechend ist die minimale Kompensationsforderung für die letzte konsumierte Einheit von Gut 1 die marginale Kompensationsforderung – statt einfach nur die minimale Kompensationsforderung (Be. (32)). Ein wichtiger Unterschied zwischen den unterschiedlichen Konzepten der Zahlungsbereitschaft ist, dass die maximale Zahlungsbereitschaft aus Be. (31) unmittelbar unterstellt wird, während die jetzt vorgestellte marginale Zahlungsbereitschaft sich mittelbar aus der Indifferenzkurve ableitet.

Be. 218: Vereinigendes Konzept: Grenzrate der Substitution

Die beiden vorausgehenden Bemerkungen (215) und (216) verknüpfen sich beide mit der Steigung der Indifferenzkurve. Einerseits ist diese ungefähr gleich der marginalen Zahlungsbereitschaft – der für die nächste Einheit von Gut 1. Andererseits ist sie ungefähr gleich einer marginalen Kompensationsforderung – der für die letzte Einheit von Gut 1:

$$\overline{BD} \approx \overline{BC} = GRS = \overline{EF} \approx \overline{EG}$$

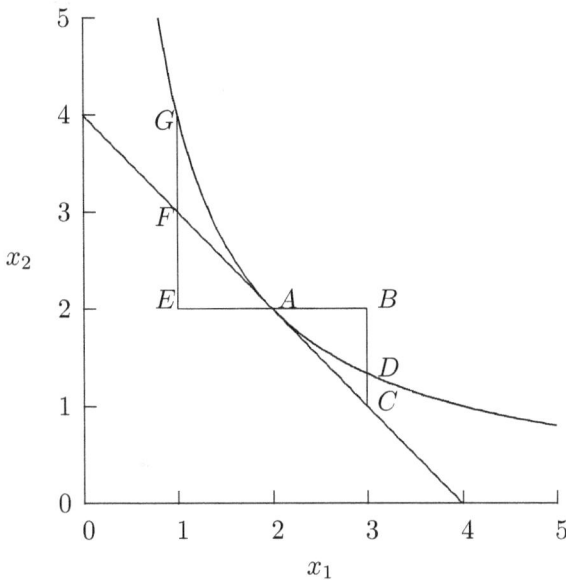

Abbildung 6.6: *Grenzrate der Substitution*

Diese Doppeleigenschaft ist nicht nur nützlich: Wir können eine Zahlungsbereitschaft jederzeit auch als Kompensationsforderung uminterpretieren. Und genau dies haben wir ja auch schon mehrmals getan (Be. (52), Be. (53) und Be. (54)). Auch legt diese Doppeleigenschaft einen eigenen Namen für den Absolutwert der Steigung der Indifferenzkurve nahe, damit diese Steigung nicht automatisch und ausschließlich mit der einen oder anderen Eigenschaft in Verbindung gebracht wird. Dieser Name ist (leider (Be. (219))) Grenzrate der Substitution. – Die Grenzrate der Substitution hängt offensichtlich davon ab, auf welchem Punkt der Indifferenzkurve der Konsument sich befindet. Ist er ursprünglich in G – statt wie bisher angenommen in A – ist die dort herrschende Grenzrate der Substitution offensichtlich größer. Das hat Sinn, genießt der Konsument dort doch erst eine Einheit des öffentlichen Guts 1. Damit hängt die Grenzrate der Substitution sicherlich von x_1 ab: $GRS(x_1)$. Wir ignorieren im Folgenden fahrlässig den wichtigen allgemeineren Fall, in dem die Grenzrate der Substitution auch von x_2 abhängt. Diese Einschränkung ist nicht so unschuldig, wie sie auf den ersten Blick erscheinen mag.

Be. 219:   Grenzrate der Substitution: Eine Definition missverstehen

Die Grenzrate der Substitution ist eine – in Einheiten von Gut 2 ausgedrückte – maximale Zahlungsbereitschaft für die nächste Einheit von Gut 1 (Be. (218)). In ihrer Eigenschaft, eine spezielle Tauschrate zu sein, ist diese maximale Zahlungsbereitschaft tatsächlich auch eine „Rate der Substitution". Der Begriff der „Grenzrate der Substitution" verleitet typischerweise zu zwei Missverständnissen: (i) Der Begriff der „Grenzrate der Substitution" unterdrückt leider die wichtige Eigenschaft, eine maximal gezahlte Substitutionsrate zu sein. (ii) Daneben weist der Begriff „Grenzrate der Substitution" erst in der adäquaten Schreibweise

$$\text{Grenz} - (\text{Rate der Substitution})$$

auf das hin, um was es sich handelt: um eine spezielle Substitutionsrate, und nicht um eine Grenzrate. Sie ist speziell, weil sie die lediglich die maximale Zahlungsbereitschaft für *eine weitere*, statt *jede* Einheit von Gut 1 misst.

Be. 220:   Alleine vorangehen?

Betrachten wir eine Gesellschaft mit insgesamt 11 Individuen (Bürgern, Wählern). Bezeichnen wir mit x_1 die Menge des Kollektivguts. Und unterstellen wir, eine Einheit des Guts 1 bereitzustellen kostet genau eine Einheit von Gut 2. Der reale Preis (Be. (66)) von Gut 1 ist also: Eins. Steht etwa Individuum 11 vor der Entscheidung, ob es 3 Einheiten des öffentlichen Guts alleine bereitstellen will, muss es nur seine Grenzrate der Substitution zum Niveau 3, $GRS^{11}(3)$, befragen: Ist sie größer, gleich oder kleiner 1? Gilt beispielsweise

$$GRS^{11}(3) \; < \; 1, \tag{6.1}$$

hat Individuum No. 11 jedenfalls ganz sicher keinen Anreiz, die Menge des Kollektivguts auf $3 + 1 = 4$ aufzustocken. Seinen Kosten von 1 stünde ja eine Zahlungsbereitschaft von weniger als 1 gegenüber. Im Gegenteil: Individuum 11 hat sogar auf jeden Fall einen Anreiz, seinen Konsum des öffentlichen Guts auf das Niveau $2 = 3 - 1$ herunterzufahren. Es verlangt ja – in Einheiten des Guts 2 – weniger als Entschädigung (nämlich $GRS^{11}(3)$), als es durch Reduktion des öffentlichen Guts an Gut 2 für sich herauslöst (doch 1).

Be. 221:   Auf die Solidarität der anderen hoffen?

Drehen wir jetzt die Überlegungen der vorhergehenden Bemerkung um. Statt planlos mit unterschiedlichen Kollektivgutniveaus x_1 zu experimentieren, könnten wir umgekehrt ja auch systematisch fragen, welche Eigenschaft das für 11 optimale Niveau des öffentlichen Guts erfüllen muss, wenn 11 es alleine bereitstellen soll. Dessen Grenzrate der Substitution darf weder strikt größer noch strikt kleiner als 1 sein. Denn dann bestünden ja die Anreize der vorhergehenden Bemerkung fort, x_1 weiter anzupassen (Be. (220)). Folglich muss für das für Individuum 11 optimale Niveau an x_1 gelten:

$$GRS^{11}(x_1) \; = \; 1 \tag{6.2}$$

Nur das durch diese Gleichung festgelegte Niveau des öffentlichen Guts kann für Individuum 11 sinnvoll sein. Allerdings: Was ist mit den zehn anderen Individuen der Gesellschaft? Darf 11 darauf hoffen, (i) dass die anderen zehn seine Anstrengungen mitfinanzieren ... oder alternativ sogar (ii) „etwas drauflegen", um das Niveau des Kollektivguts weiter auszubauen?

Be. 222: Trittbrettfahrer

Konkreter sei die Grenzrate der Substitution eines Individuums i, $GRS^i(x_1)$ einfach gleich $b_i/(11x_1)$. Unter dieser Annahme ist dessen maximale Zahlungsbereitschaft für die erste Einheit des Kollektivguts unendlich groß. Aber sie fällt kontinuierlich mit zunehmendem Niveau von x_1. Die elf Individuen der Gesellschaft unterscheiden sich darüber hinaus teils in ihren individuellen b_i, also in dem Parameter, der die Bedeutung des Kollektivguts für das Individuum erfasst. Eine bereits aufsteigend sortierte Liste aller b_i in der Gesellschaft ist:

$$100, \ 100, \ 100, \ 100, \ 130, \ 260, \ 292, \ 333, \ 450, \ 450, \ 451 \qquad (6.3)$$

Das erste Individuum hat also ein b_1 von 100, das letzte eines von $b_{11} = 451$. Gleichung (6.2) fordert, dass $GRS^{11}(x_1) = b_{11}/(11x_1) = 451/(11x_1)$ gerade 1 entspricht. Umstellen nach x_1 gibt das für Individuum 11 optimale Niveau des Kollektivguts $451/11 = 41$. Dieses Niveau bezeichnen wir abgekürzt auch als x_1^{11}. Nehmen wir an, Individuum 11 stellt gerade dieses Niveau des Kollektivguts selbst bereit.

Be. 223: Trittbrettfahren

Bestimmt werden die anderen Individuen die von Individuum 11 bereitgestellten $451/11$ Einheiten des Kollektivguts nicht aufstocken. Nehmen wir etwa Individuum 10. Dessen Grenzrate der Substitution ist zum Niveau $x_1 = 451/11$ gerade gleich $(450/11) \cdot (11/451)$ oder $450/451$ und damit kleiner als 1. Ähnliche Erwägungen gelten erst recht für die verbleibenden neun Individuen:

$$GRS^1(41), \ \ldots, \ GRS^9(41) \ < \ 1$$

Und an der Finanzierung des schon bestehenden Niveaus des Kollektivguts beteiligen werden sich diese Trittbrettfahrer jedenfalls auch nicht. Warum sollten sie? Ausgeschlossen vom Konsum können sie nicht werden, und etwaige ethische Bedenken werden sie mit Blick auf die Nichttrivialität leichten Herzens beiseiteschieben: Individuum 11 leidet doch nicht darunter, dass alle zehn das Kollektivgut mitkonsumieren. Die Frage drängt sich auf, wie Individuum 11 auf dieses Trittbrettfahren reagiert. Grantig könnte es beispielsweise sein alleiniges Vorhalten des Kollektivguts einschränken. Verhält es sich rational – orientiert es sich also an seinen durch seine *GRS* definierten Interessen, statt sich am Verhalten der anderen zu stoßen – wird es das allerdings besser nicht tun. Es ist es für ihn immer noch besser, allein diese $451/11$ Einheiten des Kollektivguts bereitzustellen als weniger oder gar nichts, selbst wenn die anderen keine eigenen Anstrengungen unternehmen. Denn die Einsparung (in Höhe von 1) selbst aus einer kleinen Einschränkung seiner Bereitstellung ist nicht größer als das, was das Individuum 11 als Entschädigung für diese Einschränkung erhalten müsste (der Betrag $GRS^{11}(41)$). Diese theoretisch hergeleitete Asymmetrie in der Beteiligung einzelner an für alle Gesellschaftsmitglieder relevanten Anstrengungen besitzt empirische Anwendungen nicht nur bei der Beschreibung von Investitionen in die Bekämpfung des Klimawandels, sondern auch schon „im kleinen":

Be. 224:   Trittbrettfahren in der Familie? Häusliche Altenpflege

Öffentliche Güter lassen sich nach der Größe des potentiellen Nutzerkreises differenzieren. Im Gegensatz zur Bekämpfung des Klimawandels kommt die häusliche Altenpflege in erster Linie nur den jeweils wenigen Betroffenen aus dem engeren Familienumfeld zugute: eben vor allem den mittlerweile erwachsenen Kindern – und deren Partnern. Aber auch hier gilt: (i) Die Pflege der Eltern kommt nicht nur den Pflegenden zugute, sondern auch deren Partnern – selbst wenn diese selbst nichts oder wenig unmittelbar dazu beitragen. Diese können darauf zählen, dass die (Schwieger-)Eltern optimal betreut werden. (ii) Und von diesem Vorteil lassen sich die Nicht-Pflegenden auch in keiner Weise ausschließen. Die tageszeitung schreibt

> „[Es] werden zwei Drittel der Altenpflege von Frauen geleistet. Das restliche Drittel übernehmen die Männer, jedoch bevorzugt im Pflegemanagement anstatt in der direkten Pflege."

unter der Überschrift „Altenpflege bleibt Frauensache" und deutet so die Möglichkeit an, Männer drückten sich vor der Pflegeaufgabe. (Ganz andere – aber sicher ähnlich kontroverse – Erklärungen sind möglich, Frauen könnten etwa komparative Kostenvorteile in der Pflege besitzen und sich daher in der Pflege spezialisieren (Be. (301)).)

Be. 225:   Trittbrettfahren in der Gruppe? Aggression und Verteidigung

Verteidigung gegen Aggressoren ist ein öffentliches Gut: Jeder Verteidigte profitiert von ihr, gleichzeitig lassen sich weniger engagierte Verteidiger schlecht von einer erfolgreichen Verteidigung ausnehmen. Die Süddeutsche Zeitung (29.12.2011) schreibt unter der Überschrift „Wie sich Affen vor Streit drücken":

> „... eine kleine Horde Kapuzineraffen [kann sich] erfolgreich gegen Angriffe einer deutlich größeren Gruppe wehren ... Weil sich in größeren Gruppen mehr Tiere aus dem Streit heraushalten – schließlich sind ja genug Kollegen da, die sich um die unangenehmen Aufgaben kümmern können."

Weiter heißt es: „Besteht eine Gruppe nur aus einer Handvoll Tiere, ..., beteiligen sich mit großer Wahrscheinlichkeit alle Mitglieder einer Gruppe daran, ihr Gebiet zu verteidigen." Interessant ist hier die zusätzliche Beobachtung, dass die Bereitstellung öffentlicher Güter bisweilen gerade in großen Gesellschaften – dort also, wo viele von dieser Bereitstellung profitieren würden – unbefriedigend gelöst wird ... oder sogar scheitert. Eine alternative Darstellung der mangelhaften Bereitstellung von Kollektivgütern folgt später im Kapitel *Umwelt* mit der Diskussion des sog. Gefangenendilemmas (Be. (318)).

Be. 226: Kollektivgüter auch ohne Staat?

Einerseits signalisieren diese Beispiele, dass eine nicht-staatliche Bereitstellung zumindest partiell Erfolg hat: Lokale öffentliche Güter werden ganz ohne staatliche Lenkung von privater Seite vorgehalten, weil sich der Vorteil dieser Parks in höheren Mieten in der Nachbarschaft spiegelt (Be. (150)). (Gerne wird dieser Park aber auch eingezäunt.) Pinguine rotieren von innen nach außen und wieder zurück auch ohne erkennbare soziale Hierarchie (Be. (172)). (Schafe schaffen das allerdings nicht.) Kapuzineraffen verteidigen sich erfolgreich auch ohne eine staatlich-militärische Hierarchie (Be. (225)). (Allerdings attackieren sie auch weniger erfolgreich.) Abb. (6.7) zeigt ein Exemplar einer Tageszeitung in der in Cafés ausgehängten üblichen Variante. Dort wird die Zeitung in einer Art Hängeordner abgeheftet. Besucher des Cafés wechseln sich in der Lektüre ab. Die Zeitung wird kostenlos vom Inhaber des Cafés bereitgestellt, weil dieser darauf zählen darf, den Besuchern so einen etwas höheren Preis für den zu konsumierenden Kaffee abverlangen zu können (Be. (113)). So weisen diese Beispiele darauf hin, dass die nicht-staatliche Bereitstellung öffentlicher Güter besonders dann erfolgversprechend ist, wenn ein Nutzungsausschluss durch die Hintertür wieder eingeführt wird: etwa durch die Notwendigkeit, in der Nähe des Parks zu wohnen, oder durch die Notwendigkeit, das Café zu betreten und dort zu konsumieren.

Be. 227: Kollektivgüter mit Staat

Die Gefahr einer unzureichenden oder sogar ganz scheiternden Bereitstellung von Kollektivgütern weist allerdings auch in Richtung einer kollektiven (staatlichen) Bereitstellung von Kollektivgütern. Der Staat hat das Privileg, Zwangsbeiträge erheben zu können und so Trittbrettfahrer an der Finanzierung zu beteiligen – und dies nicht unbedingt einmal zu deren eigenem Nachteil. Schließlich werden ja nicht nur sie selbst zur Kasse gebeten, sondern auch alle jeweils anderen Trittbrettfahrer. Eine staatliche Bereitstellung eines Kollektivguts wirft die Frage nach den Details der Entscheidung über die Modalitäten der kollektiven Bereitstellung auf. Wir beantworten diese Frage in drei Schritten: Zuerst machen sich alle Individuen Gedanken über dasjenige Niveau des Kollektivguts, das sie selbst jeweils gerne von der Gesellschaft vorgehalten sähen (Be. (228)). Anschließend stimmen alle Wahlbürger in paarweisen Abstimmungen über jeweils zwei alternative Wahlvorschläge ab (Be. (232)). Und drittens wird dieser Abstimmungsprozess solange fortgesetzt, bis sich eine Alternative findet, die nicht mehr verliert (Be. (233)). Dieses Niveau wird dann tatsächlich vom Staat vorgehalten, und seine Kosten werden anschließend anteilig auf die Wahlbürger umgelegt.

Be. 228: Was, wenn alle sich dem eigenen Geschmack unterordnen würden?

Alle Individuen beteiligen sich per Annahme gleichmäßig an der Finanzierung des Kollektivguts. Jeder zahlt also $1/11$ Einheiten des privaten Gut 2 je bereitgestellter Einheit des Kollektivguts 1. Jedes Individuum identifiziert jetzt sicherlich zuerst einmal für sich dasjenige Niveau des Kollektivguts, das *ihm* am liebsten wäre. Mit anderen Worten:

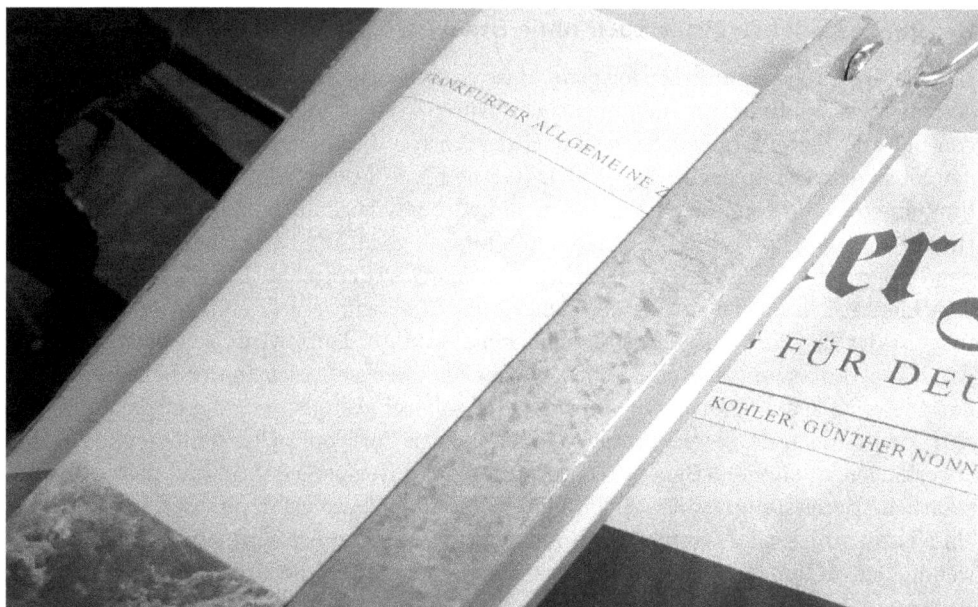

Abbildung 6.7: *Im Café ausliegende Tageszeitung als Kollektivgut*

Jedes Individuum vergleicht seine Grenzrate der Substitution mit $1/11$. Das aus der Perspektive des i optimale Niveau folgt dann aus dem Ansatz

$$b_i/(11x_1^i) = 1/11 \qquad \Leftrightarrow \qquad x_1^i = b_i.$$

Wir schließen daraus, dass das erste bis vierte Individuum ein Kollektivgutniveau von 100 wünschen, das fünfte eines von 130, etc. Diese Wünsche sind nicht kompatibel, letztlich bereitgestellt wird ja nur ein einziges Niveau des Kollektivguts, nicht deren mehrere. Aus diesem Grund heißen die individuell gewünschten Niveaus auch nicht Nachfragen nach dem Kollektivgut, sondern nur Pseudonachfragen nach dem Kollektivgut ... oder auch ideale Niveaus.

Be. 229: Eingipflige Präferenzen

Nicht nur hat jeder Bürger i eine genaue Vorstellung über das aus seiner Perspektive ideale Niveau des öffentlichen Guts (Be. (228)). Dieses Niveau x^i wird er allen anderen Niveaus vorziehen. Auch wollen wir annehmen, dass er weiß, wie er sich zu entscheiden hat, wenn zwei Niveaus des öffentlichen Guts zur Abstimmung stehen, von denen weder das eine noch das andere seiner Pseudonachfrage entsprechen, beide aber entweder größer als x^i – oder kleiner als x^i – sind. Es gelte:

1. Im Vergleich zweier Niveaus x_1 und x_1', die beide größer als sein ideales Niveau x_1^i sind, ist Bürger i dasjenige Niveau lieber, das kleiner ist. Und:

2. Im Vergleich zweier Niveaus x_1 und x_1', die beide kleiner als sein ideales Niveau x_1^i sind, ist Bürger i dasjenige Niveau lieber, das größer ist.

Auf naheliegende Weise entscheidet sich i also immer für dasjenige Kollektivgutniveau, das seinem eigenen idealen Niveau x_1^i „am nächsten" ist. Dieses Verhalten des Bürgers firmiert unter dem Begriff eingipfliger Präferenzen.

6.2 Aggregation

Be. 230: Paarweise Mehrheitsentscheidungen

In der Demokratie entscheiden die Bürger kollektiv über das Niveau des Kollektivguts. Jeder Bürger wird zum Wähler. Jeder Wähler werde jetzt mit zwei alternativen x_1 konfrontiert, zwischen denen er sich zu entscheiden hat. Ein einzelner um die Wahlentscheidung ringender Wähler muss sich typischerweise damit abfinden, dass keines der beiden vorgeschlagenen Niveaus seinem idealen Niveau entspricht. Allerdings verkörpert die Annahme der Eingipfligkeit seiner Präferenzen die Vorstellung, dass er das Problem nicht seinem idealen Budget entsprechender Wahlvorschläge oft dennoch lösen kann. Wir unterscheiden drei Fälle: (i) Entweder übersteigen beide vorgeschlagenen Niveaus sein ideales Niveau. In diesem Fall entscheidet er sich aufgrund der Eingipfligkeit seiner Präferenzen für das kleinere der beiden Niveaus (Be. (229)). (ii) Oder beide vorgeschlagenen Niveaus fallen kleiner aus als sein ideales Niveau. In diesem Fall entscheidet er sich aufgrund der Eingipfligkeit seiner Präferenzen für das größere der beiden Niveaus (Be. (229)). (iii) Nur falls sein ideales Niveau zwischen beiden Vorschlägen liegt, reicht die Eigenschaft der Eingipfligkeit allein nicht aus, um eine Aussage über die Wahlentscheidung zu treffen.

Be. 231: Medianwähler

Wir bestimmen die empirische Verteilung des idealen Niveaus. Der Anteil derer mit einem idealen Niveau von 100 oder weniger ist 4/11; der Anteil derer mit einem idealen Niveau von 130 oder weniger ist 5/11; etc. Die aus der wiederholten Anwendung dieser Überlegung resultierende Verteilungsfunktion des idealen Niveaus erlaubt uns Aussagen der Art „Der Anteil derer mit einem idealen Niveau von mindestens 130 und höchstens 450 beträgt 6/11" zu treffen. Insbesondere wird uns gleich der Median aller idealen Niveaus beschäftigen. Auf dem Weg durch die aufsteigend sortierten Liste aller idealen Niveaus finden wir das Median-Niveau dort, wo die Anzahl der bereits passierten idealen Niveaus genauso groß ist wie die Anzahl der noch zu passierenden. Der (oder die) Wähler, dem (denen) dieses Niveau zugeordnet ist, heißt (heißen) Medianwähler. In Kontext unseres konkreten Wahlen-Modells beträgt das Medianniveau 260. Es ist nicht nur (i) größer als die fünf kleinsten, sondern auch (ii) kleiner als die fünf größten idealen Niveaus.

Wähler mit $x_1^i \leq \ldots$	Anteil
100	4/11
130	5/11
260	6/11
292	7/11
333	8/11
450	10/11
451	11/11 (=1)

Tabelle 6.1: *Verteilung der idealen Niveaus*

6.3   Gleichgewicht

Be. 232:   Welche Alternative erhält wie viele Stimmen?

Jetzt konfrontieren wir zwei unterschiedliche Niveaus miteinander: Jeder der Wähler aus Be. (231) muss sich für eine der beiden Alternativen entscheiden. Seien die beiden zur Wahl stehenden Alternativen konkret 250 und 333. Einerseits: Ein Niveau von 250 ist zwar niemandes ideales Niveau. Der Annahme der Eingipfligkeit der Präferenzen zufolge (Be. (229)) werden dennoch alle Wähler mit idealen Niveaus unterhalb von 250 für 250 stimmen. Ihnen ist 250 näher als 333 – und erscheint ihnen so als das geringere Übel. Hinter 250 scharen sich also mindestens 5/11 der Wählerschaft (Tab. (6.1)). Andererseits: Alle Wähler mit idealen Niveaus von, oder oberhalb von, 333 werden für das vorgeschlagene Niveau von 333 votieren. Diesen Wählern steht 333 näher als 250. Damit beläuft sich der Stimmenanteil der Unterstützer von 333 auf gerade 4/11. Zur Entscheidung der verbleibenden 2/11 der Wählerschaft können wir ohne weitere Annahmen keine Aussage treffen – müssen es aber auch nicht, wir wir gleich sehen werden:

Be. 233:   Medianwähler-Theorem

Der Vorschlag, den Staat gerade das ideale Kollektivgutniveau des Medianwählers (Be. (231)) bereitstellen zu lassen, setzt sich gegen alle anderen Niveauvorschläge durch. Lassen wir zuerst das Medianniveau von 260 gegen eine beliebige Alternative oberhalb von 260 antreten: etwa 291. Alle Wähler mit einem idealen Niveau von, oder von weniger als, 260 werden für 260 stimmen (Be. (232)). Deren Stimmenanteil beträgt Tab. (6.1) zufolge 6/11 > 0,5. Damit gewinnt tatsächlich das Medianniveau. Lassen wir sodann das Medianniveau von 260 gegen eine beliebige Alternative unterhalb von 260 antreten: etwa 200. Alle Wähler mit einem idealen Niveau von, oder mehr als, 260 werden für

260 stimmen (Be. (232)). Deren Stimmenanteil beträgt Tab. (6.1) zufolge 6/11 > 0, 5. Auch hier gewinnt das Medianniveau. – Das Medianwählertheorem fasst dieses Ergebnis unter Einschluss seiner wichtigsten Annahme zusammen: Haben alle Wähler eingipflige Präferenzen, schlägt das ideale Niveau des Medianwählers jedes in paarweiser Mehrheitsabstimmung als Alternative angebotene Niveau. Ist das Medianniveau einmal beschlossen, kann ihm keine Alternative mehr gefährlich werden; der politische Prozess kommt zur Ruhe. In unserem Zahlenbeispiel ist das kollektiv beschlossene Medianniveau von 260 übrigens deutlich größer als das ohne Staat vorgehaltene Niveau von 41 (Be. (222)).

6.4 Komparative Statik

Be. 234: Politik prägt Immigration, Immigration prägt Politik

Unterstellen wir eine Zuwanderung von zwei Wählern, deren ideales Niveau jeweils 120 beträgt. Die Verteilung aus Tabelle (6.1) verändert sich. Das Medianniveau rutscht ab und halbiert sich von 260 (vorher) auf 130 (jetzt). Die eine Hälfte der Wähler weist jetzt ein kleineres ideales Niveau als 130 auf, während die andere Hälfte der Wähler ein größeres ideales Niveau als 130 besitzt. Vor dem Hintergrund der Eingipfligkeit der Präferenzen setzt sich im politischen Prozess das neue Medianniveau von 130 durch. Eine vergleichsweise geringe Zuwanderung führt also zu einer drastischen Reduktion des gleichgewichtigen Kollektivgutniveaus. – Der Begriff Medianwählertheorem scheint nahezulegen, dass der Medianwähler einen besonderen Einfluss auf das Wahlergebnis hat. Tatsächlich hat der Medianwähler lediglich das besonders große „Glück", dass sich die entgegengesetzten Kräfte der Gesellschaft gerade dort die Waage halten, wo auch sein ideales Niveau liegt. Verschiebt sich die Verteilung des idealen Niveaus, verändert sich auch die Identität des Medianwählers. Diese politikökonomische Diskussion ergänzt unsere Überlegungen zu den Wirkungen von Immigration auf den Arbeitsmarkt (Be. (209)).

6.5 Wohlfahrt

Be. 235: Zu wenig Kollektivgut?

Auf der einen Seite steht die tatsächliche Bereitstellung von Kollektivgütern. Entweder geschieht dies ganz ohne staatlichen Zwang. Dann hält derjenige mit der höchsten Zahlungsbereitschaft das Kollektivgut vor, während alle anderen *free riders* sind (Be. (222)). Oder der Staat schaltet sich ein und übernimmt Bereitstellung, Finanzierung und Besteuerung. Dann resultiert ein ganz anderes, höheres Niveau des Kollektivguts (Be. (233)). Aber ist dieses höhere Niveau besser ... oder sogar optimal? – Intuitiv vermuten wir, dass bei einem nicht-rivalen Gut nicht nur die Zahlungsbereitschaft eines

Nutzers, sondern die Zahlungsbereitschaften aller potentiellen Nutzer eine Rolle spielen sollte. Experimentieren wir einmal mit einem Niveau des Kollektivguts x_1, zu dem gilt:

$$GRS^1(x_1) \, + \, \ldots \, + \, GRS^{11}(x_1) > 1 \tag{6.4}$$

Würde in dieser Situation eine weitere Einheit des öffentlichen Guts bereitgestellt, könnte jedem Bürger ein Betrag (an Einheiten des Guts 1) in Höhe seiner GRS abverlangt werden, ohne dass dieser sich schlechter stellte. Die Summe aller Beträge (linke Seite der Ungleichung) würde ausreichen, die Kosten der extra Einheit des öffentlichen Guts (rechte Seite) zu finanzieren. Mehr noch: Der obenstehenden Ungleichung zufolge würde sogar noch etwas übrigbleiben. Dieses Residuum könnte anschließend an ein Individuum, an mehrere Individuen oder sogar an alle Individuen ausgeschüttet werden. In jedem Fall resultierte eine Pareto-Verbesserung. Ein Kollektivgutniveau, zu dem die Summe der Grenzraten der Substitution die Kosten der zusätzlichen Einheit übersteigt, ist Pareto-ineffizient.

Be. 236:   Zu viel Kollektivgut?

Alternativ können wir uns überlegen, was gilt, wenn die Summe aller Grenzraten der Substitution kleiner als Eins ausfällt (Ungl. (6.5)). Hier bemühen wir sinnvollerweise die andere, zweite Interpretation der GRS ... als minimale Kompensationsforderung (Be. (216)). Stellen wir uns vor, die Gesellschaft reduziert das Niveau des Kollektivguts um eine Einheit. Gibt die Gesellschaft dabei jedem Individuum einen Betrag an Gut 1, der gerade seiner Grenzrate der Substitution entspricht, stellt sich kein Individuum schlechter. Gleichzeitig ist die Summe der so notwendig werdenden Entschädigungen (linke Seite der folgenden Ungleichung) kleiner als die Ersparnis, die der Gesellschaft dadurch entsteht, dass es eine Einheit des Kollektivguts weniger kauft (rechte Seite).

$$GRS^1(x_1) \, + \, \ldots \, + \, GRS^{11}(x_1) < 1 \tag{6.5}$$

Aber dann kann die Differenz zwischen Kosteneinsparung und insgesamt notwendiger Entschädigungsleistung an beliebige oder sogar alle Gesellschaftsmitglieder ausgeschüttet werden. Eine Pareto-Verbesserung ist möglich. Das Ausgangsniveau des Kollektivguts kann daher nicht Pareto-effizient sein.

Be. 237:   Das richtige Kollektivgut (Samuelson-Bedingung)

Ist zu einem bestimmten Niveau des Kollektivguts die Summe der Grenzraten der Substitution aller Gesellschaftsmitglieder strikt größer oder kleiner als Eins, dann ist dieses Niveau Pareto-ineffizient (Be. (236) und (235)). Das Kontrapositiv zu dieser Feststellung lautet: Damit ein Niveau des Kollektivguts Pareto-effizient ist, muss die Summe der Grenzraten der Substitution Eins sein:

$$GRS^1(x_1) \, + \, \ldots \, + \, GRS^{11}(x_1) = 1 \tag{6.6}$$

Die Forderung, dass bei öffentlichen Gütern die Summe der Grenzraten der Substitution den (Grenz-)Kosten gleich ist, heißt nach ihrem Autor Paul Samuelson: Samuelson-Bedingung. Wir überprüfen mit Hilfe dieser Bedingung, ob das im Medianwähler-Gleichgewicht tatsächlich vorgehaltene Kollektivgutniveau von 260 (Be. (233)) Pareto-effizient ist. Die Summe der Grenzraten der Substitution beträgt $(1/11)(100 + \ldots + 451)/x_1$ oder ca. $251/x_1$. Gleichsetzen mit Eins und Umstellen nach x_1 gibt eindeutig $x_1^{opt} = 251$. Das im politischen Gleichgewicht fixierte Niveau des öffentlichen Guts von 260 ist nicht 251 ... und damit also Pareto-ineffizient. Insbesondere ist dieses Niveau von 260 hier in unserem konkreten Beispiel zu groß. Demokratie führt nicht notwendig zu Pareto-effizienten Entscheidungen. Dieses theoretische Ergebnis müssen wir allerdings vorsichtig wägen. Dass eine Institution wie die Demokratie nicht zwingend zu Pareto-Effizienz führt, scheint uns einerseits aus dem Alltag vertraut. Aber diese Einsicht ist kein echtes Instrument der Kritik des hier diskutierten demokratischen Verfahrens, solange alternative Institutionen nicht in Sicht sind, die Kollektivgüter besser können. (Der Markt kann es jedenfalls sicher nicht.)

Be. 238: Private Güter

Kontrastieren wir die eben vorgestellte Samuelson-Bedingung für öffentliche Güter mit der Bedingung effizienter Bereitstellung für Güter, die weder nicht-ausschließbar noch nicht-rival sind, für private Güter also (Be. (209)). Will ein Individuum nicht für den Konsum des privaten Gut zahlen, kann es auch leicht an dessen Konsum gehindert werden. Und konsumiert ein Individuum das private Gut, kann es ein anderer eben nicht tun. Stellen wir uns also vor, Gut 1 ist jetzt ein privates, kein öffentliches Gut. Und für alle Individuen seien die Grenzraten der Substitution in Bezug auf dieses Gut unterschiedlich. (Warum sollten sie auch einander gleich sein?) Es gelte also etwa $GRS^1 > GRS^7$. In dieser Situation ist die Zahlungsbereitschaft des 1 (Be. (215)) größer als die Kompensationsforderung des 7 (Be. (216)). Beide können sich besserstellen, indem 7 dem 1 eine Einheit von Gut 1 überträgt im Tausch gegen einen Betrag von Gut 2, der gerade zwischen den beiden GRS von 1 und 7 liegt: z.B. 4. Effizienz kann nur vorliegen, wenn alle (ja Pareto-verbessernden) Tauschmöglichkeiten ausgeschöpft sind. Eine effiziente Allokation privater Güter – eine Liste der von allen Individuen konsumierten Mengen von Gut 1, also $(x_1^1, \ldots, x_1^{11})$ – zeichnet sich daher gerade dadurch aus, dass

$$GRS^1(x_1^1) = \ldots = GRS^{11}(x_1^{11})$$

gilt. Diese Bedingungen haben offensichtlich nichts mehr mit Gl. (6.6) gemein. Eine dauerhaft ineffiziente Allokation privater Güter ist im Zustand der Autarkie zu besichtigen (Be. (302)), im Kapitel *Handel*.

Be. 239: Allmende: Gemeindeweide

Eine Allmende ist historisch eine Dorfweide, auf der jeder Dorfbauer seine Kühe weiden lassen kann, ohne dafür zahlen zu müssen. Solche seit dem 12. Jahrhundert beobachteten

Abbildung 6.8: *Lesesaal der Staatsbibliothek, Berlin*

Gemeinschaftsgüter haben einerseits die Eigenschaft der Rivalität: Je mehr Bauern ihre Kühe dort weiden lassen, desto schneller ist die Dorfweide abgegrast. Andererseits haben Allmendegüter immer noch die Eigenschaft der Nichtausschließbarkeit. Jeder Dorfbauer hat das Recht, seine Kühe dort weiden zu lassen. Die Frankfurter Allgemeine Sonntagszeitung (20.5.2012) zeigt unter der Überschrift „In den schlechten alten Zeiten" eine Dorfansicht Dürers aus dem 15. Jahrhundert („Drahtziehmühle, um 1494"), die sie so kommentiert:

> „Die 'Drahtziehmühle' beschreibt topographisch genau die Landschaft
> vor den Toren Nürnbergs. Der Anschein der Idylle trügt: Hof und
> Gemeindeweide sind kahlgefressen. "

Und tatsächlich ist auf einem Bildausschnitt die Gemeindeweide – die Allmende – gut an ihrer bräunlichen Färbung zu erkennen. (Das Bild ist im Internet leicht zu finden.)

Be. 240:   Allmende: Lehrbuchbestand, Bibliotheksarbeitsplätze

Leihbestände und Arbeitsplätze in Bibliotheken sind Allmenden. (i) Rivalität: Ein Buch den ganzen Tag zu nutzen – oder ein Buch mehrmals zu verlängern – hindert andere potentielle Nutzer am Lesen, und gleiches gilt für die Nutzung eines Arbeitsplatzes. (ii) Nichtausschluss: Jeder eingeschriebene Nutzer hat das Recht, auf ein ausleihbares Buch zuzugreifen oder sich einen Arbeitsplatz aus den noch verfügbaren Plätzen auszusuchen. Wo auf Dorfallmenden eine Überweidung droht, droht in Bibliotheken eine Ausdünnung des Präsenzbestands oder eine „frühe Reservierung" von Plätzen durch zeitiger aufstehende Kommilitonen allein zum Zweck, sie für die später kommenden Kommilitonen zu reservieren – und so effektiv der Nutzung zu entziehen. Abb. (6.8) zeigt die Zweigstelle der Berliner Staatsbibliothek am Potsdamer Platz, die nicht nur häufig unter vielen belegten, aber unbesetzten Schreibtischen ächzt und Präsenzbestände an Büchern – jedenfalls gemessen an der Größe des Bibliotheksgebäudes – außerordentlich knapp vorhält. Und auch Fischbestände (Be. (320)) sind ein Allmendegut. Wir diskutieren die Konsequenzen dieser Eigenschaft später eigens im Kapitel *Umwelt*.

Be. 241: Allmende: Orbiter-Positionen im erdnahen All

Der Economist berichtet unter der Überschrift „Debris in Space: The tragedy of the commons meets the final frontier" über den erdnahen Weltall. Die dort verfügbaren Plätze für Satelliten sind begrenzt. Auf der einen Seite kann jedes Land, das über die technischen Möglichkeiten verfügt, dort ohne Einspruch der jeweils anderen Länder einen weiteren Satelliten platzieren. Auf der anderen Seite schränkt jeder weitere Satellit dort oben die Lebensdauer der bereits vorhandenen Orbiter ein. Denn je mehr Satelliten dort oben sind, desto größer ist die Gefahr der Kollision – und weiterer die Sicherheit der Satelliten bedrohender Partikel:

> "Of the 18,000 tracked objects travelling around the Earth that are larger than 10 cm, only about 900 are active satellites. The rest is debris – everything from fragments of paint to entire dead satellites and bits of old rockets."

Allmendegütern (Dorfweiden, Buchbeständen, Arbeitsplätzen, Satelliten-Slots) droht Übernutzung. Da niemand von ihrem Konsum ausgeschlossen werden kann, laufen sie Gefahr, dass auch niemand die – ja nicht refinanzierbaren – Kosten ihrer Pflege übernehmen wollen wird. Im Endeffekt würden Allmendegüter nicht bereitgestellt, obwohl ihr Vorhalten einer Pareto-Verbesserung gleichkäme. Staatliche Interventionen zur Restriktion des Zugangs (Lizenzen, Fangquoten, Gebühren, Strafen) könnten helfen, wenn es eine entsprechende staatliche Ebene gibt: Eine internationale Raumfahrtagentur gibt es bislang jedenfalls nicht. (Gäbe es sie, nähme sie vielleicht auch Stellung zur geplanten Ausbeutung von Asteroiden: „Goldgräber im Weltall. Erdnahe Asteroiden stecken voller Rohstoffe. Das US-Unternehmen Deep Space will damit jede Menge Geld machen." (tageszeitung, 25.1.2013)).

Be. 242: Clubgut: Sandstrand einzäunen

Güter heißen Clubgüter, wenn Rivalität verneint werden muss, aber Ausschluss nicht praktiziert werden kann. Bei Clubgütern können potentielle Trittbrettfahrer von der

Nutzung ausgeschlossen werden. Alle Nutzer können also zur Zahlung einer Clubge-
bühr angehalten werden, eine Zahlung, mit der sie Clubmitglied werden. Gleichzeitig
schränkt der Konsum des Clubguts durch ein Clubmitglied nicht – oder erst ab einer an
die Clubkapazität gebundene Anzahl Clubmitglieder – den Konsum des Clubguts seitens
aller anderen Clubmitglieder ein. Die Sorge um die Bereitstellung, die die Gesellschaft
im Fall öffentlicher Güter umtreibt, hat im Fall der Clubgüter weniger Berechtigung.
Die Zeit (26.07. 2012) beschreibt unter der Überschrift „Dafür müsst ihr bezahlen" einen
Zaun an der friesischen Nordseeküste, der die Strände zwischen Harlesiel und Hooksiel
auf einer Länge von rund 30 Küstenkilometern abschirmt. Zutritt zu diesen Stränden
erhält nur, wer 3 Euro Eintritt zahlt: „Die Gemeindeverwaltung Wangerland rechtfertigt
das Eintrittsgeld (das bei Übernachtungsgästen mit der Kurtaxe abgegolten wird) mit
ihrer Bewirtschaftung der Strandflächen." Und tatsächlich sind die Strände künstlich
aufgeschüttet.„Ihr schöner weißer Sand ist von der Düneninsel Mellum herübergeschafft
worden." Im Gegensatz zu natürlichen Stränden müssen sie also tatsächlich unter Kosten bereitgestellt werden. Der Zaun hilft bei der Umlage dieser Kosten. Allerdings ist
dieser Ausschluss nicht immer billig. „Auf 10 bis 15 Euro pro Meter schätzt Gerdes die
Kosten" ... der Renovierung des Zauns. Strandkörbe nutzen ebenfalls eine innovative
„Ausschlusstechnologie", die den „Zaun" direkt über dem Sitz anbringt.

6.6   Ausblick

Be. 243:   Literatur

Wigger (2006), Mueller (2003), Wellisch (2000) sowie Boadway/Bruce (1984) sind Einführungen in die ökonomische Theorie des Staats bzw. Finanzwissenschaft. Weimann
(2008) unternimmt eine Kritik der aktuellen Klimapolitik. Fritsch/Wein/Ewers (2011)
sowie Blankart (2005) unternehmen eine systematische Einführung in die Theorie des
Marktversagens. Eine Einführung in den Hintergrund der Samuelson-Bedingung bietet
Varian (2003, Kap. „Public Goods"). Varian (2003) und Corneo (2003) begründen im
Detail die Situation, in der ein einzelner ein öffentliche Gut bereitstellt, während alle
anderen Trittbrett fahren. Schelling (1978) diskutiert positive und negative externer
Effekte anhand einer Vielzahl und großen Breite unterschiedlicher Anwendungen. Os-
borne (2004) und Dixit/Skeath/Reily (2009) beleuchten die Bereitstellung öffentlicher
Güter sowie die Überweidung von Allmenden aus spieltheoretischer Perspektive. Mueller (2003) übt, in seiner Präsentation der sog. *Public Choice*-Schule, Kritik an der
Vorstellung vom wohlmeinenden, wohlwollend intervenierenden Staat, der den Markt
dort ergänzt, wo er vermeintlich versagt. Für Lobbyismus anfällige Politiker, korrupte
Bürokraten u.a.m. fordern nach Überzeugung dieser Schule dazu auf, dem Versagen
des Markts das des Staats gegenüberzustellen – und mit diesem Argument die Felder
staatlicher Intervention zu begrenzen. Bryson (1991) erläutert Isoglossen für die USA.
Hirshleifer (2001) erläutert die Eigenschaften der Anarchie.

Be. 244: Ausblick

Kollektives Handeln in der Demokratie setzt die Aggregation individueller Vorlieben
voraus: etwa die hinsichtlich öffentlicher Güter. Dieses wiederkehrende Aggregationsproblem haben wir bereits mit Hilfe des Pareto-Kriteriums zu beantworten versucht
(Be. (11)). Der nachfolgende Abschnitt über gesellschaftliche Präferenzen geht dieses
Aggregationsproblem aufgrund der dort gefundenen Unzulänglichkeiten systematischer
an. Zuerst beschäftigen wir uns dort mit sog. individuellen Präferenzen oder individuellen Rangordnungen. Diese Ordnungen geben lediglich die Vorlieben der einzelnen
Individuen wieder, nicht die der Gesellschaft insgesamt. Anschließend betrachten wir
Verfahren, die diese individuellen Rangordnungen in eine gesellschaftliche Rangordnung
bzw. in kollektive Präferenzen überführen. Carter (2001) bietet in seinem ersten Kapitel
eine Einführung in die Theorie von Präferenzordnungen.

6.7   Gesellschaftliche Präferenzen

Be. 245: Individuelle Präferenzen

Im Mittelpunkt dieses Abschnitts steht das Symbol $\succsim_i$. Dieses Symbol ist nichts weiter
als eine Abkürzung für einen Teilsatz, sofern es von zwei Alternativen, etwa A und B,
eingerahmt ist. Denn

$$\succsim_i \qquad \text{heißt} \qquad \text{„ist für Akteur } i \text{ mindestens so gut wie".}$$

Es wird angewendet auf den paarweisen Vergleich zweier gesellschaftlicher Zustände.
So bedeutet $A \succsim_i B$, dass Zustand A Akteur i mindestens so gut wie Zustand B ge-
fällt. Oder $B \succsim_j A$ bedeutet, dass Zustand B Akteur j mindestens so viel bedeutet
wie Zustand A. – Oft findet sich das Symbol $\succsim_i$ nackt: also nicht auf zwei Alternativen, die es zu vergleichen gilt, bezogen. Dann meint es keinen konkreten paarweisen
Vergleich gesellschaftlicher Zustände, sondern vielmehr die ganz ausführliche Darstellung sämtlicher paarweiser Vergleiche, derer der Akteur fähig ist: die Präferenzen oder
die Präferenzordnung des Akteurs i also. Diese Liste ist nicht notwendigerweise vollständig. Zu manchen Paaren gesellschaftlicher Zustände mag dem Akteur schlichtweg
nichts einfallen. Noch muss diese Liste von vornherein irgendwelchen Konsistenzkriteri-
en genügen. Gelegentlich wird das Symbol $\succsim$ wie das vertraute Symbol $\geq$ interpretiert.
Das ist aber nicht richtig, weil unterschiedliche gesellschaftliche Zustände sich nicht
notwendigerweise entlang eines Zahlenstrahls ordnen lassen.

Be. 246: Indifferenz und Strikte Präferenz

Neben dem Teilsatz „ist für Akteur i mindestens so gut wie" finden sich sowohl im
Alltag als auch in der Theorie der Präferenzen häufig Teilsätze wie „ist für Akteur i

genauso gut wie" oder sogar „ist für Akteur i besser als". Diese Teilsätze repräsentieren zwei weitere Symbole dieses Abschnitts:

$$\sim_i \qquad \text{heißt} \qquad \text{„ist für Akteur } i \text{ genauso gut wie"}$$

$$\succ_i \qquad \text{heißt} \qquad \text{„ist für Akteur } i \text{ besser als"}$$

So gesehen sind auch die Symbole $\sim_i$ und $\succ_i$ nur Abkürzungen. Allerdings lassen sich diese beiden Konzepte auf sparsame Weise mit Hilfe von $\succsim_i$ umschreiben. Es seien A und B zwei beliebige gesellschaftliche Zustände. Dann schreiben wir erstens $A \sim_i B$ immer dann, wenn unsere Liste paarweiser Vergleiche $\succsim_i$ (Be. (245)) sowohl die Aussage $A \succsim_i B$ als auch die Aussage $B \succsim_i A$ aufführt. Und zweitens schreiben wir $A \succ_i B$ immer dann, wenn unsere Liste paarweiser Vergleiche $\succsim_i$ (Be. (245)) die Aussage $A \succsim_i B$, nicht aber auch die Aussage $B \succsim_i A$, erwähnt.

Be. 247:   Vollständig, transitiv, rational

Ein Akteur i muss oft eine Vielzahl möglicher Zustände beurteilen. Die Präferenzen des i heißen vollständig, wenn i für jedes beliebige Paar von Zuständen A und B angeben kann, dass (i) $A \succsim_i B$, oder (ii) $B \succsim_i A$ – oder (iii) vielleicht sogar beides. Und die Präferenzen des i heißen transitiv, wenn i für jedes beliebige Tripel von Zuständen A, B und C den Zustand A mindestens so gut wie C findet, wann immer er A mindestens so gut findet wie B und B mindestens so gut wie C. Kürzer:

$$\text{Aus} \quad A \succsim_i B \ \text{ und } \ B \succsim_i C \qquad \text{folgt} \qquad A \succsim_i C.$$

Schließlich heißen i's Präferenzen rational, wenn sie sowohl vollständig als auch transitiv sind. Die Natürliche Präferenzordnung (Be. (248)) und die Pareto-Präferenzordnung (Be. (249)) geben Beispiele für bekannte und aus dem Alltag intuitiv vertraute Präferenzen, die nicht vollständig sind. Die Mehrheitswahl (Be. (251)), die Straßenverkehrsordnung (Be. (250)), die Statusordnung (Be. (252)) sowie die Rangordnung in der Gruppenphase der Fußball-Weltmeisterschaft (Be. (253)) erzeugen wichtige bekannte Präferenzen des Alltags, die nicht transitiv sein müssen. Zusammengenommen stellen alle sechs Bemerkungen Beispiele für nicht-rationale Präferenzen.

Be. 248:   Natürliche Ordnung unvollständig

Unterstellen Sie, es gibt lediglich zwei gesellschaftliche Zustände: A und B. Zustand A gewährt Akteur i das Konsumbündel (x_1^A, x_2^A); Zustand B dagegen überlässt ihm (x_1^B, x_2^B). Eine konkrete, quasi natürliche, Präferenzordnung ergibt sich anhand des paarweisen Vergleichs aller in den Konsumbündeln aufgeführten Mengen:

$$A \succsim_i B \qquad \text{falls} \qquad x_1^A \geq x_1^B \ \text{ sowie } \ x_2^A \geq x_2^B \qquad \text{bzw.}$$

$$B \succsim_i A \qquad \text{falls} \qquad x_1^B \geq x_1^A \ \text{ sowie } \ x_2^B \geq x_2^A$$

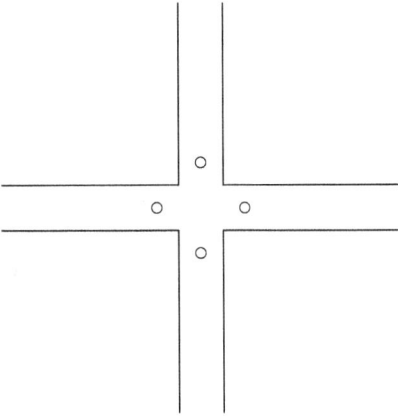

Abbildung 6.9: *Rechts vor Links?*

Diese sog. Natürliche Präferenzordnung heißt natürlich, weil sie dem hinsichtlich des Konsums beider Güter besser ausgestatteten Konsumbündel natürlich den Vorzug gibt: „Mehr von allem ist besser". Nur ist diese Präferenzordnung eben auch unvollständig. Was ist, wenn $x^A = (0,6)$ sowie $x^B = (6,0)$? In Fällen, in denen weder A noch B das jeweils andere Konsumbündel in sämtlichen Dimensionen dominieren, ist die Natürliche Präferenzordnung sprachlos.

Be. 249: Pareto-Ordnung unvollständig

Das Pareto-Kriterium (Be. (11)) führt unmittelbar zur Pareto-Ordnung. Es gebe zwei gesellschaftliche Zustände: A und B, sowie insgesamt n Gesellschaftsmitglieder. Zustand A ist Pareto-besser als B, wenn (i) jedes Gesellschaftsmitglied Zustand A mindestens so gut wie Zustand B findet und (ii) mindestens ein Gesellschaftsmitglied Zustand A strikt besser als Zustand B findet. Ersetzen wir den Teilsatz „ist Pareto-besser als" durch das Symbol $\succ_P$, können wir diese Definition kürzer schreiben:

$$A \succ_P B \quad \text{falls} \quad \begin{cases} A \succsim_i B \text{ für alle Gesellschaftsmitglieder } i \\ A \succ_j B \text{ für mindestens ein Gesellschaftsmitglied } j \end{cases}$$

Der Vorteil des Konzepts Pareto-besser ist, dass seine tatsächliche Anwendung so unkontrovers ist. Wer würde schon der Vorstellung widersprechen, dass ein Übergang von einem Zustand A zu einem Pareto-besseren Zustand B der Gesellschaft dient? (Einen möglichen Einspruch erwähnten wir allerdings bereits in Be. (11).) Sein zentraler Nachteil ist, dass seine tatsächliche Anwendung so oft nicht gelingt. Ein Beispiel illustriert diese Unvollständigkeit: Sei $n = 2$, und verfügen die individuellen Präferenzen zweier Akteure 1 und 2, dass $A \succ_1 B$ sowie $B \succ_2 A$. Dann gilt offensichtlich: Weder ist A Pareto-besser als B, noch ist B Pareto-besser als A.

Be. 250:   Straßenverkehrsordnung intransitiv

Vorfahrtsregeln lassen sich als Präferenz des Gesetzgebers darüber interpretieren, wem die Vorfahrt einzuräumen ist. Eine der Vorfahrtsregeln der Straßenverkehrsordnung (StVO) ist „Rechts vor Links" an nicht beschilderten Straßenkreuzungen: „An Kreuzungen und Einmündungen hat die Vorfahrt, wer von rechts kommt" (§8, Abs. (1) der StVO) Unterstellen Sie, vier suv stoßen aus vier verschiedenen Richtungen auf eine nicht beschilderte Kreuzung vor (Abb. (6.9)). Sie seien oben beginnend und im Uhrzeigersinn mit 1, 2, 3 und 4 bezeichnet. Der Vorfahrtsregel „Rechts vor Links" zufolge gilt: suv 1 hat Vorfahrt vor suv 2, suv 2 hat Vorfahrt vor suv 3, suv 3 hat Vorfahrt vor suv 4. Wäre die Vorfahrtsregel „Rechts vor Links" transitiv, müsste aus

$$1 \succ 2 \succ 3 \succ 4$$

folgen, dass suv 1 auch Vorfahrt vor suv 4 hat, also $1 \succ 4$. Aber daraus wird nichts: suv 4 kommt für suv 1 von rechts und hat damit laut StVO Vorfahrt vor suv 1. Die Vorfahrtsregel „Rechts vor Links" ist intransitiv. Das im Alltag durchaus reale Problem ist, dass die Vorfahrtsregel „Rechts vor Links" in dieser Situation keinen identifiziert, der vor allen anderen Vorfahrt hätte.

Be. 251:   Zyklische Präferenzen intransitiv

Unterstellen Sie einen Haushalt mit drei Mitgliedern namens 1, 2 und 3. Diese haben sich gemeinsam für einen von drei Zuständen zu entscheiden. Sie treffen ihre Entscheidung per Mehrheitswahl. Die individuellen Präferenzen der Haushaltsmitglieder lauten wie folgt: $A \succsim_1 B$ sowie $B \succsim_1 C$ für 1, $C \succsim_2 A$ sowie $A \succsim_2 B$ für 2 und schließlich $B \succsim_3 C$ sowie $C \succsim_3 A$ für 3. (Solche individuellen Präferenzen heißen zyklisch: Eine kreisförmige (zyklische) Anordnung von A, B und C, eine jeweils eigene Startalternative für jedes Individuum sowie eine Reihung im Uhrzeigersinn beschreiben ebendiese Präferenzen.) Darüber hinaus seien die Präferenzen des 1, 2 und 3 alle transitiv. Es gilt mit den vorstehenden Informationen also auch $A \succsim_1 C$, $C \succsim_2 B$ sowie $B \succsim_3 A$ (Be. (247)). Paarweise Abstimmungen ergeben: Erstens gewinnt A gegen B, weil 1 und 2 Mitglied 3 überstimmen. Für die Präferenzordnung des Haushalts $\succsim_H$ folgt: $A \succsim_H B$. Zweitens gewinnt B gegen C, weil 1 und 3 Mitglied 2 überstimmen. Es folgt: $B \succsim_H C$. Wäre jetzt $\succsim_H$ transitiv, müsste damit automatisch auch gelten: $A \succsim_H C$. Aber ein Blick auf die Präferenzen der Mitglieder zeigt: Tatsächlich gewinnt C gegen A, weil hier 2 und 3 Mitglied 1 überstimmen: $C \succsim_H A$. Die Präferenzordnung des Haushalts ist intransitiv.

Be. 252:   Status unter Ökonomen intransitiv

Leijonhufvud (1973, S. 327) argumentiert, dass die „Status-Ordnung" unter Ökonomen nicht transitiv ist:

> „.... status relationships do not seem to form a simple hierarchical 'pecking order' ... For example, one may find that A pecks B, B pecks C, and *then C pecks A*!"

In anderen Worten: Dass Ökonom A ein höheres Ansehen hat als B und B ein höheres als C, heißt nicht, dass A auch ein höheres Ansehen genießt als C. Leijonhufvud – selbst ein Ökonom – fährt mit seiner ironischen Betrachtung so fort: „This non-transitivity of status may account for the continual strife among the Econ which makes their social life seem so singularly insufferable to the visitor." (Tatsächlich dürften sich intransitive Status-Ordnungen in allen Fächern finden.)

Be. 253: Gruppenordnung in der Fußball-WM 2010 intransitiv

In der Gruppenphase der Fußball-Weltmeisterschaft 2010 trafen innerhalb jeder Gruppe vier Mannschaften aufeinander. Die deutsche Mannschaft in Gruppe D hatte gegen Serbien, Ghana und Australien anzutreten. Im Spiel Deutschland – Australien gewann Deutschland (4:0). Im Spiel Australien – Serbien gewann Australien (2:1). Wäre die durch das Spielergebnis definierte Präferenzordnung transitiv, hätte folglich auch Deutschland gegen Serbien gewinnen müssen. Aber dem war nicht so: Tatsächlich gewann Serbien gegen Deutschland, und zwar

$$1 : 0.$$

Schon aufgrund dieser Ausnahme ist die Präferenzordnung intransitiv. (Es gibt aber auch noch weitere Ausnahmen.) Es hilft dabei also zum Beispiel nichts, dass etwa in Gruppe E Japan gegen Dänemark (3:1), Dänemark gegen Kamerun (2:1) und ... auch Japan gegen Kamerun (1:0) gewann. Die Gruppenordnung ist nicht transitiv.

Be. 254: Kann der Sitzungsleiter das Wahlergebnis beeinflussen?

Eine Möglichkeit, drei Haushalte zwischen drei Alternativen entscheiden zu lassen, besteht darin, alle drei Alternativen gleichzeitig zur Wahl antreten zu lassen. Diejenige Alternative mit dem höchsten Stimmenanteil gewinnt. Möglich ist natürlich dabei, dass sich kein Gewinner herausschält. Betrachten wir aus diesem Grund also ein alternatives Verfahren, und zwar das sukzessiver paarweiser Mehrheitswahlen. Ihm zufolge tritt im ersten Wahlgang eine Alternative gegen eine zweite an; im zweiten Wahlgang tritt dann der Sieger des ersten Wahlgangs gegen die bis dahin nicht zur Wahl stehende dritte Alternative an. Unterstellen wir weiterhin das Profil zyklischer Präferenzen aus Be. (251). (i) Stehen A und B im ersten Wahlgang gegeneinander, gewinnt A. Im zweiten Wahlgang zwischen A und C gewinnt anschließend C (Be. (251)). Letztlich gewinnt also C. (ii) Stehen A und C im ersten Wahlgang einander gegenüber, gewinnt letztlich B. (iii) Und stehen B und C im ersten Wahlgang gegeneinander, gewinnt letztlich A. Stellen wir uns vor, einer der drei Wähler ist auch Sitzungsleiter (*agenda setter*). Ist etwa Haushaltsmitglied 3 Abstimmungsleiter, sollte er tunlichst A und C auf die Tagesordnung des ersten Wahlgangs setzen (denn die ihm liebste Alternative ist ja B (Be. (251))). Ein Sitzungsleiter, der die Präferenzen aller drei Wähler kennt (und das ist gerade in kleinen Kommissionen, die vor der Abstimmung länger diskutiert und gestritten haben, wahrscheinlich), kann im Szenario zyklischer Präferenzen seiner liebsten

Alternative durch eine geeignete Abstimmungsreihenfolge – oder Tagesordnung – zum Sieg verhelfen.

Be. 255:   Condorcet Paradox

Intransitive Präferenzen des Haushalts wie in Be. (251) sind Ausgangspunkt des Condorcet Paradoxes. Dieses Paradox besagt, dass selbst wenn sämtliche individuellen Präferenzen $\succsim_i$ transitiv sind, die über paarweise Mehrheitsabstimmungen gewonnene Präferenzordnung der Gesellschaft $\succsim_H$ nicht zwingend ebenfalls transitiv ist. Sie kann eben auch intransitiv sein, wie das Beispiel zyklischer individueller Präferenzen illustriert (Be. (251)). Das Condorcet-Paradox bietet ein weiteres wichtiges Beispiel für einen Trugschluss der Komposition: Für alle Individuen identische Eigenschaften vererben sich nicht notwendig an die aus diesen Individuen bestehende Gesellschaft (Be. (14)).

Be. 256:   Nutzenfunktion

Bis hierhin haben wir die Vorlieben eines Akteurs i mit Hilfe seiner Präferenzen oder Indifferenzkurven beschrieben (Be. (211)). Alternativ lassen sich die Vorlieben des Akteurs aber auch mit Hilfe einer sog. Nutzenfunktion abbilden. Eine Nutzenfunktion weist allen Konsumbündeln eine Zahl zu. Ein populäres Beispiel einer Nutzenfunktion ist die Cobb-Douglas-Nutzenfunktion. Diese lautet in einer typischen Variante:

$$U(x_1, x_2) \;=\; (x_1 x_2)^{0,5} \tag{6.7}$$

Das Konsumbündel $(1, 1)$ hat also einen Nutzen von 1, das Bündel $(3, 7)$ einen Nutzen von $\sqrt{21}$, und das Bündel von $(7, 3)$ hat ebenfalls einen Nutzen von $\sqrt{21}$. So lässt sich für jedes beliebige Bündel durch Einsetzen der im Bündel gegebenen Konsummengen sofort über (6.7) der entsprechende Nutzenwert des Bündels ablesen. Neben der Cobb-Douglas-Nutzenfunktion postuliert die mikroökonomische Theorie des Haushalts viele weitere mögliche Nutzenfunktionen, je nachdem, welche Annahmen über die Vorlieben des Haushalts im jeweiligen Kontext getroffen werden. Statt des Produkts der Konsummengen lässt sich beispielsweise auch die Summe – oder die gewichtete Summe – der einzelnen Konsummengen als Nutzen definieren.

Be. 257:   Präferenzen und Nutzenfunktion

Zwei ganz unterschiedliche Motive begleiten die Einführung einer Nutzenfunktion. Auf der einen Seite mag der Nutzenwert tatsächlich ein Index des durch das Bündel ausgelösten Glücksempfindens sein. Dann ist der Nutzenwert Teil einer kardinalen Theorie des Nutzens. Auf der anderen Seite mag der Nutzenwert lediglich als ein bequemes Vehikel dienen, die Informationen der Präferenzordnung zu transportieren. Denn eine Nutzenfunktion definiert ja automatisch eine Präferenzordnung: Individuum i findet einen gesellschaftlichen Zustand A sicher immer dann mindestens so gut findet wie Zustand B, wenn der Nutzenwert $U_i(A)$ mindestens so groß ist wie der Nutzenwert $U_i(B)$. Kürzer und mit Hilfe der eingangs dieses Abschnitts eingeführten Notation:

$$A \succsim_i B \quad \Leftrightarrow \quad U_i(A) \geq U_i(B) \tag{6.8}$$

In einem solchen Kontext ist die Nutzenfunktion einfach nur Teil einer ordinalen Theorie des Nutzens. Ein Nutzenwert allein bedeutet gar nichts. Nutzenwerte sind hier immer nur im Vergleich mit anderen Nutzenwerten interessant.

Be. 258: Akteur mit Nutzenfunktion hat rationale Präferenzen

Einem Akteur i eine Nutzenfunktion zuzuweisen läuft auch in der ordinalen Nutzentheorie immer noch darauf hinaus, Akteur i sowohl vollständige als auch transitive – und damit rationale – Präferenzen zu unterstellen. Denn: (i) Zu jedem paarweisen Vergleich von A mit B kann i sofort nach Konsultation der ja immer vergleichbaren Zahlenwerte $U_i(A)$ und $U_i(B)$ entscheiden, welche Alternative er vorzieht. Daher muss die über (6.8) festgelegte Präferenzordnung vollständig sein. (ii) Aus $A \succsim_i B$ folgt über (6.8) auch $U_i(A) \geq U_i(B)$; und aus $B \succsim_i C$ folgt über (6.8) auch $U_i(B) \geq U_i(C)$. Aber $U_i(A) \geq U_i(B)$ und $U_i(B) \geq U_i(C)$ gemeinsam implizieren auch $U_i(A) \geq U_i(C)$ – und damit $A \succsim_i C$. Also ist die über die Nutzenfunktion sowie (6.8) definierte Präferenzordnung transitiv. In anderen Worten: Einem Akteur, der keiner rationalen Präferenzordnung anhängt, kann keine diese Ordnung bequem transportierende Nutzenfunktion zugewiesen werden. Aus diesem Grund werden Sie in einem Lehrbuch auch niemals eine „Pareto-Nutzenfunktion“, eine „Natürliche Nutzenfunktion“, eine „Rechts vor Links-Nutzenfunktion“ des Gesetzgebers im Straßenverkehr oder eine „WM-Gruppen-Nutzenfunktion“ finden.

Be. 259: Manche Transformationen ordnungserhaltend

Hat die Nutzenfunktion ordinalen Charakter, dann lässt sie sich manipulieren, ohne dass die durch sie definierte Rang- oder Präferenzordnung sich verändert. Sind wir an einer Nutzenfunktion nur als bequemem Vehikel interessiert, das die Informationen über die Rangordnung transportiert, können wir solche Manipulationen oder ordnungserhaltende Transformationen verwenden, um die Nutzenfunktion von einer möglicherweise unbequemen, mathematisch unhandlichen Form in eine einfachere Gestalt überführen helfen. Beispielsweise belassen das Addieren einer konstanten Zahl zu sämtlichen Nutzenwerten, das Quadrieren aller Nutzenwerte oder auch das Wurzelziehen aus sämtlichen Nutzenwerten die Rangordnung der Nutzenwerte in ihrer ursprünglichen Form. Insbesondere ist diejenige Alternative, die sich vor der ordnungserhaltenden Transformation der Nutzenfunktion als die beste herausstellt, auch nach der Transformation nach wie vor die beste.

7   Handel

Be. 260:   Eis

Mitte des 19. Jahrhunderts wurde Nordamerika binnen kürzester Zeit ein bedeutender Exporteur für gefrorenes Wasser, also Eis. Bryson (2012) erinnert an diesen heute so gut wie vergessenen Export, im Zuge dessen die *Wenham Lake Company* im amerikanischen Bundesstaat Maine Eis bis in die entferntesten Regionen des Globus versandte:

> "If securely insulated, ice could last a surprisingly long while. It could even survive the 16,000 mile, 130 day-trip from Boston to Bombay – or at least about two thirds of it could, enough to make the long trip profitable."

Die selbst so immer noch hohen Transportkosten dieses überraschenden Exportguts dokumentieren, welche enorme Wertschätzung der internationale Tausch mancher Güter offensichtlich genießen kann. Auch dokumentiert dieser Handel mit Eis kurz vor der Konservendose den Anfang einer Revolution in der Aufbewahrung, im Transport und in der Zubereitung von Lebensmitteln in der Küche ... und damit für das Anwachsen unseres Lebensstandards überhaupt. Der Export von Gütern, die es nur am Exportstandort gibt, ist ein wichtiges *movens* des Außenhandels. Aber viele Dinge werden nicht etwa gehandelt, weil sie ohne Import gar nicht verfügbar wären, sondern weil sie ohne Import nur teuer verfügbar wären. Nur dieses zweite – und nicht das erste, ohnehin völlig plausible – Motiv unterliegt diesem Kapitel.

Be. 261:   Trade Fair?

In der International Herald Tribune (23.5. 2007) findet sich in einer Gastkolumne namens „Shopping for Fair Trade at the Fruit Stand" der folgende Hinweis:

> "I observe ... fresh-cut flowers, grown and packaged in Africa. Surely the worker who tenderly handled the flowers couldn't afford to have lilies on her own kitchen table."

Außenhandel steigert die Verfügbarkeit an Gütern. *Fair* findet die Autorin – eine Bewohnerin eines reichen Landes – aber nicht die Tauschraten im Außenhandel. Sie moniert die Aufteilung der Rente zwischen (armen) Anbietern und (reichen) Nachfragern – eine

Abbildung 7.1: *Der Berliner Osthafen, im 19. Jhdt. ein Zentrum des Berliner Güterumschlags*

Aufteilung, über die wir bereits im Kapitel *Tausch* räsoniert hatten. Darüber hinaus argumentiert sie sogar, dass Außenhandel zu Ausbeutung führt: „...rich nations profit at the expense of poorer ones". Ähnlich die tageszeitung, die ein Bühnenstück eines Komponisten besucht, für das dieser eine Auftragsarbeit (ein Plagiat seiner eigenen Arbeiten) in China und Indien anfertigen lässt: „Warum sich selbst die Mühe machen, wenn es Billiglohnländer gibt? ...Für 30 Dollar erhielt Kreisler seine Komposition" („Zahle 30 Dollar, erhalte Auftragskomposition", 25.1. 2013) Paul Krugman und Maurice Obstfeld, Autoren eines der Standardlehrbücher in die Außenhandelstheorie widersprechen dieser Definition von Ausbeutung so: „...to deny [third world workers] the opportunity to export and trade might well be to condemn them to even deeper poverty."

Be. 262: Außenhandel nur ein spezieller Tausch?

Mit Tausch haben wir uns an verschiedenen Stellen schon ausführlich beschäftigt. In den Kapiteln *Tausch* und *Markt* untersuchten wir den Tausch zwischen Anbietern und Nachfragern, die sich bereits in ihre Anbieterrolle bzw. Nachfragerrolle hineingefunden haben. Aber wieso wurden Anbieter zu Anbietern ...und Nachfrager zu Nachfragern? Das aktuelle Kapitel beleuchtet nicht nur den internationalen Tausch, sondern erläutert auch, (i) warum sich Akteure spezialisieren und (ii) warum sie sich spezialisieren sollten. Das Kapitel entwirft die Interessen der Haushalte und Unternehmen zweier Länder namens In- und Ausland, zeichnet den internationalen Tausch von Wein gegen Tuch im

Detail auf und evaluiert das simultane Geschehen auf den Weltmärkten für Wein und
Tuch aus der Perspektive von sowohl In- als auch Ausland. Ausgangspunkt des Modells
ist die – nicht notwendige, aber für eine möglichst einfache Darstellung sinnvolle –
Annahme, dass beide Länder bei der Produktion der beiden Güter Wein und Tuch nur
Arbeitskraft einsetzen, weiter nichts.

Be. 263: Erst tauschen, dann spezialisieren

Das jetzt folgende Modell komparativer Kosten dieses Kapitels erlaubt uns, unser Verständnis der Kapitel *Tausch* und *Markt* weiterzuentwickeln: Dass Märkte individuelle
Interessen auf wohlstandsmehrende Weise koordinieren, gilt eben nicht nur für den lokalen, sondern erst recht auch für den internationalen Tausch. Darüber hinaus zeigt
dieses Modell, dass Individuen sich infolge neu entstehender Tauschmöglichkeiten spezialisieren. Spezialisierung ist nicht nur Voraussetzung, sondern auch Folge des Tauschs.
Insbesondere lohnen sich internationaler Tausch und Spezialisierung selbst für ein Land,
das in der Produktion aller der von ihm produzierten Güter effizienter ist als seine Han-
delspartner. Eine beliebte alternative Anwendung des Ricardianischen Außenhandels-
modells ist Spezialisierung und Tausch in einer Partnerschaft. Auf welche Tätigkeiten
werden – bzw. sollten – sich zwei Partner innerhalb der Partnerschaft spezialisieren?
Und lohnt es sich beispielsweise für eine Frau, eine Partnerschaft mit einem Mann ein-
zugehen, der in beidem – Geldverdienen und Geschirrspülen – weniger leistet als sie?

Be. 264: Vorab eine Skizze komparativer Kostenvorteile

Um sinnvoll über Außenhandel sprechen zu können, setzen wir zwei Länder (Inland
und Ausland) sowie zwei Güter (Wein und Tuch) voraus. Die Grundidee komparativer
Kostenvorteile ist schnell erklärt, wenn wir von realen – statt nominalen – Preisen
Gebrauch machen (Be. (66)). Der in Einheiten Tuch gemessene – also reale Preis –
einer Amphore Weins sei

$$2 \text{ im Inland} \qquad \text{sowie} \qquad 4 \text{ im Ausland} \qquad (7.1)$$

Aus diesen Tuchpreisen des Weins in In- und Ausland folgen als entsprechende Rezi-
proke unmittelbar die Weinpreise des Tuchs (Be. (66)). Eine Bahn Tuch kostet also $1/2$
Amphore Wein im Inland bzw. $1/4$ Amphore Wein im Ausland. Lassen wir das Inland
jetzt eine weitere Amphore Wein herstellen: Dort ist sie ja – komparativ – kostengüns-
tiger. Dann fällt die inländische Tuchproduktion (7.1) zufolge um 2. Kompensatorisch
baue das Ausland seine Tuchproduktion um 2 Tücher extra aus. Würde das Ausland
seine Tuchproduktion um eine Bahn ausbauen, müsste es bekanntlich auf $1/4$ Amphoren Wein verzichten. Da das Ausland aber nicht eine Bahn Tuch extra, sondern zwei
Bahnen Tuch extra plant, muss es entsprechend $2 \cdot (1/4) = 1/2$ Amphoren Wein preis-
geben. In der Gesamtbetrachtung fällt die Tuchproduktion der Welt nicht, während die
Welt-Weinproduktion um anderthalb Amphoren wächst. Ganz ohne extra Ressourcen

aufzuwenden, stellen In- und Ausland also mehr von einem Gut her, ohne vom anderen Gut weniger herzustellen. Eine solche Reform ist eine Pareto-Verbesserung. Dieses Kapitel erklärt, woher die obenstehenden realen Preise stammen, wie weit Spezialisierung gehen sollte und wie weit Spezialisierung wirklich geht.

Be. 265:   Außenhandel und Arbeitslosigkeit in niedergehenden Industrien

Die tageszeitung (11.12. 2012) berichtet unter der Überschrift „Milchpulver und Drogengelder" von einem Freihandelsabkommen zwischen der EU einerseits und Kolumbien andererseits. Auf der einen Seite sollen Kolumbien und die EU einen besseren Zugang zu ausgewählten Märkten des jeweils anderen Partners erhalten. Auf der anderen Seite soll Kolumbien seine Umwelt-Standards anheben. Allerdings, so die tageszeitung:

> „In Kolumbien würden... Existenzen vernichtet, befürchten dortige Gewerkschaften und Gegner des Abkommens. ... 'Mit der Billigmilch aus Europa können wir nicht konkurrieren. Die Existenz von 50,000 Bauern ist bedroht', sagt der kolumbianische Gewerkschafter Gustavo Ruben Triana."

Außenhandel führt zum Niedergang der Branchen, in denen sich ein Land nicht spezialisiert. Dieser Niedergang, so das Ricardianische Modell des Außenhandels, ist sinnvoll, weil er Arbeitskräfte freisetzt, die zur Ausweitung des ja simultan expandierenden Exportsektors beitragen und so die Spezialisierung befördern können. Allerdings führt dieser Niedergang in der Realität zu Arbeitslosigkeit, wenn die freigesetzten Arbeitskräfte nicht gleich komplett – und vielleicht sogar nie vollständig – eine Anstellung im boomenden Exportsektor finden. Das Ricardianische Modell des Außenhandels befasst sich allerdings nicht mit diesem Anpassungsproblem und blendet die hier angesprochene Dramatik aus.

7.1   Individuen

Be. 266:   Arbeitsproduktivität

Arbeit sei der einzige Produktionsfaktor bei der Herstellung von Wein und Tuch. Die Anzahl Amphoren Wein, die eine Einheit Arbeit produziert, heißt Arbeitsproduktivität im Wein-Sektor. Entsprechend messen die Bahnen Tuch, die eine Einheit Arbeit auch herstellen kann, die Arbeitsproduktivität im Tuch-Sektor. Kurz bezeichnen wir diese beiden Arbeitsproduktivitäten als

$$a_W \qquad \text{bzw.} \qquad a_T. \tag{7.2}$$

Ist die Anzahl der in einem Sektor eingesetzten Arbeitseinheiten bekannt, ist dessen Ausstoß leicht bestimmbar. Ist L_W (L_T) die Anzahl der im Weinsektor (Tuchsektor) eingesetzten Arbeitseinheiten, beläuft sich die sektorale Produktionsmenge einfach auf $L_W a_W$ Amphoren Wein ($L_T a_T$ Bahnen Tuch). Diese Produktionsmenge heißt kürzer oft auch Y_W (Y_T).Die Arbeitsproduktivitäten sind in diesem Lehrbuch immer feste Zahlen. Insbesondere hängt die Arbeitsproduktivität des Wein-Sektors nicht davon ab, wie viele Arbeiter in ihm beschäftigt sind.

Be. 267: Arbeitskoeffizient

Dem Kehrwert der Arbeitsproduktivität (Be. (266)), dem sog. Arbeitskoeffizienten, kommt eine wichtige Rolle zu. Die Arbeitskoeffizienten für Wein und Tuch lauten

$$1/a_W \qquad \text{und} \qquad 1/a_T.$$

Betrachten wir den Arbeitskoeffizienten etwa des Weins. Unterstellen wir als Zahlenbeispiel, die Arbeitsproduktivität des Weins beträgt 10 Amphoren je eingesetzter Arbeitseinheit. Dann ist $1/10$ ... gerade die Anzahl Arbeitseinheiten, die zur Produktion einer Amphore notwendig sind: Der Arbeitskoeffizient des Weins drückt also die Kosten einer Amphore Wein in Arbeitseinheiten aus. Der Arbeitskoeffizient ist damit ein Preis (Be. (62)). Dass der Arbeitskoeffizient die Kosten einer Gütereinheit nicht in Euro, sondern in Einheiten notwendig werdender Arbeit erfasst, macht ihn nicht weniger interessant. Im Gegenteil: Im Zeitvergleich kann er auch dann einen Eindruck vom Ausmaß des arbeitssparenden technischen Fortschritt vermitteln, wenn Inflation die nominalen Preise aufbläht.

Be. 268: Wettbewerbsvorteil (Absoluter Kostenvorteil)

In- und Ausland können miteinander handeln. Treffen wir die Konvention, ausländische Variablen mit einem hochgestellten $*$ zu kennzeichnen. Und gelte im internationalen Vergleich der Arbeitskoeffizienten von Wein und Tuch

$$1/a_W \;<\; 1/a_W^* \qquad \text{sowie} \qquad 1/a_T \;<\; 1/a_T^*.$$

Nicht nur erfordert die Produktion einer Amphore Wein dann einen geringeren Arbeitseinsatz, wenn diese im In- statt im Ausland stattfindet. Auch die Produktion einer Bahn Tuch im Inland kommt mit einem geringeren Arbeitseinsatz aus als die Produktion der gleichen Bahn im Ausland. Das Inland produziert arbeitssparender in beiden Sektoren. In der Sprache dieses Kapitels hat das Inland einen sog. absoluten Kostenvorteil sowohl in Wein als auch in Tuch. Dies ist keine Annahme, die die Reichweite des Modells einschränkt. Ganz im Gegenteil: Diese Annahme erlaubt uns später zu argumentieren, dass eine vorteilhafte internationale Arbeitsteilung selbst dann (i) sowohl relevant (ii) als auch sinnvoll ist, wenn das eine Land die Produktion beider Güter besser beherrscht als das andere.

Be. 269:   Was kostet eine ausländische Währungseinheit?

Der nominale Wechselkurs drückt die Kosten einer Einheit ausländischen Geldes in Einheiten inländischen Geldes aus. Nach dieser Definition ist der nominale Wechselkurs schlicht ein weiterer nominaler Preis (Be. (63)): Er ist der nominale Preis ausländischen Geldes. Typischerweise wird dieser Preis als

$$e$$

geschrieben. Etwa besagt $e = 0,8$, dass eine ausländische Währungseinheit gerade achtzig europäische Cent kostet. Ausländische Preise drücken die Kosten einer Einheit eines Guts in ausländischen Währungseinheiten aus. Etwa ist p_T^* der in ausländischen Geldeinheiten ausgedrückte Preis ausländischen Tuchs. Steigt der Wechselkurs, spricht man von einer Abwertung der inländischen Währung. Fällt der Wechselkurs dagegen, handelt es sich um deren Aufwertung.

Be. 270:   In- und ausländische Preise

Inländische Konsumenten müssen ausländische Preise in inländische Währungseinheiten umrechnen, bevor sie sie mit den Preisen inländischen Weins und inländischen Tuchs vergleichen können. Der Kauf einer ausländischen Währungseinheit erfordert e Euro (Be. (269)), also erfordert der Kauf von p_W^* bzw. p_T^* ausländischen Währungseinheiten jeweils $p_W^*\, e$ bzw. $p_T^*\, e$ Euro. Die beiden letztgenannten Preise sind also die in Euro umgerechneten Preise ausländischen Weins und Tuchs. Prinzipiell ist natürlich denkbar, dass die in Euro umgerechneten ausländischen Preise $p_W^* e$ und $p_T^* e$ sowie die ohnehin in Euro notierten inländischen Preise p_W und p_T sich jeweils voneinander unterscheiden. Allein: Da wir von Transportkosten abstrahieren wollen, dürfen wir vielleicht erwarten, dass

$$p_W \;=\; p_W^*\, e \qquad \text{sowie} \qquad p_T = p_T^*\, e. \qquad (7.3)$$

Eine präzisere Begründung dieser Erwartung – namens Gesetz des einheitlichen Preises – tragen wir in Kürze nach (Be. (288)). Die Preise p_W und p_T besitzen also drei Interpretationen. (i) Erstens sind sie die Preise im Inland produzierten Weins und Tuchs. (ii) Falls das Inland mit dem Ausland handelt, erfassen sie zweitens – den Gleichungen (7.3) zufolge – gleichzeitig auch die in Euro umgerechneten, ebenso hohen Preise ausländischen Weins und Tuchs. Und: (iii) Da inländische und – in Euro umgerechnete – ausländische Preise sich nicht unterscheiden, können wir alle diese Preise mit einigem Recht auch als – in Euro ausgedrückte – Weltmarktpreise interpretieren.

Be. 271:   Lohnstückkosten

In der öffentlichen Diskussion der „Globalisierung" sind Lohnstückkosten Gegenstand vieler Kommentare. Die Lohnstückkosten des Tuchs bzw. Weins sind definiert als

$$w/a_T \qquad \text{und} \qquad w/a_W.$$

Wenden wir uns beispielhaft der Interpretation der Lohnstückkosten des Tuchs zu. Schreiben wir den Quotienten w/a_T um als Produkt des Nominallohns mit dem Arbeitskoeffizienten des Tuchs $w \cdot (1/a_T)$. Der Nominallohn misst die in Geld ausgedrückten Kosten einer Arbeitseinheit (Be. (67)). Der Arbeitskoeffizient misst die zur Produktion einer Bahn Tuch insgesamt erforderlichen Arbeitseinheiten (Be. (267)). Aber dann geben die Lohnstückkosten einfach die – in Euro ausgedrückten – Kosten einer Bahn Tuch wieder. Manchen Autoren gelten die Lohnstückkosten einer Industrie oder eines Sektors als geeigneter Indikator zur Messung seiner „internationalen Wettbewerbsfähigkeit". Denn je bedeutender das Gewicht des Produktionsfaktors Arbeit im Herstellungsprozess, desto stärker wiege auch das Gewicht der Lohnkosten in der Bestimmung des Endpreises. In diesem Kapitel entspricht der Preis eines Produkts tatsächlich dessen Lohnstückkosten. Hier bedingen sich Preis und Lohnstückkosten allerdings wechselseitig: Nicht nur hängt der Preis von den Lohnstückkosten ab, auch hängen die Lohnstückkosten vom Preis ab.

Be. 272:   Was bekommen wir für ein exportiertes Gut? (Terms of Trade)

Die Terms of Trade, p_W/p_T, sind ein spezieller Quotient zweier nominaler Preise. Gleichzeitig sind sie ein informativer Preis der Außenhandelsstatistik. Einmal unterstellt, das Inland exportiere Wein ins Ausland und importiere Tuch von dort. Die – in Euro ausgedrückten – Weltmarktpreise, zu denen Wein und Tuch gehandelt werden, heißen p_W bzw. p_T (Be. (270)). Der Quotient $1/p_T$ erfasst die Anzahl Einheiten des Importguts, die ein Euro kaufen könnte (Be. (64)). Aber dann gestattet das im Zuge des Exports einer Amphore Wein erwirtschaftete p_W-fache dieses Euro den Import von $p_W \cdot (1/p_T)$ bzw.

$$p_W/p_T$$

Einheiten des Importguts. Aus der Perspektive des Inlands ist p_W/p_T die Kaufkraft einer Einheit des Exportguts. Je größer die Terms of Trade ausfallen, desto stärker profitiert das Inland vom Außenhandel. Die Definition der Terms of Trade rückt den Import als ureigentlichen Zweck des Exports in den Mittelpunkt (Be. (297)).

Be. 273:   Transformationsrate

Der Quotient der Arbeitskoeffizienten von Tuch und Wein a_T/a_W heißt Transformationsrate. Dieser Quotient lässt sich alternativ als das Produkt $(1/a_W) \cdot a_T$ schreiben. Einerseits erfordert die Produktion einer Amphore Wein den Einsatz von $1/a_W$ Arbeitseinheiten (Be. (267)). Andererseits hätte jede dieser Arbeitseinheiten a_T Bahnen Tuch produzieren können (Be. (266)). Also misst die Transformationsrate

$$a_T/a_W$$

gerade den gesamten Rückgang an Tuchproduktion, den die Produktionsausdehnung des Weinsektors um eine Amphore unvermeidlich nach sich zieht: Die Transformationsrate ist also ein realer Preis (Be. (62)). Gewissermaßen erfasst dieser Preis, wie durch geeignete Umschichtung von Arbeitskräften Tuch in Wein „transformiert" werden kann. Transformationsrate a_T/a_W und Terms of Trade p_W/p_T sind gleichermaßen Preise des Weins mit Bezugsbasis Tuch. Der Vergleich dieser beiden Wein-Preise ist das Leitmotiv dieses Kapitels. Beide Wein-Preise haben zwar die gleiche Bezugsbasis. Aber sie unterscheiden sich im jeweiligen Lieferanten der angestrebten Amphore Wein. Im Fall der Transformationsrate ist dieser Lieferant das Inland, im Fall der Terms of Trade ist der Lieferant stattdessen das Ausland.

Be. 274: Worin sind wir weniger schlecht ... oder noch besser?

Es hat Inland annahmegemäß einen absoluten Kostenvorteil in der Produktion beider Güter (Be. (268)). Aber wie steht es da im Vergleich der Transformationsraten? Die folgenden zwei Ungleichungen

$$a_T/a_W \; < \; a_T^*/a_W^* \qquad \text{oder} \qquad a_W^*/a_T^* \; < \; a_W/a_T \qquad (7.4)$$

verkörpern die zentrale Annahme dieses Kapitels. (Die realen Weinpreise in Gl. (7.1) erfüllen diese Forderung.) Beide Ungleichungen sind dabei einander äquivalent. Nur haben beide Ungleichungen jeweils eigene Interpretation. Der ersten Ungleichung zufolge erfordert das Herstellen einer Amphore Wein im Inland einen geringeren Verzicht an Bahnen Tuch als das Herstellen der gleichen Amphore im Ausland (Be. (273)). Außenhandelsökonomen sprechen von einem sog. komparativen Kostenvorteil des Inlands in Wein. Der zweiten Ungleichung zufolge erfordert das Herstellen einer Bahn Tuch im Ausland einen geringeren Verzicht an Wein als das Herstellen der gleichen Bahn im Inland. Dementsprechend hat das Ausland einen komparativen Kostenvorteil in Tuch. Da aus einer der beiden Ungleichungen immer sofort die jeweils andere folgt, gilt: Ein komparativer Kostenvorteil eines Landes in Wein begründet zwangsläufig einen komparativen Kostenvorteil des jeweils anderen Landes in Tuch. Vom Spezialfall identischer Transformationsraten abgesehen besitzt jedes Land immer – genau – einen komparativen Kostenvorteil.

Be. 275: Im Ausland kaufen oder selber fabrizieren?

Oft existieren unterschiedliche Preise für das gleiche Gut. Etwa ist der nominale Preis p_W ein Preis des Weins ebenso wie es der Arbeitskoeffizient des Weins $1/a_W$ ist. Allerdings unterscheiden sich beide Preise in ihrer Bezugsbasis. Aber selbst zur gleichen Bezugsbasis koexistieren unterschiedliche Preise: (i) Der Preis einer im Inland produzierten Amphore Wein p_W steht neben dem – in Euro umgerechneten – Preis einer im Ausland hergestellten Amphore Wein $p_W^* e$ (Be. (270)). Und wichtiger noch: (ii) Die Terms of Trade p_W/p_T und die Transformationsrate a_T/a_W sind nicht nur reale Preise des gleichen Guts (Wein), sie haben auch noch die gleiche Bezugsbasis (Tuch) (Be. (273)). Existieren mehrere Preise nebeneinander, zwingt sich die Frage nach deren Vergleich auf. Denn sicherlich wird ein Nachfrager nach dem betreffenden Gut grundsätzlich den günstigeren Preis wählen, wenn er schon, anders als im Fall der Autarkie, die Wahl hat.

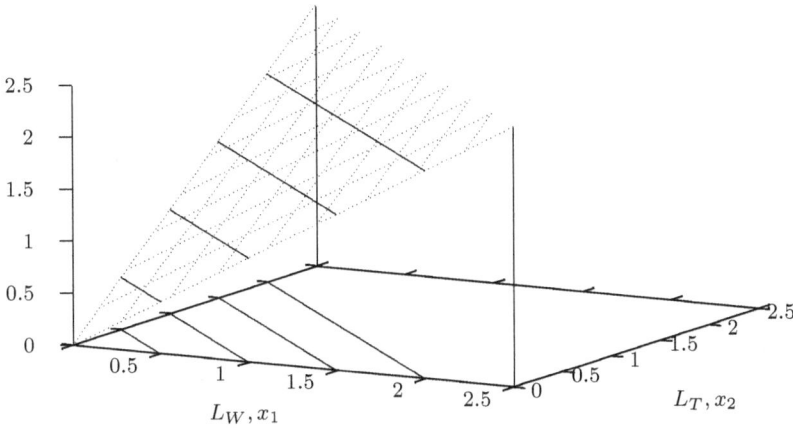

Abbildung 7.2: *Isoarbeitseinsatzlinien*

Be. 276: Isoarbeitseinsatzlinien

Verbraucht das Inland L_W Arbeitseinheiten im Weinsektor sowie L_T Arbeitseinheiten im Tuchsektor, summiert sich der insgesamt erforderliche Arbeitseinsatz auf $L_W + L_T$. Tragen wir diesen in Abhängigkeit von L_W und L_T ab (Abb. (7.2)). (Ignorieren Sie dort die erst in einer späteren Bemerkung aufgegriffenen Achsenbezeichnungen x_1 und x_2.) Jeder Punkt (L_W, L_T) in der Grundfläche dieser Abbildung repräsentiert eine konkrete Kombination von L_W und L_T, oder ein Inputbündel. Den erforderlichen Gesamtarbeitseinsatz eines Inputbündels lesen wir an der Höhe des eingezeichneten Graphen über diesem Bündel ab. Neben diesem Graphen zeigt die Abbildung vier Wanderwege, die auf ihm in Höhen von 0,5, 1, 1,5 oder 2 Arbeitseinheiten verlaufen. Die jeweils senkrecht unter diesen Wanderwegen verlaufenden Linien heißen Isoarbeitseinsatzlinien zu den Niveaus 0,5, 1, 1,5 und 2. Eine Isoarbeitseinsatzlinie zum Niveau L versammelt sämtliche Inputbündel, die insgesamt gerade L Arbeitseinheiten erfordern. Verzichten wir auf die explizite Darstellung des Graphen, dann bleiben nur die eingezeichneten Isoarbeitseinsatzlinien der Abb. (7.2) zurück. Und doch können diese immer noch einen groben Eindruck von den Konturen des Graphen der insgesamt erforderlichen Arbeitseinheiten vermitteln.

Be. 277: Wein-Nachfragefunktion aufstellen

Jeder inländische Haushalt hat eine Nachfragefunktion nach Wein, $x_W(p_W, w)$, sowie eine nach Tuch, $x_T(p_T, w)$. Statt diese beiden Nachfragefunktionen explizit herzuleiten, nehmen wir ihren Verlauf einfach an. Wir unterstellen, die Nachfragefunktionen hängen von den beiden Güterpreisen p_W bzw. p_t sowie vom Einkommen des Haushalts w ab. Konkret lauten die Nachfragefunktionen nach Wein im Inland bzw. analog im Ausland:

$$x_W(p_W, w) = w/2p_W \quad \text{sowie} \quad x_W^*(p_W^*, w^*) = w^*/2p_W^*. \tag{7.5}$$

Die Wein-Nachfragen in- und ausländischer Haushalte haben alle Eigenschaften eines Plans: (i) Sie geben zu jedem möglichen Wein-Preis die Nachfrage des Haushalts an; und (ii) sie informieren nicht über irgendeine, sondern über die jeweils für den Haushalt optimale Weinnachfrage. – Die ausländische Wein-Nachfrage lässt sich alternativ übrigens auch schreiben als $ew^*/2ep_W^*$. Be. (355) trägt die Herleitung der Nachfragefunktionen in (7.5) später nach. Instruktiv ist der Kontrast der hier unterstellten Nachfragefunktion – eines einzigen Nachfragers nach vielen Einheiten des nachgefragten Guts – mit der im Kapitel *Markt* vorgestellten aggregierten Nachfragefunktion – vieler heterogener Nachfrager nach jeweils einer einzigen Einheit des nachgefragten Guts (Be. (83)).

Be. 278:   Wein-Nachfragefunktion zeichnen

Die Nachfragefunktion nach Wein (Gl. (7.5)) hängt von zwei Einflussgrößen ab: dem Einkommen des Haushalts sowie dem Preis des Weins. Abb. (7.3) illustriert diese Nachfragefunktion. Dabei misst sie die Weinnachfrage entlang der x_W-Achse, den Preis des Weins entlang der p_W-Achse sowie das Einkommen des Haushalts entlang der w-Achse. Der punktiert gezeichnete Graph der Nachfragefunktion wurde für zwei verschiedene Einkommen vertikal geschnitten. Die resultierenden, fett hervorgehobenen bedingten Nachfragefunktionen zeigen die Nachfragen des Haushalts nach Wein in Abhängigkeit vom Preis des Weins für $w = 5$ und $w = 1, 6$. Zwei intuitiv erscheinende Eigenschaften der Weinnachfrage werden anhand der Graphik plastisch. Erstens wächst die Nachfrage mit zunehmendem Einkommen, solange wir den Preis festhalten. Aber zweitens fällt die Nachfrage mit zunehmendem Preis, sobald wir das Einkommen festhalten.

Be. 279:   Wein-Nachfragefunktion verschieben

Häufig gebrauchte Darstellungen der Nachfragefunktion zeigen zweidimensionale Diagramme, in denen entweder die Abhängigkeit der Nachfrage vom Preis oder aber die Abhängigkeit der Nachfrage vom Einkommen – in letzterem Fall als sog. Engel-Kurven – sichtbar wird. Allerdings leidet die Darstellung einer Nachfragefunktion in Abhängigkeit vom Preis darunter, dass sie grundsätzlich ein bestimmtes Einkommen unterstellen muss, bevor sie gezeichnet werden kann. Sie ist eigentlich der Graph einer bedingten Nachfragefunktion. Ändert sich das Einkommen, ändert sich auch die Position dieser bedingten Nachfragekurve. Sie muss zum neuen Einkommen neu gezeichnet werden: Sie verschiebt sich gewissermaßen. Eine solche Verschiebung ist in der räumlich anschaulichen Darstellung der Abb. (7.3) mitgedacht. Steigt das Einkommen von 1,6 auf 5 Euro, ist nicht länger der hintere dunkel hervorgehobene Schnitt der Nachfragefunktion relevant, sondern vielmehr der vorne im Diagramm liegende dunkel hervorgehobene Schnitt.

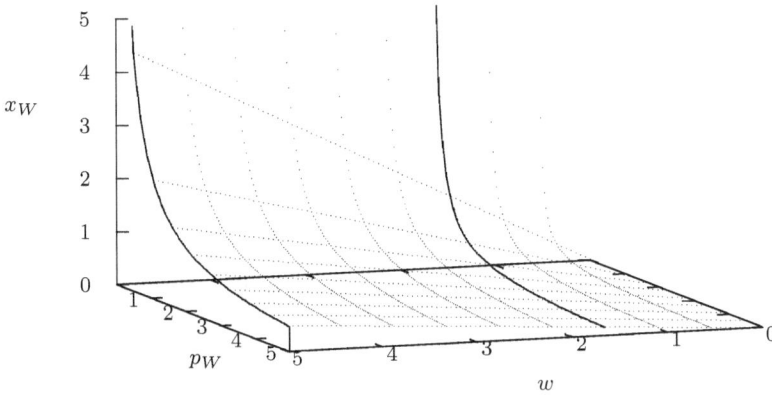

Abbildung 7.3: *Wein-Nachfrage*

Bei genauem Hinschauen entpuppt sich die bedingte Nachfragekurve zum geringeren Einkommen als diejenige, die „tiefer" liegt in einem konventionellen zweidimensionalen Diagramm mit p_W auf der horizontalen Achse und x_W auf der vertikalen Achse. Dieser Umstand ist die Ursache für Aussagen wie „Die Nachfragefunktion verschiebt sich mit fallendem Einkommen nach unten" im Kontext von zweidimensionalen Darstellungen der Nachfragefunktion.

7.2 Aggregation

Be. 280: Wie die Ressourcen auf Sektoren verteilen?

Es betragen die im Inland verfügbaren Arbeitseinheiten insgesamt L. Eine Aufteilung von L auf die beiden Sektoren heißt Allokation der Arbeit. Die möglichen Arbeitsallokationen werden durch die Isoarbeitseinsatzlinie zum Niveau L beschrieben (Be. (276)). Diese spezielle Isoarbeitseinsatzlinie bezeichnen wir als Ressourcenallokationslinie. Da alle Inputbündel (L_W, L_T) auf dieser Linie sich die Eigenschaft teilen, insgesamt L Arbeitseinheiten zu verbrauchen, erfüllen sie die Gleichung

$$L_W + L_T = L. \tag{7.6}$$

Umstellen dieser Gleichung nach L_W gibt $L_T = L - L_W$. Hier ist L_T der bei insgesamt vorhandener Arbeitsressource L mögliche Arbeitseinsatz im Tuchsektor, wenn der

Arbeitseinsatz im Weinsektor L_W erreicht. Die Achsenabschnitte der Geraden $L_T = L - L_W$ lauten beide L, gleichzeitig ist deren Steigung -1. Der Absolutwert der Steigung dieser Geraden, also Eins, stimmt mit einem in diesem Kontext relevanten realen Preis überein: der Anzahl Arbeitseinheiten (nämlich einer), auf die der Tuchsektor verzichten muss, wenn eine zusätzliche Arbeitskraft im Weinsektor eingesetzt werden soll.

Be. 281: Wein in Tuch transformieren?

Die Ressourcenallokationskurve (Be. (280)) ist in leicht abgewandelter Form bekannter. Halten wir zuerst fest, dass sich der Arbeitseinsatz des Wein- oder Tuchsektors immer aus dessen Produktionsniveau rekonstruieren lässt. Ist der gesamte sektorale Weinausstoß etwa Y_W, dann waren Y_W/a_W Arbeitseinheiten vonnöten. Ersetzen wir also in der Notation der Ressourcenallokationskurve (Be. (280)) L_W durch Y_W/a_W sowie L_T durch Y_T/a_T. Dann lautet die Gleichung der modifizierten Ressourcenallokationskurve $Y_W/a_W + Y_T/a_T = L$. Umstellen dieser Gleichung nach Y_T gibt

$$Y_T = La_T - (a_T/a_W)Y_W.$$

Aus der Perspektive dieser letzten Gleichung kann Tuch in Wein transformiert werden, und aus diesem Grund heißt der Graph dieser Gleichung Transformationskurve. Intuitiv erfordert die Produktion einer Amphore Wein $1/a_W$ Arbeitskräfte (Be. (267)). Werden insgesamt Y_W Amphoren Wein gewünscht, müssen dem Weinsektor folglich $(1/a_W) \cdot Y_W$ Arbeitskräfte zur Verfügung stehen. Dem Tuchsektor bleiben kraft Ressourcenrestriktion in Gleichung (7.6) nur noch $L - Y_W/a_W$ Arbeitseinheiten zur Herstellung von Tuch. Bei gegebener Produktivität jeder dieser Arbeitseinheiten in Höhe von a_T ist die resultierende Gesamtproduktion an Tuch eben $La_T - (a_T/a_W)Y_W$. Der Absolutwert der Steigung der Transformationskurve ist ein bereits bekannter Tuchpreis des Weins. Der Absolutwert der Steigung der Transformationskurve ist ja a_T/a_W, die Transformationsrate (Be. (273)).

Be. 282: Nachfrage und Angebot aller

Die L Haushalte des Inlands haben identische Wein-Nachfragen von $x_W(p_W, w) = w/2p_W$; gleichzeitig haben die L^* ausländischen Haushalte identische Wein-Nachfragen von $x_W^*(p_W^*, w^*) = w^*/2p_W^*$ (Be. (277)). Wir leiten zuerst die aggregierte Nachfragefunktion des Inlands nach Wein her; anschließend schauen wir auf die aggregierte Nachfragefunktion des Auslands sowie der – sich aus In- und Ausland zusammensetzenden – Welt nach Wein. Die aggregierte inländische Wein-Nachfrage ergibt sich durch Summation aller insgesamt L dieser inländischen Nachfragen. Sie lautet $X_W = L\,x_W(p_W, w) = (Lw)/2p_W$. Analog ist die aggregierte ausländische Nachfrage $X_W^* = L^* x_W^*(p_W^*, w^*) = (L^* w^*)/2p_W^*$. Damit folgt

$$X_W + X_W^* = \left(Lw/p_W + L^*w^*/p_W^*\right)/2$$

als aggregierte Welt-Wein-Nachfragefunktion. Ganz offensichtlich gilt: Je teurer der Wein in In- und Ausland ist, desto geringer ist die Weltnachfrage. Daneben lassen steigende Einkommen in In- oder Ausland die Welt-Wein-Nachfrage anschwellen. – Das aggregierte Angebot eines Sektors ist einfach zu bestimmen. Ist L_W die Anzahl von Arbeitern im inländischen Weinsektor, dann ist $L_W a_W$ die aggregierte inländische Weinproduktion. Analog sind $L_T a_T$ die aggregierte inländische Tuchproduktion, $L_W^* a_W^*$ die aggregierte ausländische Weinproduktion und $L_T^* a_T^*$ die aggregierte ausländische Tuchproduktion. Kurz bezeichnen wir diese aggregierten sektoralen Produktionsmengen als Y_W, Y_T, Y_W^* sowie Y_T^*, respektive.

Be. 283: Handelsbilanz ausgleichen?

In unserem einfachen Außenhandelsmodell gibt es keine Kreditbeziehungen zwischen In- und Ausland. Deshalb müssen die inländischen Konsummöglichkeiten exakt die begrenzten Möglichkeiten des Inlands spiegeln – analog im Ausland. Die Handelsbilanz des Inlands als Differenz zwischen dem Wert der Exporte und den Kosten der Importe – also $p_W(Y_W - X_W) - p_T(X_T - Y_T)$ – muss Null betragen. Analog lässt sich für das Ausland fordern, dass $p_T^*(Y_T^* - X_T^*) - p_W^*(X_W^* - Y_W^*)$ gleich Null ist. Umstellen dieser beiden Gleichungen führt auf:

$$X_T = Y_T + (Y_W - X_W)\, p_W/p_T \qquad (7.7)$$
$$X_W^* = Y_W^* + (Y_T^* - X_T^*)\, p_T/p_W \qquad (7.8)$$

Besprechen wir exemplarisch die Gleichung für das Inland, Gl. (7.7). Auf der linken Seite dieser Gleichung findet sich der Tuchkonsum des Inlands. Auf der rechten Seite steht im Detail, aus welchen Quellen sich dieser Tuchkonsum zusammensetzt. Der erste Term, Y_T, benennt die inländische Tuchproduktion als eine mögliche Quelle. Und der zweite Term, $(Y_W - X_W)p_W/p_T$, misst gerade, wie viele Tucheinheiten über die inländischen Weinexporte ertauscht werden können. Heimische Produktion und der Tuch-Gegenwert der exportierten heimischen Weinproduktion bilden die beiden Quellen des inländischen Tuchkonsums. Eine analoge Diskussion lässt sich für Gl. (7.8) führen.

Be. 284: Walras-Gesetz

Wir multiplizieren Gleichung (7.7) mit p_T sowie Gleichung (7.8) mit p_W. Anschließend addieren wir die so modifizierten Gleichungen zueinander und stellen um:

$$0 = p_W \left(X_W + X_W^* - Y_W - Y_W^*\right)$$
$$+ p_T \left(X_T + X_T^* - Y_T - Y_T^*\right). \qquad (7.9)$$

Diese Gleichung verknüpft die aggregierten Wein- und Tuchnachfragen $X_W + X_W^*$ sowie $X_T + X_T^*$ der Haushalte mit den aggregierten Angeboten der Unternehmen $Y_W + Y_W^*$ sowie $Y_T + Y_T^*$. Der Klammerausdruck in der ersten Zeile von (7.9) wird als aggregierte

Welt-Überschussnachfrage nach Wein bezeichnet. Der Klammerausdruck in der zweiten Zeile von (7.9) heißt aggregierte Welt-Überschussnachfrage nach Tuch. In Worten besagt die Gleichung (7.9) also: Die Summe der mit ihren jeweiligen Preisen bewerteten Welt-Überschussnachfragen ist Null. Diese Aussage heißt Walras-Gesetz.

Be. 285:   Wann maximieren Unternehmen ihre Gewinne?

Greifen wir ein beliebiges Unternehmen des inländischen Weinsektors heraus. Produziert es y_W Amphoren, generiert es einen Umsatz von $y_W p_W$ zu Lohnstückkosten von w_W/a_W (Be. (271)) und damit Lohnkosten von $y_W(w_W/a_W)$. Sein Gewinn ist $\pi_W = y_W(p_W - w_W/a_W)$. (i) Liegt der Umsatz einer Arbeitseinheit (oder, im Folgenden einfach, eines Arbeiters) $p_W a_W$ unterhalb des Lohnsatzes w_W, wird es niemanden einstellen. Andernfalls machte es ja Verlust. (ii) Liegt der Umsatz eines Arbeiters $p_W a_W$ dagegen oberhalb, oder in Höhe, von dem Lohnsatz w_W, sollte das Unternehmen alle Arbeitskräfte einstellen, derer es habhaft werden kann. Die Frankfurter Allgemeinen Zeitung (26.02. 2001) schildert unter der Überschrift „Unkündbar mit neunzig" einen Neunzigjährigen, der für seine Einstellung mit den Worten wirbt:

> „Sie können mich sofort entlassen, wenn der Umsatz, den ich erwirtschafte, nicht größer ist als mein Gehalt"

Diese Faustregel entspricht (fast) dem gerade beschriebenen optimalen Plan des Unternehmens.

7.3   Gleichgewicht

Be. 286:   Marktzutritts-Gleichgewicht

Der Gewinn eines Unternehmens beläuft sich auf $\pi_T = y_T(p_T - w_T/a_T)$ im inländischen Tuch-Sektor sowie auf $\pi_W = y_W(p_W - w_W/a_W)$ im inländischen Wein-Sektor (Be. (285)). Gäbe es Gewinn in einem Sektor, käme es zu Marktzutritt. Denn die Kosten des Marktzutritts werden hier zu Null angenommen. Jedes noch nicht aktive Unternehmen kann das, was bestehenden Unternehmen zum Gewinn verhilft, jederzeit kopieren. Spiegelbildlich gilt: Gäbe es Verlust, käme es zu Marktaustritt. Denn die Kosten des Marktaustritts seien ebenfalls Null. Jedes aktive Unternehmen kann sämtliche seiner Arbeiter sofort entlassen. Mit diesen Annahmen sind weder Gewinn noch Verlust mit der Idee eines Ruhezustands – bei dem weder Markteintritt noch -austritt zu beobachten sind – zu vereinbaren. Im Markteintritt/-austritt-Gleichgewicht oder etwas salopper einfach Marktzutritts-Gleichgewicht sind die Gewinne aller aktiven Unternehmen Null: $\pi_W = 0$ und $\pi_T = 0$. Damit folgt

$$w_W = p_W\, a_W \qquad \text{und} \qquad w_T = p_T\, a_T. \tag{7.10}$$

Der sektorale Lohnsatz eines Arbeiters entspricht dem durchschnittlichen Umsatz seines Sektors.

Be. 287: Wert der Arbeit?

Die beiden sektoralen Lohnsätze entsprechen gerade den Umsätzen je Arbeiter (Be. (286)). Alternativ können wir Gleichungen (7.10) auch in der Form

$$p_W = w_W/a_W \qquad \text{sowie} \qquad p_T = w_T/a_T$$

schreiben. Beide Gleichungen geben uns die Möglichkeit, die Konsequenzen auf Null herunterkonkurrierter Gewinne aus einer etwas anderen Perspektive zu besichtigen. Die Ausdrücke auf den rechten Seiten dieser Gleichungen sind gerade die Lohnstückkosten einer Amphore Wein bzw. einer Bahn Tuch (Be. (271)). Das Marktzutrittsgleichgewicht bindet also den Preis von Wein bzw. Tuch an die jeweils bei der Produktion einer Amphore Wein oder einer Bahn Tuch entstehenden Lohnkosten. Modelle, die den Preis eines Guts als das Resultat der anfallenden Lohnstückkosten erklären, hängen der Arbeitswertlehre an (Be. (94)).

Be. 288: Güterarbitrage und Kaufkraftparität

Der Preis einer Amphore Wein im Inland beträgt p_W Euro, der Preis einer Amphore Wein im Ausland p_W^* ausländischer Währungseinheiten. Der Preis einer ausländischen Währungseinheit ist e Euro (Be. (269)). Schließlich seien die Transportkosten je Amphore Wein t Euro. Ein Arbitragegleichgewicht herrscht vor, wenn das Verschiffen von Amphoren Wein weder vom Ausland ins Inland noch vom Inland ins Ausland Gewinne ermöglicht. Einerseits muss also gelten: $-p_W^* e - t + p_W \leq 0$. Andererseits muss aber auch gelten: $-p_W - t + p_W^* e \leq 0$. Beide Ungleichungen zusammengefasst fordern: $-t \leq p_W - p_W^* e \leq t$. Der in Euro ausgedrückte Preisunterschied übersteigt im Arbitragegleichgewicht nicht die Transportkosten. Täte er es, setzten sofort frenetische Verschiffungen der Arbitrageure ein, die ihn sofort wieder reduzierten. Tatsächlich abstrahieren wir ja sogar vollständig von Transportkosten. Dann gilt also:

$$p_W = e\,p_W^* \qquad \text{bzw.} \qquad p_T = e\,p_T^* \qquad (7.11)$$

für die Beziehung zwischen inländischem und ausländischem Weinpreis bzw. Tuchpreis. Diese Gleichgewichtsbedingungen tragen die Motivation für das schon in Be. (270) vermutete Angleichen in- und ausländischer Preise nach. In diesem Fall spricht man auch vom Gesetz des einheitlichen Preises. Warum die beiden Gleichungen in (7.11) auch Kaufkraftparitäten heißen, wird offensichtlich, wenn wir sie als $1/p_W = (1/e)/p_W^*$ bzw. $1/p_T = (1/e)/p_T^*$ umschreiben. Auf der jeweils linken Seite dieser Gleichungen findet sich die Kaufkraft eines Euro im Inland (Be. (64)); auf der jeweils rechten findet sich die Kaufkraft eines in $(1/e)$ ausländische Währungseinheiten umgetauschten Euro im Ausland.

Be. 289:   Wanderungsgleichgewicht

Die Terms of Trade p_W/p_T vermitteln allen offenen Volkswirtschaften ein Preissignal. Vergleichen wir die zwei zentralen Preise dieses Kapitels: p_W/p_T und a_W/a_T als alternative – in Tuch gemessen – Preise einer Amphore Wein (Be. (275)). Ist $p_W/p_T > a_T/a_W$, dann gilt auch sofort $p_W a_W > p_T a_T$: Der Umsatz je Arbeiter ist höher im Wein- als im Tuchsektor. Aber dann ist auch der Lohnsatz in der Weinindustrie höher als der in der Tuchindustrie: $w_W > w_T$ (Be. (286)). Alle Arbeiter verlassen sofort die Tuchfabriken und wandern in die Weinberge. Die Tuchproduktion kommt zum Erliegen. In anderen Worten: Aus $p_W/p_T > a_T/a_W$ folgt

$$L_W = L.$$

Ist dagegen $p_W/p_T < a_T/a_W$, verlassen alle Arbeiter die Weinberge und wandern stattdessen in die Tuchfabriken. Weichen die Terms of Trade p_W/p_T von der Transformationsrate a_T/a_W ab, spezialisiert sich das Inland im Zuge eines intersektoralen Wanderungsgleichgewichts. Sind Terms of Trade und Transformationsrate schließlich einander gleich, stimmen die Löhne in beiden Sektoren überein. In diesem Fall können wir keine eindeutige Aussage zum Spezialisierungsmuster und zur Höhe der Weinproduktion treffen.

Be. 290:   Welt-Wein-Angebot

Experimentieren wir mit besonders niedrigen Terms of Trade. Ist $p_W/p_T < a_T/a_W$, gilt mit der zentralen Ungleichung $a_T/a_W < a_T^*/a_W^*$ (Be. (274)) erst recht $p_W/p_T < a_T^*/a_W^*$. Damit zahlt der Tuchsektor sowohl im In- als auch im Ausland besser als der Weinsektor (Be. (289)). Folglich produzieren weder In- noch Ausland Wein. Gilt dagegen $a_T/a_W < p_W/p_T < a_T^*/a_W^*$, wird der inländische Weinsektor aktiv, während der Tuchsektor im Ausland weiterhin dominiert. Die Weltweinproduktion erreicht ein Niveau von La_W. Und gilt endlich $a_T^*/a_W^* < p_W/p_T$ spezialisieren sich sogar sowohl In- als auch Ausland in Wein. Die Weinproduktion erreicht ein Maximum von $La_W + L^* a_W^*$. Zusammengefasst entspricht die Weltweinproduktion $Y_W + Y_W^*$

$$\begin{array}{lll} 0 & \text{falls} & p_W/p_T < a_T/a_W \\ L\,a_W & \text{falls} & a_T/a_W < p_W/p_T < a_T^*/a_W^* \\ L\,a_W + L^* a_W^* & \text{falls} & a_T^*/a_W^* < p_W/p_T. \end{array} \tag{7.12}$$

Diese Fallunterscheidungen illustrieren wir mit Hilfe der Abb. (7.4), die die aggregierte Welt-Angebotsfunktion für Wein zeigt. Sind die Terms of Trade einer der beiden Transformationsraten gleich, sind unsere Prognosen zu Spezialisierung und Welt-Wein-Angebot allerdings weniger konkret. Diese Unbestimmtheit schlägt sich in Abb. (7.4) nieder. Dort sind die horizontalen Segmente des Welt-Wein-Angebotsgraphen durchgezogen gezeichnet.

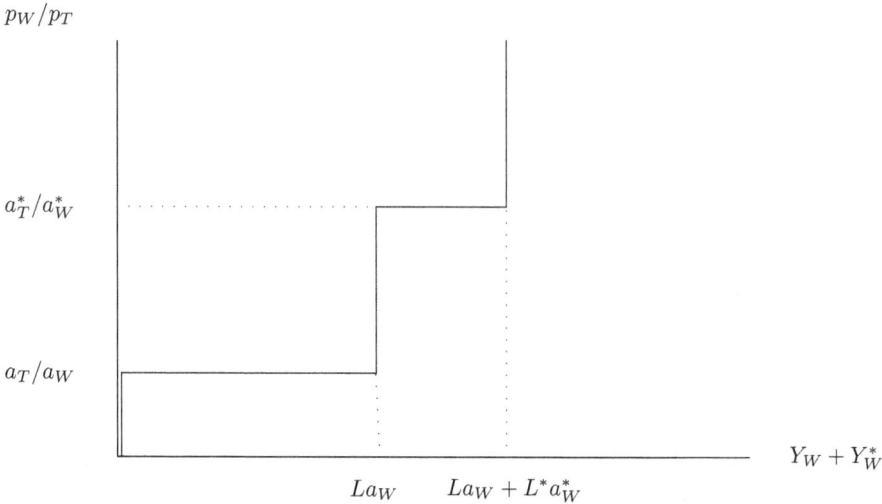

Abbildung 7.4: *Welt-Angebot an Wein*

Be. 291: Einkommen prägen Preise ... Preise prägen Einkommen

Die intersektorale Aufteilung der Arbeiter unterliegt dem Einfluss der Terms of Trade p_W/p_T (Be. (289)). Je nach dessen Höhe variieren folglich auch die Lohneinkommen der Arbeiter: Deren Lohneinkommen sind modellendogen. Ist etwa $p_W/p_T > a_T/a_W$, wandert jeder inländische Arbeiter in den Wein-Sektor. Dort ist sein Lohneinkommen $w_W = p_W a_W$. Ist dagegen $p_W/p_T < a_T/a_W$, favorisiert jeder inländische Arbeiter die Arbeitgeber des Tuch-Sektors. Dort beläuft sich sein Lohneinkommen auf $w_T = p_T a_T$. Etwas allgemeiner beträgt das Einkommen w eines inländischen Arbeiterhaushaltes

$$
\begin{array}{llll}
p_W\, a_W & \text{falls} & p_W/p_T \ge a_T/a_W & \\
p_T\, a_T & \text{falls} & p_W/p_T \le a_T/a_W, & (7.13)
\end{array}
$$

Gleichzeitig ist das – in Euro umgerechnete – Einkommen eines ausländischen Arbeiterhaushalts gleich $p_W a_W^*$ falls $p_W/p_T \ge a_T^*/a_W^*$ sowie $p_T a_T^*$ falls $p_W/p_T \le a_T^*/a_W^*$. Zwar müssen die Unternehmen des In- und Auslands „irgendwem" gehören; aber ihre Gewinne sind in den Marktzutrittsgleichgewichten des Modells ja Null (Be. (286)). Aus diesem Grund reduzieren sich in- und ausländische Einkommen auf die jeweiligen Lohneinkommen w, und w^*.

Be. 292: Aggregierte Welt-Wein-Nachfrage

Bereits früher hatten wir die aggregierte Welt-Wein-Nachfrage hergeleitet (Be. (282)). Sie beläuft sich auf $X_W + X_W^* = 0,5\,(Lw + L^* e w^*)/p_W$. Aus einer partialanalytischen Perspektive – für als fest unterstellte Einkommen – gesehen hängt diese Nachfrage lediglich von p_W, nicht aber von p_T ab. Aus totalanalytischer Perspektive – also unter

Einbeziehung des Einflusses von p_W und p_T auf die in- und ausländischen Einkommen – betrachtet hängt diese Nachfrage aber eben doch von beiden Weltmarktpreisen ab. Wir berücksichtigen Gleichungen (7.13) sowie deren ausländische Pendants in der Darstellung der Welt-Wein-Nachfrage und erhalten für $X_W + X_W^*$

$$
\begin{array}{lll}
0,5 \left(La_T + L^*a_T^*\right) / \left(p_W/p_T\right) & \text{falls} & p_W/p_T \leq a_T/a_W \\[2mm]
0,5 \left(La_W + (L^*a_T^*)/(p_W/p_T)\right) & \text{falls} & a_T/a_W \leq p_W/p_T \leq a_T^*/a_W^* \\[2mm]
0,5 \left(La_W + L^*a_W^*\right) & \text{falls} & a_T^*/a_W^* \leq p_W/p_T
\end{array}
$$

Liegt p_W/p_T oberhalb beider Transformationsraten, reagiert die Welt-Wein-Nachfrage auf Änderungen der Terms of Trade nicht (letzte Zeile). Liegt p_W/p_T zwischen den beiden Transformationsraten, haben dessen Änderungen allerdings Einfluss auf die aggregierte Nachfrage des Auslands (zweite Zeile). Und liegt p_W/p_T sogar unterhalb beider Transformationsraten, haben dessen Änderungen sogar Einfluss auf die aggregierten Nachfragen beider Länder (erste Zeile). Abb. (7.5) zeigt den Graphen der Welt-Wein-Nachfrage in Abhängigkeit von den Terms of Trade.

Be. 293: Gleichgewicht auf beiden Märkten?

Konfrontieren wir Welt-Wein-Angebot (Be. (290)) mit Welt-Wein-Nachfrage (Be. (292)). Und unterstellen wir dabei, dass $a_T/a_T^* < L^*/L < a_W/a_W^*$. Mit dieser Restriktion bezüglich der Größe der beiden Länder ergibt sich das Bild aus Abb. (7.5). Die gleichgewichtigen Terms of Trade im Schnittpunkt der beiden Graphen, $(p_W/p_T)'$, lassen sich der Abbildung zufolge wie folgt abschätzen:

$$
a_T/a_W \;\; < \;\; (p_W/p_T)' \;\; < \;\; a_T^*/a_W^* \tag{7.14}
$$

Die Gleichgewichtsmenge ist gleich der vom Inland gekelterten Weinmenge $L\,a_W$. Zum Gleichgewichtspreis stimmen Welt-Wein-Nachfrage und Welt-Wein-Angebot überein:

$$
X_W + X_W^* \;=\; Y_W + Y_W^*.
$$

Der Weltmarkt für Wein ist also geräumt.

Be. 294: Korollar zum Walras-Gesetz: Intuition

Können wir sicher sein, dass das Gleichgewicht wirklich „allgemein" ist: Dass nicht nur die Welt-Wein-Nachfrage mit dem Welt-Wein-Angebot übereinstimmt, sondern auch die Welt-Tuch-Nachfrage mit dem Welt-Tuch-Angebot? – Kombinieren wir die Beobachtung eines Gleichgewichts auf dem Welt-Wein-Markt mit dem Walras-Gesetz (Be. (284)). Setzen wir also $X_W + X_W^* \;=\; Y_W + Y_W^*$ in Gleichung (7.9) ein. Dann folgt tatsächlich sofort

$$
X_T + X_T^* \;=\; Y_T + Y_T^*.
$$

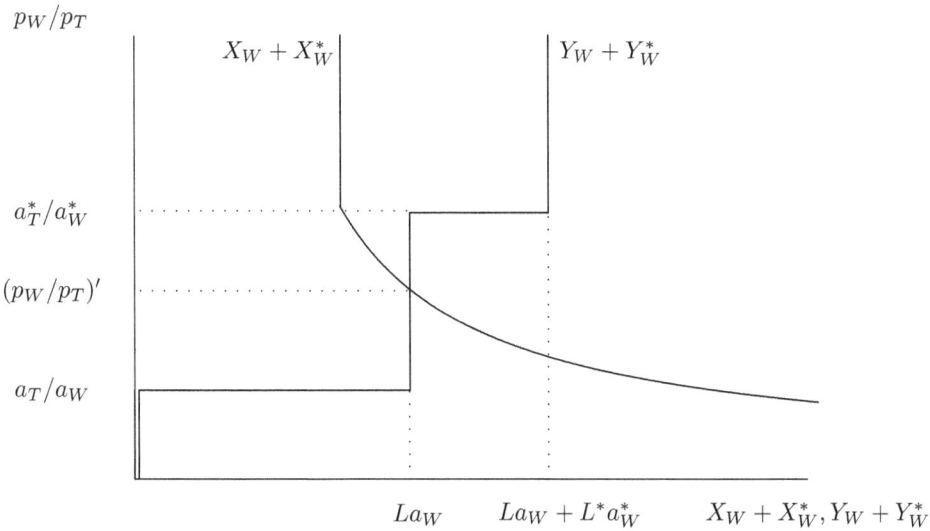

Abbildung 7.5: *Allgemeines Gleichgewicht*

Haben wir Terms of Trade, zu denen einer der beiden Weltmärkte ausgeglichen ist, ist der jeweils andere dieser Weltmärkte zu diesen Terms of Trade ebenfalls automatisch ausgeglichen. – Dieser auf dem Walras-Gesetz aufbauende Schluss heißt manchmal auch Korollar zum Walras-Gesetz. Dieses Korollar ist viel intuitiver als auf den ersten Blick scheint: Erinnern wir uns an die Interpretation der Terms of Trade (Be. (272)). Bezahlt wird jede gekaufte Amphore Wein auf dem Weltmarkt für Wein in Bahnen Tuch. Aber dann gilt: Jede nachgefragte Amphore Wein geht einher mit einer Offerte an Bahnen Tuch in Höhe des Gleichgewichtspreises $(p_W/p_T)'$; ebenso löst jede angebotene Amphore Wein das Verlangen nach Bahnen Tuch in Höhe des Gleichgewichtspreises $(p_W/p_T)'$ aus. Aber dann sind Angebot und Nachfrage auf dem Weltmarkt für Tuch tatsächlich ebenfalls im Gleichgewicht, wenn Angebot und Nachfrage auf dem Weltmarkt für Wein es sind.

Be. 295: Inland spezialisiert sich in Wein, Ausland in Tuch

Im Gleichgewicht der Abb. (7.5) spezialisieren sich beide Länder nicht nur ein bisschen (wie noch in Be. (264)), sondern ... vollständig. Einerseits übersteigen die Terms of Trade im Gleichgewicht die Transformationsrate des Inlands, andererseits hinken die gleichgewichtigen Terms of Trade der Transformationsrate des Auslands hinterher. Entsprechend wandern sämtliche inländischen Arbeiter in den Weinsektor, während alle ausländischen Arbeiter den Tuchsektor vorziehen. Im Gleichgewicht produziert das Inland ausschließlich Wein, das Ausland dagegen produziert ausschließlich Tuch. Da die Arbeiterhaushalte beider Länder grundsätzlich beide Güter wünschen, muss das Inland folglich Tuch importieren, während das Ausland Wein zu importieren hat. Das gleichgewichtige Spezialisierungsmuster spiegelt die komparativen Kostenvorteile dieser Länder

(Be. (274)). Grundsätzlich gilt: Jedes Land spezialisiert sich in der Produktion desjenigen Guts, in der es seinen komparativen Kostenvorteil besitzt. Dieser Zusammenhang wird oft genutzt, um bereits anhand der komparativen Kostenvorteile auf die im Gleichgewicht wirksame Spezialisierung zu schließen. Die Beobachtung der Spezialisierung entlang komparativer Kostenvorteile ist unabhängig von den absoluten Kostenvorteilen eines Landes (Be. (268)). Spezialisierung tritt selbst dann ein, wenn ein Land in beiden Sektoren absolute Kostenvorteile besitzt. Etwas prägnanter: Beide Länder sind immer wettbewerbsfähig.

Be. 296: Wer hat die höheren Löhne?

Aufgrund der inländischen Spezialisierung in Wein gilt: $w = w_W = p_W a_W$. Mit der ausländischen Spezialisierung auf Tuch gilt: $ew^* = ew_T^* = p_T a_T^*$. Für den relativen Lohnsatz folgt damit $w/ew^* = (p_W/p_T)(a_W/a_T^*)$. Dieser Quotient ist nicht ohne weiteres interpretierbar. Aber er lässt sich mit Hilfe der Ungleichungen (7.14) abschätzen. Multiplizieren von (7.14) mit a_W/a_T^* gibt:

$$\frac{a_T}{a_T^*} < \frac{p_W}{p_T}\frac{a_W}{a_T^*} < \frac{a_W}{a_W^*} \tag{7.15}$$

Außenhandel findet selbst dann statt, wenn eines der beiden Länder in beiden Sektoren produktiver ist als das jeweils andere (Be. (295)). Tatsächlich gilt mit unserer Annahme zu absoluten Kostenvorteilen: $a_T > a_T^*$, $a_W > a_W^*$ (Be. (268)). Aber dann lässt sich mit Hilfe der linken Ungleichung in (7.15) schließen, dass der inländische Lohnsatz den – ebenfalls in Euro ausgedrückten – ausländischen Lohnsatz übersteigt: $w > ew^*$. Das Produktivitätsgefälle in demjenigen Sektor, in dem das „wettbewerbsfähigere" Land nicht spezialisiert ist, stellt eine untere Schranke für die Höhe des Lohngefälles w/ew^* dar.

Be. 297: Exporte wichtiger als Importe?

Häufig entsteht der Eindruck, Exporte seien wichtiger als Importe: An Exporten hingen Arbeitsplätze, Exporte seien Konjunkturstütze, Exporte verdienten Devisen. Diese Sicht ist im keynesianischen Kontext richtig, aber in diesem Kapitel falsch. Hier sind Exporte nur sinnvoll, weil sie Importe ermöglichen (Be. (293)). Diese Einsicht wird oft verdeckt durch den Eindruck, dass inländische Unternehmen ein von den inländischen Haushalten losgelöstes Interesse zu haben scheinen, möglichst hohe Exporte zu erzielen. Aber dieser Eindruck trügt: Nehmen Sie als Extremfall an, Unternehmen des Inlands exportierten ins Ausland, obgleich das Ausland nichts im Tausch zu bieten habe. Dann säßen die inländischen Exporteure auf ihren im Ausland verdienten Währungseinheiten (Devisen) fest. Denn welcher inländische Haushalt würde schon – wertvolle – inländische Währung gegen – wertlose – ausländische Währung tauschen wollen? Inländische Unternehmen können nur dann ins Ausland exportieren wollen, wenn inländische Konsumenten ausländische Produkte importieren möchten. Ein im Allgemeinen Gleichgewicht bestehender Wunsch nach Importen vermittelt den Anreiz zu Exporten, nicht umgekehrt.

Be. 298: Kreislauf

Das Allgemeine Gleichgewicht im Modell dieses Kapitels beschreibt einen – nicht nur auf den ersten Blick verwirrenden – Kreislauf: Unterstellen Sie Terms of Trade von $(p_W/p_T)'$: (i) Diese legen die Angebote der Unternehmen und die Entlohnungen der in ihnen beschäftigten Arbeiter fest (Be. (289) und (290)). (ii) Die Entlohnungen der Arbeiter prägen die Einkommen der Arbeiter-Haushalte (Be. (291)). (iii) Die Einkommen der Arbeiterhaushalte treiben gemeinsam mit den Terms of Trade die Welt-Nachfragen der Haushalte nach Wein und Tuch (Be. (292)). Anders als Angebot und Nachfrage im Partialgleichgewicht des Marktmodells dieses Textes sind aggregierte Nachfrage und aggregiertes Angebot nicht unabhängig voneinander. Vielmehr übt hier – ähnlich der keynesianischen makroökonomischen Interaktion – das aggregierte Angebot über die Einkommen, die es induziert, einen neben der Güterpreisbildung zusätzlichen, indirekten Effekt auf die aggregierte Nachfrage aus.

7.4   Komparative Statik

Be. 299:   Und wenn der Exportsektor noch produktiver wird?

Die beiden Länder spezialisieren sich im Gleichgewicht (Be. (293)). Jetzt steige die Arbeitsproduktivität in der Exportindustrie des Inlands – also in Wein. Der Produktivitätszuwachs betrage 1: Die inländische Weinproduktivität steigt auf $a_W'' = a_W + 1$. Einerseits steigt dann das Weltangebot an Wein von La_W auf $L(a_W + 1)$. Bildlich gesprochen verschiebt sich der Graph des aggregierten Wein-Angebots in seinem „mittleren Abschnitt" nach rechts. Andererseits wächst aber auch die Weltnachfrage nach Wein von $0,5(La_W + L^* a_T^* p_T/p_W)$ auf $0,5(L(a_W + 1) + L^* a_T^* p_T/p_W)$ Amphoren. Bildlich gesprochen verschiebt sich der Graph der aggregierten Wein-Nachfrage ebenfalls nach rechts. Der unmittelbare Nachfragezuwachs, von $0,5L$, ist offensichtlich kleiner als der unmittelbare Angebotszuwachs, von L. Es entsteht ein Überschussangebot auf dem Weltmarkt für Wein. Nur eine Korrektur der Terms of Trade kann das Gleichgewicht wiederherstellen. Konkret fällt p_W/p_T solange, bis der sich im Zuge fallender Terms of Trade einstellende Nachfragezuwachs aus In- und Ausland die zusätzliche Produktion aufnimmt. Am Ende des Anpassungsprozesses werden die Terms of Trade gefallen sein. Im Gegensatz zum Produktivitätszuwachs im inländischen Weinsektor haben kleine Produktivitätsveränderungen im inländischen Tuchsektor keine Effekte auf die Terms of Trade. Denn der Importsektor ist ja ohnehin nicht aktiv.

Be. 300:   Länder mit höherer Inflation werten ab

In Kombination mit den beiden Geldmarktgleichgewichten in In- und Ausland (Be. (198)) führt das Gesetz des einheitlichen Preises (Be. (288)) zu einer Theorie des nominalen Wechselkurses. Das Preisniveau im Inland beträgt $P = M/kY$, das des Auslands

$P^* = M^*/k^*Y^*$ und das Gesetz des einheitlichen Preises verlangt $P = eP^*$. Umstellen der Gleichung nach e und Ersetzen von P und P^* vermittels der jeweiligen Geldmarktgleichgewichte gibt

$$e = \delta\,(M/M^*)$$

mit $\delta = k^*Y^*/kY > 0$. Aus der Perspektive des klassischen Modells wird der nominale Wechselkurs durch den Quotienten der inländischen und ausländischen Geldmenge sowie die typischerweise fixe Größe δ festgelegt. Steigt die inländische Geldmenge, steigt auch der Wechselkurs. Eine ausländische Währungseinheit wird teurer (Be. (269)). Dieser Anstieg des nominalen Wechselkurses e ist gleichbedeutend mit einem Rückgang von $(1/e)/P^*$, also des Wertes einer inländischen Währungseinheit im Ausland (Be. (64)). Auf den Kopf gestellt heißt das: Sollen nominale Wechselkurse fest bleiben – etwa als Vorstufe einer Währungsunion – müssen die Geldmengen der Partnerländer gleichmäßig wachsen.

7.5   Wohlfahrt

Be. 301: Autarke Produktion ineffizient

Im Autarkiezustand produzieren In- und Ausland Wein und Tuch nur zur eigenen Verwendung. Aber betrachten Sie die folgenden einfachen intersektoralen Reallokationen von Arbeitskräften innerhalb des Inlands sowie innerhalb des Auslands:

1. Das Inland schichte $1/a_W$ Arbeitseinheiten aus der Tuch- in die Weinproduktion um. Mit deren Hilfe produziert es 1 Amphore Wein extra. Gleichzeitig ist der inländische Rückgang an Bahnen Tuch $(1/a_W) \cdot a_T$.

2. Zeitgleich suche das Ausland den Tuchausfall des Inlands zu kompensieren. Um a_T/a_W Bahnen Tuch zusätzlich herzustellen, muss es $(a_T/a_W) \cdot (1/a_T^*)$ Arbeiter aus der Weinproduktion abziehen. Der resultierende Produktionsverlust ausländischen Weins ist $(a_T/a_W) \cdot (a_W^*/a_T^*)$.

3. Per Konstruktion bleibt die Weltproduktion an Tuch konstant. Dagegen steigt die Weinproduktion im Inland um 1 Amphoren, während sie im Ausland um $(a_T/a_W) \cdot (a_W^*/a_T^*)$ Amphoren fällt. Aber mit Hilfe der Annahme (7.4) aus Be. (274) gilt dann, dass die Weltproduktion an Wein steigt.

Schon eine ansatzweise Spezialisierung der Produktionssektoren des In- und Auslands in Richtung der jeweiligen komparativen Kostenvorteile ist eine Pareto-Verbesserung – ganz unabhängig von darüber hinaus zusätzlich möglichen Tauschgewinnen aufgrund unterschiedlicher Zahlungsbereitschaften (Be. (302)). In anderen Worten: Autarkie in der Produktion (Verzicht auf Spezialisierung) ist Pareto-ineffizient. Darüber hinaus ist die vollständige Spezialisierung im Außenhandelsgleichgewicht (Be. (293)) erst recht eine Pareto-Verbesserung. Erst dann werden die Spezialisierungspotentiale ja vollständig gehoben.

Be. 302: Autarker Konsum ineffizient

Die Grenzrate der Substitution eines ausländischen Haushalts GRS* misst die Anzahl von Bahnen Tuch (Gut 2), auf die dieser im Tausch gegen eine Amphore Wein (Gut 1) maximal zu verzichten bereit ist (Be. (215)). Gleichzeitig misst die Grenzrate der Substitution eines inländischen Haushalts *GRS* die Anzahl von Bahnen Tuch, die jener mindestens einfordert, soll er freiwillig dazu bereit sein, auf eine Amphore Wein zu verzichten (Be. (216)). In Autarkie werden diese beide Grenzraten der Substitution nicht übereinstimmen: Warum sollten sie auch? Es wäre ein Zufall, wenn sie es täten. Ohne Handelsbeziehungen gibt es nichts, was diese beiden Grenzraten der Substitution in Einklang miteinander bringen könnte. Unterstellen wir konkret also etwa

$$GRS \ < \ GRS^*.$$

Dann übersteigt die Zahlungsbereitschaft eines ausländischen Haushalts doch die Zahlungsforderung eines inländischen Haushalts. Ein Tausch einer Amphore Wein gegen irgendeine zwischen den beiden Grenzraten der Substitution liegende Anzahl an Bahnen Tuch wäre eine Pareto-Verbesserung – ganz unabhängig von möglichen Spezialisierungsvorteilen durch internationalen Handel (Be. (301)). In anderen Worten: Autarkie im Konsum – Verzicht auf Tausch – ist Pareto-ineffizient, weil in Autarkie die Grenzraten der Substitution in- und ausländischer Haushalte kaum übereinstimmen werden (Be. (238)).

Be. 303: Handel effizient

Ein gesellschaftlicher Zustand, in dem die Grenzraten der Substitution in- und ausländischer Haushalte nicht übereinstimmen, ist Pareto-ineffizient (Be. (302)). Folglich muss jeder Pareto-effiziente Zustand die Eigenschaft haben, dass die Grenzraten der Substitution in In- und Ausland zusammenfallen. Leistet dies das Außenhandelsgleichgewicht? Halten wir fest, dass im Handelsgleichgewicht der – in Tuch ausgedrückte – Preis des Weins in In- und Ausland übereinstimmt; er ist der Weltmarktpreis p_W/p_T. Gleichzeitig wählen alle Haushalte immer die für sie optimalen Konsummengen. Es gilt also $GRS^* = p_W/p_T$ einerseits sowie $GRS = p_W/p_T$ andererseits (Be. (351)). Aber dann gilt auch

$$GRS \ = \ p_W/p_T \ = GRS^*.$$

Im Gleichgewicht stimmen die – in Tuch ausgedrückten – marginalen Zahlungsbereitschaften für Wein aller Haushalte überein. Eine notwendige Bedingung für Pareto-Effizienz ist hier also tatsächlich erfüllt. (Allerdings: Zum einen gibt es mehr als eine notwendige Bedingung für Pareto-Effizienz. Zum anderen ist die Erfüllung notwendiger Bedingungen nicht zwangsläufig hinreichend für Pareto-Effizienz.)

Be. 304:   Produktivitätszuwachs im Exportsektor Pareto-Verbesserung

Im Handelsmodell dieses Textes repräsentieren Produktivitätszuwächse im Exportsektor eines Landes eine Variante der Globalisierung: Länder der Zweiten und Dritten Welt verzeichnen vielfach höhere Wachstumsraten als Länder der Ersten Welt. Aber ein Produktivitätszuwachs im Exportsektor eines Handelspartners aus der Zweiten oder Dritten Welt ist im Handelsmodell dieses Textes keine Bedrohung für ein Land der Ersten Welt, sondern ein Gewinn. Nehmen wir an, Inland repräsentiert ein Land der Dritten Welt. Dann zeigt unsere obige Diskussion (Be. (299)), dass die gleichgewichtigen Terms of Trade fallen, wenn das Inland produktiver in der Weinproduktion wird. Davon profitiert also das Ausland, das künftig weniger Tuch für eine Amphore Wein liefern muss. Darüber hinaus lässt sich zeigen, dass sich trotz des Wertverlusts ihres Exportprodukts sogar die inländischen Haushalte besserstellen (Dixit/Norman (1980)). Ein Produktivitätszuwachs in einem Exportsektor ist eine Pareto-Verbesserung.

7.6   Ausblick

Be. 305:   Literatur

Krugman/Obstfeld (1995) und Caves/Frankel/Jones (1993) bieten in ihren ersten Kapiteln eine Einführung in die Außenhandelstheorie. Diese Autoren diskutieren nicht nur das Ricardianische Modell des Außenhandels sowie mögliche Vertiefungen, sondern stellen auch eine Reihe alternativer Erklärungen des Außenhandels vor, darunter die nach Ländern unterschiedliche Ausstattung mit Kapital und Arbeit (im Heckscher-Ohlin-Modell) oder die Bedeutung von Massenproduktion (Intra-Industrieller-Handel). Clark (2007, Kap. 15) bietet einen kurzen Überblick über die Anfänge der Globalisierung im frühen 19. Jahrhundert. O'Rourke/Williamson (2001) zeichnen das Wachstum des transatlantischen Handels im 19. Jahrhundert nach. Bhagwati/Srinivasan (1992) stellen das Ricardianische Handelsmodell in einen allgemeineren Kontext. Dixit/Norman (1980) ist eine formale Einführung in die Außenhandelstheorie.

8 Umwelt

Be. 306: Überblick

Viele umweltrelevante Themen sammeln sich aus den bisherigen Kapiteln an: CO_2-Emissionen und deren Bedeutung für den Klimawandel (Be. (8)), innerstädtisches Pendeln und dessen Abgasemissionen (Be. (163)), Straßenreinigung (Be. (161)) oder die Erschöpfung natürlicher Ressourcen wie Fischbestände (Be. (239)). Das aktuelle Kapitel zieht alle diese Themen zusammen, weil ihnen die Präsenz – negativer oder positiver – externer Effekte gemein ist. Zum einen profitiert die Analyse solcher Effekte von einigen einfachen Bausteinen der sog. nicht-kooperativen Spieltheorie. Diese Bausteine kommen hier zur Sprache. Zum anderen profitiert die Abhilfe solcher Effekte von einigen ganz typischen wirtschaftspolitischen Interventionen. Zur Einführung stellt das Kapitel allerdings beispielhaft das Kalkül zweier Autokäufer in den Vordergrund. Diese beiden müssen sich zwischen dem Kauf eines spritfressenden und überbreiten SUV (sports utility vehicle) und dem Kauf eines umweltschonenden und schlanken PKW entscheiden. Die Diskussion des Kaufverhaltens der beiden Autokäufer führt auf das prominente Gefangenendilemma, und die später anschließende Diskussion des Fahrverhaltens dieser beiden (und aller anderen) Autokäufer führt auf die Analyse der prominenten Pigou-Steuer oder Straßenmaut.

8.1 Individuen

Be. 307: Ein großes oder ein kleines Auto kaufen?

Zwei Haushalte wählen beim Neukauf eines Autos zwischen zwei Klassen: einem leichten, schmalen Personenwagen PKW einerseits sowie einem schweren, breiten sport utility vehicle SUV (Abb. (8.1) zeigt ein Exemplar) andererseits. Ein PKW verbraucht wenig Kraftstoff, außerdem hält er wegen seiner geringeren Breite größeren Sicherheitsabstand zum entgegenkommenden Verkehr. Ein SUV verbraucht viel Kraftstoff, auch erhöht er aufgrund seiner Breite das Risiko der Kollision nicht nur mit einem entgegenkommenden SUV, sondern auch mit einem entgegenkommenden PKW. Darüber hinaus schreibt Varian (2005) in Anlehnung an die Unfallstatistik der USA:

> "Being larger than ordinary vehicles, S.U.V.'s ... cause more damage
> to upper bodies and heads in collisions. Furthermore, their bumpers

Abbildung 8.1: *Ein Sport Utility Vehicle*

> do not always align with automobile bumpers, ... transferring more
> force to other vehicles during impact."

Nicht nur steigt also das Risiko der Kollision mit dem Anteil der SUV auf den Straßen.
Auch hat eine Kollision eines PKW mit einem SUV gravierendere Konsequenzen für die
Insassen des PKW, als es die Kollision mit einem anderen PKW hätte.

Be. 308:   Ein kleines kaufen, wenn der andere ein großes kauft?

Ein gesellschaftlicher Zustand ist im Kontext dieses Kapitels eine Beschreibung der
Kaufentscheidungen beider Autokäufer/-fahrer. Beispielsweise steht die kurze Liste (SUV,
PKW) für den Zustand, in dem sich Fahrer 1 für ein SUV und Fahrer 2 für einen PKW
entschieden haben. Grundsätzlich steht in jedem Zustand die Entscheidung des ersten
Fahrers an der ersten Stelle; die Entscheidung des zweiten Fahrers folgt an zweiter Stelle. Insgesamt vier Zustände sind möglich. Es sind dies: (SUV, SUV), (SUV, PKW),
(PKW, PKW), (PKW, SUV). Um diese Zustände aus der Perspektive beider Autokäufer zu ordnen, ordnen wir ihnen Zahlen – jetzt auch Nutzenwerte oder Auszahlungen
genannt – zu. Der Nutzen des Autokäufers 1 betrage (i) 7 im Zustand (SUV, PKW), (ii)
3 im Zustand (PKW, PKW), (iii) 1 im Zustand (SUV, SUV) sowie (iv) 0 im Zustand
(PKW, SUV). Der Nutzen des Autokäufers 2 liest sich ganz analog: Dessen Nutzen
betrage also (i) 7 im Zustand (PKW, SUV), (ii) 3 im Zustand (PKW, PKW), (iii) 1 im
Zustand (SUV, SUV) sowie (iv) 0 im Zustand (SUV, PKW).

	PKW	SUV
PKW	3, 3	0, 7
SUV	7, 0	1, 1

Abbildung 8.2: *Autowahl*

Be. 309: Autowahl und Präferenzen

Aus diesen Nutzen folgen unmittelbar die Präferenzen der beiden Akteure – ein Zusammenhang, den wir bereits früher diskutiert haben (Be. (258)). Für die Präferenzen der beiden Individuen gilt: (SUV, PKW) $\succ_1$ (PKW, PKW) $\succ_1$ (SUV, SUV) $\succ_1$ (PKW, SUV) bzw. (PKW, SUV)$\succ_2$ (PKW, PKW) $\succ_2$ (SUV, SUV) $\succ_2$ (SUV, PKW). Diese Reihungen gesellschaftlicher Zustände sind plausibel und greifen Varians Diskussion auf. Wir hätten sie alternativ auch gleich direkt annehmen können, ohne den Umweg über eine Nutzenfunktion. Auch hätten wir das jeweils Zweifache, Dreifache – oder generell jede beliebige ordnungserhaltende Transformation – der obenstehenden Renten verwenden können (Be. (259)). In den hier vorgestellten strategischen Spielen steckt die Essenz des Spiels in den individuellen Reihungen der gesellschaftlichen Zustände, nicht in der absoluten Höhe der Auszahlungen.

Be. 310: Strategisches Spiel

Die Vier-Felder-Tabelle – oder Bi-Matrix, weil in jedem Feld zwei Zahlen stehen – aus Abb. (8.2) fasst eine Reihe von Aspekten des Modells zusammen. Jede Zeile dieser Matrix entspricht einer Strategie des Fahrers 1; jede Spalte einer Strategie des Fahrers 2. (ii) Jedes Feld der Matrix entspricht einer Kombination der Strategien beider Fahrer, oder einem sog. Strategieprofil. (iii) Das Zahlenpaar in jedem Feld beschreibt die für das entsprechende Strategieprofil resultierenden Nutzen der beiden Fahrer. Dabei beschreibt die jeweils an erster (zweiter) Stelle stehende Zahl der Nutzen des Fahrers 1 (2). Aus dieser Perspektive informiert die Bi-Matrix simultan über die Nutzenfunktionen beider Fahrer. Mit diesen Vereinbarungen ist das Modell ein sog. strategisches Spiel. Ein strategisches Spiel benennt seine Spieler (Fahrer 1 und 2), es benennt die Strategien, über die die Spieler jeweils verfügen (PKW bzw. SUV für 1 sowie PKW bzw. SUV für 2), und es weist jedem Strategieprofil die Nutzen zu, die die Spieler dort jeweils erfahren.

Be. 311: Beste Antworten: Autowahl

In unserem Modell der Autowahl (Abb. (8.2)) entscheidet sich Spieler 1 für eine der beiden Zeilen, Spieler 2 dagegen für eine der beiden Spalten. Aber wie verhalten sie sich optimal? Beginnen wir mit der sog. Beste-Antwort Funktion des Spielers 1:

- Falls Spieler 2 einen PKW kauft, hat Spieler 1 die Wahl zwischen einer Auszahlung von 3 (falls er einen PKW kauft) sowie einer Auszahlung von 4 (falls er einen SUV kauft). Seine beste Antwort auf Spieler 2's Entscheidung zugunsten eines PKW ist also: SUV.

- Falls Spieler 2 einen SUV kauft, hat Spieler 1 die Wahl zwischen einer Auszahlung von 0 (falls er einen PKW kauft) sowie einer Auszahlung von 1 (falls er ebenfalls einen SUV kauft). Seine beste Antwort auf Spieler 2's Entscheidung zugunsten eines SUV ist: SUV.

Die optimale Entscheidung eines Akteurs ist hier also unabhängig von dem, was sein Gegenüber unternimmt. Im Jargon heißt dies: SUV ist für beide Spieler eine dominante Strategie. – Dieses strategische Spiel zeichnet sich dadurch aus, dass die Entscheidungen der beiden Spieler gerade nicht interdependent sind. Beide Spieler entscheiden sich – unabhängig von der Entscheidung des jeweils anderen – immer für die jeweils gleiche Strategie.

Be. 312:   Beste Antworten: Industrialisierung (Koordinationsspiel)

Ein zweites hier vorgestelltes strategisches Spiel heißt Koordinationsspiel (Abb. (8.3)). Jeder der beiden Spieler – einer von zwei Sektoren einer Gesellschaft – wählt zwischen zwei Strategien: Ein Sektor kann eine neue, bereits erfundene, aber hohe Fixkosten voraussetzende Technologie einsetzen („New"). Oder er kann bei der alten, ohne Fixkosten auskommenden bewährten Technologie bleiben („Old"). Die neue Technologie einzusetzen lohnt sich nur, wenn auch der jeweils andere Sektor die neue Technologie einsetzt. Denn nur dann erhalten die dort beschäftigten Arbeiter entsprechend höhere Löhne und können sich das eigene Produkt auch wirklich leisten – eine Voraussetzung dafür, dass hohe Stückzahlen die hohen Fixkosten decken helfen. Die Auszahlungen in der Bi-Matrix spiegeln diese sog. Komplementarität zwischen den beiden Sektoren: Beide Spieler (Sektoren) eruieren gleich zu Anfang ihre Beste Antwort-Funktionen: (i) Aus der Perspektive von Spieler 1 gilt: Spielt Spieler 2 Old, ist die beste Antwort für Spieler 1, Old zu spielen. Spielt Spieler 2 New, ist die beste Antwort für Spieler 1, New zu spielen. Die Beste Antwort-Funktion für Spieler 1 ist also: Old, falls 2 Old spielt, sowie New, falls 2 New spielt. (ii) Aus der Perspektive von Spieler 2 gelten ganz analoge Überlegungen. Die Beste Antwort-Funktion für Spieler 2 ist: Old, falls 1 Old wählt, sowie New, falls 1 New wählt. Dieses Spiel heißt oft auch Koordinationsspiel.

	New	*Old*
New	3, 3	0, 2
Old	2, 0	2, 2

Abbildung 8.3: *Koordinationsspiel (Industrielle Revolution)*

8.2 Gleichgewicht

Be. 313: Nash-Gleichgewicht

Ein Nash-Gleichgewicht ist ein Strategieprofil, in dem die Strategien der beiden Spieler wechselseitig beste Antworten sind. Aus einem solchen Strategieprofil wird keiner der beiden Spieler allein – also ohne, dass der andere Spieler mit ihm ausbricht – ausbrechen wollen. Daher vermuten wir, dass es sich um einen Ruhezustand, um ein Gleichgewicht handelt. Etwas salopp formuliert: Vorausgesetzt, dass einer bei dem bleibt, was er im Nash-Gleichgewicht gerade tut, wird der jeweils andere ebenfalls bei dem bleiben wollen, was er im Nash-Gleichgewicht gerade tut. Das Nash-Gleichgewicht lässt sich in zweierlei Hinsicht weiter ausleuchten. Auf der einen Seite ist es hilfreich, Strategieprofile zu besichtigen, die gerade kein Nash-Gleichgewicht sind (s.u.). Auf der anderen Seite ist es aber auch hilfreich zu prüfen, unter welchen Bedingungen ein Nash-Gleichgewicht wirklich ein Ruhezustand ist. Das Konzept des Nash-Gleichgewichts schließt ja nicht aus, dass es beide für lohnenswert erachten könnten, gleichzeitig etwas anderes zu tun, als was sie gerade tun ... und damit einen Anreiz besitzen, koordiniert aus dem Nash-Gleichgewicht auszubrechen. Das Konzept des Nash-Gleichgewichts unterstellt allerdings, dass solche simultanen Verhaltensänderungen nicht stattfinden: etwa weil die beiden Spieler nicht miteinander sprechen dürfen oder einander nicht vertrauen können.

Be. 314: Nash-Gleichgewicht: Autowahl

Das Strategieprofil (SUV, SUV) im Spiel aus Abb. (8.2) ist ein Nash-Gleichgewicht. Denn nicht nur heißt die beste Antwort für Spieler 1 auf die Strategie SUV des Spielers 2: SUV. Auch heißt die beste Antwort für Spieler 2 auf die Strategie SUV des Spielers 1: SUV. Die Strategien im Strategieprofil (SUV, SUV) sind also wechselseitig beste Antworten. Damit ist dieses Strategieprofil ein Nash-Gleichgewicht. Gleichzeitig ist keines der drei verbleibenden Strategieprofile Nash-Gleichgewicht. Illustrieren wir dies am Beispiel des Profils (SUV, PKW). Zwar ist die beste Antwort des Spielers 1 auf die Strategie PKW des Spielers 2: SUV. Aber PKW ist nicht die beste Antwort des Spielers 2 auf die Strategie SUV des Spielers 1 (Be. (311)). Die Strategien des Strategieprofils (SUV, PKW) sind eben nicht wechselseitig beste Antworten. Die aus beiden Spielern bestehende Koalition hätte zwar sehr wohl einen Anreiz, aus dem eindeutigen Nash-Gleichgewicht des Spiels auszubrechen. Denn diese Koalition der beiden Spieler könnte beide besserstellen, weil sie beiden Spielern einen extra Nutzen – hier von 2 Einheiten – verspricht. Da wir allerdings angenommen haben, dass sich solche Koalitionen nicht bilden, müssen wir uns über eine solche Bedrohung des Nash-Gleichgewichts keine Sorgen machen.

Be. 315:   Nash-Gleichgewicht: Industrialisierung (Koordinationsspiel)

Das Strategieprofil (New, New) ist ein Nash-Gleichgewicht des Koordinationsspiels
(Abb. (8.3)). Denn nicht nur ist New die beste Antwort des Spielers 2 auf die Entscheidung von Spieler 1 für New. Auch ist New die beste Antwort für Spieler 1 auf
die Entscheidung von Spieler 2 zugunsten von New (Be. (312)). Da beide Strategien
wechselseitig beste Antworten aufeinander sind, ist das aus ihnen bestehende Strategieprofil ein Nash-Gleichgewicht. Aber auch das Strategieprofil (Old, Old) ist ein
Nash-Gleichgewicht; auch dort sind beide Strategien wechselseitig beste Antworten.
Nur die beiden verbleibenden Strategieprofile (Old, New) und (New, Old) sind keine Nash-Gleichgewichte. Das Koordinations-Spiel ist ein strategisches Spiel mit zwei
Gleichgewichten. Auch hier hätte eine aus beiden Spielern bestehende Koalition wohl
einen Anreiz, aus einem Nash-Gleichgewicht auszubrechen, und zwar aus (Old, Old).
Dies wäre der Fall einer koordinierten Industrialisierung eines sich entwickelnden Landes, das zurzeit noch in den alten Technologien steckt, aber die neuen Technologien und
deren Vorteile bereits ahnt. Trotzdem ist das Strategieprofil (Old, Old) ein Ruhezustand,
solange niemand von außen die Technologiewahl der beiden Sektoren koordiniert.

8.3   Wohlfahrt

Be. 316:   Zäher Verkehr

Das Strategieprofil (SUV, SUV) ist ein Nash-Gleichgewicht (Be. (313)). Gleichzeitig
ist es leider Pareto-ineffizient: Durch einen Wechsel zum Strategieprofil (PKW, PKW)
könnten sich beide Spieler eine Auszahlung von 3 statt lediglich von 1 garantieren (Abb.
(8.2)). Nicht nur könnte einer besser gestellt werden, ohne dass der andere schlechter
gestellt würde. Tatsächlich könnten sogar beide besser gestellt werden. Es gilt ja:

$$\text{(PKW, PKW)} \succ_1 \text{(SUV, SUV)}$$
$$\text{(PKW, PKW)} \succ_2 \text{(SUV, SUV)}.$$

Kürzer: (PKW, PKW) $\succ_P$ (SUV, SUV). Ein strategisches Spiel, in dem die Strategieprofile so gereiht sind wie in unserem kleinen Modell des Autokaufs, heißt Gefangenendilemma. Naheliegend ist, dass wenn beide Akteure sich ein überbreites sports utility
vehicle kaufen, der Verkehr insgesamt zäher fließt wird.

Be. 317:   Erfolgte Industrialisierung (Erfolgreiche Koordination)

Das Strategieprofil (New, New) ist ein Nash-Gleichgewicht (Be. (315)). Und gleich-
zeitig ist dieses Gleichgewicht auch Pareto-effizient; denn es gibt keine Pareto-bessere
Alternative. Dies ist leicht überprüfbar, weil die Anzahl von Alternativen klein ist. Im
Strategieprofil (Old, Old) stellen sich beide Spieler schlechter; und im Strategieprofil

(New, Old) oder (Old, New) stellen sich ebenfalls beide schlechter (Abb. (8.3)). Alesina/Glaeser/Sacerdote (2005) regen eine an das Koordinationsspiel angelehnte Interpretation der unterschiedlichen Arbeitszeiten europäischer und amerikanischer Arbeitnehmer an. Demnach befänden sich europäische Arbeiter in einem Pareto-effizienten Zustand kurzer Arbeitszeiten und hoher Freizeit; amerikanische Arbeiter dagegen verharrten im Pareto-ineffizienten Zustand langer Arbeitszeiten und weniger Freizeit: Regulierungen der Arbeitszeit in Europa

> "... serve as a coordination device to achieve a low work hour's equilibrium that is desirable ... but difficult to reach individually"

Eine mögliche Ursache für den Erfolg der Koordination in Europa – und dessen Versagen in den USA – vermuten Alesina/Glaeser/Sacerdote in der besonderen Stärke europäischer Gewerkschaften und deren erfolgreichen Drängen auf Arbeitszeitverkürzung.

Be. 318: Ein Kollektivgut bereitstellen?

Die Anreize, die zum ineffizienten Nash-Gleichgewicht Abb. (8.2) führen, wurden bislang lediglich unterstellt. Betrachten wir jetzt ein Szenario, das eine solche Konstellation von Anreizen gerade generiert. Betrachten wir die Bereitstellung eines Kollektivguts: eines Fernsehers, der lediglich im gemeinsam genutzten Wohnzimmer einer Wohngemeinschaft aufgestellt werden kann. Der Fernseher kostet 200 Euro. Die maximale Zahlungsbereitschaft beider Mitbewohner beträgt 150 Euro. Die beiden Strategien, die zwei Mitbewohnern einer Wohngemeinschaft zur Verfügung stehen, lauten: Sich an der Bereitstellung zu beteiligen (Strategie C) oder sich nicht zu beteiligen (Strategie D). Die Vorteile, die beiden aus unterschiedlichen Strategieprofile entstehen, sind einfach ihre Konsumentenrenten. Beteiligen sich beide gleichermaßen am Ankauf des Fernsehers, erhalten beide eine Rente von $150 - 200/2 = 50$. Beteiligt sich keiner, entsteht keinem der beiden eine Rente. Und „beteiligt" sich nur einer, erfährt dieser eine Rente von $150 - 200 = -50$ ..., während der jeweils andere sich einer Rente von 150 erfreut. Abb. (8.4) fasst die hergeleiteten Renten zusammen.

	C	D
C	50, 50	−50, 150
D	150, −50	0, 0

Abbildung 8.4: Bereitstellung eines Kollektivguts?

Be. 319: Kein Kollektivgut bereitstellen (Gefangenendilemma)

Die Struktur des Spiels aus Be. (318) ist gerade die eines Gefangenendilemmas: Es gelten Ordnungen über die Strategienprofile aus kooperativen und nicht-kooperativen Strategien, die gerade denen aus dem Gefangenendilemma entsprechen. Im Nash-Gleichgewicht

Abbildung 8.5: *Fischer im Netz ihrer eigenen Fehler*

des Spiels aus Abb. (8.4) wird eben kein Fernseher angeschafft. Für jeden der beiden ist es besser, sich nie an der Finanzierung des Fernsehers zu beteiligen – unabhängig davon, ob der jeweils andere den Fernseher nun mitfinanzieren würde oder nicht. Damit wird letztlich überhaupt kein Fernseher gekauft. Das Gefangenendilemma illustriert auf etwas andere Weise die schon bekannte Ineffizienz im Vorhalten von Kollektivgütern, wenn der Staat nicht interveniert (Be. (222)). Tatsächlich ist das in Be. (222) beschriebene Modell interessanter, weil es Trittbrettfahren explizit zulässt. Im Gefangenendilemma gibt es kein Trittbrettfahren, weil es kein Trittbrett gibt.

Be. 320:   Keine Klimabekämpfung leisten (Gefangenendilemma)

Der Economist diskutiert den Klimawandel aus der Perspektive vieler verschiedener Nationalstaaten: „Climate Change is the hardest political problem the world has ever had to deal with. At issue is the difficulty of allocating the cost of collective action and trusting the other parties to bear their part of the burden." Das Dilemma jedes einzelnen Landes besteht darin, auf die Klima-Bemühungen der jeweils anderen Länder zu hoffen, ihnen diese Anstrengungen aber nicht einmal dann schmackhaft machen zu können, wenn sie sich selbst stärker engagierten. Salopp gesprochen verfangen sich diese Länder – ähnlich den Fischern der Europäischen Union (Abb. (8.5)) – im Netz ihrer eigenen Fehler: Handelt jedes Land rational, wenn es seine Industrien nicht mit einer Besteuerung der Kohlendioxid-Emissionen belastet, handelt die Weltgesellschaft aller Länder gerade dann irrational, wenn sie alle diese Industrien nicht belastet. Von der

Rationalität des einzelnen Landes dürfen wir nicht auf die Rationalität aller Länder schließen.

Be. 321: Kein Allmendegut bereitstellen (Gefangenendilemma)

Das Spiel in Abb. (8.4) eignet sich auch zur Diskussion der Allmende (Be. (239)). Angesichts der nur begrenzt nutzbaren Gemeindeweide ist es etwa für Spieler 1 am besten, diese Weide selbst schnell abzugrasen, solange Spieler 2 sie rücksichtsvoll nutzt (D, C), am zweitbesten, die Weide gemeinsam und rücksichtsvoll zu nutzen: (C, C), am drittbesten, die Weide gemeinsam rücksichtslos zu nutzen: (D, D), und am viertbesten, die Weide selbst schonend zu nutzen, während Spieler 2 mit dieser Ressource aast: (C, D). Analoges lässt sich für Spieler 2 feststellen. Die beiden Präferenzordnungen sind gerade so wie in Abb. (8.4). Das dortige strategische Spiel beschreibt eben auch ein typisches Allmendeproblem, nur mit dem Unterschied, dass die kooperative Strategie C jetzt nicht mit einer aktiven Handlung assoziiert ist, sondern mit deren Zurückhalten. Anstelle eines schonenden Abbaus wird die Allmende-Ressource im Gleichgewicht schnell und rücksichtslos von allen Nutzern verbraucht. Dieses Ineffizienz-Resultat komplettiert unsere früheren Überlegungen zum Rückgang der Fischbestände (Be. (320)), zum Ausbeuten der Atmosphäre als Kohlendioxid-Auffangbehälter, zum Überfüllen des erdnahen Weltalls mit erdnahen Satelliten (Be. (241)) oder zur Ausdünnung von Bücherbeständen und Blockierung von Arbeitsplätzen in öffentlichen Bibliotheken (Be. (240)).

Be. 322: Harmonisches Verhältnis der Indianer zur Natur? (Pocahontas)

Der Film „Pocahontas" erzählt die Geschichte einer indianischen Häuptlingstochter (Pocahontas), die einem weißen Siedler (John Smith) begegnet und ihm – der anfangs nur an der Ausbeutung der Natur interessiert ist – von einem harmonischen, mythischen Verhältnis der Indianer zur Natur berichtet. Dass dieses Verhältnis wirklich immer harmonisch war, findet heute allerdings nur noch wenig Zustimmung. Seit langem ist bekannt, dass zeitgleich mit der Ankunft der Paläoindianer in Nordamerika die dort bis dato lebenden großen Tiere plötzlich ausstarben: Das Riesen-Mammut, ein Riesen-Faultier, der Säbelzahntiger, ein amerikanischer Elefant. Lange wurde das Aussterben der Mega-Fauna auf eine damals zeitgleich eintretende kleine Eiszeit zurückgeführt. Heute dagegen schreibt der Economist unter der Überschrift „Noble or Savage?" (22.12. 2007):

> "There is no longer much doubt that people were the cause of the extinction of the megafauna in North America 10,000 years ago and Australia 30,000 years before that. The mammoths and giant kangaroos never stood a chance against co-ordinated ambush with stone-tipped spears and relentless pursuit by endurance runners."

Abbildung 8.6: *Palastrelief mit der Darstellung einer Löwenjagd, Nimrud Zeit des Königs Assurnarsirpal II., 883 - 859 v.Chr. (Pergamonmuseum, Berlin)*

Allerdings: Vernon Smith (1975) lässt die Möglichkeit zu, dass – nachdem die Megafauna einmal verschwunden war – die nordamerikanischen Indianer eine vorsichtigere Nutzung der verbleibenden, weniger gewordenen Allmenden (kleinere Tiere) durch Normbildung etwa in der Religion durchsetzten: Religion beispielsweise verbot allen Stammesmitgliedern häufig unter Strafe das Jagen zu bestimmten Jahreszeiten. Abb. (8.6) inszeniert die ganze Effizienz der Assyrer bei der Löwenjagd (Der von Pfeilen getroffene Löwe ist rechts im Bild zu sehen) im 9. vorchristlichen Jahrhundert. Warum sollten die Indianer Nordamerikas mehrere tausend Jahre vorher nicht zu ähnlichen Jagden fähig gewesen sein, selbst wenn sie damals noch keine Pferde kannten?

Be. 323:   Besprechungen zu lange

In Meetings können Sitzungsteilnehmer entweder lange vortragen ... oder aber sich kurz fassen. Die Süddeutsche Zeitung (19.4. 2001) berichtet unter der Überschrift „Meetings: Die modernen Zeitkiller" von einer Umfrage zu Besprechungen des Managements:

> „Eine Sitzung jagt oft die nächste... Das omnipräsente Sitzungswesen kostet ... Nerven und Zeit ... Gleichzeitig konzentrieren sich viele in Meetings lieber auf ihren eigenen ... Beitrag, anstatt anderen zuzuhören: ‚Es ist zwar schon alles gesagt, aber noch nicht von allen'."

Einerseits will jeder Teilnehmer lange vortragen: sicherlich, wenn die anderen lange reden, aber erst recht, wenn sich die anderen kurz fassen. Andererseits wünschen sich alle Teilnehmer des Meetings, dass jeder einen kürzeren Wortbeitrag wählen würde und das Meeting so insgesamt kürzer ausfallen könnte. Insgesamt klingt hier ein weiteres Gefangenendilemma an (Be. (316)).

Be. 324: Statt Pareto die Summe der Nutzen?

Bislang dienen einem Individuum Nutzenwerte zur Reihung aller unterschiedlichen gesellschaftlichen Zustände. Jetzt wollen wir (i) nicht nur zusätzlich Nutzenänderungen ordnen sondern auch (ii) Nutzenänderungen unterschiedlicher Individuen miteinander vergleichen. Unter der Prämisse, dass beides möglich ist, wird ein anderes Wohlfahrtsmaß definierbar: das der utilitaristischen Wohlfahrt. Eine Gesellschaft mit zwei Mitgliedern namens 1 und 2 sowie Nutzen U^1 und U^2 erreicht dem Utilitarismus zufolge eine Wohlfahrt W in Höhe der Summe der Nutzen

$$U^1 + U^2. \tag{8.1}$$

Ein gesellschaftlicher Zustand A ist utilitaristisch besser als ein alternativer Zustand B, wenn die Summe der Nutzen in A größer als die Summe der Nutzen in B ist. Und ein Zustand A ist utilitaristisch effizient, wenn es keinen alternativen und utilitaristisch besseren Zustand B gibt. Busse haben im Straßenverkehr Vorrang vor PKWs (StVO, §20, Abs. (5)). Auch das Verhalten der Busfahrer beim Ausscheren aus der Haltestelle spiegelt diese Vorstellung vom Vorrang des Busses. Vielleicht ist die Straßenverkehrsordnung mit Bezug auf Busse und Busspuren ja auch utilitaristisch inspiriert?

Be. 325: Morganza-Stichkanal öffnen?

Die Frankfurter Allgemeine Sonntagszeitung beschreibt das Dilemma amerikanischer Ingenieure angesichts einer Flutwelle im Mississippi unter der bezeichnenden Überschrift „Kleine werden geflutet, große lässt man trocken" (26.5. 2011). Die Flutwelle bedroht die Agglomeration New Orleans. Um diese Bedrohung zu reduzieren, wird darüber nachgedacht, einen Stichkanal zu öffnen – den Morganza-Kanal – und so Wasser von New Orleans wegzuleiten. Allerdings ginge dies zulasten der Bewohner im Umland dieses Kanals:

> „Als Folge würden Tausende Hektar Agrarland sowie kleinere Städte und Dörfer in den Bundesstaaten Louisiana und Mississippi überschwemmt."

Diese Anrainer nehmen die Entscheidung zur Evakuierung ihrer Häuser ohne größeren Protest und auch ohne die Garantie vollständiger Kompensation ihrer absehbaren Schäden hin. Vertreter des Utilitarismus beispielsweise hätten keine Schwierigkeiten, die Entscheidung zulasten der Anrainer des Morganza-Kanals zu vertreten. Den hohen Nutzenverlusten der wenigen Anrainer des Kanals stehen die hohen Nutzengewinne der vielen Bewohner New Orleans entgegen. (Vertreter nicht ganz so extremer, aber verwandter Wohlfahrtskonzepte hätten angesichts der Asymmetrie in der Anzahl der Betroffenen hier ebenfalls keine Schwierigkeiten.)

Be. 326:   Utilitaristische Wohlfahrt vs. Pareto-Kriterium: Fairer?

Die Pareto-Ordnung gesellschaftlicher Zustände ist unvollständig (Be. (249)). Die utilitaristische Ordnung ist dagegen vollständig. Zu jedem Zustand lassen sich die Nutzen der Individuen angeben (Be. (324)), und zu jeder solchen Liste individueller Nutzen lässt sich ja sofort auch die Nutzensumme bestimmen. Darüber hinaus gilt: (i) Ist A Pareto-besser als B (Be. (249)), muss der Nutzen des einen höher sein, während der Nutzen des anderen nicht kleiner sein kann. Damit ist A auch utilitaristisch besser als B. (ii) Allerdings: Ist A utilitaristisch besser als B, ist A allerdings nicht automatisch Pareto-besser. Dass die Summe der Nutzen in A gegenüber B gestiegen ist, garantiert den Gesellschaftsmitgliedern nicht, dass beide ihre Nutzen in A mindestens so hoch sind wie in B. (iii) Ist A utilitaristisch effizient, dann ist A auch Pareto-effizient (Be. (249)). Wäre A Pareto-ineffizient, dann gäbe es einen alternativen Zustand B, in dem der Nutzen eines der beiden Gesellschaftsmitglieder höher und der Nutzen des jeweils anderen mindestens genauso hoch ausfiele. Also wäre auch die Summe der Nutzen in B größer.

Be. 327:   Nutzenbündel kartieren: Utilitaristische Indifferenzkurven

Abb. (8.7) zeigt (i) den Graphen der utilitaristischen Wohlfahrtsfunktion $W = U_1 + U_2$ in Abhängigkeit von den Nutzen der beiden Gesellschaftsmitglieder U_1 und U_2, (ii) drei auf diesem Graphen verlaufende „Wanderwege" in der Höhe von 2, 6 und 7 sowie (iii) drei senkrecht unterhalb dieser Wanderwege verlaufende soziale Indifferenzkurven zu den Wohlfahrtsniveaus 2, 6 und 7. Eine soziale Indifferenzkurve zum Wohlfahrtsniveau $\bar{W}$ ist ein in eine Karte von Nutzenkombinationen eingezeichneter Graph, der sämtliche Nutzenkombinationen ausweist, die eine gesellschaftliche Wohlfahrt von $\bar{W}$ stiften. Verzichten wir auf die explizite Darstellung der Höhe der Wohlfahrt, bleibt nur noch die Darstellung der Indifferenzkurven. Und doch gelingt es diesen drei Indifferenzkurven, uns immer noch einen anschaulichen Eindruck von den Konturen des über ihnen aufragenden Wohlfahrtsgebirges zu vermitteln. Je größer die Zahl der eingezeichneten sozialen Indifferenzkurven, desto präziser dieser Eindruck. Zwei unterschiedliche soziale Indifferenzkurven, etwa die zum Wohlfahrtsniveau $\bar{W}$ und die zum Wohlfahrtsniveau $\bar{W}' \neq \bar{W}$ können sich nicht schneiden. Ein Schnittpunkt wäre eine Nutzenkombination mit der Eigenschaft, zwei unterschiedliche Wohlfahrten stiften zu können.

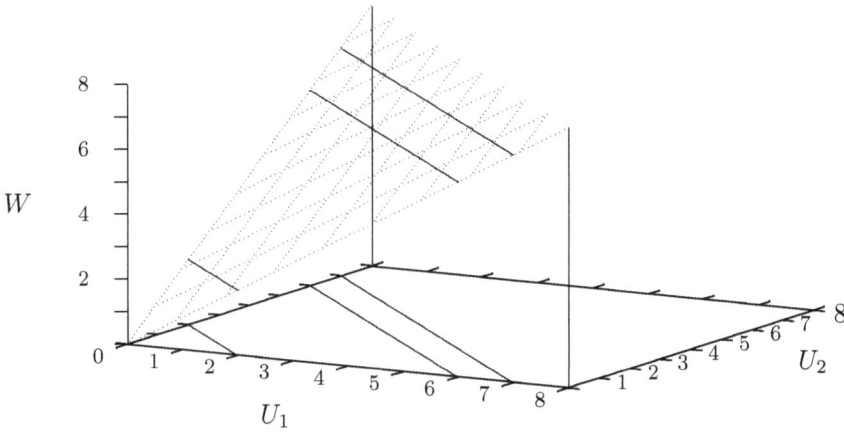

Abbildung 8.7: *Utilitaristische Indifferenzkurven*

Be. 328: Utilitarismus: Autowahl

Das Autowahlmodell dieses Kapitels bietet drei Pareto-effiziente Zustände auf: Es sind dies die Strategieprofile $(0,7)$, $(7,0)$ und $(3,3)$. Allerdings wirbt der Pareto-effiziente Zustand $(3,3)$ offensichtlich nicht mit der höchstmöglichen Nutzensumme. Schließlich versprechen $(7,0)$ oder $(0,7)$ eine Wohlfahrt von sogar 7 – statt einfach nur eine von 6. Utilitaristisch gesprochen ist es also für die unterstellten Nutzen besser, wenn einer der beiden Akteure den anderen in die Defensive zwingt. – Welches der beiden Strategieprofile – $(7,0)$ oder $(0,7)$ – sich dabei durchsetzt, bleibt darüber hinaus unbestimmt. Die Nutzenkombinationen beider Strategieprofile liegen ja auf der gleichen utilitaristischen Indifferenzkurve: der zum Wohlfahrtsniveau 7. Zwischen ihnen ist das utilitaristische Kriterium also indifferent. Ein zentrales Problem der Pareto-Effizienz – das der nicht hinreichend berücksichtigten Fairness – wird mit der Einführung des utilitaristischen Kriteriums nicht behoben.

Be. 329: Verkehr

Ein Pendler benutzt eine konkrete Straße für zwei Trips täglich. Die eigentlichen Kosten eines Trips wie Sprit und Reparaturkosten seien 2. Die aus dem Kapitel *Markt* vertraute Abb. (8.8) erfasst jetzt die Anzahl der Trips T auf der horizontalen Achse. Der fallende Graph repräsentiert die absteigend sortierten maximalen Zahlungsbereitschaften der Fahrer (analog zu Be. (87)), während der horizontale Graph die internen, weil vom Fahrer selbst getragenen, Tripkosten von 2 wiedergibt. Ein neu zufahrender Autofahrer

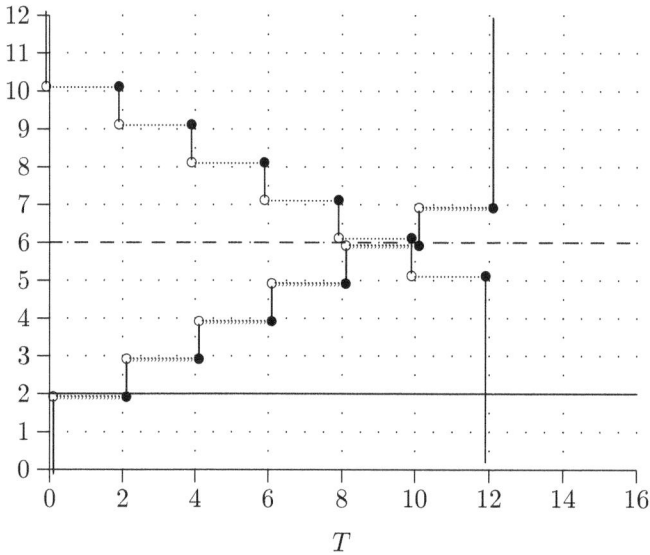

Abbildung 8.8: *Straßenverkehr und optimale Maut*

bürdet allerdings – durch die von ihm ausgehende Verlangsamung des Verkehrs – allen anderen schon auf der Strecke präsenten Fahrern Ballungskosten auf. Diese seien je schon präsentem Fahrer 1. Hier fließt also ein negativer externer Effekt vom auffahrenden Fahrer in Richtung der schon fahrenden Fahrer. Addieren wir diese sog. externen Tripkosten (Be. (163)) zu den internen Tripkosten, erhalten wir die gesellschaftlichen Kosten infolge eines zusätzlichen Fahrers oder auch die sog. sozialen Grenzkosten. Die sozialen Grenzkosten entsprechen dem ansteigenden Graphen im Diagramm (analog zu Be. (88)).

Be. 330:   Ungehinderter Verkehr Pareto-ineffizient (Stau)

Die externen Tripkosten steigen mit zunehmender Nutzungsintensität T an, weil ja jeweils zunehmend mehr Fahrer betroffen sind. Zwei Beispiele: Fährt der zweite Fahrer auf, dann entstehen nicht nur ihm Kosten von 2 je Trip, also 4. Auch entstehen dem ersten Fahrer zusätzliche Staukosten von 1 je Trip, also insgesamt 2. Die sozialen Grenzkosten resultieren zu: 6. Genau diese Information bietet die Fläche unter der sozialen Grenzkostenkurve zwischen 2 und 4 Trips. Fährt dagegen der dritte Fahrer auf, belaufen sich die sozialen Grenzkosten schon auf: 8. – Ohne jede Maut werden alle insgesamt sechs Autofahrer die Strecke benutzen. Wir können uns leicht überlegen, warum das ineffizient ist. Würde der letzte Fahrer autoritär „von der Strecke genommen", erlitte er einen Verlust seines Schnäppchens von 6 (= 2 · (5 − 2)). Für diesen Verlust könnte man ihn aber mühelos entschädigen, indem man die ja jetzt nicht mehr anfallenden externen Kosten von 10 (= 2 · (7 − 2)) von den weiterhin fahrenden Fahrern eintreibt. Den

Überschuss der Kompensationsmasse von 10 über die notwendig werdende Kompensation von 6 kann die Gesellschaft an einen oder alle Fahrer oder sogar an Nicht-Fahrer verteilen. Eine Pareto-Verbesserung wäre die Folge. Der Verkehr im Gleichgewicht ist Pareto-ineffizient.

Be. 331: Pareto-effizienter Verkehr durch Maut (Pigou-Steuer)

Eine eindeutige Pareto-effiziente Tripzahl können wir identifizieren, indem wir den Schnittpunkt von marginaler Zahlungsbereitschaft und sozialen Grenzkosten konsultieren: hier bei einer Tripzahl von 10 und einer Fahrerzahl von 5. Der Soziale Überschuss in dieser Konstellation beträgt 40. Eine kleinere Tripzahl würde den Überschuss sicher reduzieren, und eine größere Tripzahl würde den Überschuss aber ebenfalls reduzieren. In den Trips No. 11 und 12 entsteht ja wie besprochen jeweils ein gesellschaftlicher Verlust. Aber wenn der Überschuss im Schnittpunkt der beiden Graphen maximal ist, dann identifiziert dieser Schnittpunkt auch die Pareto-effiziente Allokation – analog zu einer früheren Argumentation (Be. (118)). Implementieren lässt sich diese Allokation durch eine sog. Straßenmaut in Höhe von 4. Diese Steuer (Be. (109)) steigert die internen Tripkosten von 2 auf 6 (gestrichelter Graph in der Abbildung), und unter dieser Prämisse werden wie beabsichtigt auch nur die ersten fünf Fahrer auffahren. Die Straßenmaut ist ein konkretes Beispiel für eine in weiten Bereichen der Umweltökonomik – insbesondere auch in Hinblick auf die Kohlendioxid-Emissionen – diskutierte Pigou-Steuer. (Eine kleine Inkonsistenz in der Präsentation – die extra Staukosten bei allen bisherigen Fahrern, aber nicht beim marginalen, auffahrenden Fahrer zu berücksichtigen – sei hier zum Zweck der möglichst einfachen Darstellung gestattet.)

8.4   Ausblick

Be. 332:   Literatur

Dixit/Skeath/Reilly (2009), Binmore (1991), Osborne (2004) sind anschauliche Einführungen in die diesem Kapitel unterliegende sog. nicht-kooperative Spieltheorie. Eine übersichtliche Einführung findet sich auch in Varian (2003). Dixit (2007) meint, dass Spieltheorie vor dem Unterrichten ökonomischer Grundlagenveranstaltung kommen sollte. Diamond (1999) berichtet von frühen ökologischen Katastrophen in der jüngeren Menschheitsgeschichte. Wellisch (2000), Wigger (2006) und Mueller (2003) erläutern die Pigou-Steuer in verwandten Kontexten. Boadway/Bruce (1984) erläutern die Anwendung der Pigou-Steuer im Kontext negativer externer Effekte und vergleichen sie mit alternativen wirtschaftspolitischen Instrumenten, etwa einer Pigou-Subvention oder der Einführung von Zertifikaten.

9 Wandel

Be. 333: Überblick

Vor 200 Jahren war der Lebensstandard kaum höher als vor achttausend Jahren (Be. (12)). Dieses Kapitel greift einige wenige ausgewählte Aspekte des seither beobachteten und der Industriellen Revolution geschuldeten Lebensstandard-Zuwachses auf. Im Zuge dieser zweiten Revolution werden viele – wenn auch nicht alle – Güter mit immer weniger Ressourcen hergestellt. Dies lässt die realen Preise vieler Güter – zuvorderst von Kleidung und Nahrung – fallen ... bzw. die Reallöhne steigen. In diesem Kapitel interessiert uns, wie sich diese Preisänderungen im Verhalten und Wohlbefinden des Haushalts niederschlagen. Zwei unterschiedliche Zweige der Volkswirtschaftslehre assoziieren je zwei unterschiedliche Konsequenzen mit Einkommens- und Preisänderungen. Für den einen Zweig ist das Nachverfolgen des individuellen Strebens nach einem höchstmöglichen Glück ein methodischer Kniff, um unter diesem Ziel das Verhalten des Individuums zu verstehen. Wie hoch dieses Glück ist, steht für diesen Zweig nicht im Vordergrund. Für den anderen Zweig der Volkswirtschaftslehre ist das individuelle Glück selbst von Interesse: Wie hoch ist es? Wovon hängt es ab? Wie vergleicht es sich mit dem Glück anderer Individuen?

Be. 334: Nicht alle Industrien werden immer produktiver

Eine der wichtigsten Begleiterscheinungen wirtschaftlichen Wachstums ist der Strukturwandel. In diesem Text beobachten wir einen Wandel von einer von der Jagd geprägten Gesellschaft hin zu einer agrarischen Gesellschaft (Be. (25)), einen Wandel von einer agrarischen Gesellschaft hin zu einer industriell geprägten Gesellschaft (Be. (312)) und schließlich während des letzten Jahrhunderts einen Wandel von der Industrie- hin zur Dienstleistungsgesellschaft. Es ist dieser letzte Wandel, den die Frankfurter Allgemeine Sonntagszeitung (11.11. 2007) mit der Überschrift „Schloss zu verkaufen" meint, wenn sie schreibt:

> „Dem Adel geht das Geld aus. Der Unterhalt der Schlösser kostet Millionen. Käufer stehen nicht gerade Schlange."

Den hier diagnostizierten Niedergang der Schlösser (Abb. (9.1)) erklärt die Beobachtung, dass der reale Preis von Dienstleistungen über die letzten Jahrzehntes kontinuierlich gestiegen ist. Schlösser sind in ihrem Bedarf an Personal besonders dienstleistungsintensiv. Und die Verteuerung von Dienstleistungen erklärt auch den Kostenanstieg in

loss Salem am Bodensee: *30 Millionen Euro Schulden drücken. Das Haus Baden bereitet den Verkauf vor.*

Schloss zu verkaufen

em Adel geht das Geld aus. Der Unterhalt der Schlösser ster Millionen. Käufer stehen nicht gerade hlange. Die letzte Rettung kommt vom Staat.

n Christian Siedenbiedel

Abbildung 9.1: *Zum Verfall des realen Preises eines Schlosses*

der dienstleistungsintensiven Medizin. Dort ist dieses Phänomen bekannt als Baumolsche Kostenkrankheit.

Be. 335: Weniger Fortschritt bei Dienstleistungen

Es sei Gut 1 Dienstleistungen (ein Haarschnitt etwa) sowie Gut 2 ein industriell produziertes Gut (ein Kleidungsstück). Die diese beiden Güter jeweils produzierenden Industrien beschäftigen ausschließlich Arbeiter. Deren konstante Arbeitsproduktivitäten sind a_1 und a_2, respektive. In beiden Sektoren lassen sich die Löhne als Umsätze je Arbeiter schreiben (Be. (288)). Die sektoralen Löhne lauten: $w_1 = p_1 a_1$ im Dienstleistungssektor sowie $w_2 = p_2 a_2$ im industriellen Sektor. Da die Arbeiter mobil zwischen beiden Sektoren sind, müssen sich die sektoralen Löhne angleichen: $p_1 a_1 = w_1 = w_2 = p_2 a_2$. Den gemeinsamen Lohnsatz nennen wir w. Industrielle Güter profitieren vom Fortschritt, so dass a_2 im Zeitablauf wächst. Dienstleistungen profitieren nicht, so dass a_1 konstant bleibt. Wir schließen, dass die drei realen Preise (Be. (66)) w/p_1, w/p_2 und p_2/p_1 bzw.

$$a_1, \qquad a_2, \qquad a_1/a_2 \qquad\qquad (9.1)$$

stagnieren, steigen und fallen – in dieser Reihenfolge. Im Einzelnen: Der in Haarschnitten ausgedrückte Lohnsatz bleibt gleich. Würden wir unser Einkommen komplett für Dienstleistungen ausgeben, könnten wir uns heute auch nicht mehr leisten als früher. Der in Kleidungsstücken umgerechnete Lohnsatz dagegen steigt. Würden wir unser Einkommen komplett für industriell gefertigte Güter ausgeben, würden wir uns mehr als früher leisten können. Und schließlich steigt der in Dienstleistungen ausgedrückte Preis des Industrieguts. Einen Haarschnitt zu zahlen heißt heute sehr viel mehr an Sommerhemden preiszugeben als früher.

Be. 336: Noch eine Klasse Vergleiche in der Volkswirtschaftslehre

Jetzt geben Haushalte ihr Einkommen nie komplett nur für Dienstleistungen oder Industriegüter aus. Sie bevorzugen einen Mix dieser beiden Dinge. Dies treibt uns an, uns ausführlicher mit der Auswahl dieses Mixes zu beschäftigen. Wo liegt dieser Mix? Und wie verändert er sich in Abhängigkeit vom realen Preis einer Dienstleistung? Solche Fragen der Optimierung komplettieren ein Thema, das wir bereits in der Einleitung dieses Textes angesprochen hatten. Dort schrieben wir der Volkswirtschaftslehre ein Interesse an zwei Klassen von Vergleichen zu (Be. (3)): (i) Der Vergleich der Individuen mit ihrer Gesellschaft, und (ii) der Vergleich der real existierenden Gesellschaft mit einer idealen Gesellschaft. Aber tatsächlich gibt es eine dritte wichtige Klasse von Vergleichen, die so fundamental sind, dass sie sich durch den gesamten Text ziehen: Individuen vergleichen grundsätzlich ihre Handlungsoptionen miteinander und wählen dann diejenige Option aus, die ihren Vorlieben am nächsten kommt.

9.1   Individuen

Be. 337: Optimieren Individuen wirklich?

Der ökonomischen Erklärung des menschlichen Verhaltens zufolge wählt jeder Akteur aus seinen Möglichkeiten diejenigen Alternative aus, die ihm dem höchsten Nutzen garantiert. Dieser Ansatz, so Becker (1993), unterstellt dabei nicht „... dass die Entscheidungsträger sich notwendigerweise ihrer Maximierungsbemühungen bewusst sind, oder dass sie in informativer Weise Gründe für die systematischen Muster in ihrem Verhalten verbalisieren oder sonstwie beschreiben können". Die tageszeitung (10./11.03. 2007) nimmt sich die intertemporale Optimierungsentscheidung des Haushalts zur Brust. Sie fragt, welche Konsequenzen die Entscheidung des Bundestags, die „Rente mit 67„ einzuführen, für die optimale Lebensgestaltung des einzelnen hat (Abb. (9.2)): „Lohnt es sich jetzt noch, alt zu werden?" Trotz ihrer Ironie erinnert diese Frage doch daran, dass Individuen zwischen verfügbaren Alternativen wählen, überlegt entscheiden („lohnt es sich ...?") und ihre einmal getroffene Entscheidung nicht starr beibehalten, sondern an sich ändernde Rahmenbedingungen anpassen („jetzt noch ...?").

Be. 338: Konsumbündel kartieren: Isoausgabenlinien

Ein Haushalt konsumiere x_1 Einheiten eines ersten und x_2 Einheiten eines zweiten privaten Guts. Ein Konsumbündel ist eine Liste der beiden Konsummengen, (x_1, x_2).

Abbildung 9.2: *Optimierung der Lebensplanung?*

Lauten die nominalen Preise p_1 und p_2, kostet dieses Bündel gerade

$$p_1 x_1 + p_2 x_2$$

Euro. Diese Ausgaben tragen wir in Abhängigkeit von den beiden Konsummengen ab für den Fall, dass beide Preise Eins betragen (Abb. (7.2)). Jeder Punkt (x_1, x_2) in der Grundfläche der Abbildung entspricht einem Konsumbündel. Die Ausgaben zu jedem Konsumbündel lesen wir an der Höhe des eingezeichneten Ausgaben-Graphen über diesem Konsumbündel ab. Neben dem Graph der Ausgaben zeigt die Abbildung vier Wanderwege auf dem Graphen, die in Höhen von 0,5, 1, 1,5 oder 2 verlaufen. Die jeweils senkrecht unter diesen Wanderwegen verlaufenden Linien heißen Isoausgabenlinien zu den Niveaus 0,5, 1, 1,5 und 2. Eine Isoausgabenlinie zum Niveau c versammelt sämtliche Konsumbündel, die c Euro kosten. Verzichten wir auf die explizite Darstellung der Ausgaben, bleibt nur noch die eingezeichnete Familie von Isoausgabenlinien aus Abb. (9.3) sichtbar. Und doch kann auch diese Familie noch einen guten Eindruck von den Konturen der Ausgaben vermitteln. (Ignorieren Sie vorerst die schattierte Fläche.) Zwei unterschiedliche Isoausgabenlinien zum Niveau c sowie $d \neq c$ schneiden sich nicht. Schließlich hätte ein Konsumbündel im Schnittpunkt die Eigenschaft, sowohl c als auch d zu kosten.

Be. 339: Konsumbündel kartieren: Budgetgerade

Sind die Ausgaben eines Konsumenten in Höhe seines Budgets w fixiert, werden die ihm möglichen Konsumbündel (x_1, x_2) gerade durch die Bedingung

$$p_1 x_1 + p_2 x_2 = w$$

beschrieben. De facto zwingt diese Restriktion den Haushalt auf – oder unter – eine bestimmte Isoausgabenlinie ... und zwar die zum Ausgabenniveau w. Ist das Einkommen 1, zeigt Abb. (9.3) insbesondere auch die entsprechende Budgetgerade. Stellen wir die Budgetgleichung nach x_2 um. Dann ist $x_2 = w/p_2 - (p_1/p_2)x_2$ die zum Einkommen w, zu Preisen p_1 und p_2 sowie zum Konsum an Gut 1 von x_1 höchstmögliche Konsummenge für Gut 2. Abb. (7.2) hebt die Budgetgerade gesondert hervor unter der Annahme, dass $p_1 = p_2 = 1$ sowie $w = 1$. Die Budgetgerade hat die Achsenabschnitte w/p_2 und w/p_1 sowie die Steigung $-p_1/p_2$. Auch zeigt die Abbildung die sog. Budgetmenge als auf sowie unterhalb der Budgetgeraden liegende schattierte Fläche. Die Budgetmenge ist die Menge aller Konsumbündel, die sich der Haushalt zu gegebenen Preisen und Einkommen leisten kann.

Be. 340: Budgetgerade und reale Preise

Der Absolutwert der Steigung der Budgetgeraden, also p_1/p_2, ist ein Quotient zweier nominaler Preise und damit auch ein schon bekannter realer Preis (Be. (66)). Er misst die Anzahl von Einheiten von Gut 2, auf die der Akteur verzichten muss, wenn er eine weitere Einheit von Gut 1 konsumieren will. Die beiden Achsenabschnitte, w/p_1 und w/p_2, sind ebenfalls bekannte Preise. Sie messen die Realeinkommen des Haushalts in Einheiten von Gut 1 bzw. in Einheiten von Gut 2 (Be. (68)). Die Süddeutsche Zeitung berichtet unter der Überschrift „Pleite in Pilcherland" (6.12. 2012):

> „Soll ich Heizöl kaufen und den Kindern ein warmes ... Weihnachtsfest bieten? Oder soll ich losgehen und Geschenke kaufen? ... Um ehrlich zu sein, ich weiß nicht, was ich machen soll!"

... über ein typisches, die Budgetrestriktion des Haushalts spiegelndes Entscheidungsproblem Lucys, einer alleinerziehenden Mutter von drei Kindern. Nicht alleinerziehende Mütter haben weniger dramatische, aber verwandte Entscheidungsprobleme zu lösen. Unter einigermaßen sinnvollen Annahmen hat diese Frage eine naheliegende Auflösung: Lucy sollte weder nur Heizöl noch nur Geschenke kaufen, sondern eine – in der Ausstattung etwas bescheidener gestaltete – Mischung von beidem (Be. (354)).

Be. 341: Indifferenzkurven aus der Nutzenfunktion

Eine Nutzenfunktion zieht eine Präferenzordnung nach sich (Be. (257)) und damit auch die Möglichkeit, Indifferenzkurven zu zeichnen. Dieses Prinzip illustriert Abb. (9.4). Sie zeigt drei Konzepte: (i) den Graphen der Cobb-Douglas-Nutzenfunktion $(x_1 x_2)^{0,5}$ (Be. (256)) eines Haushalts in Abhängigkeit vom gewählten Konsumbündel (x_1, x_2), (ii) vier auf diesem Graphen verlaufende Wanderwege in der Höhe von 0,5, 1, 1,5 und 2, sowie

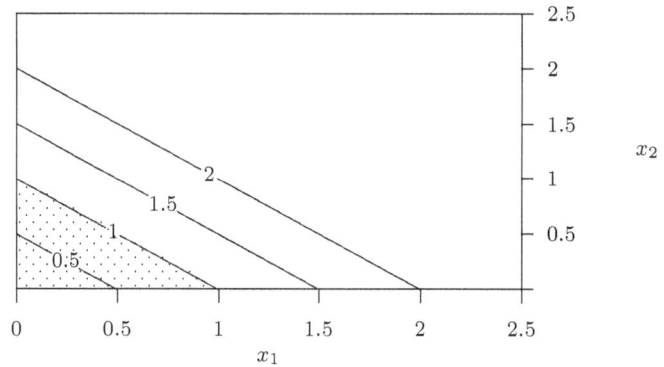

Abbildung 9.3: *Isoausgabenlinien und . . . die Budgetgerade zum Einkommen 1*

(iii) vier senkrecht unterhalb dieser Wanderwege verlaufende, in der Konsumebene eingetragene Kurven zu den Nutzenniveaus 0,5, 1, 1,5 und 2. Letztere Kurven sind gerade die Indifferenzkurven, die wir bereits früher kennengelernt haben (Be. (211)). Nur sind diese Indifferenzkurven jetzt nicht mehr einfach ad hoc unterstellt, sondern aus einer – ebenso ad hoc unterstellten – Nutzenfunktion abgeleitet. Allgemein ist eine Indifferenzkurve zum Nutzenniveau $\bar{U}$ ein in eine Karte von Konsumbündeln eingezeichneter Graph, der sämtliche Konsumbündel kennzeichnet, die einen Nutzen von $\bar{U}$ stiften.

Be. 342:   Familie von Indifferenzkurven

Verzichten wir auf die explizite Darstellung der Höhe des Nutzens, dann bleibt zwar nur noch die Darstellung der vier Indifferenzkurven aus Abb. (9.5). Trotzdem gelingt es diesen vier Indifferenzkurven, uns immer noch einen – wenn auch groben – Eindruck von den Konturen des über ihnen aufragenden Nutzengebirges zu vermitteln. Dabei gilt natürlich: Je größer die Zahl der eingezeichneten Indifferenzkurven, desto präziser dieser Eindruck. Zwei unterschiedliche Indifferenzkurven, etwa die zum Nutzenniveau $\bar{U}$ und die zum Nutzenniveau $\bar{U}' \neq \bar{U}$ können sich nicht schneiden. Ein Schnittpunkt wäre schließlich ein Konsumbündel mit der Eigenschaft, zwei unterschiedliche Nutzen stiften zu können. Daneben gilt: Weitere „rechts oben" im Diagramm liegende Indifferenzkurven repräsentieren einen höheren Nutzen. Und typischerweise hat jede Indifferenzkurve einen fallenden Verlauf.

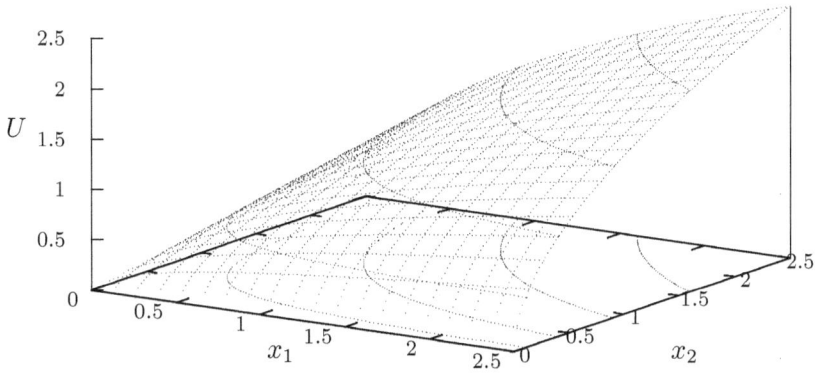

Abbildung 9.4: *Cobb-Douglas-Nutzenfunktion*

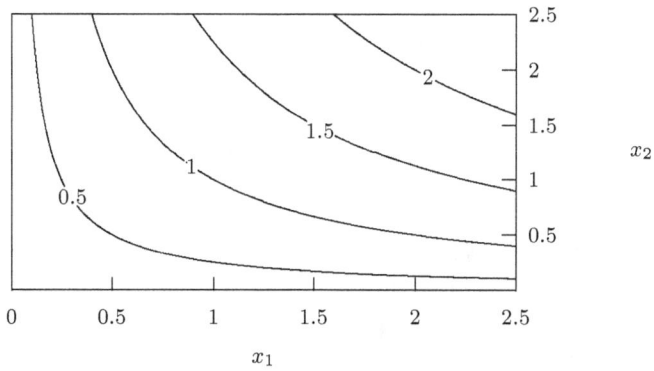

Abbildung 9.5: *Indifferenzkurven (Cobb-Douglas)*

Be. 343:   Grenznutzen Nutzenzuwachs oder Nutzenverlust

In der mikroökonomischen Haushaltstheorie hat ein Haushalt häufig eine differenzierbare Nutzenfunktion $U(x_1, x_2)$. Einen möglichen Verlauf dieser Nutzenfunktion zeigt der gestrichelt gezeichnete Graph in der Abb. (9.6). Die partielle Ableitung $\partial U(x_1', x_2')/\partial x_1$ heißt Grenznutzen des ersten Guts an der Stelle (x_1', x_2'). Ist klar, auf welche Stelle sich der Grenznutzen des ersten Guts bezieht, schreiben wir auch einfach

$$U_{x_1}.$$

Analog ist $\partial U(x_1', x_2')/\partial x_2$ bzw. U_{x_2} der Grenznutzen des zweiten Guts an der Stelle (x_1', x_2'). – Geometrisch gesprochen erfasst die partielle Ableitung nach dem ersten Gut beispielsweise an der Stelle $(1,1)$, $\partial U(1,1)/\partial x_1$, die Steigung der parallel zur x_1-Achse gezeichneten Tangenten an den Graphen der Nutzenfunktion im Konsumbündel $(1,1)$. Diese Tangente ist die Gerade bg in der Abbildung. Die Interpretation des Grenznutzens als Steigung einer geeigneten Tangenten erlaubt uns auf Anhieb sechs gleichberechtigte Interpretationen (Be. (344)). Von diesen steht die Interpretation des Grenznutzens als ungefährer Nutzenzuwachs (... infolge des Konsums einer zusätzlichen Einheit von Gut 1) im Vordergrund (Be. (344)). Die nachfolgende Bemerkung betont zusätzlich dessen mögliche Interpretation als ungefährer Nutzenverlust (... infolge der Reduktion des Konsums von Gut 1 um eine Einheit).

Be. 344:   Interpretationen des Grenznutzens

Betrachten wir eine Situation, in der der Haushalt bereits eine Einheit jeweils von Gut 1 und 2 konsumiert. Der Grenznutzen einer weiteren Einheit von Gut 1, $\partial U(1,1)/\partial x_1$, hat eine Vielzahl von Interpretationen (Abb. (9.6) und (9.7)). Er ist interpretierbar als:

1. Steigung einer Geraden – gemessen etwa durch $\overline{bd}/\overline{ad}$

2. Länge einer Strecke – gemessen durch $\overline{bd}$

3. Nutzenzuwachs – infolge einer Einheit mehr von Gut 1

Die erste Interpretation entspricht einfach der Definition der partiellen Ableitung. Die zweite Interpretation nutzt den Umstand, dass die Steigung $\overline{bd}/\overline{ad}$ gerade gleich $\overline{bd}$ ist, weil $\overline{ad}$ offensichtlich Eins beträgt (Abb. (9.6)). Die dritte Interpretation verknüpft diese Streckenlänge $\overline{bd}$ näherungsweise mit dem Höhenzuwachs der Nutzenfunktion, der sich aus dem Konsum einer weiteren Einheit von Gut 1 ergibt (Abb. (9.7)). Darüber hinaus ist der Grenznutzen einer weiteren Einheit von Gut 1, $\partial U(1,1)/\partial x_1$, mit den gleichen Argumenten auch interpretierbar als

1. Steigung einer Geraden – gemessen etwa durch $\overline{eg}/\overline{ae}$

2. Länge einer Strecke – gemessen durch $\overline{eg}$

3. Nutzenverlust – infolge einer Einheit von Gut 1 weniger

Alle diese Interpretationen veranschaulicht Abb. (9.6). Gleichzeitig bietet Abb. (9.7) eine zusätzliche Seitenansicht von Abb. (9.6).

Be. 345: Grenznutzen max. Zahlungsbereitschaft

Der Ausdruck $U_{x_1}(x_1', x_2')$ steht für den Nutzenzuwachs eines Haushalts, der ursprünglich x_1' Einheiten von Gut 1 und x_2' Einheiten von Gut 2 konsumiert und jetzt beschließt, seinen Konsum von Gut 1 auf $x_1' + 1$ zu steigern (und gleichzeitig den Konsum von Gut 2 auf dem ursprünglichen Niveau von x_2' zu halten) (Be. (344)). Damit besitzt der Ausdruck

$$U_{x_1}$$

sogar eine weitere, allerdings nicht ganz offensichtliche Interpretation. Er ist auch der höchste Nutzenbetrag, den der Haushalt im Tausch gegen eine zusätzliche Einheit von Gut 1 aufgeben könnte. Denn dank des zusätzlichen Konsums einer Einheit von Gut 1 gewinnt er ja $U_{x_1}(x_1', x_2')$ Nutzeneinheiten. Selbst wenn er – so eigenartig dies klingen mag – diesen Nutzengewinn komplett abgeben würde, stellte er sich im Endergebnis nicht schlechter als vorher. Dieses Gedankenexperiment erlaubt die Interpretation von $U_{x_1}(x_1', x_2')$ als einer – in Nutzeneinheiten gemessenen – maximalen Zahlungsbereitschaft für eine weitere Einheit von Gut 1. (Die Interpretation des Grenznutzens von Gut 2, $U_{x_2}(x_1', x_2')$ ist analog.)

Be. 346: Kehrwert des Grenznutzens max. Zahlungsbereitschaft

Der Grenznutzen des Guts 2 ist die höchste Anzahl Nutzeneinheiten, die der Haushalt im Tausch gegen eine Einheit von Gut 2 aufgeben würde (Be. (345)). Der Kehrwert dieses Grenznutzens,

$$1/U_{x_2},$$

hat ebenfalls die Interpretation einer maximalen Zahlungsbereitschaft. Diese Interpretation erschließt sich wie so oft am einfachsten anhand eines Zahlenbeispiels. Es sei der Grenznutzen von Gut 2 gerade 4. Eine zusätzliche Einheit von Gut 2 bringt also eine Nutzensteigerung von vier Nutzeneinheiten. Aber dann ist $1/4 \ldots$ die Anzahl Einheiten von Gut 2, auf die der Haushalt im Tausch gegen eine Einheit Nutzen höchstens verzichten würde. Anders formuliert: Der Kehrwert des Grenznutzens des zweiten Guts, $1/U_{x_2}$, ist eine in Einheiten von Gut 2 ausgedrückte maximale Zahlungsbereitschaft für eine zusätzliche Einheit Nutzen.

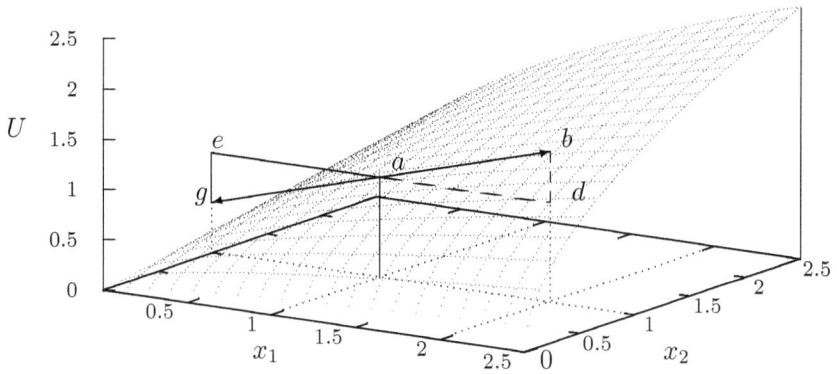

Abbildung 9.6: *Grenznutzen*

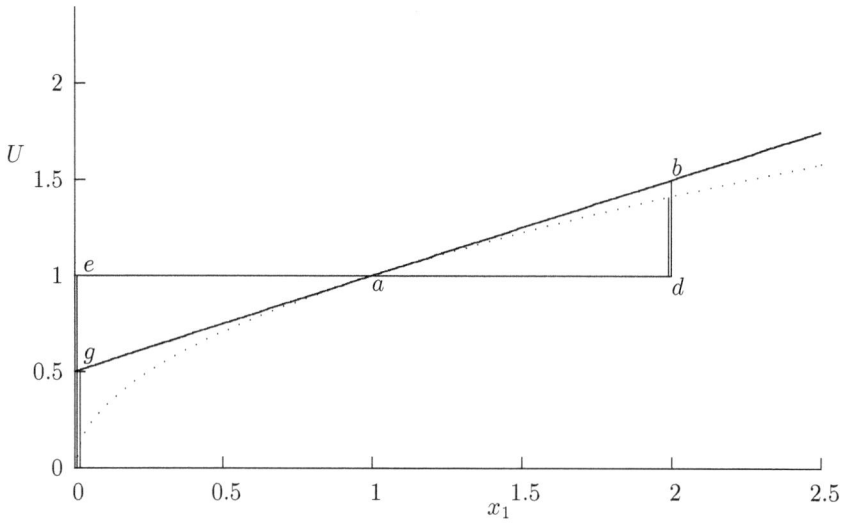

Abbildung 9.7: *Grenznutzen (Seitenansicht)*

Be. 347: Quotient der Grenznutzen Grenzrate der Substitution

Der Quotient der beiden Grenznutzen

$$U_{x_1}/U_{x_2}$$

ist eine weitere maximale Zahlungsbereitschaft. Dessen Interpretation erschließt sich am einfachsten, wenn wir ihn als Produkt $U_{x_1} \cdot (1/U_{x_2})$ umschreiben. Betrachten wir einen Haushalt, der den Konsum einer weiteren Einheit von Gut 1 erwägt. Falls dieser infolge dieses Extrakonsums eine Nutzensteigerung um *eine* Einheit erführe, wäre er bereit, auf maximal $1/U_{x_2}$ Einheiten von Gut 2 zu verzichten (Be. (346)). Tatsächlich erfährt der Haushalt durch den Konsum einer weiteren Einheit von Gut 1 aber eine Nutzensteigerung von U_{x_1} Einheiten (Be. (345)). Folglich ist er bereit, sogar auf maximal $U_{x_1} \cdot (1/U_{x_2})$ Einheiten von Gut 2 zu verzichten. In anderen Worten: U_{x_1}/U_{x_2} ist die maximale – in Einheiten von Gut 2 gemessene – Zahlungsbereitschaft des Haushalts für eine zusätzliche Einheit von Gut 1. Diese Zahlungsbereitschaft ist aber doch gerade die Zahlungsbereitschaft, die wir bereits unter dem Namen Grenzrate der Substitution bezeichnet – und über die Steigung der Indifferenzkurve geometrisch bestimmt – hatten (Be. (218)). Diese Übereinstimmung bietet uns künftig einen rechnerischen Weg, um die maximale Zahlungsbereitschaft des Haushalts aus der Nutzenfunktion konkret und präzise zu bestimmen.

9.2   Gleichgewicht

Be. 348: Alles ausgeben

Der Haushalt verteilt sein Budget w auf die beiden Güter 1 und 2, mit Konsummengen x_1 und x_2 sowie zu Preisen p_1 und p_2. Ein Konsumbündel (x_1, x_2) kostet den Haushalt dann $p_1 x_1 + p_2 x_2$ Euro. Der Nutzen des Haushalts betrage $U(x_1, x_2)$, mit $U(x_1, x_2)$ als einer differenzierbaren Nutzenfunktion mit positiven Grenznutzen (Be. (343)). Unterstellen wir, dass der Haushalt sein Budget komplett ausgibt. Dann muss er ein Konsumbündel wählen, das auf der Isoausgabenlinie zum Niveau w liegt. Sein Konsumbündel muss also die Gleichung

$$p_1 x_1 + p_2 x_2 \; = \; w \tag{9.2}$$

erfüllen. In anderen Worten: Jedes nutzenmaximierende Konsumbündel liegt auf der Budgetgeraden (Be. (339)). Gleichung (9.2) ist eine erste notwendige Bedingung, die ein optimales Bündel erfüllen muss.

Be. 349: Marginale Zahlungsbereitschaft kleiner als realer Preis

Einerseits misst die marginale Zahlungsbereitschaft U_{x_1}/U_{x_2} die Menge an Einheiten von Gut 2, die der Haushalt für eine zusätzliche Einheit von Gut 1 höchstens aufzugeben bereit ist (Be. (347)). Andererseits misst die vom Haushalt nicht beeinflussbare, exogene, Tauschrate p_1/p_2 die Menge an Einheiten von Gut 2, die er für eine zusätzliche Einheit von Gut 1 tatsächlich aufzugeben hat (Be. (66)). Betrachten Sie jetzt ein vom Haushalt gewähltes Konsumbündel, zu dem die marginale Zahlungsbereitschaft größer ist als die vorgegebene Tauschrate:

$$U_{x_1}/U_{x_2} \; > \; p_1/p_2 \tag{9.3}$$

Dann wäre es sicherlich besser für den Haushalt, mehr von Gut 1 zu konsumieren – sofern er sein Budget nicht schon vollständig für Gut 1 verwendet hat. Das, was er zu zahlen bereit ist (linke Seite von Ungleichung (9.3)), ist ja größer als das, was er zu zahlen hat (rechte Seite von (9.3)).

Be. 350:   Marginale Zahlungsbereitschaft größer als realer Preis

Einerseits misst die marginale Zahlungsbereitschaft U_{x_2}/U_{x_1} die Menge an Einheiten von Gut 1, die der Haushalt für eine zusätzliche Einheit von Gut 2 höchstens aufzugeben bereit ist. Andererseits misst die vom Haushalt nicht beeinflussbare, exogene, Tauschrate p_2/p_1 die Menge an Einheiten von Gut 1, die er für eine zusätzliche Einheit von Gut 2 tatsächlich aufzugeben hat (Be. (66)). Betrachten Sie jetzt ein vom Haushalt gewähltes Konsumbündel, für das die marginale Zahlungsbereitschaft größer ist als die vorgegebene Tauschrate:

$$U_{x_2}/U_{x_1} \; > \; p_2/p_1 \tag{9.4}$$

Dann wäre es sicherlich besser für den Haushalt, mehr von Gut 2 zu konsumieren . . . sofern er sein Budget nicht bereits vollständig für Gut 2 ausgegeben hat. Denn das, was er zu zahlen bereit ist (linke Seite von (9.4)), ist ja größer als das, was er zu zahlen hat (rechte Seite von (9.4)). Ungleichung (9.4) lässt sich alternativ auch schreiben als $U_{x_1}/U_{x_2} < p_1/p_2$.

Be. 351:   Marginale Zahlungsbereitschaft gleich realem Preis

Zum einen gilt: Soll ein Konsumbündel optimal sein, darf die marginale Zahlungsbereitschaft für Gut 1 dessen Preis nicht übersteigen (es sei denn, der Haushalt hat sein Einkommen bereits komplett für Gut 1 ausgegeben) (Be. (349)). Es muss also gelten: $U_{x_1}/U_{x_2} \leq p_1/p_2$. – Zum anderen gilt: Soll ein Konsumbündel optimal sein, darf die marginale Zahlungsbereitschaft für Gut 2 dessen Preis nicht übersteigen (es sei denn, der Haushalt hat sein Einkommen bereits komplett für Gut 2 ausgegeben) (Be. (350)). Es muss also gelten: $U_{x_1}/U_{x_2} \geq p_1/p_2$. Zusammengenommen ergeben beide Ungleichungen die Forderung, dass jedes optimale Bündel, das das Einkommen weder komplett auf Gut 1 noch auf Gut 2 lenkt,

$$U_{x_1}/U_{x_2} \; = \; p_1/p_2 \tag{9.5}$$

erfüllen muss. Grenzrate der Substitution (maximale Zahlungsbereitschaft) und realer Preis (objektive Tauschrate) stimmen überein. Budgetrestriktion (9.2) und Bedingung (9.5) konkretisieren zwei Anforderungen, die ein nutzenmaximierendes Konsumbündel erfüllen muss (sofern es nicht die Eigenschaft besitzt, das ganze Einkommen komplett auf eines der beiden Konsumgüter zu lenken).

Be. 352: Alternative Interpretationen

Die notwendige Bedingung (9.5) ist bekannt für ihre drei gleichberechtigten Interpretationen: (i) Formal: Grenzrate der Substitution = Güterpreisverhältnis. (ii) Ökonomisch: Zahlungsbereitschaft = Zahlungsnotwendigkeit. (iii) Geometrisch: Steigung der Indifferenzkurve = Steigung der Budgetgeraden. Wie bewerkstelligt der Haushalt die geforderte Gleichheit? Zwar ist der tatsächlich zu zahlende, in Einheiten von Gut 2 ausgedrückte Preis von Gut 1, p_1/p_2, exogen. Aber der vom Haushalt höchstens eingeräumte – gleichfalls in Einheiten von Gut 2 ausgedrückte – Preis des Gutes 1, U_{x_1}/U_{x_2}, unterliegt ja dem Einfluss des Haushalts (Be. (219)). Der Haushalt experimentiert mit unterschiedlichen Konsumbündeln auf der Budgetgeraden, bis er eines findet, dessen Grenzrate der Substitution gerade dem Güterpreis entspricht. (Nicht immer gibt es eines.)

Be. 353: Notwendige Bedingungen missverstehen

Drei Missverständnisse entstehen typischerweise bei der Interpretation der beiden Bedingungen (9.2) und (9.5): (i) Erstens müssen nur optimale Konsumbündel, die das Einkommen des Haushalts weder komplett auf das eine noch komplett auf das andere Konsumgut lenken, diese Bedingungen erfüllen. An optimale Konsumbündel, bei denen sämtliche Ausgaben auf entweder das eine oder das andere Gut entfallen, werden nur schwächere Forderungen gestellt. (ii) Zweitens mag es durchaus sein, dass kein Konsumbündel existiert, das beiden Bedingungen genügt. (iii) Und ohnehin, drittens, ist selbst ein Konsumbündel, das beide notwendigen Bedingungen erfüllt, lediglich ein Kandidat für ein nutzenmaximierendes Bündel. Notwendige Bedingungen schränken die Anzahl von Kandidaten für ein nutzenmaximierendes Bündel ein, aber ein Kandidat ist nicht automatisch ein nutzenmaximierendes Bündel. Geeignete hinreichende Bedingungen können die Frage, ob ein über notwendige Bedingungen identifizierter Kandidat für ein Haushaltsoptimum auch tatsächlich ein Haushaltsoptimum ist, abklären helfen.

Be. 354: Nutzenmaximierung: Optimales Bündel

Die erste notwendige Bedingung (9.2) verlangt von einem optimalen Bündel, auf der Budgetgeraden zu liegen. Die zweite notwendige Bedingung (9.5) verlangt, dass die Steigung der durch ein optimales Bündel verlaufenden Indifferenzkurve der Steigung der Budgetgeraden gleich ist. Abbildung (9.8) illustriert beide Bedingungen am Beispiel eines Haushalts, dessen Nutzen durch eine Cobb-Douglas-Nutzenfunktion $(x_1 x_2)^{0,5}$ beschrieben wird und der sich nominalen Güterpreisen von $p_1 = 1$ und $p_2 = 1$ und einem

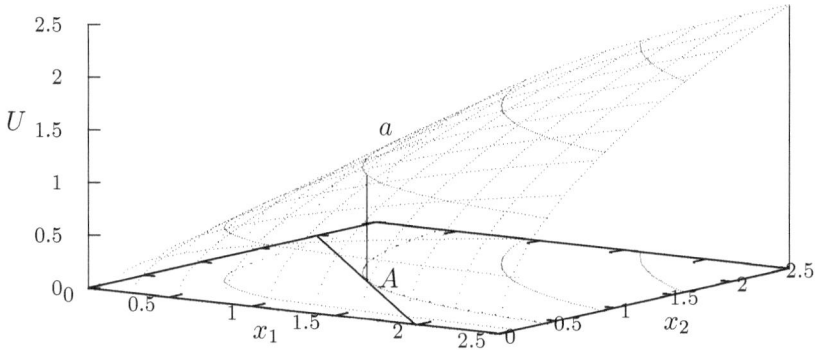

Abbildung 9.8: *Optimales Konsumbündel*

Haushaltseinkommen von $w = 2$ gegenübersieht. Punkt A in Abbildung (9.8) erfüllt beide diese Optimal-Bedingungen. Einerseits liegt A auf der Budgetgeraden. Andererseits hat in Punkt A die durch ihn verlaufende Cobb-Douglas-Indifferenzkurve gerade die (absolut gemessene) Steigung 1, die auch die Budgetgerade auszeichnet. Die Abbildung – kraft ihrer gleichzeitigen Darstellung des Nutzens entlang der vertikalen Achse – illustriert auch, warum A tatsächlich ein optimales Konsumbündel darstellt. Kein anderes Konsumbündel auf der Budgetgeraden durch A bietet einen höheren Nutzen als den in A möglichen, von $\overline{Aa}$. Lucy, die alleinerziehende Mutter von drei Kindern (Be. (339)), sollte sowohl Heizöl als auch Geschenke kaufen – und von beidem nicht so viel, wie wenn sie nur eines der beiden Güter kaufen würde.

9.3   Komparative Statik

Be. 355:   Nachfragefunktion herleiten

Zwar illustriert Abbildung (9.8) das optimale Konsumbündel für Preise $p_1 = 1$ und $p_2 = 1$ und Einkommen $w = 2$. Aber tatsächlich interessiert den Haushalt das jeweils optimale Bündel zu allen möglichen Konstellationen von Preisen und Einkommen – sein vorsorglicher Plan also. Diesen Plan bestimmen wir wie folgt: Die Grenznutzen der Cobb-Douglas-Nutzenfunktion (Be. (256) lauten $U_{x_1} = (x_2/x_1)^{0,5}/2$ sowie $U_{x_2} = $

$(x_1/x_2)^{0,5}/2$ (Be. (343)). Die Grenzrate der Substitution U_{x_1}/U_{x_2} unserer Cobb-Douglas Nutzenfunktion ist also einfach gleich dem Quotienten x_2/x_1 (Be. (347)). Jedes optimale Konsumbündel, das das Einkommen nicht vollständig auf eines der beiden Güter lenkt, muss mithin $w = p_1x_1 + p_2x_2$ (Gleichung (9.2)) sowie $p_1x_1 = p_2x_2$ (Gleichung (9.5)) genügen. Lösen der beiden Gleichungen nach x_1 und x_2 führt auf:

$$x_1(p_1, w) = w/2p_1 \qquad \text{sowie} \qquad x_2(p_2, w) = w/2p_2. \qquad (9.6)$$

Diese Funktionen beschreiben tatsächlich vorsorglich die Nachfragen des Haushalts für beide Güter in allen möglichen Preis- und Einkommensumständen. Sie heißen Cobb-Douglas-Nachfragefunktionen.

Be. 356: Preiselastizität Quotient zweier Änderungsraten

Statt eine Nachfrage (oder ein Angebot) explizit zu zeichnen, wäre es wünschenswert, deren (dessen) Reaktion auf kleine Änderungen im Preis auch kürzer, vielleicht einfach sogar anhand einer Zahl, charakterisieren zu können. Diese Reaktion lässt sich zwar prinzipiell über die Steigung der Nachfragefunktion (Angebotsfunktion) erfassen. Aber die Steigung leidet unter zwei Nachteilen: Sie lässt sich nur für differenzierbare Funktionen bestimmen; dazu hängt ihre Höhe von den gewählten Maßeinheiten für Menge und Preis ab. Jedenfalls für den zweiten Nachteil ist Abhilfe möglich. Mit der Preiselastizität verwenden Ökonomen eine „korrigierte Steigung", deren Höhe nicht länger von den verwendeten Maßeinheiten abhängig ist. Ist $X(p)$ die aggregierte Nachfragefunktion und p der sie steuernde Preis, dann ist die Preiselastizität ε an der Stelle $(p', X(p'))$ definiert als Produkt der Steigung des Graphen der Nachfragefunktion an dieser Stelle mit einem Korrekturterm: $(dX(p')/dp) \cdot (p'/X(p'))$. Dieser Ausdruck lässt sich näherungsweise auch schreiben als

$$\varepsilon = \frac{\Delta X}{X(p')} \Big/ \frac{\Delta p}{p'}, \qquad (9.7)$$

mit $\Delta p = p'' - p'$, $\Delta X = X(p'') - X(p')$ sowie p' als dem ursprünglichen und p'' als dem neuen Preis. Die Preiselastizität ist ein Quotient zweier Wachstumsraten. Im Zähler steht mit $\Delta X/X(p')$ die relative Änderung der Mengenreaktion anstelle ihrer absoluten Änderung ΔX. Im Nenner steht mit $\Delta p/p'$ die relative Änderung des Preises anstelle der absoluten Preisänderung Δp.

Be. 357: Preiselastizität Maß für Stärke der Mengenreaktion

Die Definitionsgleichung (9.7) lässt uns die Preiselastizität einer Angebots- oder Nachfragefunktion an der Stelle $(p', X(p'))$ berechnen. Oft ist die Preiselastizität allerdings bereits bekannt. Die Preiselastizität für Wohnen zur Miete könnte beispielsweise -0.18 betragen (Nicholson (1998)). Dann interessiert uns nicht länger die Bestimmung der Preiselastizität, zu der Mengenwachstumsrate $\Delta X/X(p')$ und Preis-Wachstumsrate

$\Delta p/p'$ als bekannt vorausgesetzt werden. Vielmehr interessiert uns jetzt die Möglichkeit, Mengenreaktionen zu prognostizieren. Ist die Elastizität ε bekannt und wird eine zu erwartende Preisänderungsrate $\Delta p/p' = 0,01$ (oder 1 Prozent) unterstellt, lässt sich die zu erwartende Mengenreaktion besonders leicht bestimmen. Sie lautet gerade:

$$\Delta X/X(p') \;=\; \varepsilon \text{ Prozent.} \tag{9.8}$$

Bei einer Preiszuwachsrate von einem Prozent beläuft sich die Mengenzuwachsrate Gleichung (9.8) zufolge gerade auf ε Prozent. In anderen Worten: Die Preiselastizität der Nachfrage misst die Zuwachsrate der Nachfrage infolge eines Preisanstiegs von einem Prozent.

Be. 358: Preiselastizität missverstehen

Zwei häufige Missverständnisse behindern manchmal die richtige Interpretation der Elastizität. Diese betreffen deren Vorzeichen und Gültigkeit: (i) Die Elastizität einer aggregierten Nachfrage ist in der Regel negativ. Manchmal wird dieses negative Vorzeichen deshalb als bekannt vorausgesetzt und einfach weggelassen. Oft werden Elastizitäten als konkrete Zahlen angeführt. Aber tatsächlich misst etwa die Nachfrage-Elastizität die Änderungsrate der Nachfrage lediglich, wenn der Preis ausgehend von seinem Ausgangsniveau p' mit einer Rate von $\Delta p/p'$ wächst. Die Bedeutung des Ausgangsniveaus p' signalisiert nicht nur die in die Elastizität einfließende Steigung $\Delta X/\Delta p$ – die in der Regel von der Höhe des ursprünglichen Preises abhängt) – sondern auch der ebenfalls einfließende Korrekturterm $p'/X(p')$ – der gleichfalls von der Höhe des ursprünglichen Preises abhängt (Be. (356)). Nur in Ausnahmefällen ist die Elastizität also für unterschiedliche Punkte auf der Nachfragekurve gleich.

Be. 359: Ceteris paribus

Komparative Statik beschränkt sich oft auf die Frage, wie sich das Gleichgewicht des Modells verändern, wenn sich nur eine modellexogene Variable verändert. Alle anderen (ceteris) exogenen Variablen werden während eines solchen Gedankenexperiments festgehalten (paribus). Die im Anschluss an einen solchen Schock zu beobachtenden Veränderungen in den endogenen Variablen lassen sich dann ja zweifelsfrei auf die Veränderung der einen manipulierten exogenen Variablen zurückführen. Das Festhalten aller übrigen exogenen Variablen wird mit dem Hinweis: ceteris paribus – oder kürzer c.p. – dokumentiert. Unterschiedliche exogene Variablen haben oft unterschiedliche Effekte auf die endogenen Variablen des Modells. Allein, was unproblematisch im Modell ist, wird spätestens bei der Konfrontation mit empirischen Beobachtungen zum Problem. Dort verändern sich ja typischerweise immer viele Größen gleichzeitig:

Be. 360: Konkurrierende Erklärungen

Die Zunahme der weiblichen Erwerbsbeteiligung in den USA der siebziger Jahre aus Be. (384) könnte ja auch dem Siegeszug von Waschmaschine und Geschirrspülmaschine geschuldet sein – oder dem Umstand, dass die Arbeitslosenquote für Männer auf ein vorher nicht gekanntes Niveau fiel. Die Existenz konkurrierender Erklärungen wirft die Frage auf, wie wir die Beiträge gleichzeitiger exogener Veränderungen in den Handlungsmöglichkeiten zur Erklärung der beobachteten Verhaltensänderungen quantifizieren und ihrer Bedeutung nach ordnen können? Vielleicht sind nicht alle Erklärungen gleichermaßen relevant? Diese leicht nachvollziehbare Komplikation ist nicht auf die Sozialwissenschaften beschränkt (The Economist unter der Überschrift „Peekaboo" (9.6. 2007):

> "One of the goals of the Human Genome Project was to allow researchers to link versions of individual genes ... with particular diseases. This has proved a lot harder than expected, because if lots of genes contribute to a disease, the signal from each is inevitably weakened."

9.4   Ökonometrie

Be. 361: Ökonometrie

Jede der in den Abschnitten zu Komparativer Statik gewonnenen Aussagen aus diesem Buch lässt sich grundsätzlich anhand empirischer Daten überprüfen. Das Gebiet der Ökonomie, das Aussagen der Komparativen Statik mit empirischen Daten konfrontiert, heißt Ökonometrie. Die nachfolgende kurze Diskussion beschränkt sich darauf, einige wenige ausgewählte Teilaspekte des Felds zu illustrieren. Exemplarisch analysieren wir das Mietgebot des Haushalts im Thünenschen Modells des Kapitels *Stadt*. Die Prognose lautet dort einfach:„Wächst die städtische Lohnprämie $w_u - w_a$ um einen Euro, dann wächst das Mietgebot eines Individuums ebenfalls um einen Euro." Da im Gleichgewicht das individuelle Mietgebot immer so groß ist wie die Miete, können wir dieses Mietgebot einfach an der tatsächlichen Miete ablesen (Be. (140)).

	Lohnprämie x_1	Miete y
heute	6	2
morgen	7	7

Tabelle 9.1: Mietgebote und Lohnprämie: Eine Fallstudie

Be. 362:   Eine Ursache erwägen?

Stellen wir den Datensatz der Tabelle (9.1) graphisch dar. Dazu tragen wir in Abb. (9.9) den Mietenpfeil $\mathbf{y}$ ein, dessen Koordinaten die Mieten zu den beiden Zeitpunkten repräsentiert. Ähnlich tragen wir in die Abb. (9.9) den Lohnprämienpfeil $\mathbf{x_1}$ ein, der die Lohnprämien zu den beiden Zeitpunkten repräsentiert. – Dem ersten Eindruck nach leistet die Lohnprämie $\mathbf{x_1}$ nicht die an sie gestellten Erwartungen. Dem Modell zufolge müssten beispielsweise beide Pfeile in die gleiche Richtung zeigen. Dass sie das nicht tun, könnten wir zum Anlass nehmen, das Modell zu verwerfen. Oder wir könnten optimistischer argumentieren: „Zwar zeigt die Lohnprämie, $\mathbf{x_1}$, nicht in exakt die gleiche Richtung wie die Miete, $\mathbf{y}$. Auch hat sie nicht die gleiche Länge. Aber beide Pfeile zeigen in ähnliche Richtungen und haben auch ähnliche Längen. Die Lohnprämie könnte tatsächlich in der im Stadtmodell beschriebenen Weise zur Miete beigetragen haben. Ihr Einfluss wird vermutlich nur durch andere Größen überlagert. Ein auf ca. zwei Drittel seiner Länge gestauchter Lohnprämienpfeil, also $\hat{\mathbf{y}}$, erklärt recht gut den zu erklärenden Mietenpfeil $\mathbf{y}$ (Abb. (9.10))". Formal betrachtet projizieren wir $\mathbf{y}$ im rechten Winkel auf die durch $\mathbf{x_1}$ verlaufende Gerade. Eine solche senkrechte Projektion führt uns auf dieser Geraden zu dem am nächsten zu $\mathbf{y}$ gelegenen Punkt, $\hat{\mathbf{y}}$. (Den Faktor, mit dem wir $\mathbf{x_1}$ stauchen, gibt die in jedem Ökonometriebuch – etwa Wooldridge (2011) – erklärte Formel $(\mathbf{x_1'x_1})^{-1}\mathbf{x_1'y}$ an. Mit ihr beträgt der Faktor ungefähr 0.71 – und bestätigt damit unseren Eindruck aus der Graphik („Zwei Drittel").)

Be. 363:   Zwei Ursachen erwägen?

Ersetzen wir unseren Datensatz aus Tabelle (9.1) durch den etwas reichhaltigeren Datensatz aus Tabelle (9.2). Dieser enthält Informationen für drei Zeitpunkte sowie zusätzlich zur monetären Bewertung städtischer Infrastruktur zum jeweiligen Zeitpunkt (Spielplätze, Theater, Parks. . . .). Diese Infrastruktur trägt ebenfalls zu städtischen Mieten bei (Be. (149)). Alle Informationen der Tabelle finden sich in Abb. (9.11) und (9.12): Lohnprämienpfeil x_1, Infrastrukturpfeil $\mathbf{x_2}$ sowie Mietenpfeil $\mathbf{y}$. Beide Abbildungen zeigen die gleiche Graphik, nur aus einer jeweils eigenen Perspektive. Hier wiederholt sich der Eindruck der Einfachregression (Be. (362)). Keiner der erklärenden Pfeile $\mathbf{x_1}$ oder $\mathbf{x_2}$ kommt $\mathbf{y}$ auch nur annähernd nahe. Allerdings: Eine lineare Kombination der Pfeile $\mathbf{x_1}$ und $\mathbf{x_2}$ kommt $\mathbf{y}$ schon bedeutend näher – auch wenn auch sie $\mathbf{y}$ nicht perfekt nachstellen kann. Um $\mathbf{y}$ mit einer linearen Kombination von $\mathbf{x_1}$ und $\mathbf{x_2}$ möglichst nahe zu kommen, sollten wir ca. zwei Drittel jedes Pfeils nehmen und die so gewonnenen „Pfeilreste" aneinanderhängen (Abb. (9.13)). So erreichen wir den Punkt auf der von $\mathbf{x_1}$ und $\mathbf{x_2}$ aufgespannten – und in den Abbildungen schraffiert angedeuteten – Ebene, der $\mathbf{y}$ am nächsten kommt, $\hat{\mathbf{y}}$. – Formal bestimmt sich $\hat{\mathbf{y}}$ über die Eigenschaft, Ziel einer senkrechten Projektion von $\mathbf{y}$ auf die von $\mathbf{x_1}$ und $\mathbf{x_2}$ aufgespannte Ebene zu sein. (Die Faktoren, mit denen wir $\mathbf{x_1}$ und $\mathbf{x_2}$ stauchen sollten, bevor wir sie aneinanderhängen, können wir über die nicht weiter kommentierte Formel $(\mathbf{X'X})^{-1}\mathbf{X'y}$ bestimmen. Mit ihr erhalten wir 0.72 als Stauchungsfaktoren sowohl für $\mathbf{x_1}$ als auch für $\mathbf{x_2}$ („Zwei Drittel").)

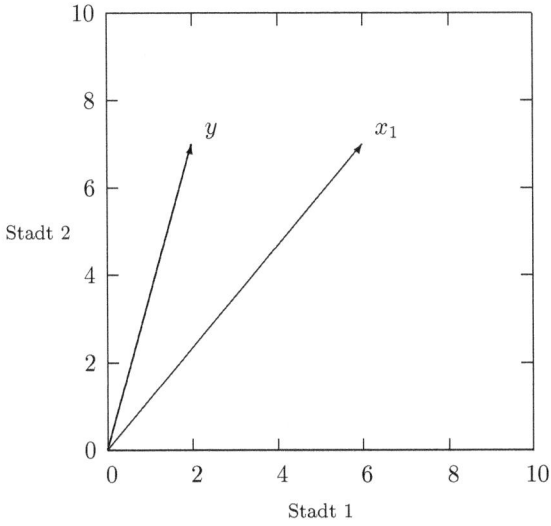

Abbildung 9.9: *Graphische Darstellung des Datensatzes aus Tabelle (9.1)*

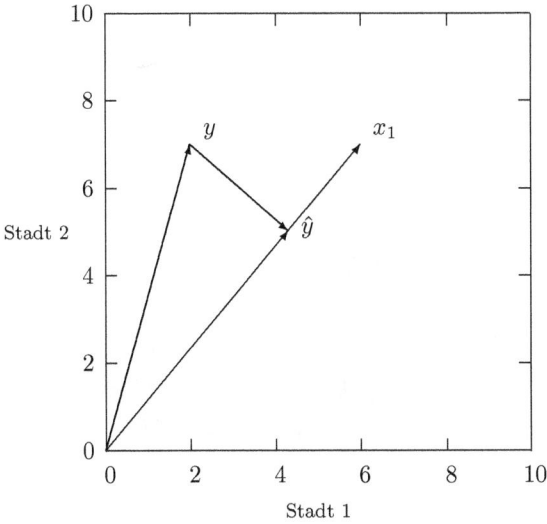

Abbildung 9.10: *Einfachregression*

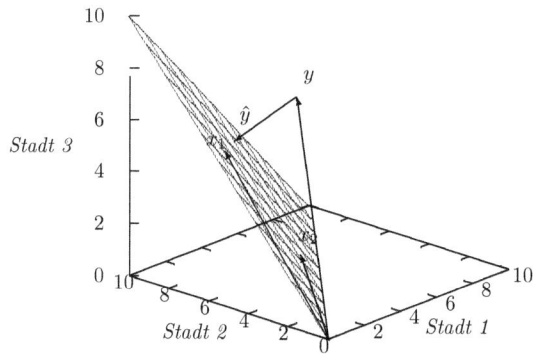

Abbildung 9.11: *Graphische Darstellung des Datensatzes aus Tabelle (9.2)*

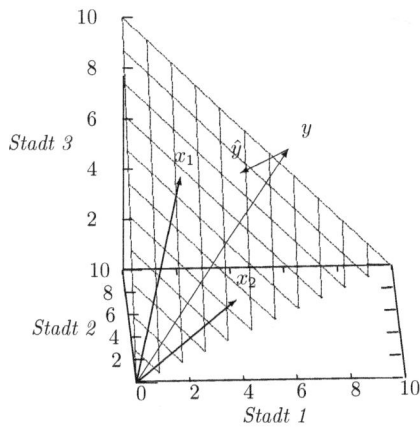

Abbildung 9.12: *Zweifachregression*

	Lohnprämie x_1	Infrastruktur x_2	Miete y
heute	2	4	6
morgen	7	5	7
übermorgen	5	1	6

Tabelle 9.2: *Mieten: Ein zweites empirisches Beispiel*

Be. 364: Ursachen gewichten

Drei Themen deuten sich in den zurückliegenden Graphiken an: (i) Fehler: Erstens sollten wir eine Theorie nicht allein deswegen verwerfen, weil sie das Beobachtete nicht exakt erklärt. Eine „gewisse" Diskrepanz zwischen Empirie und Theorie sollte erlaubt sein. (ii) Fehlerminimierung: Aber diese Diskrepanz ist natürlich klein zu halten. Bildlich gesprochen sollte die Länge des Pfeils $\mathbf{y} - \hat{\mathbf{y}}$ möglichst klein sein. Diese Länge erreicht auf geometrisch intuitive Weise ihr Minimum gerade dann, wenn der Pfeil $\mathbf{y} - \hat{\mathbf{y}}$ senkrecht auf dem Pfeil der erklärenden Variable – bzw. den Pfeilen der erklärenden Variablen – steht. (iii) Omitted Variable Bias: Ignorieren wir eine Variable, die zur Erklärung von $\mathbf{y}$ beiträgt, („omitted variable") ist unser Eindruck vom Einfluss derjenigen Variablen, die wir tatsächlich berücksichtigen, verzerrt („biased"). Würden wir beispielsweise $\mathbf{y}$ in Abb. (9.11) und (9.12) lediglich mit Hilfe von $\mathbf{x_1}$ erklären wollen, erhielten wir als Stauchungsfaktor für $\mathbf{x_1}$ ungefähr $1.17 > 0.72$: Wir würden die Rolle der Lohnprämie deutlich überschätzen. Die wichtigste Konsequenz aus diesem Exkurs ist allerdings die Chance des den Sozialwissenschaften – mit Ausnahme vielleicht des seltenen natürlichen Experiments (Be. (134)) – eigentlich gar nicht zur Verfügung stehenden Experiments.

Be. 365: Experimente im Film: „Blind Chance"

Zu gerne würden wir oft herausfinden, was gewesen wäre, wenn ... Kieślowski beantwortet diese Frage mit den Mitteln des Films. In Film „Przypadek" (Blind Chance) schildert er das Leben Witeks, der einem schon fahrenden Zug hinterherrennt und ihn (a) gerade noch erreicht, (b) ihn verpasst und stattdessen einen Polizisten über den Haufen rennt oder (c) ihn verpasst und statt des Polizisten Olga trifft. Die drei möglichen Leben des Witek werden hintereinander erzählt. Im Fall (a) wird er Mitglied der kommunistischen Partei Polens, in (b) Mitglied des anti-kommunistischen Widerstands und in (c) unpolitischer Arzt. Eine kleine Variation eines einzigen Tages hat große Auswirkungen auf Witeks Leben. Kieślowski kann etwas, was uns verschlossen ist: Er experimentiert mit einer Veränderung in einer einzigen Rahmenbedingung (Erreichen des Zugs und Anwesenheit des Polizisten) – bei Belassen aller anderen Rahmenbedingungen (grauer Abend, gleiches Jahr, gleicher Ort, gleichbleibendes Alter des Protagonisten, ...) – und zeigt deren dramatische Nachbeben in Witeks weiterem Leben.

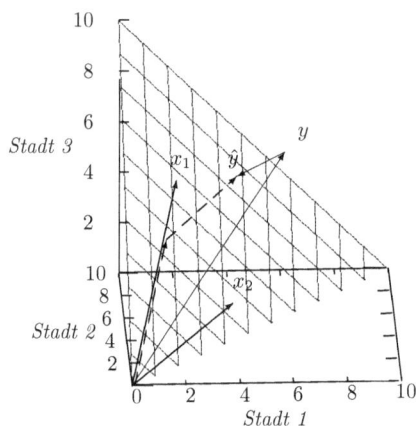

Abbildung 9.13: *Zweifachregression*

Be. 366: Experimente im Sport

Die „was wäre gewesen, wenn ...?"-Frage wird besonders häufig im Sport gestellt. Arsène Wenger, Trainer des Fußballklubs Arsenal, kommentiert laut Süddeutscher Zeitung („Fader Geschmack", 20.8. 2012) die Frage, ob man

> „mit dem zu Manchester United abgewanderte Spitzenstürmer Robin
> van Persie das Match gewonnen hätte?" mit: „Sie können Recht haben
> oder auch nicht, wir werden das nie klären können."

Ganz ähnlich schreibt die tageszeitung (1.7.2010, „Fehlt hier wer?") während der Fußballweltmeisterschaft 2010 über den verletzten Spieler Michael Ballack: „Vor dem Viertelfinale gegen Argentinien am Samstag hat sich teilgesellschaftlich oder gar mehrheitlich die Annahme durchgesetzt, das deutsche Team spiele ohne ihn besser als mit ihm", um anschließend in einer Diskussion des Für und Wider lakonisch zu schließen, dass das einzige, was man sicher weiß, die Einsicht: „Eine Mannschaft mit Ballack wäre eine Mannschaft mit Ballack." ist. Anders als in den experimentell orientierten Spezialfeldern der Naturwissenschaften scheint die Frage „was wäre gewesen, wenn ...?" bei gesellschaftlichen Veränderungen wenig sinnvoll. Gesellschaftliche Veränderungen lassen sich eben nicht experimentell – unter kontrollierten Bedingungen, im Labor – wiederholen.

Be. 367: Experimente in den Sozialwissenschaften: Ökonometrie

Oder vielleicht doch? Die Diskussion der vorstehenden Bemerkungen jedenfalls sah die Miete konkret bestimmt durch die folgende einfache geschätzte Gleichung:

$$\text{miete} = 0.72 \cdot \text{lohnprämie} + 0.72 \cdot \text{infrastruktur}, \tag{9.9}$$

Auch wenn diese Gleichung immer noch mit einer „gewissen" Unsicherheit behaftet ist können wir mit ihr jetzt etwas tun, was uns die Realität selbst verwehrt: Wir können eine beliebige, gar nicht existierende, fiktive Kombination von Lohnprämie und Infrastruktur ausprobieren. So beantwortet die Gleichung (9.9) de facto dann doch Fragen des Typs „Was wäre gewesen, wenn ...?". Sie gestattet kontrafaktische Experimente. Prognostizieren wir etwa für nächste Woche, dass die Lohnprämie sich auf 3 und die Infrastruktur sich auf 5 belaufen wird, dann resultiert als Mietniveau im Stadtzentrum $3.60 = (0.72 \cdot 3 + 0.72 \cdot 5)$ Euro. (Dass die beiden Koeffizienten hier einander grob gleich sind, ist Zufall.)

Be. 368: Schneller wachsen und so demokratischer werden?

Ökonomische Modelle behaupten eine Kausalität von den exogenen Variablen des Modells (Ursache) hin zu dessen endogenen Variablen (Wirkung). In den beiden vorangehenden Regressionen (Be. (362) und (363)) scheint die Kausalität klar zu sein. Lohnprämie bzw. Lohnprämie und Infrastruktur treiben die Mieten – nicht umgekehrt. In vielen Fällen ist diese Kausalität allerdings weniger klar: Wurde Berlin Hauptstadt, weil es groß war? Oder wurde Berlin groß, weil es Hauptstadt war? Eine der bekanntesten Kontroversen betrifft den Zusammenhang zwischen Demokratie und Wachstum. Demokratie, so die einen, gestattet den Gesellschaftsmitgliedern politische Freiheiten, die langfristig auch die wirtschaftliche Entwicklung begünstigen. Wirtschaftliche Entwicklung, so die anderen, gestattet den Gesellschaftsmitgliedern Einkommen, die sie größere politische Freiheiten fordern lässt. The Economist (30.6. 2007) spielt diese Kontroverse im Fall Chinas unter der Überschrift „Democracy. Hu needs it" (Abb. (9.14)) durch.

9.5 Wohlfahrt

Be. 369: Preisindex

Unterstellen wir die konkrete Cobb-Douglas-Nutzenfunktion $(x_1 x_2)^{0,5}$. Wie groß ist der Nutzen des Haushalts, wenn der nicht etwa irgendwelche Konsummengen, sondern gerade die Marshallschen Nachfragen konsumiert? Einsetzen der Nachfragen (aus Be. (355)) in die Nutzenfunktion (Be. (256)) gibt dieses höchstmöglichen Nutzen (auch: indirekten Nutzen). Dieser wird V geschrieben und beträgt:

$$V = w/2(p_1 p_2)^{0,5} \tag{9.10}$$

Chinese politics

Democracy? Hu needs it

BEIJING

Ahead of its congress later this year, the Chinese Communist Party is to surprisingly wide-ranging debate about political reform

HAS Hu Jintao, China's president and Communist Party chief, seen the political light? Since he assumed leadership of the party nearly five years ago, he has shown little interest in making China more democratic. But in a much-publicised speech this week, he acknowledged the growing public demand for a say in politics. Efforts to reform the country's political …

panded, but in an "orderly" w Even within Mr Hu's const intellectuals in China see n changes. A newspaper artic last October in the normally s pal party organ, *Beijing Daily* debate about political reform demics and party officials th bles on. Its author, Yu Kenin

Abbildung 9.14: *Kausalität: Wachstum und Demokratie*

Der Ausdruck im Nenner dieses maximal erreichbaren Nutzens – $(p_1 p_2)^{0,5}$ – ist ein gewichtetes Produkt der einzelnen Preise. Ihm können wir die Interpretation eines Preisindex zuschreiben. Der maximal erreichbare Nutzen ist also einfach die Anzahl Euro, die der Haushalt zur Verfügung hat, (das Nominaleinkommen w) multipliziert mit der Kaufkraft eines jeden dieser Euro (der Kehrwert von $2(p_1 p_2)^{0,5}$) (Be. (64)) oder das Realeinkommen. Diese Herleitung gibt den in der konventionellen Statistik benutzten Preisindizes eine mögliche an die individuellen Präferenzen anknüpfende Fundierung. In dieser Formulierung mündet die eingangs formulierte Problemlage (Be. (335)) zum Kompromiss. Zwar steigt das ausschließlich in Industriegütern ausgedrückte Einkommen im Zuge des Fortschritts stark, während das ausschließlich in Dienstleistungen ausgedrückte Einkommen gar nicht steigt. Wenn wir berücksichtigen, dass Haushalte einen optimal abgestimmten Mix aus Industriegütern und Dienstleistungen konsumieren, dann bewegt sich der Realeinkommenszuwachs tatsächlich zwischen diesen beiden Extremen.

Be. 370:   Immer teurere Dienstleistungen

Das Realeinkommen eines Arbeitnehmers mit einem Einkommen w und einer Cobb-Douglas-Nutzenfunktion wird durch (9.10) – oder alternativ nach Einsetzen der Gleichungen (9.1) – durch

$$(a_1 a_2)^{0,5}/2 \qquad\qquad\qquad (9.11)$$

beschrieben. Da a_2 steigt, während a_1 stagniert (Be. (335)), steigt auch das Realeinkommen des Haushalts. – Nehmen wir an, p_2 als der Preis des industriellen Guts wächst aus irgendeinem Grund (vielleicht eine Expansion der Geldmenge (Be. (198))) mit einer Rate von 3%, während aufgrund des asymmetrischen technischen Fortschritts a_2 um 2% wachse (Be. (335)). Da der in Einheiten von Gut 2 definierte Reallohn w/p_2 immer gleich dem anwachsenden a_2 ist, muss der nominale Lohnsatz um 5% wachsen. Der Lohnsatz ist ja schließlich auch nichts anderes als der nominale Umsatz je Arbeiter $p_2 a_2$. Aber wenn der nominale Lohnsatz um 5% wächst, bedeutet das für den in der Produktivität ja stagnierenden Dienstleistungssektor, dass dessen Lohnstückkosten und damit auch Preis $p_1 = w/a_1$ um 5% wächst. Die nominalen Dienstleistungspreise laufen so den nominalen Industriegüterpreisen (wenn auch nicht den Löhnen) davon.

9.6 Ausblick

Be. 371: Literatur

Chiang (1984), Dixit (1990), Sydsaeter/Hammond (1995) und Simon/Blume (1994) sind sehr lesbare Einführungen in die Theorie der Optimierung. Varian (2003, 1992) und Nicholson (1998) bieten Einführungen in die mikroökonomische Analyse des Haushalts. Carter (2001) und Mas-Colell et al. (1995) sind elegante Gesamtschauen der Mikroökonomie. Wooldridge (2011), Johnston/diNardo (1997), Baltagi (2003) oder Kennedy (2003) sind mögliche Einführungen in die Ökonometrie. Die Teilgebiete der Verhaltens- und Experimentellen Ökonomie argumentiert, dass sich sehr wohl Experimente in den Sozialwissenschaften durchführen lassen (Weimann (1996)). (Wieder andere halten dagegen, dass Experimente im Verhaltenslabor reale Veränderungen im Alltag niemals wirklich simulieren können.)

10   Bausteine

Be. 372:   Bausteine im Rückblick

Die zwischen Einführung und Rückblick aufgefächerten acht Kapitel stellen wiederkehrende Bausteine ökonomischer Modelle in unterschiedlichen Zusammenhängen vor.
Jetzt sammeln wir diese Bausteine systematisch. Wir versammeln Akteure, Güter, gesellschaftliche Zustände, Preise, Zahlungsbereitschaften sowie Kompensationsforderungen, Renten, Konturlinien, Pläne, Verteilungsfunktionen, Trugschlüsse der Aggregation,
Gleichgewichte und Wohlfahrtskriterien. Die unterschiedlichen Kapitel dieses Textes setzen diese Bausteine auf jeweils ganz eigene Art zusammen. Insbesondere unterscheiden
sie sich in ihrer Festlegung, Bausteine als entweder exogen oder endogen einzuführen.
Im Kapitel *Stadt* sind die Akteure selbst endogen, während sie im Kapitel *Markt* oder
Handel exogen sind. Oder im Kapitel *Staat* zurren politische Wahlen den Ruhezustand
des Modells fest, während dieses Festzurren im Kapitel *Tausch* der dezentrale bilaterale
Handel leistet.

10.1   Individuen

Be. 373:   Wer? (Akteure)

Je nach Kontext des Kapitels heißen die Akteure etwa Nachfrager und Anbieter (in den
Kapiteln *Tausch und Markt*), Vermieter und Mieter im Kapitel *Stadt*, Regierung und
Demonstranten im Kapitel *Ballung und Krise*, Wähler und Regierung im Kapitel *Staat*,
Inländer und Ausländer im Kapitel *Handel*, Spieler und Sektoren im Kapitel *Umwelt*
und Haushalte im Kapitel *Wandel*. Wie auch immer Akteure in ihrem Kontext heißen:
Grundsätzlich handeln sie überlegt. Sie machen aus den ihnen zur Verfügung stehenden
Alternativen jeweils das Beste. Der Grund für diese Unterstellung eines optimierenden
Vorgehens ist nicht, dass Ökonomen wirklich glauben, dass Akteure immer überlegt
handeln. Der Grund ist vielmehr, dass ein Eingehen auf die von Verhaltensökonomen
und Psychologen dokumentierten vielfältigen Verhaltensanomalien nicht nur einfach die
Annahme der individuellen Optimierung durch eine Annahme nicht-optimalen Verhaltens ersetzt. Es gibt unzählige Arten, sich unvernünftig zu verhalten. Die Alternative zur
Annahme individueller Optimierung scheint daher noch unklarer als die Ungenauigkeit
in der Annahme individuellen Rationalverhaltens.

Abbildung 10.1: *Bausteine dieses Textes (Kommilitonin des Autors)*

Be. 374:   Was? (Güter)

Je nach Kontext des Kapitels haben die Güter ganz unterschiedliche Namen: Pferde, Wohnungen, Immobilien, Tuch, Wein, Haarschnitte, Kleidungsstücke, Pharmaprodukte, Porzellan, Arbeit, Öl, etc. Wichtiger ist die Unterscheidung nach dem Grad der Rivalität im Konsum sowie dem Grad der Öffentlichkeit. Die in den Kapiteln *Tausch*, *Markt* und *Handel* betrachteten Güter sind privat, also sowohl rival als auch ausschließbar. Die in den Kapiteln *Stadt*, *Staat* und *Umwelt* betrachteten Güter dagegen sind oft öffentliche Güter, Clubgüter und Allmendegüter. Öffentliche Güter sind nicht-rival und nicht-ausschließbar. Jeder kann sie nutzen, keiner kann von ihnen ferngehalten werden. Clubgüter sind nicht-rival, aber ausschließbar. Allmendegüter sind sowohl rival als auch nicht-ausschließbar. Verallgemeinerte Güter schließlich erkennen wir in den Konzepten positiver und negativer externer Effekte. Positive externe Effekte verallgemeinern öffentliche Güter, weil nicht jeder an ihrem Konsum beteiligt ist. Negative externe Effekte verallgemeinern öffentliche Güter, weil deren Konsum nicht jedem bekommt.

Be. 375:   Wer und was? (Gesellschaftliche Zustände)

Eine präzise Auflistung dessen, „was wer tut und empfängt", ist ein gesellschaftlicher Zustand. Konkret betrachten wir in diesem Text drei verschiedene Typen gesellschaftlicher Zustände. Eine Zuordnung oder ein Matching beschreibt für jedes Individuum, ob und falls ja mit wem es tauscht (Be. (48), Be. (50), Be. (93)). Eine Allokation führt für jedes Individuum aus, wie viel von welchem Gut es jeweils konsumiert sowie ggf. für jedes Unternehmen, wie viel es jeweils von welchem Produktionsfaktor einsetzt (Be. (295)). Und ein Strategieprofil beschreibt für jeden Spieler, welche Strategie er verfolgt (Be. (310)). Matchings, Allokationen oder Strategieprofile sind die Bezugsbasis für die Präferenzen nicht nur der jeweiligen Gesellschaftsmitglieder, sondern auch für die Präferenzen der Gesellschaft überhaupt.

Be. 376: Worüber? (Objektive Tauschraten)

Scheinbar ganz unterschiedliche Preise spielen eine Rolle im Text, selbst wenn sie oft nicht unmittelbar als solche zu erkennen sind. Aber ihnen ist immer gemein, dass sie die Kosten (Käuferperspektive) bzw. den Wert (Verkäuferperspektive) der nächsten Einheit eines besonders interessierenden Guts in Einheiten eines anderen – als Münze dienenden – Guts vorstellen. Wir diskutieren Nominale Preise: Nominaler Preis (Be. (63)), Nominallohn (Be. (67)), Nominaler Wechselkurs (Be. (269)), Lohnstückkosten (Be. (271)). Daneben stellen wir eine Vielfalt realer Preise vor: Kaufkraft des Geldes bzw. Preis eines Euro (Be. (64)), Reallohn (Be. (68)), Terms of Trade (Be. (272)), Arbeitskoeffizient (Be. (267)), Transformationsrate (Be. (273)), Opportunitätskosten der Elternzeit (Be. (65)). Diese Vielfalt unterschiedlicher Preise spiegelt die schiere Vielzahl möglicher Tauschgeschäfte in einer entwickelten Gesellschaft. Häufig gebrauchte Synonyme zum Konzept des Preises sind: objektive Tauschrate, Substitutionsrate oder m.E. auch Opportunitätskosten.

Be. 377: Warum? (Subjektive Tauschraten)

Sowohl maximale Zahlungsbereitschaften als auch minimale Kompensationsforderungen stehen für die Intensität des Tauschwunsches von Nachfragern bzw. Anbietern. Maximale Zahlungsbereitschaften sind der Vorbehaltspreis eines Nachfragers (Be. (32)), das maximales Mietgebot (Be. (138)) eines Stadtbewohners, die Grenzrate der Substitution (Be. 218) sowie Be. (347)) als maximale Zahlungsbereitschaft für die nächste Einheit des fraglichen Guts, der Grenznutzen (Be. (345)) sowie der Kehrwert des Grenznutzens (Be. (346)). Als minimale Kompensationsforderungen sind uns untergekommen: Der Vorbehaltspreis eines Anbieters (Be. (31)) sowie die marginale Kompensationsforderung als eine weitere Interpretation der Grenzrate der Substitution (Be. (218)). Vorbehaltspreise sind einfach zu interpretieren. Marginale Zahlungsbereitschaften haben dagegen den komfortablen Vorteil, dass sie gleichzeitig auch marginale Kompensationsforderungen sind. Und alle hier versammelten Konzepte sind subjektive Tauschraten.

Be. 378: Wozu? (Renten und Werte)

Renten entstehen, wenn subjektive und objektive Tauschraten zum Vorteil des Akteurs auseinanderfallen. Das Erzielen möglichst hoher Renten oder „Schnäppchen" ist für den Tauschenden die Essenz des Tauschs. Niemand möchte für etwas gerade das bezahlen, was es ihm höchstens wert ist. Auf der Seite der Konsumenten begegnet uns die

Konsumentenrente, auf der Seite der Produzenten die Produzentenrente. Im Aggregat messen alle individuellen Konsumenten- und Produzentenrenten zusammen den sog. sozialen Überschuss. Dessen Höhe, aber auch dessen Verteilung ist besonders interessant. Die kleine offene Stadt im Kapitel *Stadt* schildert Konsumenten- und Produzentenrente in einem extremen Fall: Dort eignen sich die Produzenten den gesamten sozialen Überschuss an; die Konsumentenrente dagegen verschwindet. Aus der Perspektive der Gesellschaft lässt sich der Soziale Überschuss aus zwei Einflüssen zusammengesetzt denken: Entweder sind die individuellen Schnäppchen groß, oder die Zahl der Schnäppchen empfangenden Individuen ist groß.

Be. 379: Worin? (Karten und Konturlinien)

Die graphische Darstellung von Präferenzen, Nutzenfunktionen, Unternehmenskosten oder Haushaltsausgaben profitiert in einer Vielzahl von Anwendungen vom Konzept der Konturlinien. Im Alltag begegnen uns Konturlinien zuerst als Höhenlinien einer Wanderkarte (Be. (213)). Enge Verwandte dieser Höhenlinien – und damit weitere Anwendungen des Konzepts der Konturlinie – sind in anderen Fachgebieten: Isobaren (Be. (212)) in der Meteorologie und Isoglossen (Be. (214)) in der Linguistik. Konturlinien unterschiedlicher Kostenfunktionen sind: Isoarbeitseinsatzlinien für Arbeitskosten (Be. (276)), Isoausgabenlinien für Konsumausgaben (Be. (338)), Isotime-Linien für Pendelkosten (Be. (139)). Konturlinien von Nutzen- oder Wohlfahrtsfunktionen sind: Indifferenzkurven eines Haushalts als Konturen seiner Nutzenfunktion (Be. (342)) und Indifferenzkurven einer utilitaristischen Gesellschaft als Konturen der utilitaristischen Wohlfahrtsfunktion (Be. (327)). Oft trägt der Absolutwert der Steigung einer Konturlinie die Interpretation einer Zahlungsbereitschaft oder eines Preises. Etwa ist die Steigung einer Indifferenzkurve eine Zahlungsbereitschaft oder Kompensationsforderung (Be. (218)), während die Steigung einer Isoausgabenlinie ein realer Güterpreis ist (Be. (340).

Be. 380: Wie? (Pläne)

Im Abgleichen der Rahmenbedingungen – objektive Tauschraten (Be. (376)) – mit den eigenen Wünschen – Zahlungsbereitschaften oder Entschädigungsforderungen (Be. (377)) – entsteht ein individueller Plan. Dieser Plan konkretisiert das eigene Verhalten für alle denkbaren Rahmenbedingungen. Pläne von Nachfragern heißen Nachfragefunktionen: etwa die Nachfragefunktion eines Nachfragers im Kapitel *Markt* (Be. (79)), die eines Nachfragers nach Wein im Kapitel *Handel* (Be. (277)) oder die Pseudo-Nachfrage eines Nachfragers nach einem öffentlichen Gut (Be. (228)). Angebotsfunktionen als Pläne von Anbietern sind die Angebotsfunktion eines potentiellen Verkäufers im Kapitel *Markt* (Be. (77)). Pläne von Haushalten spiegeln sich auch in den maximalen Mietgebotsfunktionen des Kapitels *Stadt* (Be. (138)). Und schließlich sind auch die Beste-Antwort-Funktionen in den diversen strategischen Spielen individuelle Pläne. Konkret fanden wir die Beste-Antwort-Funktion im Autowahl-Spiel (Be. (311)) oder die Beste-Antwort-Funktion im Koordinationsspiel während der Industrialisierung (Be. (312)).

10.2 Aggregation

Be. 381: Mit wem? (Aggregate)

Aggregierte Nachfrage- und aggregierte Angebotsfunktion sind aggregierte Pläne. Mit der sog. Verteilungsfunktion haben sie gemeinsam, dass sie Mengen jeweils auf geeignete Weise zusammenfassen bzw. kumulieren: Die Verteilungsfunktion der erwarteten Teilnehmerzahl einer Demonstration kumuliert zu jeder erwarteten Teilnehmerzahl all diejenigen, deren Vorbehalts-Teilnehmerzahl höchstens ebenso hoch ausfällt (Be. (176)). Eine Verteilungsfunktion kumuliert ... Gesellschaftsmitglieder. Die aggregierte Angebotsfunktion dagegen kumuliert ... individuelle geplante Angebotsmengen. Sie zählt zu jedem Preis die geplanten angebotenen Mengen all derer zusammen, deren Vorbehaltspreis diesen Preis nicht überschreitet (Be. (85)). Die aggregierte Nachfragefunktion kumuliert ... individuelle geplante Nachfragemengen. Sie zählt zu jedem Preis die geplanten nachgefragten Mengen all derer zusammen, deren Vorbehaltspreis diesen Preis nicht unterschreitet (Be. (84)).

Be. 382: Wie bitte? (Trugschlüsse der Komposition)

Selbst wenn alle Individuen identische Verhalten an den Tag legen, erbt das Aggregat aus diesen Individuen nicht notwendig die Eigenschaften dieser individuellen Verhalten. Vier Trugschlüsse sind besonders markant:

- Unsichtbare Hand: Obwohl niemand eine Pareto-effiziente Allokation gesellschaftlicher Ressourcen verfolgt, verfolgt eine über Wettbewerb auf Märkten koordinierte Gesellschaft gerade dieses Ziel (Be. (13) und (119)).

- Gefangenendilemma: Obwohl jeder einzelne sich gemäß seiner Möglichkeiten optimal verhält, verhält sich die Gesellschaft angesichts ihrer Möglichkeiten nicht optimal (Be. (320) und (316)).

- Keynesianisches Sparparadox: Obwohl jedes Individuum mehr zu sparen versucht, sucht die Gesellschaft nicht, mehr – sondern nur eben genauso viel wie vorher auch schon – zu sparen (Be. (195) und (196)).

- Condorcet-Paradox: Selbst wenn die individuellen Präferenzordnungen in einer Gesellschaft ausnahmslos transitiv sind, ist die über paarweise Mehrheitsabstimmungen gewonnene gesellschaftliche Präferenzordnung nicht zwangsläufig transitiv (Be. (255)).

Diese vier Themen versammeln im Detail fundierte Trugschlüsse der Komposition in der Volkswirtschaftslehre. Interessante Beispiele für fundierte Trugschlüsse der Division geben zwei Bemerkungen zur Emanzipation der Leibeigenen im zaristischen Russland (Be. (383)) bzw. zur Emanzipation der Frauen im Amerika der siebziger Jahre (Be. (384)):

Be. 383: Großgrundbesitzer weniger aufgeklärt?

Das zaristische Russland behielt die Leibeigenschaft sehr viel länger bei als viele andere, weiter im Westen Europas gelegene Länder. Erst mit der Revolution 1919 hatte die Leibeigenschaft auch in Russland ein Ende. Aber heißt das wirklich, dass Russland rückständiger war als westeuropäische Staaten – oder sogar die russische Gesellschaft eine stärkere „Präferenz" für die Ausbeutung des ärmsten Teils ihrer Bürger hatte? Krugman (1999) erinnert an die Analyse Domars (1970), der zufolge die einflussreichen Großgrundbesitzer Russlands im Zuge der Expansion des Zarenreichs nach Westen (Polen), Süden (Kaukasus) und Osten (Sibirien) um ihre Arbeiter fürchten mussten – sahen sich jene doch mit der enormen Expansion an verfügbarem Land plötzlich neuen lohnenden Verdienstmöglichkeiten gegenüber. Die über die politische Macht der Großgrundbesitzer durchgesetzte Institution der Leibeigenschaft verhinderte die Abwanderung der Arbeiter in die neuen Territorien. Nicht unterschiedliche Werte, sondern unterschiedliche Faktorpreisverhältnisse bestimmten Domar zufolge die abweichende Politik Russlands.

Be. 384: Frauen plötzlich frei?

Die Erwerbsbeteiligung amerikanischer Frauen stieg Mitte der siebziger Jahre urplötzlich stark an. Eine naheliegende Interpretation dieses gesellschaftlichen Wandels schien die eines plötzlich gestiegenen Erwerbswunsches amerikanischer Frauen: eines plötzlichen, als „women's liberation" bezeichneten Wertewandels. Silberberg/Suen (2000) verweisen dagegen auf den starken Anstieg der Geburten zwanzig Jahre zuvor. Auch Mitte der siebziger Jahre noch versuchten die nunmehr erwachsen gewordenen Frauen der Baby-Boomer-Generation, dem traditionellen Heiratsmuster zu folgen: also (i) im Alter von etwa 20 Jahren (ii) einen Mann, der etwas älter war als sie selbst, zu heiraten. In der Folge traf so eine hohe Zahl von Frauen im Heiratsalter auf eine geringere Zahl Männer im Heiratsalter. Die so entstandene Spannung zwang etwa ein Fünftel der weiblichen Baby-Boomer, sich vom traditionellen Heiratsmuster ab- und dem Arbeitsmarkt zuzuwenden. Aus dieser Perspektive ist der damalige säkulare Anstieg der Erwerbsbeteiligung der Frauen Resultat eines demographischen Schocks, und nicht eines Wertewandels.

Be. 385: Trugschlüsse der Division

Weitere im Verlauf dieses Textes angetroffene Trugschlüsse der Komposition betreffen Stetigkeit und Eindeutigkeit eines Aggregats. Konzentrieren wir uns hier auf die oft mangelnde Eindeutigkeit von Gleichgewichten: Selbst wenn alle Gesellschaftsmitglieder genau wissen, welche Alternative sie jeweils ergreifen, weiß die Gesellschaft doch längst nicht notwendig, welche Alternative – welches Gleichgewicht – sie ergreift. Zufälle oder Vorgeschichte können eine wichtige Rolle spielen. Viele Modelle sind eben mehrerer Gleichgewichte fähig (Be. (101), Be. (178), Be. (315)). Aber das heißt im Umkehrschluss auch: Für eine identische Konstellation an Individuen kann die Gesellschaft ganz unterschiedliche Ausprägungen annehmen. Nichts wäre falscher, als aus diesen unterschiedlichen Ausprägungen der Gesellschaft auf unterschiedliche individuelle Präferenzen zurückzuschließen (Be. (16)).

10.3   Gleichgewicht

Be. 386: Was ist? (Gleichgewicht)

Jedes Modell dieses Textes kennt ganz unterschiedliche gesellschaftliche Zustände (Be. (375)). Lohnt es sich, dass wir uns gleichmäßig mit jeweils jedem dieser Zustände beschäftigen? Ökonomen lenken ihre Aufmerksamkeit vorzugsweise auf Ruhezustände, oder Gleichgewichte. Schelling (1978) argumentiert: „The idea of equilibrium is an acknowledgment that there are adjustment processes; and unless one is particularly interested in *how* dust settles, one can simplify analysis by concentrating on what happens after the dust has settled." Eine verwirrende Vielzahl konkreter Gleichgewichte bevölkert ökonomische Modelle. Es gibt: Tauschgleichgewichte (Be. (48)), Marktgleichgewichte (Be. (93) und (293)), Wanderungsgleichgewichte (Be. (140) und (289)), Arbitragegleichgewichte (Be. (270)), Nashgleichgewichte (Be. (313)), Erwartungsgleichgewichte (Be. (178)), Politische Gleichgewichte (Be. (233)). Auch das Optimierungsgleichgewicht des Haushalts (Be. (354)) könnte in diese Liste passen. Vordergründig ist jeweils immer etwas anderes im Gleichgewicht. Aber gemeinsam ist allen Varianten die Idee des Ruhezustands, mit dem es sich – im Gegensatz zu einem nur vorübergehenden Zustand – lohnt, sich näher zu beschäftigen.

Be. 387: Ausbrüche

Die Gleichgewichte dieses Textes heißen Gleichgewichte, weil sie Ruhezustände beschreiben. Die Gesellschaft befindet sich in einem konkreten gesellschaftlichen Zustand und verharrt ebendort und träge, solange kein von außen kommender Schock in den exogenen Variablen sie aufstört. Die Trägheit des Gleichgewichts hat ihre Ursache scheinbar im Umstand, dass im Gleichgewicht kein Akteur etwas anderes tun will als das, was sie oder er im Gleichgewicht gerade tut. Aber diese Beschreibung des Gleichgewichts ist in dieser Kürze falsch. Besuchen wir einmal mehr das Gefangenendilemma (Be. (314)): Es stimmt, dass keiner der beiden Spieler auf sich allein gestellt aus dem Pareto-ineffizienten Zustand ausbrechen will. Könnten beide Spieler allerdings gemeinsam ausbrechen, würden sie das gerne und auch tatsächlich tun. – Je nach Kontext sind wir unterschiedlich anspruchsvoll in der Beschreibung eines Ruhezustands. Sind Ausbrüche nur allein möglich – wie im Nash-Gleichgewicht des Gefangenendilemmas oder im Erwartungsgleichgewicht unseres Demonstrationsmodells (Be. (178)) – dann ist ein Zustand selbst dann ein Gleichgewicht, wenn ein gemeinsamer Ausbruch alle Ausbrecher besserzustellen verspricht. Sind Ausbrüche auch gemeinsam möglich – wie im Tauschgleichgewicht einer Tauschökonomie (Be. (49)) oder im Politischen Gleichgewicht (Be. (233)) – dann ist ein Zustand nur ein Gleichgewicht, wenn nicht einmal gemeinsame Ausbrüche sich

lohnen. Der jeweilige Kontext entscheidet über die adäquaten Anforderungen an einen
Ruhezustand.

10.4   Komparative Statik

Be. 388:   Was zuerst ... ? (Exogen)

Veränderungen in exogenen Größen dieses Textes sind: Klimawandel (Abb. (3.4)), Immigration (Be. (104)), kleine Präferenzänderungen in Form eines größeren öffentlichen
Patriotismus bei einigen wenigen Bürgern (Be. (192)) oder in Gestalt größerer Vorsor-
gewünsche (Be. (196)) oder das Produktivitätswachstum im inländischen Exportsektor
((Be. (299)). Gerade den Menschen vor unserer modernen Zeit war das Wetter sicher eine exogene Größe. Reichholf (2008) meint, dass Klimaveränderungen hinter den Völker-
wanderungen der Antike und den Wikingerfahrten des Mittelalters – und damit hinter
den gleichzeitigen großen historischen Umschwüngen in den politischen Machtverhält-
nissen – stecken könnten. Tudge (1999) sieht sogar hinter dem Ende einer Eiszeit, dem
in der Folge ansteigenden Meeresspiegel und dem Verlust von Boden im Mündungsdel-
ta von Euphrat und Tigris vor ca. 10,000 Jahren (als Verlust des Garten Edens) den
Beginn der Landwirtschaft:

> "These Neolithic people did not embark on a life of arable farming
> because they wanted to ... They did it because they were forced into
> it when their paradise was taken from them and they were shoved
> together into hills that just turned out to be especially hospitable."

In dieser Interpretation spielte die Klimaerwärmung kurioserweise eine vorteilhafte Rolle
für unsere Entwicklung.

Be. 389:   ... und was danach? (Endogen)

Die – in fast allen vorhergehenden Kapiteln zu findenden – Abschnitte zu Komparativer
Statik bieten Prognosen zur Reaktion modellendogener Variablen auf Veränderungen
in den modellexogenen Variablen. Ausgewählte Beispiele sind: (i) Eine höhere Grunderwerbsteuer lässt die Immobilienpreise fallen (Be. (126)). (ii) Höhere Ladenpreise treiben
Ladenmiete – aber nicht umgekehrt (Be. (142)). (iii) Die Verhaftung weniger Demonstranten erstickt Protest dramatisch (Be. (194)). (iv) Eine höhere inländische Produktivität im Exportsektor verschlechtert die Terms of Trade (Be. (299)). (v) Dienstleistungen
verteuern sich schneller als Industriegüter (Be. (370)). Zum einen betreffen diese Aussagen typischerweise die Reaktion einer endogenen Variablen auf einer Veränderung einer
exogenen Variablen, zum anderen transportieren sie überprüfbare Vorstellungen über
Kausalität.

10.5 Wohlfahrt

Be. 390: Positiv und Normativ

Im Economist fand sich eine Zeitlang eine Stellenanzeige mit der Überschrift

"The cream always rises to the top ... so why shouldn't you?"

In dieser Überschrift vermischen sich zwei Themen, die eigentlich getrennt werden sollten. Einerseits deutet die Überschrift eine positive – beschreibende – Aussage an: Die qualifiziertesten Arbeiter („the cream") besetzen die anspruchsvollsten Positionen einer Gesellschaft („the top"). Andererseits scheint die Überschrift aber auch einer normativen – vorschreibenden – Aussage beizupflichten: Demnach sollten tatsächlich die qualifiziertesten Arbeiter („you ... ") die anspruchsvollsten Positionen, die eine Gesellschaft zu vergeben hat, besetzen („... should, too"). So suggeriert die Überschrift, dass die tatsächliche Allokation von Arbeitskräften der optimalen folgt. Aber stimmt das? Ökonomische Modelle trennen idealerweise positive von normativer Analyse. Auch legen sie ihr Beurteilungskriterium gleich zu Anfang offen.

Be. 391: Soll ist Ist? (Ruhende Effizienz)

In einer Reihe von Szenarien dieses Textes ist das Gleichgewicht Pareto-effizient. Ein Pareto-effizientes Gleichgewicht ist beides: (i) ein Ruhezustand und (ii) ein Pareto-effizienter Zustand, ohne Pareto-bessere Alternative. Alternativ könnten wir also auch zugespitzter und auch beruhigender formulieren: Ein Pareto-effizienter Zustand ist ein Gleichgewicht, hat Beharrung. Solange sie von außen nicht gestört wird, solange also die jeweils exogenen Variablen sich nicht verändern, verweilt die Gesellschaft auch weiterhin im Pareto-effizienten Zustand. Beispiele Pareto-effizienter Zustände in diesem Text sind

- Freiwilliger Tausch und Handel (Be. (119) und (303))

- Erfolgreiche Abstimmung (Be. (317))

- Durch Informationsmängel bedingte Arbeitslosigkeit (Be. (200))

Die Pareto-Effizienz des Partialmarkt- oder Handelsgleichgewichts dieses Textes beschreibt zwar nur den gleichzeitigen Handel in ein oder zwei Gütern, aber das dort festgestellte Zusammenfallen von Gleichgewicht und Effizienz gilt auch für sehr viel allgemeinere Allgemeine Marktgleichgewichte, in denen beliebig (endlich) viele Güter gehandelt werden.

Frankfurter Allgemeine Zeitung

Jeder Plot
ist ein Komplott

Albanische Albträume: Ismail Kadare erweist sich als
furchtloser Ermittler der Vergangenheit / Von Peter Körte

Als dann endlich auch dieses Regime
zusammenbrach, als die Bilder von
Flüchtlingen um die Welt gingen, die sich
in italienischen Häfen auf schrottreifen
Schiffen drängten, da war es, als habe sich
auf einmal die Tür zu einer gespenstischen
Parallelwelt geöffnet, die mitten in Europa
lag. Natürlich waren Besucher in Albanien
gewesen, wagemutige Polittouristen, Franz
Josef Strauß oder deutsche Fußballspieler,
aber sie hatten nur gesehen, was zu sehen
erlaubt war. Vielleicht ein paar von den
600 000 Bunkern, mit denen der Diktator
Enver Hodscha das Land hatte überziehen
lassen, aber kaum jene Olivenhaine, deren
Bäume so gepflanzt waren, daß sie, aus
der Luft betrachtet, die Buchstabenfolge
„Enver Parti" ergaben.
Kein Land, außer Nordkorea, war über
Jahrzehnte stärker abgeschottet vom Rest
der Welt. Albanien glich der monströsen
Inszenierung eines Diktators, die eine Realität aus Internierungslagern und zerstör-
ten Biographien ...

lichen Überreste, die man umgebettet hatte, in der Nähe von Tirana entdeckt.
Kadare versucht sich jedoch nicht an einer kriminalistischen Rekonstruktion,
weil ihn das paranoide Klima mehr interessiert, in dem solche Dinge geschehen.
Er hat den Namen des angeblichen Mör-
ders leicht verwandelt, der ihn zum Innenmini-
jetzt Hasobeu, er hat ihn zum Innenmini-
ster gemacht und das Todesdatum des
Nachfolgers ein paar Tage vorverlegt.
Hodscha ist nur „der Führer", der Name
Shehu fällt nie, aber die Konturen sind so
ausgeprägt, einige Details so minutiös geschildert wie die Tagesreste in einem Traum.
Die Struktur des Buches erinnert allerdings noch immer vage an eine Ermitt-
lung, weil die Ereignisse aus verschiedenen Perspektiven geschildert werden. Da
spricht der Architekt, der den Umbau des
Nachfolger-Hauses vielleicht zu opulent
gestaltet hat und der von dem ...

Abbildung 10.2: Jeder Plot ... ein Komplott

Be. 392:   Soll nicht Ist? (Beharrliche Ineffizienz)

In wieder anderen Szenarien dieses Textes sind Gleichgewichte Pareto-ineffizient. Für
diese Szenarien könnten wir alternativ auch – zugespitzter und beunruhigender – formulieren: Die dort beobachteten Pareto-ineffizienten Zustände sind Gleichgewichte, haben
Beharrung. Ohne Anstoß von außen, ohne Veränderungen in den exogenen Variablen des
Modells also, wird sich an der beobachteten Ineffizienz nichts ändern. Die unterschiedlichen Anwendungen mit diesem Tenor lassen sich überblicksartig, in der Reihenfolge
ihres Auftretens und leicht verkürzt so versammeln:

- Angebot rationiert (Be. (100))

- Dritte missachtet (Be. (130))

- Flächen beschränkt (Be. (155))

- Revolution verfehlt (Be. (178))

- Gutes unterlassen (Be. (161))

- Produktion nicht am Rand (Be. (199))

- Autarkie (Be. (301) und (302))

- Koordination mangelhaft (Be. (312))

- Weide überweidet (Be. (316))

- Meeting überzogen (Be. (323))

- Verkehr stockend (Be. (330))

Diese Beispiele fundieren auch, dass und wie mangelhafte Resultate auf gesellschaftlicher Ebene selbstverständlich nicht automatisch mit unlauteren oder sogar böswilligen Absichten der am Zustandekommen dieser Resultate beteiligten Gesellschaftsmitglieder einhergehen (Be. (393)):

Be. 393: Trugschlüsse und Verschwörungstheorien

Eine Verschwörungstheorie schließt von einem beobachteten gesellschaftlichen Zustand auf die Absicht eines Teils der Gesellschaft, diesen Zustand herbeigeführt haben zu wollen. Im Extrem meint ein Verschwörungstheoretiker vielleicht sogar: „Jeder Plot ist ein Komplott" ..., so jedenfalls eine Schlagzeile der Frankfurter Allgemeinen (4.10.2006), zugegeben in einem anderen Kontext (Abb. (10.2)). Besonders brisant ist die Verschwörungsvermutung (ein „Komplott"), wenn die Gesellschaft in einem für die Gesellschaftsmitglieder nachteiligen Zustand (ein möglicher „Plot") steckt. Nicht nur intuitiv, sondern auch im Detail fundiert sind Verschwörungstheorien sehr befremdlich. Modelle dieses Textes jedenfalls liefern viele Beispiele für auf individueller Rationalität fußender kollektiver Irrationalität (Be. (392)).

10.6 Politik

Be. 394: Was tun? (Staatliche Interventionen)

In manchen Fällen kann der Staat Pareto-ineffiziente Gleichgewichte korrigieren und die ja prinzipiell mögliche Pareto-Verbesserung implementieren helfen: Er könnte etwa (i) die städtische Infrastruktur verbessern (Be. (151)), (ii) eine politische oder Banken-Krise überwinden helfen, indem er die Erwartungen der Gesellschaftsmitglieder etwa über Appelle günstig zu beeinflussen sucht (Be. (201)), (iii) die Staatsausgaben ausdehnen, um eine Rezession zu überwinden (Be. (203)), (iv) den privaten Sektor für den Außenhandel öffnen und die mangelhaften Tauschmöglichkeiten der Autarkie überwinden helfen (Be. (301) und (302)), (v) ggf. Brachflächen im Stadtzentrum für Bebauung freigeben (Be. (155)), (vi) Überweidungen von Allmenden durch Kontrolle des Allmendezugangs (Lizenzen, Fangquoten, Pigou-Steuern) verhindern (Be. (322)), u.v.a.m. Aber natürlich liegt mit diesen grundsätzlichen Überlegungen die richtige Intervention nicht schon gleich auf dem Tisch. Und werden Politiker immer auch das tun, was sie tun sollten? Wie die in diesem Text prominenten Trugschlüsse der Division wirtschaftspolitischen Lösungen allerdings auf fundamentale Weise im Weg stehen können, zeigen die aktuellen Diskussionen um Bankenregulierung (Be. (15)) und Bevölkerungskrise (Be. (17)).

10.7   Ausblick

Be. 395:   Ökonomie in der Zeitung, Zeitung in der Ökonomie

Zitate aus Zeitungsartikeln – überwiegend SZ, FAZ, taz – motivieren oder illustrieren viele Bemerkungen. Von manchen dieser Zitate distanziert sich der Text, wieder andere nutzt er dagegen zur Anschauung. Aber auch Zeitungen selbst sind Gegenstand ökonomischer Betrachtung. In einem Interview mit der Frankfurter Allgemeinen Sonntagszeitung („Der Rundfunkbeitrag ist wie eine Kurtaxe", 20.1. 2013) führt der „Vater der neuen GEZ-Gebühr" aus, warum der Rundfunk einen Rundfunkbeitrag verdient, Zeitungen dagegen nicht:

> „Die Empfänger der Rundfunksendungen lassen sich nicht individualisieren. Rundfunk wird nicht am Kiosk gekauft oder wie Strom am Zähler abgerechnet. Rundfunk funkt überall herum."

In ökonomischer Sprache sind Rundfunksendungen öffentliche Güter (Be. (209)), gedruckte Zeitungen sind dagegen – mit den Einschränkungen der Be. (226) – ausschließbar und rival. Allerdings: Die Frankfurter Allgemeine Zeitung („Nach den Zechen sterben die Zeitungen", 29.1.2013) befürchtet für das im Januar 2013 soeben beschlossene Einstellen der Westfälischen Rundschau „Verlust an journalistischer Qualität, Meinungsvielfalt, Wettbewerb, Unabhängigkeit, und Urbanität: kulturelle Verarmung." Nicht die Berichterstattung selbst, aber die an diese Berichterstattung gekoppelte Qualität lokaler Politik und Kultur sind lokale öffentliche Güter, die auch diejenigen mit konsumieren, die für Zeitungen nicht zahlen.

Literaturverzeichnis

[1] Acemoglu, D. et al. (2010) *Consequences of Radical Reform: The French Revolution*, NBER Working Papers 14831.

[2] Ahlfeldt, G. (2010) „Architektur, Ökonomie – Architekturökonomie", *Perspektiven der Wirtschaftspolitik* 11.4: 340-355.

[3] Alesina, A., E. Glaeser und B. Sacerdote (2005) *Work and Leisure in the U.S. and Europe: Why So Different?*, NBER Working Paper 11 278.

[4] Arnott, R. und D. McMillen (2008) *A Companion to Urban Economics*, Blackwell.

[5] Bairoch, P. (1988) *Cities and Economic Development. From the Dawn of History to the Present*, University of Chicago Press.

[6] Baltagi, B. (2003) *Econometrics*, Springer.

[7] Becker, G. (1957) *The Economics of Discrimination*, University of Chicago Press.

[8] Becker, G. (1973) *The Economic Approach to Human Behavior*, University of Chicago Press.

[9] Becker, G. und G. Becker (1997) *The Economics of Life. From Baseball to Affirmative Action to Baseball*, New York: McGraw-Hill.

[10] Bhagwati, J. und T. Srinivasan (1992) *Lectures in International Trade*, MIT Press.

[11] Binmore, K. (1991) *Fun and Games, A Text on Game Theory*, Great Source Education.

[12] Blankart, B. (2005) *Öffentliche Finanzen in der Demokratie*, Vahlen.

[13] Boadway, R. and N. Bruce (1984) *Welfare Economics*, Basil Blackwell.

[14] Bofinger, P. (2004) *Grundzüge der Volkswirtschaftslehre*, Pearson.

[15] Borjas, G. (1993) *Labor Economics*, McGraw-Hill.

[16] Breyer, F. und M. Kolmar (2005) *Grundlagen der Wirtschaftspolitik*, Tübingen: Mohr.

[17] Brueckner, J. (2011) *Lectures on Urban Economics*, MIT Press.

[18] Bröcker, J. und M. Fritsch (2012) *Ökonomische Geographie*, Vahlen.

[19] Bryson, B. (1991) *Mother Tongue. The English Language*, Penguin.

[20] Bryson, B. (2012) *At Home. A Short History of Private Life*, Black Swan.

[21] Buchheim, Ch. (1994) *Industrielle Revolutionen. Langfristige Wirtschaftsentwicklungen in Großbritannien, Europa und in Übersee*, dtv.

[22] Cahuc, P. und A. Zylberberg (2004) *Labor Economics*, Cambridge (Mass.): MIT Press.

[23] Carter, M. (2001) *Foundations of Mathematical Economics*, MIT Press.

[24] Caves, R., J. Frankel und R. Jones (1993) *World Trade and Payments. An Introduction*, HarperCollins, 6. Aufl.

[25] Case, K. und R. Fair (2007) *Principles of Economics*, 8. Aufl., PrenticeHall.

[26] Casella, G. und R. Berger (2002) *Statistical Inference*, Duxbury.

[27] Chiang, A. (1984) *Fundamental Methods of Mathematical Economics*, New York: McGraw Hill.

[28] Clark, G. (2008) Farewell to Alms. A Brief Economic History of the World, Princeton University Press.

[29] Corneo, G. (2003) *Öffentliche Finanzen: Ausgabenpolitik*, Mohr Siebeck.

[30] Corneo, G. (2006) *New Deal für Deutschland*, Frankfurt: Campus.

[31] Dascher, K. (2011) Beggar Thy Neighbour? *Perspektiven der Wirtschaftspolitik* 12.2: 132-150.

[32] Dascher, K. (2012) „Ein zweites Kreuzberg dahinstellen", Interview der tageszeitung vom 2.11. 2012.

[33] Dascher, K. (2013) „Climate Change and Urban System: Countries in which City Centers are Taller Fight Climate Change Harder", Arbeitspapier verfügbar unter www.ssrn.com.

[34] Davidson, R. und J. MacKinnon (2004) *Econometric Theory and Methods*, Oxford University Press.

[35] Dawkins, R. (1976) *The Selfish Gene*, Oxford University Press.

[36] Deaton, A. und J. Muellbauer (1980) *Economics and Consumer Behavior*, Cambridge: Cambridge University Press.

[37] Deutscher, G. (2006) *The Unfolding of Language. The Evolution of Mankind's Greatest Invention*, Arrow.

[38] Diamond, J. (1999) *Guns, Germs and Steel. The Fates of Human Societies*, Norton.

[39] Dixit, A. (1990) *Optimization in Economic Theory*, Oxford University Press.

[40] Dixit, A. (1996) *The Making of Economic Policy*, Cambridge (Mass.): MIT Press.

[41] Dixit, A. (1997) "Economists as Advisers to Politicians and to Society", in: *Economics and Politics* 9.3: 225-30.

[42] Dixit, A. (2007) „Restoring Fun to Game Theory".

[43] Dixit, A., S. Skeath und D. Reiley Jr. (2009) Games of Strategy, Norton.

[44] Dixit, A. und V. Norman (1980) *Theory of International Trade*, Cambridge University Press.

[45] Dornbusch, R. und St. Fischer (2003) *Macroeconomics*, McGraw Hill.

[46] Drèze, J. (1992) *La Capitale de l'Europe, le Marché et les Pouvoirs Publics Locaux. Murmures d'Analyse et d'Anticipation Economiques*, Vortrag vor der Société Royale d'Economie Politique de Belgique.

[47] Edgmand, M., R. Moomaw und K. Olson (2004) *Economics and Contemporary Issues*, Dryden.

[48] Elster, J. (1989) *Nuts and Bolts for the Social Sciences*, Cambridge University Press.

[49] Felderer, B. und St. Homburg (2005) *Makroökonomik und neue Makroökonomik*, Berlin: Springer.

[50] Fitzgerald, J. F. (1950) *The Great Gatsby*, Penguin.

[51] Frank, R. und B. Bernanke (2004) *Principles of Economics*, McGraw-Hill.

[52] Frank, R. (2007) *The Economic Naturalist: Why Economics Explains Almost Everything*, Virgin Books.

[53] Frank, R. (1994) *Microeconomics and Behavior*, 5. Aufl., New York: McGraw Hill.

[54] Fritsch, M., Th. Wein und J. Ewers (2011) *Marktversagen und Wirtschaftspolitik*, 8. Aufl., Vahlen.

[55] Franz, W. (2006) *Arbeitsmarktökonomik*, Berlin: Springer.

[56] Frey, B. (1990) *Ökonomie ist Sozialwissenschaft*, München: Vahlen.

[57] Fujita, M. (1989) *Urban Economic Theory. land Use and City Size*, Cambridge University Press.

[58] Fujita, M., P. Krugman und T. Venables (1999) *The Spatial Economy. Cities, Regions, and International Trade*, MIT Press.

[59] Fujita, M. und J.-F. Thisse (2001) *Economics of Agglomeration. Cities, Industrial Location, and Regional Growth*, Cambridge University Press.

[60] Greene (2002) *Econometric Analysis*, Prentice Hall.

[61] Harford, T. (2006) *The Undercover Economist*, Abacus.

[62] Häring, N. und O. Storbeck (2007) *Ökonomie 2.0*, Schäffer-Poeschel.

[63] Haffner, S. (2000) *Geschichte eines Deutschen*, Deutsche Verlags-Anstalt.

[64] Hirshleifer, J. (2001) *The Dark Side of the Force*, Cambridge University Press.

[65] Hirschmann, A. (1970) *Exit, Voice and Loyalty*, Harvard University Press.

[66] Holt, Ch. (1996) "Classroom Games: Trading in a Pit Market", in: *Journal of Economic Perspectives* 10.1: 193-203.

[67] Homburg, St. (2004) *Allgemeine Steuerlehre*, Vahlen.

[68] Hough, D. und Ch. Kratz (1983) „Can Good Architecture Meet the Market Test?" *Journal of Urban Economics* 14: 40-54.

[69] Hrouda, B. (2005) *Mesopotamien. Die antiken Kulturen zwischen Euphrat und Tigris*, Beck.

[70] Harmgart, H. und St. Huck (2008) „Dogville or an Illustration of Some Properties of General Equilibrium", in:

[71] Irish Times (2007) "Rising Seas Will Wipe Resorts Off Tourist Map", in: *Irish Times* vom 7. April 2007, S. 11.

[72] Jacobs, J. (1970) *The Economy of Cities*, Vintage.

[73] Jacobs, J. (1993) *Tod und Leben großer amerikanischer Städte*, Vieweg.

[74] Jehle, G. und Ph. Reny (2000) *Advanced Microeconomic Theory*, Addison-Wesley.

[75] Johnston, J. und diNardo (1997) *Econometric Methods*, McGraw-Hill.

[76] Kanemoto, Y. (1980) *Theories of Urban Externalities*, North-Holland.

[77] Kennedy, P. (2003) *A Guide to Econometrics*, MIT Press.

[78] Keynes, J. M. (1936) *The General Theory of Employment, Interest, and Money*.

[79] Keynes, J. M. (1983) *Vom Gelde*, Berlin: Duncker und Humblot

[80] Kirchgässner, G. (2012) *Zur Rolle der Ökonometrie in der wissenschaftlichen Politikberatung*, Johann Heinrich v. Thünen-Vorlesung auf der Jahrestagung 2012 des Vereins für Socialpolitik.

[81] Krugman, P. (1993) *Geography and Trade*, MIT Press.

[82] Krugman, P. und M. Obstfeld (1995) *International Economics*, 4. Aufl., New York: Harper Collins.

[83] Krugman, P. (1996a) *Pop Internationalism*, MIT Press.

[84] Krugman, P. (1996b) *The Self-Organizing Economy*, Blackwell.

[85] Krugman, P. (1999) *Why I am en Economist*, mimeo.

[86] Krugman, P. und R. Wells (2007) *Economics*, Palgrave Macmillan.

[87] Kuran, T. (1991) "Now out of Never: The Element of Surprise in the East European Revolution of 1989", in: *World Politics* 44.1: 43-45.

[88] Layard, R. (2003) *Happiness: Has Social Science a Clue?*, Lionel Robbins Memorial Lectures 2002/3.

[89] Layard, R. (2005) *Happiness. Lessons from a New Science*, Allen Lane.

[90] Leijonhufvud, A. (1973) „Life Among the Econ", in: *Western Economic Journal* 11: 327-337.

[91] Levitt, St. und St. Dubner (2006) *Freakonomics. A Rogue Economist Explores the Hidden Side of Nearly Everything*, Morrow.

[92] Maddison, A. (2007) *The World Economy. Band 1: A Milennial Perspective, Bd. 2: Historical Statistics*, Paris: OECD.

[93] Mankiw, G. (2006) *Economics*, Thomson.

[94] Mansour, A., N. Marceau und St. Mongrain (2006) "Gangs and Crime Deterrence", in: *Journal of Law, Economics, and Organization* 22: 315-339.

[95] Marshall, A. (1890) *Principles of Economics*, London: Macmillan.

[96] Mas-Colell, A. et al. (1995) *Microeconomic Theory*, Oxford University Press.

[97] (2000) *The Construction of Dublin*, Gandon Editions.

[98] Mueller, D. (2003) *Public Choice III*, Cambridge University Press.

[99] Nicholson, W. (1998) *Microeconomic Theory. Basic Principles and Extensions*, 7. Aufl., Dryden.

[100] Niskanen, W. (1971) *Bureaucracy and Representative Government*, Chicago: Aldine-Atherton.

[101] North, D. (1990) *Institutions, Institutional Change and Economic Performance*, Cambridge University Press.

[102] Osborne, M. (2004) *An Introduction to Game Theory*, Oxford University Press.

[103] O'Rourke, K. und O. Williamson (1999) *Globalization and History. The Evolution of the Nineteenth-Century Atlantic Economy*, MIT Press.

[104] Pehnt, W. (2005) *Deutsche Architektur seit 1900*. München, Deutsche Verlags-Anstalt.

[105] diPasquale, D. und W. Wheaton (1996) Urban Economics and Real Estate Markets, Prentice-Hall.

[106] Reichholf, J. (2008) *Eine kurze Naturgeschichte des letzten Jahrtausends*, Fischer.

[107] Renger, J. (1991) „Wirtschaft und Gesellschaft", in: B. Hrouda (Hg.), *Der Alte Orient*, S. 187-216.

[108] Ribhegge, H. (2004) *Sozialpolitik*, München: Vahlen.

[109] Ricardo, D. (1821) *On the Principles of Political Economy and Taxation*, London: John Murray.

[110] Samuelson, P. A. (1983) *Foundations of Economic Analysis*, Harvard University Press.

[111] Samuelson, P. A. und W. Nordhaus (2004) *Economics*, McGraw-Hill.

[112] Schelling, Th. (1978) *Micromotives and Macrobehavior*, Norton.

[113] Schnoor, F. (2005) „Forderungen, den Abriß zu stoppen, sind absurd", in: *Immobilien-Zeitung* vom 2. Juni 2005.

[114] Sen, A. (1979) *Collective Choice and Social Welfare*, North-Holland.

[115] Silberberg, E. und W. Suen (2000) *The Structure of Economics*, 3. Aufl., New York: McGraw-Hill.

[116] Simon, C. und L. Blume (1994) *Mathematics for Economists*, Norton.

[117] Sinn, H.-W. (2004) *Ist Deutschland noch zu retten?*, Econ.

[118] Smith, A. (1776) *The Wealth of Nations*. Bantam Classic.

[119] Smith, V. (1975) *The Primitive Hunter Culture, Pleistocene Extinction, and the Rise of Agriculture*, Journal of Political Economy 83.4: 727-755.

[120] Stern, N. (2007) *The Economics of Climate Change*, Cambridge University Press.

[121] Strulik, H. (2006) *Steht auf, wenn Ihr Deutsche seid!*, Discussion Paper 343.

[122] Sydsaeter, K. und P. Hammond (1995) *Mathematics for Economic Analysis*, Prentice Hall.

[123] Tirole, J. (1993) *Theory of Industrial Organization*, Cambridge (Mass.): MIT - Press.

[124] Tudge, C. (1999) *Neanderthals, Bandits and Farmers: How Agriculture Really Began*, Yale University Press.

[125] Varian, H. (1992) *Microeconomic Analysis*, Norton.

[126] Varian, H. (2003) *Intermediate Microeconomics*, 6. Aufl., New York: Norton.

[127] Wagner, Th. und E. Jahn (2004) *Neue Arbeitsmarkttheorien*, Stuttgart.

[128] Weimann, J. (1996) Wirtschaftspolitik: Allokation und kollektive Entscheidung, Springer.

[129] Weimann, J. (2008) *Die Klimapolitikkatastrophe*, Metropolis.

[130] Weise, P. et al. (1993) *Neue Mikroökonomie*, Physica.

[131] Wellisch, D. (2000) *Finanzwissenschaft I*, Vahlen.

[132] Wheelan, Ch. (2002) *Naked Economics: Undressing the Dismal Science*, New York: Norton.

[133] Wigger, B. (2006) *Grundzüge der Finanzwissenschaft*, Springer.

[134] Winkel, H. (1973) *Die Volkswirtschaftslehre der neueren Zeit*, Wissenschaftliche Buchgesellschaft.

[135] Wooldridge, J. (2011) *Introductory Econometrics. A Modern Approach*, South-Western.

[136] Die Zeit (2007) „Im Rausch der Entdeckung", in: *Die Zeit* vom 14. Juni 2007, S. 33.

[137] ZEW (2002) „Elternzeit teurer als Arbeitslosigkeit?", *ZEW news* vom Oktober 2002, S. 1.

Index

Bildnachweis

Abb. (1.2): © Süddeutsche Zeitung GmbH, München. Mit freundlicher Genehmigung von Süddeutsche Zeitung Content (http://www.sz-content.de) – Abb. (1.3): © Süddeutsche Zeitung GmbH, München. Mit freundlicher Genehmigung von Süddeutsche Zeitung Content (http://www.sz-content.de) – Abb. (1.4): © Corbis Images – Abb. (2.1): Mit freundlicher Genehmigung der Staatlichen Museen zu Berlin (Vorderasiatisches Museum/ Pergamonmuseum) – Abb. (2.4): Mit freundlicher Genehmigung der tageszeitung – Abb. (2.5) © Kindernothilfe (http://www.kindernothilfe.de) – Abb. (3.7): © Süddeutsche Zeitung GmbH, München. Mit freundlicher Genehmigung von Süddeutsche Zeitung Content (http://www.sz-content.de) – Abb. (4.1): © Pressestelle der Europa-Universität Viadrina, Frankfurt (Oder) – Abb. (6.3) © Deutscher Wetterdienst Offenbach (http://www.dwd.de) – Abb. (6.8): Mit freundlicher Genehmigung von Frau Barbara Klemm – Abb. (8.5): © Süddeutsche Zeitung GmbH, München. Mit freundlicher Genehmigung von Süddeutsche Zeitung Content (http://www.sz-content.de) – Abb. (8.6): Mit freundlicher Genehmigung der Staatlichen Museen zu Berlin (Vorderasiatisches Museum/Pergamonmuseum) – Abb. (9.1): © Alle Rechte vorbehalten. Frankfurter Allgemeine Zeitung GmbH, Frankfurt. Zur Verfügung gestellt vom Archiv der Frankfurter Allgemeinen (http://www.faz.de) – Abb. (9.2): © Mit freundlicher Genehmigung der tageszeitung – Abb. (9.14) © The Economist vom 30. Juni 2007 (http://www.economist.com) – Abb. (10.2) „Jeder Plot ist ein Komplott" von Peter Körte vom 4. Oktober 2006 © Alle Rechte vorbehalten. Frankfurter Allgemeine Zeitung GmbH, Frankfurt. Zur Verfügung gestellt vom Archiv der Frankfurter Allgemeinen (http://www.faz.de)

www.ingramcontent.com/pod-product-compliance
Lightning Source LLC
Chambersburg PA
CBHW071957220326
41599CB00032BA/6182